U0524337

山顶视角
代表作定制出版

成就顶尖高手代表作
让阅读更有价值

极简
人力资源

张 伟　綦光华　郑家凤　著

Minimalist
Human
Resources

北京联合出版公司
Beijing United Publishing Co.,Ltd.

图书在版编目（CIP）数据

极简人力资源 / 张伟，綦光华，郑家凤著 .-- 北京：北京联合出版公司，2025.6.-- ISBN 978-7-5596-8410-3

Ⅰ.F272.92

中国国家版本馆CIP数据核字第2025YY8641号

Copyright © 2025 by Beijing United Publishing Co., Ltd.
All rights reserved.
本作品版权由北京联合出版有限责任公司所有

极简人力资源

张 伟　綦光华　郑家凤　著

出 品 人：赵红仕
出版监制：刘　凯
选题策划：山顶视角
策划编辑：王留全　李俊佩
责任编辑：李建波
特约编辑：张开远　陈云凤
封面设计：今亮後聲 HOPESOUND　2580590616@qq.com
内文制作：旅教文化

关注联合低音

北京联合出版公司出版
（北京市西城区德外大街83号楼9层　100088）
北京联合天畅文化传播公司发行
北京美图印务有限公司印刷　新华书店经销
字数336千字　880毫米×1230毫米　1/32　18.5印张
2025年6月第1版　2025年6月第1次印刷
ISBN 978-7-5596-8410-3
定价：98.00元

版权所有，侵权必究
未经书面许可，不得以任何方式转载、复制、翻印本书部分或全部内容。
本书若有质量问题，请与本公司图书销售中心联系调换。电话：（010）64258472-800

推荐语

（按姓氏拼音排序）

陈　冰

爱丁顿洋酒集团中国区总经理、Wagas董事、安宏资本运营合伙人

《极简人力资源》是一部难得的人力资源管理著作，值得认真研读。作者綦光华女士通过理论结合自己的实践经验，将人力资源管理理论系统总结，并结合中国实际情况进行了展示和应用，使读者能够快速掌握理论知识，并将其应用到实际工作中。这本书提供了全面的人力资源管理框架，以及实用工具和方法，对企业的人才布局、企业文化、组织和绩效提升带来很多启发和指导。面对眼前复杂多变的市场环境，这本书能够帮助管理者和人力资源从业者有效提升自身管理与领导力，建设高效团队。同时，它还强调了良好的企业文化对企业战略和人力资源管理的重要性，为管理者提供了重要的指导。综合来看，本书既适合专业人士进行深入学习，又适合非专业人员进行入门学习，具有很强的实用性和广泛的适用范围。加上有好几位经验丰富的著名企业资深 HR（人力资源）及企业领导人推荐，也增加了这本书的权威性和实用性。读完这样一本书会使你在职场上更有信心。

陈　敏
蒂升电梯（中国）有限公司 CHO（首席人力资源官）、博士

在人生必读的人力资源管理书籍中，米德（张伟）和其他两位作者所著的这本《极简人力资源》无疑应当位列其中。书中蕴含着深刻的智慧，它立足于企业生存与发展的核心，逐步揭示人力资源在商业运营中的多维作用。从塑造企业的灵魂——使命、愿景与价值观文化，到构筑人力资源战略，从打造核心团队到优化组织架构，再到设计薪酬与绩效管理体系，以及提升员工敬业度，书中一一探讨了企业发展过程中面临的挑战与关键议题。

作者的笔触既勾勒出人力资源管理的理论骨架，又赋予其血肉，通过生动的案例和实战洞见，使得理论与实践相得益彰。随着篇章的推进，读者将逐渐掌握人力资源管理的核心要义和实施要点。这是人力资源管理者案头必备的实操指南。

书中还特别聚焦了 CHO 的角色描绘及人力资源专业人士

的成长路径，这些精彩篇章对那些已经身处或向往人力资源领域的读者来说价值非凡。在这个充满不确定性的时代，如何构建个人的职业确定性以应对挑战？本书为读者提供了富有启发性的答案。

无论你是人力资源领域的从业者、企业的管理者，还是拥有多年经验的人力资源专家，抑或仅是一位对人力资源管理感兴趣的职场人士，我都强烈推荐你读一读这本书。它将为你带来意想不到的洞察与收获，成为你职业生涯中不可或缺的精神财富。

丁海英
史宾沙管理顾问咨询公司（Spencer Stuart）全球合伙人

随着 AI（人工智能）的发展，如何有效整合人力与 AI 资源将成为管理者面临的问题。同时，这也将使 HR 领导者在转型期间扮演至关重要的角色。面对变化，管理的核心原则始终不变。《极简人力资源》一书作者之一张伟先生是国内首批接受跨国公司培训的人力资源高管之一，曾经协助宝洁、阿斯利康、联合利华等知名企业在中国不同的发展阶段建立起适宜的人力资源系统和人才队伍。近年来，他还积极探索如何将这些经验应用于大型民营企业和初创公司。该书从企业的价值观和战略入手，系统性地阐述了人力资源管理的要点，将理论与案例相结合，既精练又深刻，非常适合企业各级管理者阅读。

冯 佶
恒瑞医药股份有限公司总裁、首席运营官

张伟先生加入阿斯利康（中国）入主人力资源部时，我刚成为东区区域销售总监。我至今还记得，和他的第一次对话就让我体会到，他对组织文化、人才布局在企业发展中的作用有充分的认识。当时市场发展很快，各家企业都在扩编，人才流动率高，人才紧缺。在张伟先生的带动下，我们一起打造企业文化、制定人才战略，公司业务越来越好，我自己在组织和人才发展方面也更有信心了。张伟先生具有丰富的国内外大公司人力资源管理经验，且善于总结。相信这本浓缩了很多经验、案例的《极简人力资源》能让大家产生共鸣，在企业中实现更好的组织管理和人才发展。

房晟陶
首席组织官创始人

米德（张伟）是我在宝洁时的老同事，他1994年加入宝洁中国人力资源部，到今年正好31年。在这31年中，他一直做人力资源工作，非常专注和专业。《极简人力资源》这本书是他 31 年工作经验的提炼和总结。阅读之后，最让我触动的是"极简"二字。以三位作者对人力资源管理的理解和经验，显然可以写得"让人看不懂"，但是他们还是选择了"极简"，用平实的语言将他们对人力资源管理的理解娓娓道来。很多公司的人力资源管理水平还比较基础，在基本功上还有很多提升的空间。这本书对那些能够正视自己公司人力资源管理现状、致力于脚踏实地提高公司价值的人来说，会是一个有益的指导。

龚　渊（Joyce Gong）
光辉国际（Korn Ferry）全球资深合伙人

人力资源管理是一门既需要适应时代变化同时又要保持基本理念和原则的学科。在《极简人力资源》这本书中，作者结合自己亲身参与和见证的实践经验与对人力资源理论的深刻思考和沉淀，与读者们分享了全方位且极有效的极简人力资源管理模式。在这本书中，作者从企业文化、人才战略、组织建设、体系建设、提高员工敬业度等方面讲述了原则和方法，介绍了实操方法和案例，也提出了思考题以供读者们讨论和总结。本书的结尾还从人力资源职业发展的角度给出了从业人员职业发展的意见和建议。不管你是企业家还是职业经理人，又或是在人力资源领域内有了一些积累的专业人士，你都可以从这本书中得到启发和帮助。无论你处于哪个层级或阶段，这本书都能让你受益匪浅。

何江颖（Gladdy）
博才康济（Become Consulting）创始人兼 CEO（首席执行官）

《极简人力资源》这本书，以作者在多家顶尖公司积累的丰富经验为基础，深入剖析了人力资源管理的核心要素。书中不仅详细讨论了企业文化、人才战略与组织效能之间的密切联系，还提供了一套实用的管理框架和职业发展路径。这使得本书成为 HR 专业人士和管理者的宝贵资源，能帮助他们在复杂多变的商业环境中做出明智的决策。作者不仅分享了其广泛的行业知识，还以清晰的逻辑和生动的案例，让读者易于理解和应用这些管理原则。此外，书中对人才管理、团队建设和领导力的深刻见解，尤其对希望提升组织绩效和创造良好工作环境的管理者来说，具有极高的实用价值。

胡朝晖
立邦投资有限公司工业涂料事业群前总裁、立邦汽车涂料有限公司亚洲区前总裁

《极简人力资源》是一本基于作者多年职业生涯，针对人力资源理论做出的系统性、提纲挈领的总结。綦光华女士在人力资源领域深耕多年，她多年来积累的经验，能帮助读者从不同的角度理解人力资源管理工作。这本书一方面梳理了经典人力资源理论，对包括顶层设计、人力资源战略、五大支柱及基石进行了整体架构和横向、纵向拉通说明；另一方面将理论落地于中国，根植到中国企业土壤，阐述了在不同行业和规模的企业的最佳实践。阅读本书，对各级管理者、决策者快速检索、温故知新、合理运用人力资源理论大有裨益！

金 辉
华住酒店集团 CEO

人力资源管理是组织管理的重要组成部分。随着社会经济的日益发展、企业管理水平的不断提升，人力资源管理在组织发展中的重要性愈发凸显。从战略层面到日常运营，人力资源管理的每个环节都对组织的整体表现和未来发展有关键作用。綦光华女士是人力资源领域的专家，在世界500强企业如联合利华、联邦快递等及上市民营企业担任过人力资源高管，拥有丰富的理论知识和实战经验。《极简人力资源》这本书高度体现了理论和实践的融会贯通，从更贴近业务的角度辅以大量案例去阐明人力资源的管理重点，跳出了人力资源原有"选、用、育、留"的传统框架。此书不仅为人力资源管理人员提供了专业的指导，也会让企业的每一位管理者读后都受益匪浅。

李红霞（Sherry Li）
雀巢大中华大区前资深人力资源副总裁

真正成功的管理者，他们眼界高远，重视人才战略，关注文化、组织和绩效。《极简人力资源》以理论与实践相结合的视角阐述了人力资源的管理框架，可供管理者和人力资源从业者对照检视；其中的工具和方法可以帮助管理者打造具有战斗力的团队，从而让自己真正成为一名优秀的管理者。拥有这本书，你就拥有了一位人力资源管理领域的职场导师。

李善友
混沌学园创始人

《极简人力资源》是一本非常实用的人力资源管理专业书籍，非常值得推荐给广大企业管理人员和人力资源从业者学习和参考。

单国洪
武田制药全球高级副总裁、大中华区总裁

基业长青是每个企业追求的理想境界。目前中国正在向经济强国迈进，内外部环境对各种所有制企业的发展都提出了更高的要求。《极简人力资源》是一本实战手册，结合中西文化、理念、社会制度等的差异，深入浅出地将全球人力资源发展百年来的理论成果进行了汇总，给出了一份极简的工作手册。不仅提供了大量国际和本土的实战案例，还有国际公司本土化和中国公司国际化的一些精彩案例，这是最难能可贵的；同时也提出了一些值得深思和探讨的问题，比如"文化给战略背锅了""企业发展获益于人才成长的红利""优秀的领导者扮演的不同角色"等等，值得每一位企业家、创业者和管理者在企业发展的不同生命周期进行深入思考、不断探索。

邢　军

萌蒂中国董事会执行主席

米德（张伟）是我熟识十多年的人力资源高管。收到他参与编著的新书《极简人力资源》，阅来十分欣喜，原因有三：

第一，极简。把繁杂的理论剥茧抽丝，沉淀出精华，相当于作者把书由厚读薄，再分享给读者，营养价值高。

第二，急需。都说现在"内卷"，其实优秀的组织和人才是不怕卷的，反而会在卷中脱颖而出。而组织的领导力和高效率是最核心的竞争力和抗卷力。书中有精彩阐述。

第三，很潮。在人工智能席卷全球的大环境下，很多人担心自己的工作被取代，各个年龄段以及各个行业的职场人都有些焦虑。作为组织内人才管理的灵魂部门，人力资源部的核心技能也需与时俱进，为组织和人才提供更多的情绪价值。本书中关于人才战略定位、打造高效组织、提高员工归属感和敬业度等方面的阐述不但丰满立体，而且由浅入深，十分接地气。

力荐此书。愿你阅后能碰撞出更多火花，和我一样，即刻产生分享欲。

最后，我想说，精彩的内容生产都来自"强准备"。此书是一个好例证。

徐 中
智学明德国际领导力中心创始人、《领导力》《领导梯队》等书的译者、博士

在现代组织中,每一位管理者都需要懂得人力资源管理的基础。曾在宝洁和阿斯利康等多家世界级企业担任人力资源高管的张伟先生是一位资深的融通理论与实战的专家,他在这部《极简人力资源》中提出了一个简明的人力资源管理框架——企业文化(使命、愿景、价值观)来引领企业战略,企业战略驱动人力资源战略,五个支柱体系承接人力资源战略,人力资源专业能力和职业发展是基础功力。这些内容既适合专业人力资源人士用来精进自己,又适合非专业人士用以入门!这是一部难得的人力资源管理佳作。

许 锋
倍智人才创始人兼总裁、博士

《极简人力资源》一书是由几位资深人力资源高管写成的,其中米德(张伟)从事人力资源管理工作超过30年,服务过的企业涵盖了世界500强、本土头部的民营企业和初创的独角兽企业,并且在企业里面都是负责人力资源全局的工作。这些历练在中国的人力资源从业者里面是比较稀缺的,也正是因为这些历练，加上他自己善于思考、善于总结的特点，形成了自己独特的人力资源工作框架和逻辑。本书来源于实践，又不止于实践，对处于不同发展阶段企业的人力资源工作都有很强的指导意义。

王励弘
瑞思教育董事长兼 CEO、上海富瑞食企业发展有限公司董事长

作为投资人出身的 CEO，我经常为组织发展、人才搭建、文化和绩效如何符合企业战略转型和发展而思考，感觉人力战略和人力资源管理不再是企业的所谓中后台，而是牵引企业前进、实现企业愿景的火车头。但大部分企业家和创业者却为如何搭建火车头和引擎感到惶惑，经常有后知后觉的遗憾。张伟作为具有 30 年人力资源管理实践的资深专家和领导力教练，所经历的企业涵盖跨国公司、民营企业和互联网创业企业。他和几位作者基于多年经验、观察和实践，加上管理学、心理学等理论加持而写出的《极简人力资源》一书，的确兼备高屋建瓴和实践指导的双重作用。这本书所涉及的不仅仅是人力资源管理的几大支柱，更涵盖了构建企业战略、铸造领导力、实现企业愿景的思考和建议。我推荐大家阅读本书。不仅是人力资源的相关领导者可以学习和实践本书的内容，CEO、企业家、创业者也应该以阅读此书作为重要的一课来搭建企业成功的基石。

王晓峰
摩拜出行前 CEO

我有幸和米德（张伟）在两家公司做过同事，一直很钦佩他的专业能力。今天很高兴看到米德和他的朋友把他们从事人力资源管理多年的经验凝结在这本《极简人力资源》里。本书通过一个简明的框架，深入浅出地把企业人力资源管理的理论和实务梳理了一遍，很适合企业中高层管理者阅读参考，指导他们平时在组织、人才和文化各方面的管理工作。

吴雁燕
国际教练联盟认证大师级教练、高管教练、高管团队教练、高管教练导师

这本《极简人力资源》就像由一颗颗闪亮圆润的珍珠构筑起的一栋人力资源管理大厦，既规整、扎实，又灵动、富有生命力。这些珍珠里既有高度浓缩的作者过往 30 年在多个行业的著名外资和本土企业担任大中华区、北亚区、北美区及全球人力资源高管所累积的实操经验与理论模型，也有紧贴时代真实现状与未来发展趋势所作出研判的观点。更令人印象深刻的是，这些珍珠被一个具有普遍适用性的极简人力资源管理框架所串联，各部分既独立成章可供读者专项研读和采纳，更以极强的相互支持与依赖的逻辑关系构成了一幅周全、扎实又鲜活的人力资源管理体系全景图，为组织领导者构建了具有全局视角的人力资源管理实施路径。

俞芝红（Rainbow Yu）
卡博特公司亚太区人力资源总监、全球研发人力资源伙伴

《极简人力资源》全书框架清晰，行文紧凑流畅。一口气读完，最深的感受是，因极简而回归本质，这本书高屋建瓴，是中国人力资源顶级高手阅尽千帆后回归人力资源管理本质的精彩总结。

作者米德（张伟）集外企、独角兽和民企的人力资源操盘手经验于一身，融会贯通，把人力资源管理的源头、人力资源战略的生发、输出和人力资源管理的关键讲得清晰透彻，一书回答了由"why"（为什么）到"what and How"（是什么和怎么做）的灵魂拷问，不仅人力资源专业管理人员能够在书中得到启发，企业的业务、团队领导也可以通过阅读本书而与作者的思想产生碰撞。

赵存银

环球人力资源智库（GHR）创始人

　　本书作者是在企业中身经百战、深受业内欢迎和尊重的资深人力资源高管和上市公司CHO。《极简人力资源》的内容既有企业经营视角的高度，又有系统组织与人力资源管理的专业深度，更具深入浅出的落地实践指导意义。作为近20年人力资源与企业管理的实践者和平台创业者，我非常清楚一位好的导师、一本好的著作对于HR职业发展所起到的积极影响。我相信，认真研习本书，定会引领你走向更广阔的专业视野和事业高峰。

目 录

推荐序 | 1　人力资源管理：穿透全组织的生命线　　1
推荐序 | 2　人本之道，贵在极简　　5
前　言 | 1　　11
前　言 | 2　　19
前　言 | 3　　25
引　言　　29

第一章　企业使命、愿景、价值观　　001

第一节　使命、愿景、价值观到底是什么？　　004
第二节　企业文化的生发和落地　　011
第三节　文化是战略的基石，两者相互匹配　　033
第四节　企业文化的类型和评估方法　　042
第五节　跨文化管理挑战和对应措施　　054

本章小结 064
■ 思考题 065

第二章　制定人力资源战略　　067

第一节　企业战略 VS 人力资源战略　　068
第二节　制定人力资源战略的四要素　　071
第三节　让你的人力资源战略与众不同　　074
第四节　制定人力资源战略的三种方法　　084
第五节　制定人力资源战略的九个关键步骤　　096
第六节　评估人力资源战略优劣的八项标准　　101
本章小结　　112
■ 思考题　　113

第三章　打造卓越领导力和高效领导团队　　115

第一节　关于领导者的常见误区　　118
第二节　一将无能，累死千军　　124
第三节　塑造卓越领导力，超越领导巅峰　　126
第四节　两种测评领导风格的工具　　138

第五节	影响领导力的关键要素	145
第六节	如何培养卓越领导力	149
第七节	团队成功不靠奇迹——高效团队的六要素	169
第八节	打造高效领导团队，铸就团队战斗力和竞争力	177
本章小结		194
■ 思考题		196

第四章　破解人才战略　　　　　　　　　　　　　　　197

第一节	人才战略：在选择中聚焦	200
第二节	招才选将：在沙海中淘金	209
第三节	人才培养：在夯实中铸就未来	222
第四节	大胆用人：在想象中长跑	240
第五节	人才保留：在凝聚中加强归属感	260
本章小结		268
■ 思考题		269

第五章　创建高效组织　　　　　　　　　　　　　　　271

第一节	组织设计要和战略匹配	273

第二节　组织诊断和组织盘点　　　　　　　　　288
第三节　用系统性思维提升组织效能　　　　　　315
第四节　推动组织变革和创新　　　　　　　　　326
第五节　不确定时代的组织生存法则　　　　　　342
本章小结　　　　　　　　　　　　　　　　　　351
■ 思考题　　　　　　　　　　　　　　　　　　352

第六章　解码绩效激励，驱动业务增长　　　353

第一节　构建全面而系统的战略绩效管理体系　　355
第二节　以完成目标为导向的绩效管理　　　　　372
第三节　薪酬管理：提供全面而平衡的激励体系　387
第四节　设计有效的激励机制，实现员工自我激励　403
本章小结　　　　　　　　　　　　　　　　　　432
■ 思考题　　　　　　　　　　　　　　　　　　433

第七章　员工敬业度　　　　　　　　　　　　　435

第一节　员工敬业度：企业发展的基石和保障　　437

第二节 要员工敬业，先要让员工满意：
　　　　员工敬业度调研 443

第三节 经典的员工敬业度调研工具 453

第四节 员工敬业度评估和员工敬业度提升方案 460

第五节 让员工和组织一起迈向成功 468

本章小结 483

■ 思考题 484

第八章 人力资源专业能力和职业发展 485

第一节 职业发展规划：成就职业生涯的辉煌篇章 487

第二节 人力资源的职业发展之路 494

第三节 人力资源从业者的能力要求及 CHO 画像 507

第四节 CEO 视角下的 CHO 511

第五节 人力资源职业发展和职业修养 516

本章小结 519

■ 思考题 520

后　记 521

推荐序 | 1
人力资源管理：穿透全组织的生命线

中国的企业在过去经历了数十年的快速发展，很多的成功来源于各种红利、资本、土地等资源，与对人力资源的理解、重视和起步更早、全球化管理实践成熟度更高的外资企业相比，有着很大的距离。很多企业经营者没有正确定位人力资源，也大大限制了 HR 在组织和人才战略中发挥作用。虽然也有很多经验丰富、来自外资企业的 HR 领导者被吸引到民营企业，但二者不同的文化土壤和思维模式也让变革和文化重塑变得举步维艰。还有一些企业的 HR 领导人或是非 HR 专业的业务型人才，他们比较擅长事务性工作，不具备颠覆型思维，缺乏整体规划而又惧怕失败，他们对企业的文化建设和核心团队建设起不到至关重要的作用。

在全球经济不确定的环境下，作者重新定义和诠释了最完整的人力资源战略和管理体系。作为作者之一的米德（张伟）多年的朋友、校友和合作伙伴，我认为，最为宝贵的并非这些理论，而是他在过去的 30 年里，通过不同时间、不同市场和不同行业萃取的实践精华。这些理论和实践不仅适用 HR，也是企业经营者真正可以借鉴和使用的。

我对书中提到的企业使命、愿景以及价值观印象很深。书中不仅直接阐述了它们各自的定义，也分析了三者之间的关联，这是很多企业容易忽略的。特别是在市场波动或经济低迷时期，大部分经营者非常容易疲于应对各种挑战，到后来战略与执行完全脱节，也忘了创业的初心。企业文化恰恰是在市场低迷或者企业遇到巨大挑战时才会彰显它的力量——就像远行的轮船，甲板是不是足够结实，要遇到暴风雨才知道。

人力资源管理者如果不能具象化地勾勒出实现团队价值的路径，就很难制定出清晰的人力资源战略。这本书也把战略与企业和人力资源做了很好的连接，把宏观的、务虚的战略清晰化为围绕企业目标的一切取舍和选择行为，书中提到的所谓"敢赌"和"傻"都是战略的大智慧。书里提到的一个重要观点是，当部分企业的老板没有用好人力资源部门时，人力资源部门要先和老板说清楚自己的价值定位，以及人力资源如何支持整体战略的达成等，而不是被动地成为执行和运营的角色。价值是争取来的，是主动获取的，而不是被动实现的。更多的人力资源从业者可能也不清楚自己最重要的价值是人力资源的战略价值，所以 HR 不但要成为转型的推动者，更应该成为战略的共建者。

本书中列举的制定人力资源战略的若干要素也非常实用。作为从事人力资源行业的企业经营者，这些都是我自己的企业对人力资源部门最直接且能量化的要求。在战略参与的过程中，人力资源还需要高度重视沟通和共识，要用业务的语言而不是专业的语言进行沟通。也就是说，人力资源的商业价值比单纯的专业价值重要得多。战略是选择不做什么，而很多企业不是"不能"而是"不要"，尤其是人力资源部门。事务性的或者运营性的人力资源并没有太多战略价值，但是很多企业的人力资源负责人却乐此不疲。他们的惯性思维是我擅长什么就去做什么，而不是我应该做什么，这也是本书中提到的人力资源一把手在推动企业变革和战略时缺乏能力或者力不从心的原因。

当今全球经济的不确定性使企业在可持续发展的能力上更加强调卓越领导力。借助改革开放的红利，国内涌现出了一大批互联网经济、先进制造和科技创新型企业，在资本风光无限好的时代，很多企业家自认为是正确的战略起了作用。而真正关注人才战略，持续投入和不断优化人力资源管理体系的企业要靠多年的积累，才能在最艰难的市场中有突出的表现，这些企业在任何时候都不会忽略企业领导力的不断提升和重塑，它们不仅走得快，也会走得远。非常推荐读者仔细阅读本书中有关卓越领导者的画像和素质等相关内容。

人才战略是最不容易掌握的。首先，人才战略是一个闭环，但是很多企业把它职能化了，不仅切断了闭环，还让每个环节变得重复且机械化。人才战略和经营战略实际上是密切关联的，人才的盘点不是为了今天而是为了未来。人才战略需要我们先把眼光放在未来再回头看今天，据此来回答"够不够"和"行不行"。这不仅需要人才晋升机制、继任者计划等流程，还需要人才竞争的策略，书中提到的五大人才策略把人才战略进行了有机的整体性串联。

我们需要认识到，在动荡不定的世界中，强大的人力资源战略不仅有助于企业稳健成长，还为应对不确定挑战提供了韧性基础。成功的企业不仅体现在对外部机会的把握上，更重要的是体现在内部的应变能力和人才的培养上。我非常欣赏作者以丰富的实践智慧对人力资源工作所做的全盘提炼，它们精准且实用。本书不仅洞察了人力资源管理的深层价值，更为企业家和 HR 从业者提供了一套全面的行动指南。

希望我们都能时刻谨记，HR 的工作不只是一个部门的任务，而是穿透全组织的生命线。不管你是人力资源从业者还是企业管理者，如果你遇到了人力资源相关问题，相信这本书能够为你的问题提供可靠的解决方案。

吕　威

CDP 集团董事长兼首席执行官、联合创始人

推荐序 | 2
人本之道，贵在极简

在这个商业环境充满挑战的时代，企业家和职业经理人往往致力于产品研发、精益生产、市场营销等核心业务领域，以谋求商业突破和持续发展，但是成果往往不尽如人意。担任光辉国际中国区咨询业务总经理时，我有机会近距离地观察并与多家行业标杆企业的领导者进行交流、探讨企业的成功之道。我注意到，越来越多的高层领导开始将工作重点转移到组织、领导力和人才管理等人力资源领域，重温彼得·德鲁克（Peter Drucker）关于管理本质的经典论述："管理的本质在于使人们能够共同努力，发挥各自的优势，同时使个人的弱点变得无关紧要。"已经形成的广泛共识是：有效的人力资源管理体系是打造出企业可持续竞争力的关键支撑。

王阳明在《传习录》中说："知者行之始，行者知之成"。在商业管理的实践中，理解问题的重要性不亚于寻找解决方案,而能够将理论知识转化为有效行动,才是真正的挑战和修炼所在。如何前瞻性地规划人力资源战略,快速建立系统的人力资源管理框架,准确识别并培养核心人才,塑造可以支撑企业长期发展的文化——这些都是企业家、职业经理人乃至人力资源从业者所渴望获得指导和帮助的痛点和难点。面对这些挑战,急需借鉴来自前沿的实战经验和智慧,在此,我非常荣幸地向您推荐米德(张伟)和其他两位作者精心撰写的《极简人力资源》一书。这本书不仅站在企业战略的高度审视人力资源管理,深入解读其核心逻辑,还提供了许多关键的实操细节。

本书的作者之一张伟,被业界尊称为"米德"(源于他的英文名 Meade),他不仅在人力资源领域成就斐然,更以其传奇的职业生涯而闻名。他在人力资源管理的实践与理论探索方面的丰富经验和深刻见解,生动诠释了人力资源管理大师戴维·尤里奇(Dave Ulrich)所言:"最成功的人力资源专业人员是那些深刻理解并能够将人力资源战略与业务战略紧密结合的人。"30 年前,在宝洁时期,米德已是我们这批跨世纪管培生心目中的职场楷模。当时,他在而立之年便成为宝洁中国历史上最年轻的全球性人力资源高管之一。我有幸在从天津工厂轮岗返回总部、即将担任中国区培训与发展经理的关键时刻,与米德深入探讨了 HR 职业发展的道路。他那儒雅、谦和的风范,加之对人才发展和组织变革深刻冷静的洞察力，特别是他所策划的"鲤鱼跃龙门"（Over the Dragon Gate）全球领导者发展项目，不仅给我留下了深刻印象，也激发了我对领导力发展的热情和使命感。多年后，随着米德从跨国公司人力资源高管转型为民营企业的CHO，我们之间的交流愈加频繁。他对人力资源的使命感，尤其是在企业文化和价值观建设方面的深入思考，以及他持之以恒地践行人力资源专业领域知行合一的精神——既注重持续学习以保持理念的更新，又务实地将HR理念融入业务流程和组织实践——都是他成为杰出企业家所不可或缺的坚强支柱。

在纷繁复杂的商业世界中，管理之道似乎永远在寻求一种平衡——如何既能顾及人的多样性需求，又能在企业的运作中追求效率与效益。《极简人力资源》这本书，恰如其分地为我们提供了解答。作者将"以人为本"的人力资源核心理念和极简主义的工匠精神巧妙融合，指出了一条清晰可行的提升人力资源管理水平的捷径。

在本书中，作者提倡的不仅仅是管理上的简约风格，而是一种深入企业文化每一层面的理念。作者坚信，人是企业最宝贵的资产，而管理的艺术就在于释放每个人的潜能，优化组织结构，让管理同归其最纯粹的形态——服务于人，激励人才，推进业务。正是这种以人为核心、简化组织中繁文缛节的理念，可以让企业在快速变革的市场中保持活力与竞争力。

我个人的理解是：极简，并非简单的数量上或者形式上的减法，而是一种通过精心设计的减法，去掉无效的管理层级，简化烦琐的流程，让管理决策更直接、行动更迅速，让高潜力的年轻领导者更早地涌现出来。在作者的笔下，极简体现在对人力资源工作本质的思考和初心的回归上，通过有意识地取舍，我们能够集中资源，发挥策略的最大效能。在《极简人力资源》的第一章，作者就开宗明义地提出："使命是'企业为什么存在'的核心意义，它着眼于当下，是超越利润的存在。它需要清晰地描绘出我们的客户是谁，我们解决什么样的问题，以及创造什么样的价值。"企业家、管理者要时刻谨记：使命是组织的"第一性原理"。

更可贵的是，作者没有停留在理念的泛泛而谈上，而是提供了很丰富的真实案例分析和实用工具，这些都是他们在人力资源领域多年精研的成果。比如很多 HR 专业人士都头疼不已的人才盘点过程，作者用一张表格就简明扼要地列出人才盘点前、中、后三个阶段的关键步骤和指引（详见本书第四章表 4-1 人才盘点操作流程）。

在《极简人力资源》中，作者运用其丰富的人力资源管理经验和对中国企业发展环境的理解，为读者呈现了一个简洁而深刻的管理视角。CEO 们将在这本书中找到将人力资源管理与企业战略紧密结合的策略，帮助他们塑造企业文化，推动企业愿景的实现。对于中高层管理者，书中提供的工具和策略，旨在提升团队绩效，并教会他们如何在人才竞争和市场变化中稳健领航。而 HR 专业人员则可以通过书中的最新行业趋势和案例分析，提高自身专业技能，并了解如何让自己成为企业战略中不可或缺的力量。

《极简人力资源》适用于各个层面的专业人士。它不仅为资深的人力资源专家提供了新的思路，也为企业领导层明确了如何更有效地运用人力资源以支持企业发展。同样，对于那些致力于提升自己管理能力和团队表现的一线主管和员工，这本书也提供了实用的建议和指导。《极简人力资源》是一本精练的人力资源管理指南，旨在帮助每一位读者在动荡的商业环境中更好地实现绩效提升和职业突破。

在这个充满不确定性的时代，让我们与作者一起，学习如何以"人本之道，贵在极简"的智慧，打造出一个释放创造力、提高生产力的工作环境。这不仅是一次管理上的革新，也是一次人性与效率和谐共存的有益尝试。

是为序。

张伟钢

光辉国际亚太区领导力发展负责人

于香港贝沙湾

前 言

我的职业生涯从加入享有"人才培养摇篮""人才黄埔军校"等美誉的宝洁公司开始。我在人力资源领域工作迄今已有30年,其中在宝洁公司的15年对我影响很大,也让我积累了非常丰富的知识、实践等从业经验。我在宝洁美国总部工作了6年多时间,在宝洁大中华区工作了8年多,还有一段亚太区的深入工作体验。在这15年间,我轮岗于各类专业及管理岗位,逐渐锻炼出既具备专业深度又拥有管理高度的复合型能力。

在学术上,我致力于人力资源管理的研究,分别在中美两国取得了与人力资源管理紧密相关的硕士学位:我在中山大学获得了企业管理硕士学位;在美国工作期间,我于凯斯西储大学完成了组织行为与分析的硕士学业。此外,我还通过两年多的时间,完成了高管教练的认证课程。这些学术经历使我对组织、文化、人才、激励、领导力等人力资源管理知识体系有了更为完善和全面的认知。

在职业生涯中，我先后服务于三家知名跨国公司，担任重要职务长达20余年。之后，我又在几家民营上市公司和创业公司担任首席人力资源官，积累了宝贵的实践经验。这30年的专业实践与历练使我深刻认识到，人力资源部门在企业发展中扮演着举足轻重的角色。同时，我也深切体会到掌握系统的人力资源管理理论知识和踏实丰厚的实践经验的重要性。

在人力资源领域深耕的30年，让我对人力资源工作有了三大感悟：

1. 在人力资源职业发展的初级阶段，我们应积极把握机遇，跟随经验丰富的老师学习，并在优秀企业中实践锻炼

想要获得对人力资源部门作用与角色的深刻理解和全面认知，离不开我们对人力资源工作的深入观察和亲身实践。若缺乏这些体验及其带来的深刻洞见，我们便难以将书本知识与实践中的最佳案例相结合，更难以将这些理论知识熟练地应用于实际工作中。

那些注重人力资源管理的优秀企业，无疑是人力资源从业者学习、成长的理想场所。这些企业不仅展现了在人力资源管理方面的卓越实力，更让我们深刻感受到优秀人力资源管理对企业发展的积极推动作用和深远影响。

若能在这些企业中跟随卓越的领导者和经验丰富的老师学习人力资源管理的专业技能和先进理念，同时结合企业优质的管理环境，我们便能更加准确地把握人力资源管理的核心要素和精髓。这种追求专业的人力资源管理理念和态度，将对人力资源从业者的职业生涯产生深远的影响，并树立起积极的榜样作用。

在我职业生涯的早期阶段，我在宝洁公司工作长达15年之久。这期间，我亲身体验到了这家优秀企业高度重视人力资源管理的榜样力量，并有幸与众多拥有卓越专业背景和崇高价值观的领导和专家共事，他们的言传身教和悉心指导，对我个人的专业成长和职业发展产生了深远影响。

我记得，在职业生涯的初期，我有幸与宝洁全球顶级的组织发展专家白若龙（Ron White）老先生共事，他的专业化和系统化的组织发展知识体系以及卓越的组织变革管理能力，对我如何看待组织发展和变革产生了深远影响。他提出的组织设计各要素要高度一致、相互配合以达到"聚焦和和谐"状态等理念，以及组织变革应循序渐进、小步快跑和因势利导等管理策略，都是我在后来的工作中反复实践并不断领悟的智慧结晶。

此外，在宝洁公司，我还有幸与多位杰出的人力资源高管共事，如许有俊先生和琳恩·伯内特（Lynn Burnett）女士等，他们都是全球业务单位或区域人力资源的领军人物，我从他们身上学到了如何在积极配合业务发展的基础上，培养高效的组织能力，培育制胜文化和构建强大的人才梯队。这些领导者的领导风格虽各具特色，但他们的核心价值观与宝洁倡导的企业文化高度契合，使我们在决策和行动中始终保持高度一致，这种对"做正确的事""以人为本""尊重包容、鼓励多样性"以及"鼓励创新"等价值观的坚守，正是这家百年企业得以传承和发展的重要文化基石。

2. 专业和客户至上，不唯上，不唯书，只唯实

在人力资源领域，我们必须精益求精，不断提升自身的专业素养。同时，我们应始终关注并满足客户的需求，而非去过分揣摩领导的意图。秉持公正立场，注重实效，兼顾大局，摒弃形式主义，将更容易赢得组织内外广泛的信任与支持。

人力资源工作应立足长远，避免短视行为。我们应秉持长期主义精神，坚持做正确的事情，所有行动与正确的业务战略逻辑相契合。我们致力于解决难解决的问题，而非追求短暂而低效的眼球效应。人力资源工作的战略重点应聚焦于组织真正需要、具有核心价值的少数关键领域，多做雪中送炭之事，避免锦上添花甚至画蛇添足之举。

若人力资源工作仅关注短期成果，而忽视对组织、企业文化和人才的长期布局与推动，则难以产生深远的组织影响，更无法有效助力组织使命与愿景的实现。因此，优秀的人力资源从业者必须具备独立思考的能力，不应随波逐流，而应凭借对组织和人才客观、专业的判断与认知，精准把握组织与人才发展的核心痛点，为组织贡献更多价值。

与时俱进、突破创新是人力资源工作者的重要能力。我们需要守正出奇，勇于寻求创新与突破，助力组织和人才发展不断迭代提升。然而，与时俱进并不意味着盲目追随外部潮流，我们必须在组织、人才、文化等方面保持定力与坚持。只有找到适合本企业和组织的最佳实践方案，才能真正推动企业在各方面获得可持续发展与提升。

以宝洁公司为例，其坚持百年的"内部提升机制"便是成功的实践成果之一。尽管全球范围内鲜有企业能够如此长期坚持一项机制，但正是这一机制，使得宝洁高度重视人员招聘、选拔和培训，大胆起用人才，敢于赋予早期人才以重要职责，培养和发展复合型人才。这种长期坚持的策略，使得宝洁人才辈出，为企业的可持续发展提供了有力支撑。

3. 人力资源管理是个庞大的系统工程，要有系统性思维能力和前瞻性战略操盘能力

企业无论成功或失败，追根溯源其实都是人的问题，这里有领导人和高管的个人领导能力和战略规划问题，有中基层干部和专业人员的意愿、专业度和学习能力问题，也有各种不同团队的贡献、协调和效率问题，也有大的组织能效问题，还有企业文化对员工和组织的影响问题、员工敬业度问题，以及激励和绩效对各级别人群的影响和牵引问题。优秀的人力资源管理者应该像将中西医融会贯通的出色医生一样，能够全面掌握人身体各部分的健康状况，能够有针对性地解决病患的具体问题，也能够治未病，防患于未然。尤其是人力资源的总操盘手CHO，需要有全面系统的思考和操盘能力，要能通过科学的"望闻问切"，清晰地诊断其组织的病灶和病因，缓解病症，帮助其康复，并能帮助其组织尽可能地避免疾病复发，不能只会"头痛医头，脚痛医脚"，被动地如救火式地应对。系统性地预防和防范远比事后处理和应对重要得多。我曾在知名制药公司阿斯利康任中国区人力资源副总裁，有机会和一批非常有领导力和战略前瞻视野的领导层合作共事，他们不仅关注当下业务的健康发展，更关注未来3至5年的业务战略布局和人力资源战略统筹，我们有机会一起制定和推动落实了阿斯利康的中长期人力资源战略，为企业的健康和可持续发展打下了坚实的基础，让阿斯利康成为国内行业的领跑者，把它打造成了行业的标杆企业：高员工敬业度，低员工流失率。同时也培养出了一大批优秀、有全球视野的高级管理人才，推动了企业乃至行业的持续发展。

在人力资源管理领域，虽然众多理念与体系均源于西方，然而在过去的二三十年间，我国人力资源从业者结合中国国情与文化，对人力资源管理的理念和实操进行了大量本土化调整，使之更加符合中国企业的实际情况，充分展现了洋为中用的智慧。

拥有180多年辉煌历史的宝洁公司，始终致力于企业文化的塑造、人才梯队的建设、员工领导力和专业能力的提升、敏捷组织的打造。在宝洁，总裁办公室旁通常紧邻着人力资源部CHO与财务CFO（首席财务官）的办公室，他们如同总裁的得力助手，共同推动公司的战略发展。正是得益于宝洁的远见卓识——将人力资源视为至关重要的战略工作，其人力资源部才得以充分发挥专长，为公司的长远发展贡献了非凡力量。

然而，在我国，人力资源部门长期以来多被冠以"人事部"或"劳资科"之名，这反映出许多企业尚未深刻认识到人力资源部门在组织中的战略地位，甚至至今仍将其视为单纯的支持性职能部门。事实上，企业的成功与否与其对人力资源管理的重视程度息息相关。尽管有人认为人力资源部的入门门槛相对较低，我们也时常看到有非人力资源专业的管理者空降管理人力资源部门，然而，专业与非专业的人力资源管理者对企业的长远发展所带来的贡献有着天壤之别。

人力资源部的作用，犹如中医提倡的养生之道，需要时间的积淀与全面的调理，方能显现其提升与转变之成效。这种变化应该是健康且可持续的。从长期来看，在战略无误的前提下，更重视人力资源管理的企业往往能够展现出更强的竞争力和更长久的发展潜力。这是因为文化、组织和人才对企业的影响是深远且持久的。正如中医所秉持的补益观点，企业在人力资源管理方面需要"持之以恒"地进行全面调理，才能使企业的生态体系更加平衡与健康。

我们期待有机会为中国民营企业的可持续发展贡献自己的力量，特别是在推动和重视人力资源发展的道路上，将我们过去30年提炼和总结的众多真知灼见和体系化的方法论发扬光大，助力更多企业实现更健康、更稳健的提升与发展。本书也算是对自己过去30年职业生涯的一个阶段性的心得总结。

在此衷心感谢我太太褚达岷女士在我创作这本书的过程中给予的大力支持和鼓励，让我有很大的动力来完成此书。

最后，我谨把此书献给我过世的老父亲，祝老先生一路走好！

张伟（米德）

2025年2月，于上海

前　言

一次拍卖活动给我留下了极深刻的印象。那是一次内部的公益拍卖，由于拍品不拘一格，也没有大小新旧的要求，我的一位从事人力资源工作的朋友就将和我一起共进午餐的机会列为拍品之一——竞拍成功的人可以和我共享午餐时光，并就组织发展与企业管理等议题进行深入探讨。

这场拍卖活动引发了我的深层次思考，我突然意识到，自己多年来在人力资源管理方面的积累与经验或许能为他人带来价值。倘若我能将这些年的心得与体会分享给更广泛的人群和企业，能否为人力资源从业者或企业管理者提供借鉴和启发，制造更多的"啊哈"时刻（Aha Moment，顿悟时刻），进而解决他们在发展过程中遇到的各类管理问题？

有数据显示，截至2023年底，中国登记在册的企业数量已达到5826.8万户。这些企业在不同的发展阶段都可能会碰到各自不同的挑战和管理问题。特别是众多中小型企业，它们希望摆脱创始团队凡事都要亲力亲为的困境，渴望实现组织规模化并提升业务与管理能力，但往往因人才短缺和管理不当而受阻。随着企业规模的不断扩大，管理问题也愈发凸显。如何有效管理日益庞大的组织，处理日益复杂的事务和流程，以及如何突破业务和管理的瓶颈，已成为制约企业持续发展的难题。组织发展中的很多问题都与人力资源管理息息相关。

所以，写一本与人力资源管理相关书籍的念头一直在我心中挥之不去。

现代企业管理思想源于西方，多是因为西方资本主义国家工业化生产的迅猛发展，促使加强管理与提高效率成为企业的迫切需求。时至今日，在发达国家如欧美及日本的一些企业，它们在管理实践中的很多理念都处于世界领先地位，并引领全球管理学的发展。

我大学读的是工科，但毕业后机缘巧合从事的第一份工作就是人力资源工作。那是 20 世纪 90 年代初，正值青春年华的我，意气风发，对新鲜事物充满好奇。随着时代的发展以及改革开放的深入，我加入了全球跨国制药企业先灵葆雅公司，开启了一个懵懵懂懂的小白的职业生涯。之后的 20 年，我一直在世界 500 强跨国公司从事人力资源工作，如联邦快递、百胜咨询和联合利华。虽然它们都是知名跨国公司，但这几家公司的文化却大不相同，这也造就了它们各自人力资源管理理念和体系的不同，但相同的是，它们每一家公司都在各自的领域取得了成功。我幸运地接受了这几家公司的系统培养，并有机会轮岗于不同的人力资源岗位，这也让我的人力资源管理之路越走越宽。我在联合利华工作超过了10年，其间的经历对我的影响是很大的。联合利华的人力资源管理理念相对先进，一直走在行业前沿。在联合利华，我有机会不断学习新的人力资源管理方法，并不断地将所学应用于实践。我有机会通过启动一个个创新和改革项目，帮助公司解决管理上的问题，提升组织能力，不断塑造专业上的宽度、思维和视野上的深度以及管理上的高度。

学而不思则罔，思而不学则殆。在工作中，我推动自己前进的方式一直是不断地问自己：这些优秀的管理理论，如何能因地制宜，在现实的企业里落地生根？如何将这些原本来自西方管理学的体系与中国的文化和思想相结合，运用在中国的企业中？

自2000年以来，中国的本土企业如雨后春笋般蓬勃发展，呈现出欣欣向荣的景象，越来越多的中国企业走向世界舞台。这不禁让人思考，究竟是什么原因促使这些企业能够迅速崛起？纵观人类历史的长河，我们不难发现，历史总是充满了惊人的相似性。同样地，企业的发展生命周期、企业管理以及人力资源管理等方面也呈现出一定的相似性。

在外资企业待了多年之后，我产生了加入民营企业的想法。这不仅仅是因为我怀着一颗好奇的心,更是因为我怀揣着一颗美好的初心,希望通过我所积累的管理经验,为民营企业的发展贡献一份力量。离开熟悉的环境和工作方式,我在民企中摸爬滚打数年,从地产领域到科技领域,先后在两家上市企业担任过首席人力资源官,深刻体会到从外企到民企的不易。在这个过程中,即便是职场"老司机"也会面临各种新问题,从最初的不适应,到最后的接地气,最终完成了从外企到民企的华丽转身,为我在人力资源领域的管理实践经验又增添了浓墨重彩的一笔。

随着信息化和数字化进程的加速,以及知识经济时代的到来,人力资源管理在企业战略发展中的地位日益凸显,其职能已经从传统的招聘、薪酬和培训管理等基础任务,逐步扩展至业务战略、组织发展、社会进步等经济领域的全面管理。如今,越来越多的企业管理者认识到,人力资源管理在企业成功战略中的作用不可或缺。实际上,人力资源管理已成为企业保持活力和竞争力的核心要素,因为它渗透于企业的每个角落,同时也验证了人是企业持续发展的源动力这一真理。因此,企业管理者在日常工作中,都不可避免地会面临人力资源管理的各种问题和挑战,需要做出明智的决策。这要求企业管理者都应成为解决人力资源问题的专家。

管理的精髓源自实践,实践才能出真知,人力资源管理也不例外。人力资源管理的发展,得益于各种人力资源管理大师和专家的深入研究和推动，更离不开企业家及每一位人力资源工作者的持续推动，我也希望自己能成为推动人力资源管理进步的一分子。通过深入学习人力资源的相关理论知识，并在不同企业、不同岗位的实际工作中积累丰富的经验后，我希望能够结合自己的理论与实践，与大家进行深入的分享和交流。

本书中的每一个案例都是源自我们过往的真实工作经历，涵盖了外企与民企经营中的多种情境。在此基础上，我们萃取和自创了一些实用的人力资源管理框架，也引用了多位著名人力资源管理大师的理论知识，以期本书能为企业家、管理者及人力资源工作者提供有益的参考与学习的价值。

在本书的编纂过程中，我们始终遵循以下原则，这些原则也构成了本书的鲜明特色：

一、系统性。人力资源管理并不能孤立存在，而是与业务紧密相连的。因此，本书所阐述的每一个人力资源管理的战略、战术和举措均构成了一个完整的闭环。通过书中对人力资源管理各模块的体系和框架的详细阐述，读者能够构建出全面而系统的人力资源管理知识体系。

二、普适性。尽管人力资源管理兼具科学性与艺术性，但本书在撰写的时候力求简洁明了、深入浅出、易于理解。这使得书中的内容应该能够满足绝大多数企业的管理者和人力资源从业者的需求。

三、理论与实践相结合。人力资源管理既需要理论，更需要落地。本书在介绍人力资源管理理论和方法的同时，辅以丰富的案例分析，旨在帮助读者更好地理解和应用理论知识，并将其迅速转化为实践操作能力。

写书源于我们对人力资源管理领域的浓厚兴趣和专业追求，我们希望同企业的管理者和人力资源从业者分享我们在工作中的感悟和经验。我们希望帮助那些人力资源管理体系尚待完善和提升的企业，推动它们的人力资源管理水平迈向新的高度。我们深知，优秀的管理是企业持久发展的稳固基石。我们也衷心希望企业能通过卓越的人力资源管理来稳步迈向持续、健康和有序的发展之路。

希望这本书能带给大家一些启发和收获。于我们而言，与大家分享我们的经验和见解是一件非常有意义且有价值的事，我们会坚持做下去。

衷心感谢大家的信任和支持！

綦光华（Annie）

前　言

能够参与本书的撰写，我深感荣幸。米德和 Annie 都是人力资源领域的资深大咖，虽然从专业背景的角度看，和他们相比，我难以望其项背，但我始终相信，正是因为我们各自拥有着不同的视角和经历，才能让这本书更加丰满和立体。

在十几年的职业生涯中，我涉足过人力资源领域多个模块的工作，也在行业内全国领先的集团公司担任过总监。我最擅长的领域是企业文化建设，而人力资源管理是企业文化落地最重要的抓手之一。对企业文化的研究越深入，我越能深刻理解人力资源管理对一家企业的重要性。

和企业文化类似，围绕着使命、愿景、价值观开展的吹拉弹唱并不是企业文化的全部，战略、品牌和管理的方方面面才是；同样，招人、发薪、搞培训也不是人力资源的全部，通过合理的配置和有效的管理实现企业目标和个人发展的最大化才是。

和企业文化类似，知其然，更要知其所以然。我们也要积极关注外部文化建设的动态，热衷于汲取新的文化建设理念和框架。然而，单纯的模仿和借鉴并不能使我们真正理解和应用这些理念。如果不了解文化是如何影响企业的这个底层逻辑和核心原理，我们就无法通过照猫画虎来成为自己所期望的样子，甚至可能迷失自我。同样，在人力资源管理领域，虽然市面上充斥着各种时髦的理念和论述，但如果没有扎实掌握人力资源各模块的基本知识，我们就无法做出明智的判断，更无法有效区分哪些理念和方法对我们的组织真正有益。有一句话说得好：不要因为跑得太远，而忘记当初为什么出发。

和企业文化类似，有时候人力资源管理难以被重视或践行下去，是因为和企业短期利益相悖。有些企业常常把员工看成一种成本而不是可投资的战略资源，但是企业不会自动发展得更好，只会由企业里的人来让它变得更好。

从企业文化、人力资源战略到领导力和领导团队、人才战略和高效组织，再到激励绩效、员工敬业度以及职业发展路径，这本书几乎展示了人力资源管理关键领域的全貌。

企业的发展和人力资源的发展是一个相互成就的过程，并非所有的企业从一开始都需要很完善的人力资源管理系统，但如果企业想要走得远、走得稳、走得精彩，就必须重视人力资源管理，因为它一定会回报给你无限惊喜。

我们希望更多的人和企业能认识到这一点：通过完善专业的人力资源管理体系，来经营好企业里的"人"，从而收获由"人"的成长所带来的红利。

在与米德和 Annie 两位资深大咖的合作过程中，我深刻体会到了他们的专业素养和丰富经验。他们对人力资源管理有着深刻的认识和独到的见解，让我受益匪浅；同时，我也努力发挥自己的优势，从一个中层人力资源从业者实战的角度出发，分享自己这十几年来的心得体会。也正是这种互补性，让我们的合作更加默契和高效。

我很珍惜这次机会，也在努力学习和弥补自己的不足。希望这本书能够帮助到很多和我一样的人力资源从业者，不断地学习和进步，在这个竞争激烈的时代站稳脚跟。

期待你能翻开这本书，也期待我们在人力资源管理的道路上，共同成长，共同进步。

郑家凤（Fay）

引 言

企业的成功与否和企业对人力资源管理的重视程度息息相关。我们可能很难通过人力资源的措施或项目在极短的时间内看到效果（如提升销售业绩和利润），但从长期来看，更重视人力资源的企业往往能够获得更强的竞争力和更长久的发展，这是因为文化、组织和人才对企业的影响是深远的。然而现实中，人力资源部门在许多企业中都面临着难以真正发挥其专业价值的局面，其主要工作更多地局限于为企业做基础支持，对企业战略实现的贡献和价值相对有限。面对这样的情况，分享几点我们的看法：

第一，许多企业没有全面系统地梳理自身的人力资源战略，包括组织、文化和人才等方面。缺乏前瞻性、系统性和全面性的人力资源战略规划往往会导致人力资源管理缺乏可持续性，难以帮助企业构建核心组织能力和提升核心竞争力。为了实现企业的可持续发展，必须在人力资源各个主要战略模块形成健康良性循环的基础上，集中精力打造企业在组织、文化和人才方面的优势模块和项目。这就像木桶理论所揭示的，如果企业在组织、文化和人才等方面存在短板，将严重制约其可持续发展能力。

第二，人力资源管理需要遵循科学和严谨的原则，建立在专业理论框架的基础上。因此，人力资源管理不应迎合业务领导的个人主观需求而被随意调整。有时候，人们喜欢引用一些时髦的概念和理论并运用到企业的人力资源管理实践中，好像觉得不这样就跟不上外面的流行趋势，人力资源管理就不够与时俱进。但很多人力资源管理的理念本就是大道至简，不需要太过花里胡哨。在实际应用中，我们应避免盲目追求时髦概念和理论，而应关注人力资源管理的本质和核心。如果人力资源管理仅根据高层业务领导的意愿而随意调整，那么最终将导致人力资源管理体系的瓦解。

第三，人力资源管理应具备战略高度，而不只局限于日常运营。人力资源战略包括组织、文化和人才维度，必须与企业使命、愿景和业务战略高度匹配，并保持聚焦。只有这样，人力资源的管控和体系搭建才能真正助力企业战略的实施和落地。否则，人力资源的战略管理将与企业的业务战略脱节，成为"两张皮"，即便再专业的人力资源战略和体系也无法发挥实际作用，对于企业来说只是中看不中用的"锦上花"而已。

第四,我们提倡由专业的人力资源领导来负责人力资源管理工作,而非由非专业但受业务老板信任的业务部门领导来负责。这样做有助于建立专业化的人力资源管理体系。如果负责人力资源部门管理工作的是非专业人员,他们可能无法充分发挥人力资源部门的专业价值,导致业务部门对人力资源部门的贡献和价值产生怀疑。这种局面往往是企业不重视和不了解人力资源导致的。因此,专业的事情应该交给专业的人去做。

第五,许多人错误地认为,组织、文化和人才管理仅仅是人力资源部门的事情。实际上,优秀的企业CEO应该具备充分发挥人力资源优势的能力,并对人才、组织、文化有深入的理解。只有培养出这样的业务领导,组织、人才和文化的发展才能保持可持续性。一流的企业,如宝洁、华为等国际知名企业,它们的业务领导会投入大量时间接受与人力资源相关的各种知识培训,包括人才选用和预留、人员激励、组织设计、高效领导团队和领导力、变革管理和企业文化等。这些优秀企业一号位的格局和视野决定了企业的发展速度和潜力。

第六,人力资源部门的一号位必须具备搭建全面战略体系的能力。他们需要清晰地规划并推动人力资源战略的制定和落地。他们不能人云亦云,更不能被业务领导牵着鼻子走,把大部分时间花在修补目前的残破体系上,从而陷入不停救火和查漏补缺,以及不断完成那些业务领导认为重要和紧急之事的困境中。他们应具备专业判断能力和前瞻性,主动思考、运筹帷幄,为企业创造长期价值。人力资源部门的一号位应具备设计师和建筑师一样的格局和理念,就好像面对一间危房,知道何时修、何时拆、何时重建。他们需要有勇气破旧立新,同时也要有预见性地进行规划和布局。只有这样,人力资源部门才能真正发挥其专业价值,为企业创造更大的战略价值。

  我们经常说一个企业要做大做强,但更重要的是做长。企业最好的生存状态就是可以做成"百年老店",要能够扛过经济周期对企业的影响,如果企业穿越周期后仍然可以焕发活力,这才是可持续发展的优质企业。世界上很多"百年老店"或者虽然只有几十年历史但已经非常成功的企业,它们在企业管理、经营之道等方方面面都沉淀下了不少最佳实践和体系化的管理经验。我们认为这些"百年老店"之所以能够经久不衰,是因为他们的企业文化、经营理念、管理之道,包括其人力资源管理方法和体系是经得起时间考验的,是非常系统和全面的,是与时俱进的。只要在正确的战略引导下,这些企业可以稳步穿越经济周期并应对各种市场挑战,稳步发展,稳中求进。反观我们熟知的不少企业,它们很容易由于产品出色或资金充足,忽然间以迅雷不及掩耳之势变成行业新贵,但是没过几年,这些企业却以惨败的结局收场,甚至销声匿迹。导致它们失败的，除了战略和产品的问题之外，往往是它们在企业文化、经营管理以及公司治理、体系搭建等方面存在不少短板，企业的发展和企业文化与管理体系不匹配。中国的民企中，能像华为一样，除了有出色的产品和研发能力，还能有优秀的公司治理体系、完善的管理机制的企业，绝对是凤毛麟角。出现这种现象的主要原因还是企业在长期管理机制和配套支持体系上不扎实，没有夯实企业长远发展的基石，反而过多地看重眼前利益。

人力资源管理作为企业管理的重要组成部分，必须与时俱进，不断优化和完善。然而，这并不意味着它是一种追求繁花似锦的时尚或展示花拳绣腿的秀场。相反，人力资源从业者和管理者必须掌握基本的管理逻辑和知识理念，并在实际工作中不断迭代。人力资源管理者如果能够按照企业战略发展需要，建立起一套行之有效的人力资源管理体系，那他们才是真正有实力的专业人士。如果这一体系能够为企业未来的发展奠定坚实基础，聚力储能，那么，这样的人力资源管理方式就发挥了前瞻性的战略支持作用，能帮助企业未雨绸缪，运筹帷幄地进行战略布局。

基于以上考量，我们希望在本书中把我们从业多年积累的并被验证确实行之有效的人力资源管理知识、理念和实践进行梳理和总结，并提供一些有启发性的案例和解决方案，为起点不高、专业性有待提升的人力资源从业者和管理者提供一本理论与实践相结合的人力资源管理工具书。我们也希望未来可以通过更多的途径和大家一起交流，为大家的日常人力资源管理工作答疑解惑。

这本书介绍了一种极简的涉及八个要素的"八位一体"的人力资源管理体系。为了帮助您记忆和理解，我们将这八个要素以一间房子的形式呈现：屋顶是企业的使命、愿景和价值观；房梁由和企业战略目标相匹配的人力资源战略构成；五根柱子支撑起房梁和屋顶，分别是领导力及领导团队、人才战略、高效组织、激励绩效和员工敬业度；地基部分则是人力资源的专业能力和职业发展。如图0-1所示。

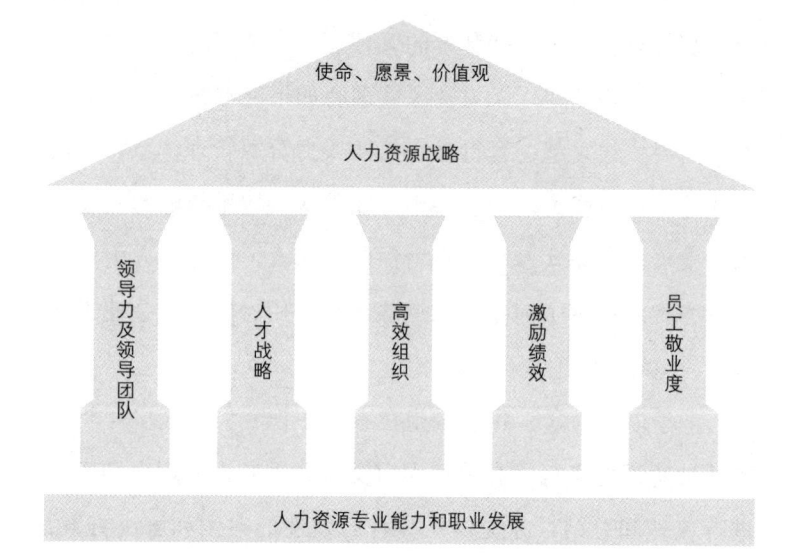

图0-1 "八位一体"的人力资源管理体系

在这八个要素中，企业文化（使命、愿景、价值观）引领公司战略，公司战略驱动人力资源战略，五个支柱体系承接人力资源战略，人力资源专业能力和职业发展是基础。

一、屋顶——使命、愿景、价值观

俗话说，"一年企业靠运气，十年企业靠经营，百年企业靠文化"。这句话在近些年被反复验证。企业取得短期成功可能靠的是运气，但一家企业如果想在市场竞争中存活并获得长期稳定的发展，企业文化一定是其强有力的竞争武器。换句话说，一家企业想要获得长期成功，就必须重视企业文化建设。

企业文化包括企业使命、愿景和价值观，是企业的灵魂，它反映了企业的信仰和追求，是构建制度层、行为层和物质层的基石。

使命和愿景是企业一切业务和经营管理的基础。使命是方向，它指导愿景。愿景拆分为战略，而战略可以细分为企业各个阶段的目标，企业的目标逐步细化，层层分解，从企业到部门，直至变成单个员工的 KPI（Key Performance Indicator，关键绩效指标）。价值观是企业的精气神，会影响员工的思维方式，思维方式决定了行为，行为决定产出结果，也就是绩效，个人绩效组成部门绩效，层层向上，最终汇聚组合成为企业的目标，这是一个完整的闭环。

所以，企业文化决定了企业战略落地的质量和成果，从而决定企业战略的成败。构建基于企业战略需要的企业文化体系，则可以促进企业实现健康、可持续的高速发展。

二、房梁——与企业战略匹配的人力资源战略

企业文化决定了企业战略，而人力资源战略是企业战略落地的桥梁，也是企业构建核心竞争力的关键要素之一，为企业发展提供了坚实的基础。它关乎组织、人才和文化的战略统筹和落地纲领，是指导人力资源管理工作开展的"蓝图"。

人力资源战略要求企业经营战略、企业文化、人才战略、组织及人力资源运营管理之间保持内在逻辑的一致性，不应该相互矛盾或产生离心力，这样才能切实打通企业文化、组织、人才及人力资源管理各项工作之间的关联，构建管理闭环，汇聚组织合力，使人力资源管理真正影响并支持企业的有效运营。

学会科学制定人力资源战略，可以帮助企业更好地实现战略目标，并应对各种内外部挑战。只有企业重视人力资源战略的制定和实施，才能确保其在激烈的市场竞争中取得成功。

三、柱子一——领导力及领导团队

领导者是企业战略和人力资源战略落地的中坚力量。

领导者如何带好团队？领导者将带领大家走向何方？羊群全靠头羊带，领导者就是团队中的头羊。他们是企业的核

心人物,是企业命运的根本,极大地影响着企业的成败。

通过本书第三章对卓越领导者的六个画像和七种素质的深入剖析,我们可以清晰地看到领导者所需要的基本领导素养和能力。这些素养和能力并非全部由先天决定,也有很多可以通过后天学习和实践来培养。世上没有完美的领导者,但真正的高效领导者通常能够充分发挥自己的领导力优势,同时不断控制并弥补自己在领导力方面的某些短板,以确保不会影响其领导效能。

高效的领导团队对于企业的成功也至关重要。俗话说孤掌难鸣,一个高效的领导团队可以充分弥补某位特定领导在某些专业能力方面的欠缺,推动组织走得更远、更稳。一个人可以走得很快,但一群人可以走得很远。高效的领导团队的打造需要花时间精心策划,也有一定的方法和规律可循。高效的领导团队要定期去"照照镜子",定期评估现状和优劣势,稳扎稳打地提升自己,才能逐步达到一个较为理想的境界。没有任何团队天生就是"梦之队",高效领导团队的培养从来就不可能是一蹴而就的,需要长期、持续打磨。

因此,企业的关键领导人和人力资源部门一定要在领导团队的选拔、任命及凝聚力打造方面下足功夫,做很多量体裁衣的台前幕后工作。建立高度信任的团队文化,打造有愿景和使命驱动的领导团队,是确保团队长远发展的关键。团队成员之间要能够取长补短、同心协力,其合力才可断金、共同应对挑战，而不是陷入一盘散沙的窘状。

四、柱子二——人才战略

人才战略需要解决的是人才数量、人才质量和人力资源管理策略上如何支持企业战略的问题，涵盖了选人、育人、用人和留人的方方面面。选择"合适"的人才，以及适能、适用是人才战略的关键。企业需要匹配业务战略和企业的自身发展阶段，清晰地制定属于每个企业特有的选人标准和用人画像。

在找到了合适的人才之后，企业需要重视对人才的培养和发展，使其不断提高自身素质和相关能力。同时，还要建立一套相应的人才评估机制，让有潜力的人才脱颖而出，并大胆把有潜力的人才放在关键岗位，"以战代练"，放大其影响力并为企业创造更大的价值。一个相对稳定并能及时注入一定新鲜血液的团队，才会让企业不断向前发展。

有效的人才战略不仅应关注解决眼前的人才问题，还应当着眼于长远，建立可持续发展的人才体系，从而支持企业战略的成功实施。

五、柱子三——高效组织

打造高效组织是企业取得成功的关键之一。

每一个高效组织，都必然有其显著特征，组织设计是高效组织构建最基本也是最重要的开端。组织有不同模式，但不论哪种模式，都需要匹配战略和业务，还必须符合组织当下的员工结构、员工能力以及文化特性。

组织诊断可以帮助企业系统地找出组织中的问题，并解决它们，从而让组织变得更高效。

组织盘点可以帮助企业上承战略，下接人才。组织盘点必须与人才盘点有效结合，才可以更好地打造敏捷的组织，赋能业务。

提升组织效能，是组织永恒的话题。组织效能的提升，不是一点一面的提升，它需要系统的思考，需要聚焦在组织能力建设上，同时关注组织的团队协作，让组织的效能获得进一步的放大和凸显。

在当下充满不确定性的经济形势下，构建组织韧性变得尤为重要。组织具备很强的韧性，是组织得以生存、发展以及穿越组织生命周期的不二法则。

六、柱子四——激励绩效

不管是激励措施还是绩效管理方法，本质上都是帮助员工了解自己的工作和奋斗方向，最终帮助企业达成目标。

我们需要从企业经营的角度而非人力资源管理的角度来重新理解绩效管理，结合企业在绩效管理方面的痛点、误区，以及绩效管理体系的理论知识，再结合对企业战略的理解，选出适合企业战略发展的绩效管理工具，以便建立和完善一套实用的绩效管理体系，支持企业的战略落地和执行。

绩效管理一定是目标导向的。设定目标，是绩效管理体系中最关键的部分，就像企业在商海航行中的指南针，给大家一个明确的方向。在设定好目标之后，企业管理人员要不断调整策略，追踪过程，拿到结果，对结果进行复盘，让大家朝着下一个目标前进，跟上企业发展的步伐，帮助企业实现长期的发展目标。

在追求目标的过程中，对员工进行激励可以更好地完成目标。如果说绩效管理是为了指引员工努力的方向和评估员工努力程度，那么激励则可以激发员工的工作动力和积极性。员工的激励既要考虑短期利益，如奖金提成等，也要考虑长期价值，如股权激励，还可以结合其他激励方式。绩效管理和激励措施的有效结合，共同构建了一个高效的人力资源管理系统，对企业的发展和战略落地会起到关键作用，能帮助企业实现组织目标，保持自己在市场上的竞争优势。

激励机制并不仅限于物质奖励。在适当的环境中，巧妙运用各类激励手段，皆能达到激发员工积极性的目的。

七、柱子五——员工敬业度

员工敬业度关系到企业未来的发展。员工越敬业，企业在市场上的表现就会越好。

员工敬业度作为企业最重要的核心指标之一,应成为企业高管和人力资源部的工作重点。通过提升员工敬业度,企业可以进入良性循环,实现可持续发展。高水平的员工敬业度也体现了企业在组织、文化和人才方面体系化、专业化的工作成果。

要选择适合自己企业的调研工具或自行开发测评工具,围绕员工敬业度的七大重要维度进行综合考量,确保测评的全面性和准确性。在评估员工敬业度后,要制订有针对性的落地计划。这一过程是持续的,需要定期检查和改善。

及时发现和解决通过员工敬业度反映出的核心挑战和短板问题至关重要。这些问题可能是制约业务发展的关键因素。就像木桶的短板效应,如果某方面存在严重短板,将制约企业的整体发展。

员工敬业度调研就像给企业做核磁共振,能够揭示企业存在的问题。对于发现的大问题,企业应及时采取措施进行解决,以保持企业的健康和长远发展。这比仅仅追求规模扩张对于企业来说更为重要。

八、地基——人力资源专业能力和职业发展

优秀的企业,一定会有一批优秀的管理人才和一个优秀的人力资源团队,他们可以帮助企业战略落地和执行。优秀的人力资源专业人士也需要硬实力和软实力的双重能力。作

为一名人力资源工作者，个人的路能走多远，除了发展方向和路径规划之外，个人的执行力和韧性也是决定性因素。在前行的道路上，我们必然会面临各式各样的挑战和变化，方向感越强，越不会迷失方向，即使可能会走些弯路。因此，在条件允许的前提下，我们应该花更多时间理解自己的职业发展方向以及发展规划。在人力资源领域，个人发展也有很多可能性，毕竟能成为人力资源领导者的只是少数，能找到并全力做好自己喜欢且擅长的工作，本身也是最佳的职业发展路径。

以上我们通过一间房子的形式来介绍人力资源管理的八个方面，希望能帮助那些处于快速发展或面临管理挑战的中国企业。希望这些企业能够结合自身实际情况，取长补短，逐步提升人力资源管理水平，为企业的健康、可持续发展贡献力量。本书如果能够对大家有所帮助，这对我们来说就是一件非常有意义的事，渡己达人，予人玫瑰，手留余香。

我们也将持续关注企业在人力资源发展中遇到的各种关键问题和挑战，通过不同渠道和方式帮助人力资源从业者和管理者有效应对这些难题。在此，感谢大家对我们的支持与信任。

第一章

企业使命、愿景、价值观

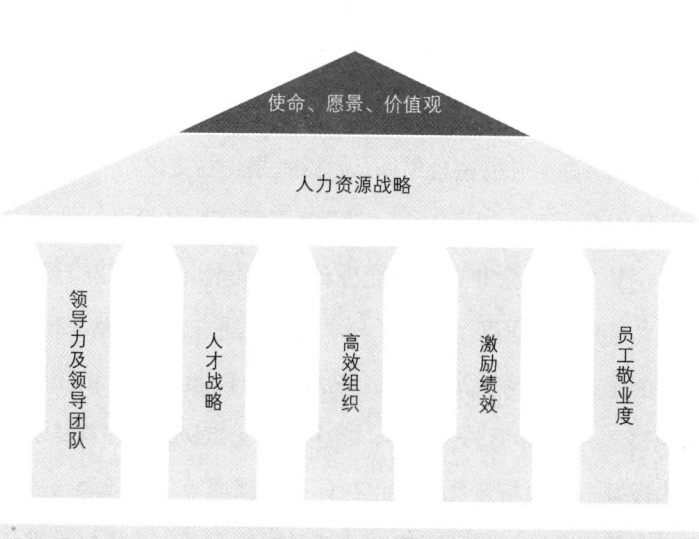

```
            使命、愿景、价值观
              人力资源战略

  领导力及    人才      高效      激励      员工
  领导团队    战略      组织      绩效      敬业度

          人力资源专业能力和职业发展
```

新冠疫情三年,不少企业倒下去了,不少过去曾被认为稳端"铁饭碗"的企业也开始充满变数。当然也有很多企业顺利渡过了难关,还有些企业看似没做什么特别的改变,但就是活得更好了。面对剧烈变化的外部环境，企业的管理层每天都在绞尽脑汁地优化迭代现有机制、系统、模式和流程，以此来应对挑战，解决问题。但我们似乎极少会去思考：机制、系统、模式或者流程背后的底层逻辑是什么，我们到底根据什么原则来设计它们？对于企业来说，到底什么是不变的？市场瞬息万变，变到连竞争对手都没法被清晰定义的时候，我们需要找到一些不变的东西，一些确定性的规律，使其成为不变的原则，好让自己在变化多端的环境中坚如磐石，不被卷入滔天巨浪中。我们需要停一停，好好审视一下自己：我们为什么存在？我们要去哪里？我们需要坚守的信念是什么？这就是企业文化。

我们会发现，规模越大，越具备前瞻视野的企业，往往越重视企业文化。企业文化是企业的底层设计，是企业的灵魂。企业文化在一定程度上反映了一个企业长期主义的经营思想。

企业文化理论之父埃德加·H.沙因（Edgar H. Schein）在《组织文化与领导力》一书中，将企业文化定义为：一种基本假设的模型——由特定群体文化在处理外部适应与内部融合的过程中发明、创造并发展起来的。该模式由于运作效果好而被认可，并传授给组织新成员以作为理解、思考和感受相关问题的正确方式。[①]

我们通常会在很多地方展示企业文化的那些字眼：使命、

---

① 沙因.组织文化与领导力：第四版[M].章凯，罗文豪，朱超威，等译.北京：中国人民大学出版社，2014：16.

第一章　企业使命、愿景、价值观

愿景、价值观和企业理念（企业精神、经营哲学、人才理念）等。人力资源部门会把这些文字背得滚瓜烂熟，并要求员工也掌握。但这些文字于组织、于员工而言到底意味着什么？为什么是这些文字而不是其他文字？下面我们就从最核心的使命、愿景和价值观说起。

第一节 使命、愿景、价值观到底是什么？

一、使命：组织存在的意义

使命是"企业为什么存在"的核心意义，它着眼于当下，是超越利润的存在。它需要清晰地描绘出我们的客户是谁，我们解决什么样的问题，以及创造什么样的价值。使命是组织的"第一性原理"。

"除非我们熟悉事物的基本条件或基本原理，并且分析它最简单的元素，我们才会真正知道一件事。"这就是亚里士多德提出的"第一性原理"。他说，每个系统中都存在一个最基本的命题或假设，它不能被违背或删除，也不能被违反。"第一性原理"后来也成为特斯拉创始人埃隆·里夫·马斯克（Elon Reeve Musk）和他的公司所推崇的信念："我们运用第一性原理，而不是比较思维去思考问题是非常重要的。我们在生活中总是倾向于比较，对别人已经做过或者正在做的事情我们也都去做，这样发展的结果只能产生细小的迭代发展。第一性原理的思想方式是用物理学的角度看待世界，也就是说一层层拨开事物表象，看到里面的本质，再从本质一层层往上走。"

在设计和开发特斯拉的电动汽车和可再生能源产品时，马斯克运用了许多第一性原理的概念和方法。他注重物理和化学原理，善于从基本层面理解产品的性能和功能，并将这些知识应用于产品的设计和开发过程中。例如，特斯拉的电池技术就是基于第一性原理开发出来的，马斯克通过深入了解电池的化学反应和物理特性，以及材料的性质和组成，来研发出更有技术含量也更便宜的电池。

阿里巴巴的使命是"让天下没有难做的生意"。淘宝和天猫解决了传统商业中面临的市场壁垒和地域限制问题，为全球的商家和消费者提供了快捷、高效的交易平台；支付宝提供了方便、安全的电子支付服务，使得各种交易更加便捷和高效；菜鸟网络则致力于构建全球领先的物流网络，为商家提供便捷、高质量的仓储和配送服务；阿里云为企业提供了高效的云计算和大数据分析服务，帮助商家提升了运营效率和创新能力。此外，阿里巴巴通过盒马鲜生、无人超市等新零售业务，为消费者提供了更好的购物体验和服务。归根到底，阿里巴巴解决的就是"做生意"的问题。在阿里发展的过程中，一度有机会进军房地产以及做其他赚钱的事，但它们和"让天下没有难做的生意"相关吗？如果相关，那就是阿里巴巴要解决的问题、要做的事情，除此之外都不是。

使命虽然不是一个可达成的目标，但它是利他的，是一种我们可以一直追寻的远大而美好的理想状态，是我们在瞬息万变的市场中时刻保持正确航向的风向标。

二、愿景：一个可实现的长期目标

愿景是企业发展的长期目标，它着眼于未来，用一段文字勾勒出企业未来的宏伟蓝图。好的愿景应该具有挑战性和激励性，同时也可以引发员工的共鸣，让他们愿意为之奋斗和付出。

同时，愿景是一个在使命框架下可实现的长期目标。这意味着愿景需要和使命在方向上保持一致，有一个奋斗周期，并且有结果可以被验证，也就是说，企业应当知道在什么情况下愿景算是达成了。

愿景需要被企业内的全体成员认同。愿景和现状一定会有差距，但这个差距会激励企业内的成员不断努力。如果大家目标相同，即便来自四面八方，也总会走到一条路上去。只有这样，才会不断激励企业内的成员为这个目标奋斗。而如果大家不认同愿景，意味着企业的未来与员工个人无关，员工也会自然而然地将自己置身事外，仅把目光放在当下，遵从工作安排，把岗位当作赚钱的工具，不会有更多的动力来奉献、付出和奋斗。

一些全球知名企业的愿景如下：

阿里巴巴的愿景是："活102年：我们不追求大，不追求强，我们追求成为一家活102年的好公司。到2036年，服务20亿消费者，创造1亿就业机会，帮助1000万家中小企业盈利。"

宝洁的愿景是："成为并被公认为提供世界一流消费品和服务的公司。"

迪士尼的愿景是："成为全球的超级娱乐公司。"

不难看出，以上企业的这些愿景都相当鼓舞人心。好的愿景应该具有挑战性，但同时也应该是可实现的。当旧的愿景被实现后，企业需要描绘一个新的愿景来重新组织和激励员工奋斗；而如果愿景没能在期限内被实现，企业的成员也会依然为了它不顾一切地持续奋斗。如果愿景永远不可能被实现，那么企业的成员可能会感到挫败和失望，这可能会影响他们的工作积极性和效率，这个愿景可能就不是好的愿景。在这种情况下，企业可能需要重新审视和调整其愿景。这并不意味着企业需要放弃其长期目标，而是需要找到一个更实际、更可行的目标，以便更好地激励员工和推动企业的发展。

三、价值观：企业成员共有的思维模式和行为习惯

价值观是企业的精气神，它着眼于实践，是企业成员的思维习惯和行为方式，也是企业文化最重要的组成部分。

价值观包含两个方面的内容：一是对过去成功经验的总结，二是对未来成功的指引。企业中的价值观往往是在发展历程中逐渐总结经验形成的，同时企业要适应不断变化的市场和业务环境，价值观就必须考虑未来的变化和挑战，在过去成功经验的基础上，不断调整和优化它，以此保持企业的灵活性和适应性。

价值观也是企业判断事物"是非、得失"的标准。不管企业的决策做得有多么迅速，不可否认的是，它一定经历了被"判断"的过程，而企业作出判断的标准就是价值观。在企业还很小的时候，创始人一个人就可以做决策；而当企业越来越大，决策越来越多的时候，可能没有办法只依靠创始人来做决策，也不能完全依靠制度、流程来做决策，因为这样只会让决策链变得更长。企业没有办法控制每一位员工的行为，让其符合企业的要求，从而做出正确的决策。企业需要从源头上解决问题，那就是建立企业成员彼此都认同的价值观。价值观会决定企业成员的思维方式，而思维方式决定了企业成员的行为习惯。

企业致力于建设企业文化，更多的是希望价值观最终能

够成为员工的思维方式和行为习惯，让员工在各种各样的决策场景下，都能够把价值观作为决策的依据和判断标准。

四、使命、愿景和价值观的关系

使命、愿景和价值观是企业文化中最核心的三个元素，都是不可或缺的，彼此之间也是相互关联的。企业的使命和愿景是企业发展的基础和方向，具有长期性、稳定性和指导性的特点。使命和愿景是企业制定战略的重要依据，所以二者要保持一致性，否则战略的制定就会缺乏准确的方向和目标。同时，企业的使命和愿景还构成了企业的形象和品牌，并对消费者、投资者和员工等各方产生影响。保持方向上的一致性可以增强企业形象的稳定性，提高企业的信誉度和可靠性。

合格的企业文化必须要有清晰的使命、吸引人的愿景和可被认同和践行的价值观。它们为企业提供了稳定的方向和信仰，帮助企业坚定地走向未来，成为一家有影响力的企业。

中国企业的学习能力是有目共睹的，当企业遇到问题了，对标优秀企业，学习它们是怎么做的；当企业运行得还不错的时候，继续对标优秀企业，以期让自己变得更好。游学、参访、交流、沟通，从目标企业引进人才，学华为、学阿里、学腾讯、学奈飞、学苹果……但通过对标学习而取得成功的企业却屈指可数。生搬硬套的"拿来主义"只会让企业变得混乱不堪,"说一套做一套",员工没有办法理解写在纸上的使命、愿景、价值观和企业的实际做事方式之间到底有什么关联,即便理解了价值观的内涵,也不知道该如何在工作中践行。外显的机制、流程很容易学,但背后支撑的系统却不容易学到。

必须要认识到使命、愿景和价值观是相互关联的,使命决定了价值观,价值观决定了思维方式和行为习惯,思维方式和行为习惯构成了企业的管理模式和运行机制。这只能是一个由内而外的过程,当了解到这一点,也就不难理解那些对标学习华为、奈飞的企业为什么没能成为第二个华为或奈飞了。

所以不难发现,管理模式和运行机制都是价值观在末梢的表现,它接受使命的指导。

那些能够跨越行业、跨越发展周期还依然基业长青的企业,比如华为、阿里巴巴、新东方、宝洁、微软……它们在有着鲜明特色的思维方式和行为习惯的背后,无不拥有伟大的文化内核。

第二节　企业文化的生发和落地

一、企业文化是如何生发的

可以想象一下，当一个企业最初创立的时候，会带有强烈的创始人色彩，企业的管理和决策都依靠创始人，企业可能经历过成功，也经历过失败，而后生存下来。在这个过程中，创始人会将成功的经验、失败的教训都毫无保留地对企业员工言传身教。所以，创始人的思维方式和行为习惯会极大地影响着整个企业，这些都会成为未来企业文化的基因。

随着企业的发展，有更多的人加入进来了。创始人不可能一一去和员工讲这些经验和教训，但他又希望他踩过的坑大家都能绕过去——企业就会对这些内容进行梳理，以便分享给企业内更多的人，最终就会形成一套体系化的用来传承的东西，即企业文化。

如果这一梳理工作没有及时做好，那么在企业壮大到一定规模的时候，随着员工越来越多，员工背景越来越多元，企业内部对于同一件事就会有不同的声音，从而产生矛盾和冲突，大企业病可能就会出现：架构越来越臃肿，行事作风越来越官僚主义，流程越来越长，部门越来越多，部门墙越来越厚，职能部门的权力也开始逐渐显现，财务开始审查其他部门行为是否符合规定，法务不停地和其他部门说"这个不行，那个也不可以"，部门之间开始踢皮球，员工觉得事不关己高高挂起，他们不愿意承担责任，不愿意冒风险……很多企业在这时会急于救火，通过增加制度、流程来控制无序状态。定制度、建流程，再不断地打补丁，最终导致企业失去了原本的高效，变得平庸或直接死亡。

正确的做法是当企业发展起来后，员工直接接触创始人的机会变少甚至没有的时候，企业管理者就应该梳理并确定好企业文化的内容。接下来非常关键的一步是对这些内容进行标准解读，这一步的目的是统一大家的思维，如果缺少这一步，企业内的成员会不可避免地从自己的视角来对相关内容进行诠释，并且每个人都会觉得自己的理解是正确的，在不知不觉中，企业文化就这样被曲解了。这也是为什么通常会认为企业文化的内容都是大同小异的陈词滥调，但是拥有相同文化关键词的企业气质却并不相同的原因。需要有一个"官方"的解读，确保企业文化可以深入人心，然后培养一些认同和践行价值观的楷模，让他们影响更多的人。

如果使命、愿景和价值观是相得益彰的，它们能够延伸出相匹配的流程和制度、业务和经营模式，这样企业就会得到快速发展。

很多企业应对外界变化的能力越来越弱，企业想变，脑袋走了很远，却发现身体还在原处停滞不前。

是时候重塑和变革，让企业重新焕发活力了。重塑和变革，并不简单意味着找一些人举办几场共创会，换了使命、愿景和价值观的一套说辞就可以。重塑和变革需要重申企业的使命，升级一套更符合当下市场环境的价值理念。

企业文化要重塑和变革，管理者就一定要有魄力和决心，因为这可能需要把企业的骨架拆得血肉模糊，然后再重构一副全新的躯体。

二、四个断层让企业文化无法落地

通过以上内容，我们已经了解到了企业文化的基础概念，了解到它是如何诞生的，以及在企业存在的各个阶段起到了什么样的作用。接下来我们需要系统地了解如何梳理企业文化并使其落地。让企业文化落地就相当于为在天上飘的理念和地上走的行为之间，搭建一部梯子。

在此之前应先反观现状。很多企业都号称自己非常重视企业文化，但在企业文化建设上却依然停留在搞活动、搞团建、办年会、树标杆人物等表层功夫上。一旦业务繁忙或遭遇挑战,首先被叫停的也是企业文化建设,很少有企业会将功夫花在背后更深层更有价值的地方。不可否认的是,很多企业对建设企业文化的意愿很强烈,可能只是还没找到章法。

先来了解一下为什么企业文化落地很难。以下罗列了企业文化常见的四个断层,每一层断裂都会使企业文化工作无法落地,甚至根本无法在企业中形成文化。

(一)第一个断层:企业文化是创始人/老板一拍脑袋想出来的

当初创企业发展到一定阶段,尤其是员工到了一定的数量之后,企业的管理难度势必会加大。高层管理者会逐渐意识到企业文化的重要性,知道是时候应该确定企业的使命、愿景和价值观了,从而让员工同心同德,朝着企业希望发展的方向而努力。但是有的企业领导者在没有想清楚的情况下一拍脑袋,结合自己的价值观和理念,甚至照搬其他企业的内容,来给自己的企业设定使命、愿景和价值观,但这些内容和自己的企业实际上并没有太多关系,既不是在实战中得到的经验,也没有得到成功验证,甚至和自己企业的发展历史脱节,成了空有皮囊的企业文化。

(二)第二个断层:沉淀下来的企业文化没有被传承

前面提到,企业文化是在企业发展过程中经过选择而被保留下来的宝贵经验,当企业发展壮大后,这些经验被梳理、提炼,以便分享给更多人。这里有两层意思:一是梳理提炼,二是分享给更多人。任何一个层面的缺失都会导致沉淀下来的文化理念得不到传承。如果企业文化理念只存在于创始人或者创始员工的心中,缺乏系统的提炼,记录的文字晦涩难懂或没有自己的特色,也没有得到推广和宣传,那么新加入企业的员工就会无法了解它们,也更谈不上传承了。

(三)第三个断层:没有配套的机制

很多企业在提炼了自己的使命、愿景和价值观之后,会将它们用不同的方式展示给员工看,比如把它们挂在墙上、印刷成各种小册子分发给员工,认为这就万事大吉了。企业文化上墙成册,都只是它被记录的一种形式,但企业文化绝不止于此。文化的真正落地,更重要的是通过解读企业文化而建立起来的一系列配套机制、流程和系统,来确保企业文化所倡导的理念和公司所做的"言行一致"。

这里拿"去总文化"举例。曾经有一段时间,"去总文化"风靡一时,有些公司领导觉得别人家公司员工不叫领导"X总"挺好的,没有等级观念,沟通顺畅,领导多了几分亲和力,我们也学一学,于是在自己的公司大推"去总文化",用各种花里胡哨的宣传把管理者的昵称公之于众,呼吁大家能不叫"X总"就不叫"X总",然后就没有后续了。这样下来一般会有两个结果：在本身就公平、开放的公司，大家觉得统一了称呼很好，也能达到"去总文化"的真正目的；而对于一些层级管理根深蒂固的公司来说，就是一场灾难。大家改变了称呼，但公司内部的有限停车位依然只分配给管理层，在食堂依然设有管理层专用雅座（或包间），开会依然给管理层安排专座，管理层体检的依然是 VIP 待遇……这样的公司想仅靠称呼上的改变来达到"简洁、高效、平等、自由"的效果，是不可能的。"去总"不只是改变称呼，也是改变其背后的配套机制，否则"去总文化"就不算落地，毕竟决定冰山走向，从来都不是海平面以上的部分，而是海平面以下的部分。

（四）第四个断层：文化要随着企业发展进行更新迭代

企业文化不是一成不变的，企业对企业文化有重塑和变革的需求。这种情况通常会发生在现阶段企业的经营和管理出现问题，或基于战略的未来憧憬对企业文化有新期待的时候。传承过去的成功经验，解决企业现有问题和冲突，以及基于未来的期望，这三方面共同构成了企业文化变革的方向。纵观百年企业，如国内的同仁堂、老凤祥、王老吉、六必居、茅台等，国外的可口可乐、联合利华、IBM 等，在其特定时刻，都对企业文化进行过重塑和变革。

第一章　企业使命、愿景、价值观

【案例解析】

路易斯·郭士纳（Louis Gerstner）被誉为"蓝色巨人IBM的拯救者"。20世纪90年代的IBM因组织架构臃肿、文化封闭而风雨飘摇，面临着被拆分的险境。而在这之前，IBM的企业文化一直被作为优秀企业文化的典范而被人们津津乐道，但这为IBM带来巨大成功的企业文化在郭士纳接受帅印之前就几近枯竭：IBM曾经因强大的技术优势而产生了"以技术为中心"的导向，企业文化是"精益求精、高品质的客户服务和尊重个人"，这让IBM在面临产业格局巨变时，没有办法适应新的市场竞争环境。

郭士纳加入IBM后首先便提出了文化变革转型的要求。他为IBM的文化价值观提出了几个新的词——力争求胜、快速执行和团队精神，这相对于过去的文化价值观发生了非常重大的变化。郭士纳通过一封给全球IBM员工的信件诠释了这些价值观。在接下来的几年时间里，他不断推行和强化新的企业文化，最终将IBM从以自我为中心、以技术为中心转向以客户和客户需求为中心，成功地完成了IBM的战略转型。郭士纳在加入IBM的时候，外界称"蓝色巨人IBM将在郭士纳的怀中衰竭而死"，而最终事实证明，郭士纳成了"蓝色巨人IBM的拯救者"。

都说大企业变革难，并不一定是因为"船大难掉头"，也有可能是企业文化没有同步变革。人们很难改变惯有思维和行为方式。当一个企业的员工已经习惯了现有的思维方式和行为习惯，要对企业内部现有的规章制度和流程做出调整并不容易。企业文化的变革相当于要企业内的所有人改变现有的习惯，而惯性的力量实在是太大了，它阻碍着新行为和新习惯的养成。

三、企业文化落地最终要体现在员工行为上

荷兰学者吉尔特·霍夫斯泰德（Geert Hofstede）提出，企业文化是由不同层次组成的，像洋葱一样，每一层之间不是独立的，而是相互影响的，如图1-1所示。

企业文化的理念层是企业的灵魂，它反映了企业的信仰和追求。这一层包括前面提到的使命、愿景和价值观，是构

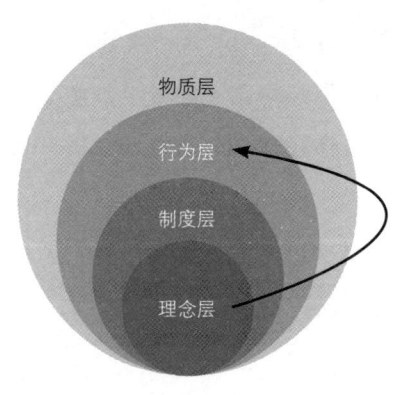

图1-1 企业文化的洋葱模型

建企业文化制度层、行为层和物质层的基石。

企业文化的制度层是企业文化的中间层次，它包括企业的架构、管理制度和工作流程等方面。这些体现了企业文化理念层的内容，确保理念会被正确贯彻执行。因此，企业文化理念层和制度层之间的一致性至关重要。

企业文化的行为层是企业文化制度层规定的内容在企业成员具体行为中的体现。例如员工间的沟通、工作模式和人际关系等。企业文化的行为层文化是可以在实际工作中被看到或感受到的。

企业文化的物质层是企业文化在除人员以外的实际物体上的表现。例如公司产品、可视化展示和办公室风格、环境等。

企业文化的洋葱模型可以帮助人们更好地理解企业文化的不同层次。每一层都相互影响、相互依存，并始终保持高度的一致性。

而企业文化的落地，就是将理念层转化为行为层，说白了，企业文化落地最终是要让它从墙上走到员工心上，从而落实在员工的行为上。

（一）清晰定义理念层

要把企业文化的理念转化为行为，首先需要清晰定义企业文化理念层的内容。我们通常所说的使命、愿景和价值观就属于企业文化理念层的内容。使命、愿景是屋顶和房梁，决定了企业的高度；价值观是地基，是企业内部共性的思维模式和行为习惯。使命是企业存在的意义，愿景是一个目标，这两者是指引和方向，不会经常改变。而价值观则不同，价值观需要被梳理和提炼，通常可以从过去、未来、外部适应和内部整合几个方面来思考。

关于过去，需要看企业在外部适应的过程中所做的种种决策的依据，以及其背后的价值理念所呈现出来的文化特征是什么。这可以通过研究企业内部员工，尤其是创始人、创始团队和标杆人物的行为表现来挖掘企业成功的基因。

关于未来，需要构想企业在未来可能的形态，并考虑在面对挑战时企业应该呈现出来的状态。如果企业需要达到这样的状态，对未来的文化会提出什么样的需求，具体可以体现在企业内部的员工在应对未来变化的环境和市场挑战时所应该秉持的价值理念。

这样，一方面可以将过去帮助企业获得成功的经验进行保留和传承，同时对未来的企业发展提出新的需求和期待。

当明白了价值观梳理和提炼的底层逻辑之后，可以用一些简单有效的工具来帮助企业推进这项梳理工作，比较常见的方式是调研、共创和访谈。

通常，面对广大的员工，调研是更高效的方式；而对于关键人群来说，效果比较好的形式之一就是召开"共创会"。

需要参与共创的人员要尽可能多元化，他们应该涵盖企业不同层级、年龄、部门、学历背景的人，但是尽可能要把相似的人群安排在同一场共创讨论中。而以高层群体作为对象时，一对一的"访谈"会是更聚焦和有效的形式。

梳理价值观是比较花时间的，但价值观是文化落地环节相当重要的基础，因此，它值得多花点时间去讨论以达成共识。

(二) 制度的背后是对文化的拆解

在清晰地设定了企业的使命、愿景和价值观之后，要让企业文化在一个企业落地生根，就必须拆解企业文化的内容来建立目标一致的配套机制。企业的架构、流程和规章制度等就属于配套机制，也就是洋葱模型中"制度层"所包含的内容。配套机制应该是保障文化落地最重要、最有力的部分。

【案例解析】

奈飞的企业文化非常清晰，是难得一见的将文化讲得如此透彻而又将文化落地得如此彻底的公司。正因为有着良好的企业文化的指引，奈飞公司才能从一家在线DVD及蓝光光盘租赁提供商发展为现在全世界最成功的流媒体公司之一。

奈飞公司的文化准则有8条：

文化准则 1：只招心智成熟的成年人

配合业务的快速发展，奈飞直接招聘成年人。因为成年人心智成熟，不孩子气，也不需要旁人监督，能够站在公司和客户的角度解决问题，也知道如何在内部和同事沟通协作。

文化准则 2：要让每个人都理解公司业务

只有每一位员工都理解公司战略，了解公司业务，看得懂公司财务报表，才能知道如何为客户带来好的体验，并知道以最佳的方式在自己的岗位上为公司创造价值，参与公司目标的实现。

文化准则 3：绝对坦诚，才能获得真正高效的反馈

这条准则的背后，是塑造透明高效的企业文化。优秀管理者对员工做出及时并且绝对坦诚的反馈，会帮助员工进步，事情才能变得简单和高效。

文化准则 4：只有事实才能捍卫观点

陈列数据，依赖事实，让事实作为会议讨论或者辩论的基础，但也不过分依赖数据。只有基于事实的讨论，才会让讨论变得更有意义。

文化准则 5：现在就开始组建你未来需要的团队

作为管理者，需要面向未来去建立团队，提前做好公司未来的人才规划，主动淘汰无法满足公司未来发展所需的人，只有这样才能确保团队的绩效一直在进步。

第一章 企业使命、愿景、价值观

文化准则 6：员工和岗位的关系，不是匹配而是高度匹配

每个岗位上都是最合适的员工，能力匹配、文化匹配……各方面都高度匹配，而不是各方面都一流。即便员工再优秀，但如果与岗位不匹配，那也只能和员工说再见。

文化准则 7：按照员工带来的价值付薪

团队是面向未来的，而市场调研的薪资信息是滞后的，考虑到每一个岗位都是高度匹配的，奈飞给员工付薪的标准就是：保证每个人都获得行业最高水平的薪水。

文化准则 8：离开时要好好说再见

领导层清晰地与每位员工沟通公司的发展方向及未来面临的挑战和机遇，这可以更好地帮助员工评估他们在多大程度上与未来匹配，假如不匹配或者不想参与公司的未来，员工可以主动寻找新的工作机会。

奈飞公司的企业文化之所以广为流传，是因为奈飞把企业文化融入了经营和管理体系中。如最为人熟知的"只招成年人""绝对坦诚"等，通过一系列机制，让每一位管理者和普通员工都清晰地知道公司期望和要求的点在哪里。

诚然，一个企业内部的管理系统、管理机制和相关流程是有很多的，是每一个都需要去做还是抓重点呢？答案是抓重点。在企业日常的经营管理中，任何一项工作都需要抓重点，充分发挥"二八原则"。在这里介绍一个简单有效的模

型——文化路径优先秩序矩阵，如图 1-2 所示。

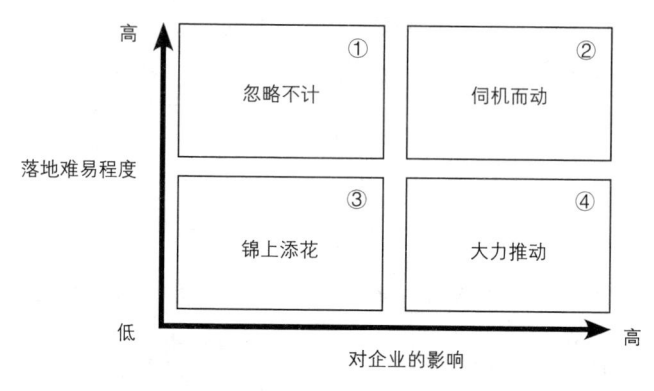

```
高
↑
落地难易程度   ① 忽略不计      ② 伺机而动

               ③ 锦上添花      ④ 大力推动
低 ─────────────────────────→ 高
              对企业的影响
```

图 1-2　文化路径优先秩序矩阵

这个矩阵的横轴代表的是某个行动/举措对企业的影响，纵轴代表的是这个行动/举措在企业落地的难易程度。对企业影响大且容易落地的（④）一定要大力推动实施，对企业影响不大且落地难的（①）就可以暂时跳过，待时机成熟了再去推动。

但是，如何确定这些流程和机制分别处在哪一部分中？强烈建议人力资源部联动高管和各部门管理人员一起发动讨论，并对此达成共识。

企业文化的关键在于"落地生根"，无法"落地"的企业文化只是口号和空中楼阁，没有任何用处。让企业文化具体落地，需要制定"文化任务清单"，对于每一个落在清单上的任务，都需要有清晰的输出结果、责任人和完成时间。

（三）文化活动是维护和刷新价值观的方式之一

既然企业文化落地的核心之一在于建立与之相匹配的机制，那么广大员工眼中的"文化＝活动"的认知又是从何而来的呢？企业做文化活动的目的又是什么呢？那就是通过文化活动来促进认知，巩固和强化企业的价值理念，实现价值观的维护和刷新。

【案例解析】

很多企业都非常重视和强调创新。如何在内部营造创新的文化氛围？国内某知名服饰公司为了鼓励员工创新，推出了相应的创新项目评比和激励规则，并已经连续实施了多年。他们通过颁发年度创新奖和举办创新项目挑战赛等活动形式，在内部打造创新氛围，并为胜出的员工或项目团队提供奖金和荣誉。这些奖励不仅是对员工创新成果的认可，也能激发其他员工的创新热情，从而保持企业内部的创新活力。

现在一些企业和社会组织也会在中国传统佳节举办庆祝仪式，比如在端午节赛龙舟、在中秋节做月饼等。不管是赛龙舟还是做月饼，都是一种仪式，而背后想要传达的是：在端午节赛龙舟是为了纪念屈原，传承屈原爱国、勇敢的精神；而在中秋节做月饼，是希望传递中国人骨子里对阖家团圆的美好向往。

据统计，很多企业大约只需要三年时间，就会有70%以上的人员被更新。所以刷新企业文化的最长周期不应该超过三年。人员流动越快的企业的企业文化刷新频率要越高。企业可以通过文化活动来刷新企业价值观，所以当企业策划一场文化活动的时候，一定要清楚背后想要刷新的价值观是什么。反过来说也同样成立，企业的每一场文化活动都需要和企业价值观有关系，而不是为了做活动而做活动。

下面来看另外一家企业的例子。

【案例解析】

某家中国互联网平台企业的核心价值观是：客户第一、阳光诚信、创造价值和共同成长。除此之外，这家创立了20年的公司，因为创始人的心中有着大爱，希望在企业内部营造一个大家庭的氛围，因此企业文化基因中有着很鲜明的"家文化"特征。基于此，这家公司对系列文化活动做了精心的设计，把很多业务的元素也设计到整体的文化活动中，如图1-3所示。

这家企业在"客户第一"的价值观下，结合员工的业务，会定期评出"最佳服务奖"，以此鼓励员工服务好客户，让其一切行为围绕着满足客户需求而展开。同时还增加了一些趣味性的活动，如在客服人员中评选"最美声音"，并结合客服人员的技能培训，提升客户的最佳体验。

第一章 企业使命、愿景、价值观

★客户第一
- "最佳服务奖"
- "最美声音奖"

★阳光诚信
- 社团活动
- 月跑活动
- 全员健身计划

★创造价值
- "业务大比拼"
- "最佳创新奖"
- "黑客马拉松"

★家文化
- 周年庆
- 家庭日
- 六一儿童节
- 关爱基金
- 橘子感恩节

★共同成长
- 内部讲师制度
- "领导力"分享

图 1-3 某公司的企业文化活动

在"阳光诚信"的价值观下，这家企业举办了一些运动赛或者竞技类活动，宣传中突出的是"阳光自信"，同时也传递着企业关爱员工健康的理念。只有身心健康的员工，才能为公司创造佳绩。

在"创造价值"的价值观下，联动不同的业务属性，有销售人员的"百万俱乐部"业务大比拼，有运营和产品团队的"最佳创新奖"，也有贴合技术研发团队的"黑客马拉松"比赛。这些活动为日常的工作提供了你追我赶的良好氛围，并带来了趣味性。

在"共同成长"的价值观下，推动"内部讲师制度"，用线上游戏通关的形式，让学习和复盘变得生动有趣。公司没上市之前，是粗放型的野蛮生长，更关注业务发展和突破，当公司成功上市之后，大家意识到只有靠管理才能让公司更上一层楼，因此对管理提出了更高的要求。在这个情况下，顺水推舟地让每一位高管做领导力的分享，让每一位管理者都不断地学习提升管理的能力。此举无不传递着公司想要打造成一个学习型组织的愿望。

关于"家文化"的系列活动也比较有特色。除了周年庆、家庭日、六一儿童节等活动，更是推出了"关爱基金"。关爱基金通常是通过会议迟到罚款、年会自主捐赠等形式筹集资金，以帮助需要帮助的困难员工。公司创始人的家乡至今还保留着种橘子的习惯，到了每年橘子收获的日子，他都会采摘并寄给所有员工，以此感谢员工的辛勤工作。因为橘子采摘的季节临近感恩节，因此又推出了很有特色的橘子感恩节活动，所有的活动内容都和橘子有关，比如橘子千人画、橘子拼图创意制作，以及自制橘子羹、橘子糕点等。

（四）以文化传播做抓手

企业文化建设的最高境界是让文化融入每位员工的思想理念里，沉淀在日常的工作流程中，体现在每位员工的日常行动里。一个人影响十个人，十个人影响一百个人。要达到这一效果，企业文化的传播必不可少。

企业文化的传播和推广，就是要让洋葱模型中洋葱的每一层都深入人心，尤其是最里层，即理念层。

企业文化传播可以通过不同的途径，常见的传播形式有以下几种。

标杆示范：企业的管理人员和标杆员工可以成为企业文化的楷模，以身作则，对下属及同事的个人行为起到潜移默化的作用。他们通过自己的行动来传递企业文化的核心价值观，激励其他员工将这些价值观融入日常工作和生活中。

文化故事：记录企业发展过程中的各种事迹和与价值观相符的故事、案例，可以将它们制作成内部书籍或者刊物。这样不仅能够让员工深入了解企业文化，还能够激发他们对企业的归属感和自豪感。

主题活动：企业内部的各种活动和仪式，如年会、周年庆、团建活动、家庭日和亲子活动等，都可以成为传达企业文化的载体。除了活动设计本身要融入企业价值观，还可以通过标语、口号或者图文并茂的形式表达企业核心价值观，并在办公场所的墙上或者文化板上张贴。另外，企业也可以利用企业微博、公众号等新媒体工具，将这些信息传递给员工。

公开表扬：在公共场合表扬和激励那些能体现企业核心价值观的员工。这不仅能够增强员工的工作动力，还能够传递企业文化的重要性，激发其他员工努力践行企业价值观。

文化培训：对所有员工进行文化培训，并制定相应的文化考核机制。通过培训，员工可以更好地理解和认同企业文化，并将其融入自己的工作中。同时，通过考核，可以确保员工对企业文化的理解和遵守程度达到了企业的要求。

通过以上这些传播途径和形式，可以帮助企业将其文化进行有效的传播，提升员工对企业文化的感知度、认同度。只有员工真正理解和认同了企业文化，才能产生相应的行为，帮助企业实现长期可持续的发展目标。

就传播而言，"内容 + 载体"可以变化出很多种组合。但需要注意的是，企业所擅长的传播方式可能早已经是企业成员所厌弃和麻木的，简单粗暴的沟通方式已经行不通了，不能只是喊口号、贴标语，不考虑员工感受。

企业文化的传播必须要做好内容和形式的创新。"搭好一个舞台，让员工唱戏"是最有效的方式。参与，才能被真正地影响。因为人是企业所有表层现象背后的决定性因素，而真正影响人的并不是规范、制度和薪酬，而是企业文化。规范和制度可以约束员工的行为，但是企业文化则可以引导员工的思想。因此，企业文化才是一家企业最核心的竞争力。

让员工参与企业文化建设也很容易停留在只发动基层员工积极参与而领导们袖手旁观的状态，如何让管理者下场，积极推动企业文化建设也是企业人力资源部面临的一个挑战。

众所周知，管理者在推动企业文化建设方面承担着重要责任。人们常说,管理者是企业文化的领头羊和火车头。员工模仿并适应管理者的行为,最终实现价值观共享。管理者行为与企业文化的作用机制主要体现在:管理者关注什么?管理者把奖金、荣誉、晋升的机会都给了谁?面对紧急事件或危机时管理者做何反应?在招聘、辞退员工时管理者都遵从什么标准?这些都是员工能真切"感受"到的企业文化,相比挂在墙上的口号更加直观和真实。

当清楚了解管理者行为和企业文化的相互作用之后,管理者应该承担什么文化职责,即管理者如何下场推动文化建设就呼之欲出了。

首先,管理者自己需要学习企业文化,了解企业文化的产生背景和过往文化的迭代或者变革,以及使命、愿景、价值观的深刻内涵。

其次,管理者要承担教导企业文化的职责,及时向员工传递企业的文化理念和正确的做事方式。

再次,管理者要践行企业文化,用自身实际行动体现企业倡导的价值观。

最后,管理者要及时给予员工行为上的反馈,鼓励企业倡导的行为,纠正错误的行为,让文化沉淀在员工的日常行为中。

对于员工符合企业价值观的行为,如果管理者给出正向反馈,会促进员工加速践行;如果管理者给出负向反馈,会让员工放弃践行而形成对价值观的错误认知。最终能够成为员工行为习惯的，一定是经过很多次甚至无数次"认知——认同——尝试——践行——反馈"的循环而成的。一旦反馈出现偏差，员工的行为就会与企业价值观的要求渐行渐远。

　　许多企业具有独特的竞争力，这源自它们难以被复制的文化属性。但是，难以复制的原因并不是文化本身，而是文化在被实际执行时面临的管理和反馈偏差，承担着管理和反馈责任的除了机制，就是管理者。如果一个组织能够很好地解决管理和反馈偏差，那么这个组织将真正拥有倡导企业文化的基因，这就对管理者提出了很高的要求。

第三节　文化是战略的基石，两者相互匹配

硅谷曾经流传着这么一句管理名言："文化可以把战略当作早餐吃掉。"企业文化中的使命和愿景不仅决定了企业战略的大方向，同时也决定了战略落地的质量和成果，从而决定了企业战略的成败。企业文化是决定企业存亡的最基本的因素。

有种说法叫"性格决定命运"，对于想要获得长足发展的企业而言，企业文化就像企业的性格一样，无疑是至关重要的，它让企业能够时刻清醒地知道该做什么，以及不该做什么。一个企业如果不重视企业文化建设，那么就只能停留在不断"着火"和"救火"中，而无法保障企业的持续健康发展。而构建基于企业战略需要的企业文化体系，则可以推动企业实现健康且可持续的高速发展。

企业文化是一种自我发现，任何一个企业都能在日常管

理中潜移默化、自然而然地形成自己独有的企业文化。但是，文化并不总能帮助企业获得成功，在某些阶段甚至会阻碍企业的发展，所以在特定阶段，通过诊断、评估与变革企业文化，才能知道其是否依然能帮助企业打胜仗。

自然形成和规划形成是形成企业文化的两种不同方式。自我发现是企业文化自然形成的过程，而诊断、评估和变革则是规划形成企业文化的重要部分。如果企业文化是自然形成的，相较于规划形成会遇到更多挑战，企业甚至会像坐过山车一样表现极不稳定，这种企业文化也不能很好地起到支撑企业长期发展的作用。创业企业平均寿命低于5年，究其原因，除了关键的战略可能有大的问题之外，通常其企业文化也没有起到为企业发展保驾护航的作用。

然而，只有少数成功的企业有规划和前瞻性、战略性，基于企业长、中、短期战略设计，深耕企业独有的企业文化。那些经过时间考验的企业，通常其战略和企业文化相得益彰，互为支持，业务蒸蒸日上，稳步前进。企业文化的建设是一个跑马拉松的过程，而非百米冲刺，需要企业紧密围绕与企业文化建设和维护相关的企业管理制度、流程和技术体系，及时总结和调整。

有些人常常会把企业的战略和业务问题变成企业的组织和文化问题，这实际是让文化给战略背锅了。

当战略不清晰时，企业文化是没法替业务解决任何困局的。企业应先确认是否有清晰的战略——你的用户是谁？怎么服务用户？你的核心能力是什么？很多企业在业务战略不清晰的时候，往往会陷入业务一号位和人力资源负责人拼命调组织、改文化的工作中去。一个企业面临生死问题的时候，更多的是因为先于战略和业务的核心问题没有解决好。企业高层需要非常清楚企业所创造的用户价值，不要陷入"文化解决论"。企业做战略，关键在于削去多余、不靠谱的欲望，减少不必要的干扰。对于大多数中小企业来说，首先就是"咬定客户不放松"，不断深入，然后在客户需求的一个产品、一个方案上做到极致。在没有做到极致之前，在客户还没有和自己建立牢固关系之前，切忌分散精力。如果企业战略清晰有效并能被高效执行落地，企业战略若和企业文化相互之间高度匹配，组织、人才和资源都能高效配合支持，企业的业绩好往往会是个大概率事件；但一旦竞争加剧等因素导致商业环境发生变化，新的战略未更新或未得到成功实施，企业文化开始和新战略不匹配，企业的绩效通常很难令人满意。

企业要做到战略的聚焦，离不开一套系统的企业文化的助力。企业文化本身应该具有一套统一和贯通的逻辑，然后在以下两个方面为企业战略的制定和落地提供支持。

1. 通过使命和愿景为企业确定终极的道路和目标，明确企业中长期战略

制定战略就像从今年看未来一到三年，很多事情难以看清楚。但是使命、愿景会给企业一个更长远的视角，未来几年的很多事情就会清晰起来。战略则是连接现在、未来几年和今后很长一阶段的桥梁，能够帮助企业从现在走向未来。

简而言之，战略是对使命、愿景的准确分解。企业要能够通过一系列战略最终完成使命，达成愿景。使命、愿景为企业设定了长远的方向和目标，战略则承接了愿景，形成了阶段性的目标。愿景帮助战略做了一次减法，让战略聚焦到一个具体的目标上。企业跳出当下，为未来定下心来做长期布局，才能做好战略。使命、愿景的确立和强化，让员工对责任更加清晰，对未来更加自信。有了这两点，员工便有了长期坚守的定力。使命、愿景能对员工产生强烈的感召，是企业能够坚持在战略指导下狂飙突进的动力。企业战略必须和使命、愿景统一起来，才能让感召和激发同步到战略践行中，让员工感觉到战略每实现一步，都是对使命的准确践行，离愿景也近了一步，不然战略就会削弱使命、愿景的感召力。

2. 通过价值观，为企业确定支持战略落地的一套价值标准

如果企业有目的、有前瞻性地建立并深耕自己独有的企业文化价值观体系，就可以为企业战略落地提供支持和保障。

第一章　企业使命、愿景、价值观

价值观能够确保企业战略制定和企业的核心理念相一致，从而避免企业战略与日常运营的脱节。例如，价值观可以从人才的选用和育留、关键人才体系建设等方面进行把控，确保人才和价值观的匹配度和契合度；同时也能够从日常的制度、流程建设等层面营造和体现企业的价值观体系，最终能够留住并激励企业需要的人才。无疑，在这个良性的生态系统中，良好的价值观体系才能支持企业业务战略的实施落地。

最初由 IBM 推出的 BLM（Business Leadership Model，业务领导力模型）后来被引入华为，华为将其结合企业实际需求进行优化后做了大力推广。我们将在第二章中详细解释这个模型，而企业文化中的重要组成部分——价值观，是 BLM 模型的基石。

企业文化应该成为企业战略的基石。必须先有统一的企业文化打底，才能让战略走得更顺利。

如果一个企业连最基础的文化内容都没统一，那战略很难会被高质量地落地执行。一家企业想要真正做成战略，必须考察企业文化这一基石是否坚固，是否在企业中形成了多数共识。如果企业尚有多个声音并行，那么可能需要先搁置战略制定和落地，而把文化的基础夯实，以保证做战略时，人们能够对企业的事业形成较统一的认识并恪守统一的原则。

企业的战略是把事情做成的方案，重心要落在事上。企业文化则注重把一群人团结在一起，形成合力，重心则落在人上。战略的关键就是取舍，企业文化的核心就是使命、愿景和价值观。

企业文化要和战略匹配，与时俱进。处于不同发展阶段的企业，文化沉淀的方式也不一样。任何一家企业都不会固守一套方法论，一定是以变应变的。如果企业的战略不做相应调整，便很难获得长足发展。企业在战略调整的过程中，可以回顾原有的企业文化价值观体系，结合发展现状做出相应改变。

【案例解析】

几年前，一家全球500强跨国公司的中国业务在稳步增长，市场竞争也非常激烈，这家跨国公司的中国区管理团队梳理出了未来5年的战略发展蓝图和策略，公司战略非常强调几个重点：高度关注客户和消费者的需求而不是公司内部领导的需求，需要每年双位数的业务和利润增长，关注高绩效业务的增长，同时高度关注员工的稳定和团队合作。中国区高层发现，总公司全球统一的企业文化更多体现了在成熟市场的企业核心主张，但与中国区当时的战略似乎相关性不强，很难强有力地支持本地业务的战略发展。于是，人力资源部组织项目小组结合公司中国区的战略方向和总公司的价值观，提炼归纳出了更适合中国区业务战略发展的聚焦版中国区企业文化——CPP：Customer Centric 客户至上（关注需求、快速响应、长期伙伴）；People Caring 关爱你我（关爱他人、精诚合作、携手共赢）；Performance Driven 绩效卓越（结果导向、高效工作、赢之有道）。如图 1-4 所示。

在确定中国区的企业文化之后，人力资源部在内部建立起对新文化理念的认知，确保每一位员工都能清楚地理解中国区的核心文化和公司战略。人力资源部通过各种沟通渠道推广新文化，例如收集文化故事、制定奖励机制、搭建内部沟通平台、设立文化大使、将人才的各种选用育留标准和新核心文化密切结合等。新文化被推广之后的几年之内，中国区业务保持着非常健康的增长态势。同时新文化也稳稳地落

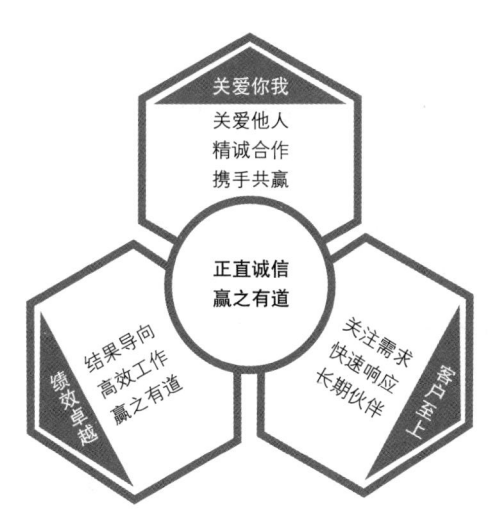

图 1-4　CPP 企业文化

实到了经营和管理的日常工作中，员工非常重视外部客户的需求，内部团队的稳定性达到了历史最高值，这也印证了合适的文化可以极大促进和推动战略的落地和目标的达成，文化和战略是需要相辅相成的。

战略和文化如果不是匹配和互为支持的，其反作用力和破坏力也会非常惊人。

【案例解析】

著名的安然公司曾是美国最大的天然气和电力公司之一，掌控着美国20%的电力和天然气交易。1996—2001年，《财富》杂志连续6年评选安然公司为"美国最具创新精神的公司"。安然公司在2000年《财富》杂志世界500强排名中位列第16位，公开披露的营业额达1010亿美元之巨，员工数超过2万人，并荣登《财富》杂志"美国最佳雇主百强榜"。从表面上看，这家能源大鳄应该能安稳地独占鳌头，但是仅仅一年后的2001年底，安然公司就在财务造假的丑闻中轰然倒下，留给世界一个巨大的惊叹号。

仔细审视安然公司的覆灭，可以从它的企业文化看到危机的征兆。安然公司的失败并不仅是因为做假账和所谓的高层腐败，还归咎于它过于鼓励不择手段地追求短期利益的企业文化，这种企业文化导致安然公司的战略决策逐渐变形，最终为了利益完全失去了做企业的初心，自甘堕落。安然公司的轰然倒塌对企业的警示是：要让企业的战略回归客观，脚踏实地。为了在战略上做到这一点，就必须回到企业文化端，塑造求真务实、真诚为客户、人才着想的理念，通过企业文化找到初心，回到正确道路上。

第四节　企业文化的类型和评估方法

企业文化反映了企业的核心主张和员工的行为方式，影响着员工的工作态度、团队协作及运营效率。通过企业文化风格测评，了解自己企业的企业文化风格，有助于深入了解企业文化的现状，明确企业的优点与不足，制定针对性策略，以便建设和打造更符合企业发展愿景的企业文化。

本节将介绍两种评估企业文化类型的模型和工具，供大家参考使用。

模型1：格罗伊斯伯格企业文化框架

2018年，美国学者鲍里斯·格罗伊斯伯格（Boris Groysberg）等人基于对100多种社会学和行为学模型的研究，发表了《领导者的企业文化指南》一文，文中提出了整体文化框架的概念，可以用于诊断和描述企业文化中非常复杂和多样的行为模式。①

文中首先对企业文化进行了分类，并分析了如何建设合适的企业文化风格，从而支撑企业战略的达成。

文章指出，无论企业处于何种规模、地域分布或发展阶段，所有的企业文化都可以按照两个基本维度划分。一个维度是在人际关系上强调独立还是互助，另一个维度是更加偏好稳定还是灵活多变，如图 1-5 所示。

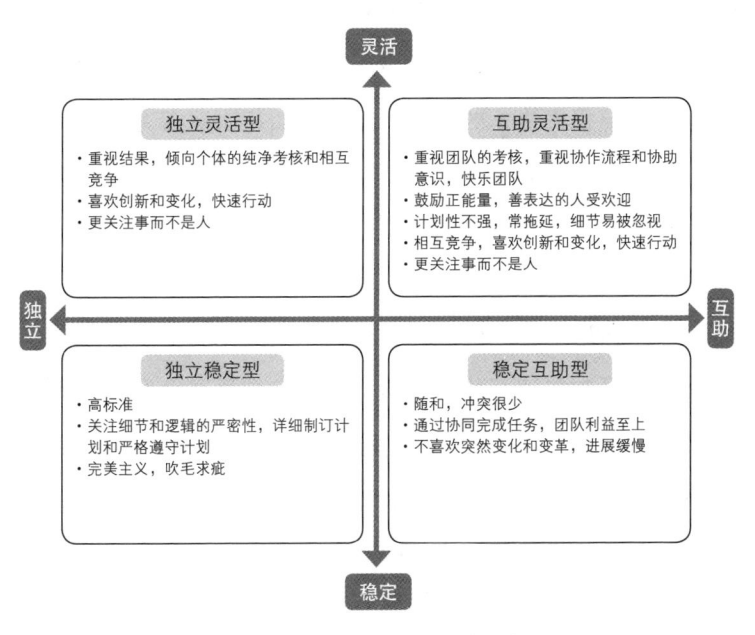

独立灵活型
- 重视结果，倾向个体的纯净考核和相互竞争
- 喜欢创新和变化，快速行动
- 更关注事而不是人

互助灵活型
- 重视团队的考核，重视协作流程和协助意识，快乐团队
- 鼓励正能量，善表达的人受欢迎
- 计划性不强，常拖延，细节易被忽视
- 相互竞争，喜欢创新和变化，快速行动
- 更关注事而不是人

独立稳定型
- 高标准
- 关注细节和逻辑的严密性，详细制订计划和严格遵守计划
- 完美主义，吹毛求疵

稳定互助型
- 随和，冲突很少
- 通过协同完成任务，团队利益至上
- 不喜欢突然变化和变革，进展缓慢

（灵活／稳定／独立／互助）

图 1-5　企业文化的四大基础类型

---

① 原文见《哈佛商业评论》中文版 2018 年 1 月刊。

按照上述两个维度，文章把企业文化划分为四大基础类型。

第一种是独立灵活型。倡导这一类文化的企业强调结果导向，崇尚创新变革和快速行动，从它们的实际考核方法、能力培养和落地流程来看，都更加注重个体能力的发挥，鼓励个人英雄主义。独立灵活型企业在战略上追求创新突破，勇于挑战，百折不挠，不少初创企业都有很强的这类文化特性，特斯拉就是一个典型范例。

第二种是互助灵活型。拥有这一类文化的企业注重团队协作，倡导积极快乐的氛围。互助灵活型企业富有创意，积极主动，对内更容易推动变革，对外更容易树立品牌，例如推崇快乐工作、重视家属福利的迪士尼、星巴克，以及注重团队合作和创新的腾讯，都是典型的范例。

第三种是稳定互助型。拥有这一类文化的企业强调平和协作，不喜欢快速变化和风险，员工忠诚度高，面对危机能够万众一心。不少国有企业和有些非常强调团队协调的老牌跨国企业推行这类企业文化，如国家电网、中石油、联合利华等都有很强的这种文化特质。

第四种是独立稳定型。拥有这一类文化的企业追求稳定性，强调周密的计划、严谨的思考和对细节的极致关注。相对于感性需求而言，它们往往更追求极度理性。很多医药、化工企业由于投入大、运营周期长、安全性能要求高，都明显体现了这类文化特点。这类企业踏实稳定,产品质量可靠,非常强调计划和执行,如辉瑞、巴斯夫、华为、宝洁等大型跨国企业。

在人际互动(独立或互助)和应对变化(灵活或稳定)这两个基本维度的基础上,格罗伊斯伯格和几位学者进一步划分出八种具体的企业文化类型:关怀、愿景、学习、愉悦、结果、权威、安全和秩序,如图1-6所示,并总结了不同企业文化类型的优劣势(见表1-1)。

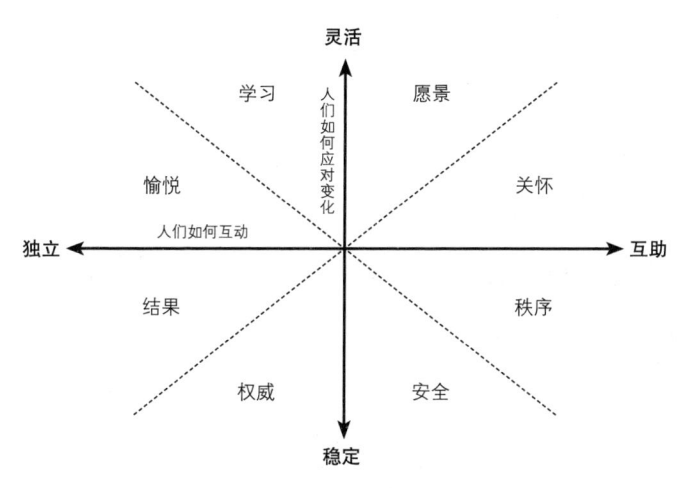

图1-6 八种企业文化类型

表 1-1　八种企业文化的优劣势

企业文化类型	特点	优势	劣势
1. 关怀	温暖，真诚，注重关系	团队协作，员工敬业度高，沟通，信任，有归属感	过于强调共识，不利于充分探讨多种可能性，压制竞争，限制决策速度
2. 愿景	探寻意义，理想主义，宽容	注重多元性、可持续性和社会责任	过于强调长期目标和理想，可能导致对当下现实问题处理不力
3. 学习	开放，创新，探索	创新，有敏捷性，会组织学习	过于强调探索，可能导致缺少重点，难以利用现有优势
4. 愉悦	玩乐，直觉，乐趣	员工士气高，敬业度高，有创造力	过于强调自主性和敬业度，可能导致缺乏纪律性，引发是否合规等治理问题
5. 结果	结果导向，聚焦目标	执行力强，外部导向，能力构建，目标达成	过于强调结果，可能导致沟通和协作失效，增加压力和焦虑
6. 权威	大胆，果断，强势	决策速度快，有应对威胁或危机的能力	过于强调权威和大胆决策，可能导致玩弄权术和人际冲突，工作环境心理安全感低
7. 安全	现实，谨慎，准备充分	能进行风险管理，有稳定性，业务延续性	过于强调标准化和形式化，可能导致官僚主义，缺乏灵活性，工作环境不人性化
8. 秩序	遵守规则，尊重，协作	运行效率高，和谐度高，有公民意识	过于强调规则和传统，可能压制个人主义和创造性，限制组织的灵活性

在企业中，单一的文化风格相对少见，各种风格结合的文化类型则更为常见。这些类型没有优劣之分，而应基于企业战略和领导力来进行分析。例如，"学习+愿景"型企业文

化由于具有对未来远期目标的追寻和不断学习、探索的习惯，最可能形成学习型组织，但并非所有企业都应该或有能力建立学习型组织。

格罗伊斯伯格等人建议，在着手塑造企业文化之前，领导者有必要先了解企业现状，观察企业现在的运营方式、价值观、员工行为方式和凝聚力的来源。表1-2中列出的问题，能帮助你对本公司的文化类型形成初步认识，并开启讨论。你可以邀请同事，根据所在企业的实际情况，分别对每一项打分。将每行的两个分数相加，就可以得出每种企业文化类型的分数，并以此对八种文化类型进行排序。总分越高，对应的文化风格就越显著。

表 1-2 企业文化测评表

根据本企业的实际情况，按 1~5 分对以下陈述打分。
1= 完全不符合　2= 基本不符合　3= 有点符合　4= 很符合　5= 绝对符合

企业聚焦于	企业给人的感觉像	总分
协作和相互信任　1　2　3　4　5	大家庭　1　2　3　4　5	关怀
同情和宽容　1　2　3　4　5	理想主义的社区或事业　1　2　3　4　5	愿景
探索和创造　1　2　3　4　5	活跃的项目　1　2　3　4　5	学习
乐趣和兴奋　1　2　3　4　5	庆典　1　2　3　4　5	愉悦
成就和取胜　1　2　3　4　5	选贤任能的体系　1　2　3　4　5	结果
力量和果敢　1　2　3　4　5	竞技场　1　2　3　4　5	权威
计划和审慎　1　2　3　4　5	计划周密的组织　1　2　3　4　5	安全
结构和稳定　1　2　3　4　5	运转良好的机器　1　2　3　4　5	秩序

每个企业所体现出的不同文化特点，会显著影响其战略目标的达成和核心竞争力的构建。现实中不太可能打造出完美的企业，特别是在某些文化特点相生相克的情况下，如灵

活性和计划性本来就是一对矛盾。对于企业而言，重要的不是给自己设立一个"高大全"却难以达成的文化建设目标，而是应根据自身特点，选择最符合企业特点、最适合核心竞争力建设的文化建设方向。

模型 2：卡梅隆 & 奎因组织文化评估工具

组织文化评估工具（OCAI，Organizational Culture Assessment Instrument）是密歇根大学的金·卡梅隆（Kim Cameron）和罗伯特·奎因（Robert Quinn）开发的评估企业文化的有效工具，是经过精心设计、测试和验证的产物。它是一个快速作答的在线文化调查，可在15至20分钟内完成。使用OCAI时，受访者需要对企业文化的六个方面进行评分：①最显著的特征；②组织领导力；③员工管理；④组织凝聚力；⑤战略重点；⑥成功的标准。[①]

上述两位学者把企业文化分为灵活型、团队型、层级型、市场型四种类型，如图1-7所示。

灵活型的创造文化。这类企业充满活力和创造力的工作环境：员工承担风险；领导者被视为创新者和冒险者；试验和创新相结合；突出重点、长期目标是发展和创造新的源泉；以新产品或服务来定义成功。这种文化激发了员工的主动性

[①] 卡梅隆，奎因.组织文化诊断与变革：第三版[M].王素婷，译.北京：中国人民大学出版社，2020.

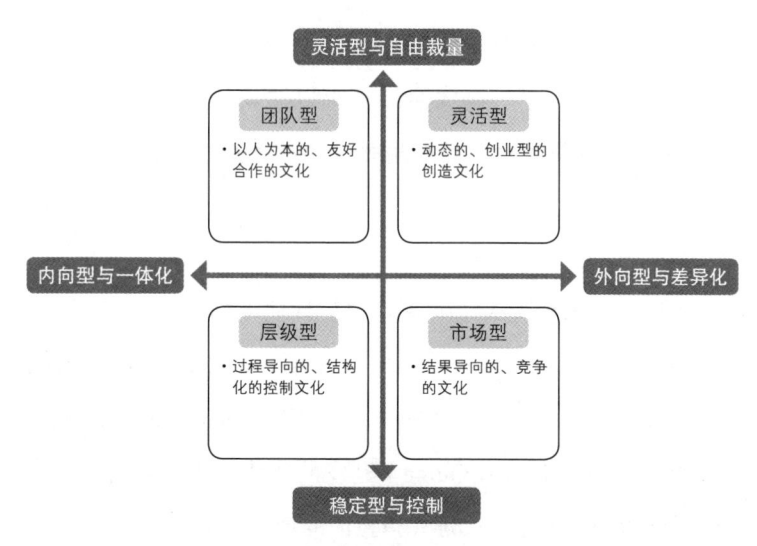

```
                    灵活型与自由裁量
                         ↑
        ┌─────────────┐  │  ┌─────────────┐
        │  团队型      │  │  │  灵活型      │
        │ ·以人为本的、 │  │  │ ·动态的、    │
        │  友好合作的   │  │  │  创业型的    │
        │  文化        │  │  │  创造文化    │
        └─────────────┘  │  └─────────────┘
内向型与一体化 ←─────────┼─────────→ 外向型与差异化
        ┌─────────────┐  │  ┌─────────────┐
        │  层级型      │  │  │  市场型      │
        │ ·过程导向的、 │  │  │ ·结果导向的、│
        │  结构化的    │  │  │  竞争的文化  │
        │  控制文化    │  │  │             │
        └─────────────┘  │  └─────────────┘
                         ↓
                    稳定型与控制
```

图1-7　OCAI组织文化四种类型划分

和自由精神，鼓励他们做新的事情——创造、创新、展望未来、变革、冒险思想和行动自由，敢于进行打破规则、深思熟虑的试验，从错误中学习，快速迭代等。这类文化在技术初创型企业、技术驱动型企业和颠覆性服务企业中比较典型，如爱彼迎（Airbnb）、优步（Uber）。

团队型的合作文化。这类企业工作环境相对友好；人们有很多共同点，感觉像一个大家庭；领导者被视为导师；组织因忠诚和传统而团结在一起；员工参与度很高；强调长期的人力资源开发；以满足客户需求和关心人来定义成功。这种文化有利于促进团队合作、参与和达成共识，推动大家一起做事；有利于建立持久的伙伴关系和人际关系。这种文化强调人很重要，团队拥有凝聚力，注重授权、长期承诺和集体智慧。这类文化风格在医疗、教育和一些政府机构中最为典型，这类组织通常不以营利为目的。

层级型的控制文化。这类企业拥有正式、结构化的工作场所；程序指导人们做什么；领导者基于效率的合理而对组织感到自豪；保持组织的顺利运作最关键；正式的规则和政策形成组织机器；长期目标是稳定的结果，与高效和顺利执行任务相匹配；以可靠的交付、持续的计划和低成本来定义成功；人事管理必须保证工作的稳定和可预测性。正确做事——注重细节、谨慎决策、精确分析，提高一致性和可靠性。这类风格的文化在医药、军事、政府、银行和保险、交通运输等行业具有代表性。

市场型的竞争文化。这类企业拥有注重结果的工作场所；强调目标和任务交付；员工都很有竞争力，都专注于目标；领导者是驱动者，他们可能会因为高期望而变得强硬；强调获胜使组织团结一致；声誉和成功最为重要；长期关注的重点是竞争对手和要达成的目标；以市场主导地位、目标的实现和高期望的指标定义成功；组织风格以竞争为基础。做事要快——动作要快、比赛要赢、快速变化，领导者是驱动者、指令者、命令者、要求者。这类风格的文化在咨询、会计、销售、服务、制造业等较为典型。

【案例解析】

在奈飞前CHO帕蒂·麦考德（Patty McCord）的著作《奈飞文化手册》（*Powerful: Building a Culture of Freedom and Responsibility*）一书中，可以看到奈飞的企业文化是如何与其战略相匹配的。任何企业文化的出现，都是为了解决该企业所面对的特定问题。行业不同，生长出的文化也自然不同。就拿奈飞来说，流媒体市场是一个不看存量、只看增量的行业，要想立于不败之地，就必须持续创新，不断变换打法。因为内容行业的变化太快，不变就意味着出局。在这个剧烈变动的环境中，任何一种特定的企业文化都很难适应。奈飞的做法是无招胜有招，他们认为理想的企业文化就是没有文化约束，不做任何特定的主张，永远见招拆招。

为了打造出自己的企业文化，奈飞遵循着"三高一低"四个原则：

高起点：只招聘能力和心态都过硬的成年人；

高自由度：充分信任员工，赋予员工自由决定权；

高自尊：建立一支人才济济的团队，用人才吸引更多的人才；

低情商：公司从上到下都保持直来直去的沟通，让问题随时暴露，随时解决。

第一章　企业使命、愿景、价值观

今天的商业环境变得越来越复杂，每时每刻都在变化，奈飞所在的内容行业更是把这个趋势推到了极致。这时，企业文化存在的目的是保持改变，让企业变成一汪清水，随时可以被塑造成任何形状。

总之，企业文化不是一成不变的，需要适时调整。而明确自身企业文化的风格、优势和不足，可以更有的放矢地打造契合企业战略目标的全新的企业文化。从理论上讲，企业不同发展阶段需要不同的企业文化，同时，由于外部环境也在不断发生变化，企业文化也需要相应地进行调整，只是核心理念不会改变。未来企业文化对于企业的发展而言会越来越重要，大家也会越来越意识到适时调整企业文化的重要性。

第五节　跨文化管理挑战和对应措施

随着国际化程度的提升，企业不可避免要面临跨地域跨文化的管理问题，同时越来越多的中国企业走向海外，进行国际业务拓展，跨文化管理问题也日益突出。这些问题涉及多个方面，包括是否符合别国法律法规、传统和宗教习俗等，是否存在种族、性别、环保等社会问题，以及领导管理的风格和理念、组织内部的流程制度、管理架构与商业战略是否合宜等。无论哪一类问题，如果处理不好都可能产生矛盾甚至冲突，导致人才流失，影响企业声誉，进而影响企业运营效率和商业策略落地，最终带来经济上的损失。

想要突破跨文化管理的困境，关键在于企业高层的管理策略和章法。美国学者戴文睿（David A. Ricks）指出："凡是跨国公司大的失败，几乎都是因为忽略了文化差异所招致的结果。"① 一项对68个国家的知名企业高层领导的调查显示，有90%的高管把跨文化管理作为21世纪最大的管理挑战。据知名咨询公司怡安翰威特（Aon Hewitt）研究显示，在众多中国企业海外扩张的案例中，有超过一半的企业是失败的，而文化融合问题在导致失败的原因中排名第二。

关于跨文化差异，在诸多国际知名学者的研究当中，艾琳·梅耶（Erin Meyer）的《跨文化沟通力》(*The Culture Map*)颇有代表性。艾琳·梅耶是欧洲工商管理学院组织行为学系的管理实践教授，她的专业领域包括跨文化管理、企业文化、跨文化谈判和多元文化领导力。梅耶教授在书中列举了东西方文化差异的几个方面：

1. 沟通方式：东方国家（如中国、日本）在沟通上倾向于倾听和委婉表达的内敛文化，喜欢在表达中铺垫更多的背景介绍。在东方国家中新加坡和印度可能是例外，这可能也是由它们多语言及多文化的特性导致的。而西方国家则喜欢简洁明了地表达，沟通方式相对直接。

2. 反馈方式：特别是在给予负面反馈时，在东方文化中比较含蓄和间接。而在西方文化中更加直接，不喜欢拐弯抹角。

---

① 张玉媚.企业跨国经营中跨文化管理问题的思考[J].商业研究，2005(21).

3. 说服方式：在西方文化中，人们倾向于将一个论点分解成一连串不同的组成部分（具体思维）。而在东方文化中，人们倾向于展示这些组成部分是如何结合在一起的（整体思维）。

4. 决策方式：东方社会的决策体系往往是一种自上而下的决策系统。而在西方文化中，关键决策往往由众人协商一致做出。

5. 建立信任：在东方社会中，信任的建立基于个人的能力和各种其他因素，尽管关系建立较慢，但较为稳固。在西方，信任的建立则主要基于事务和任务的合作和决策。

6. 冲突管理：在东方文化中，人们通常非常含蓄，因此不太喜欢直接批评或反对他人。而在西方国家，情况则完全相反，鼓励人们拥有不同的想法、观点，因此如果有反对的意见，就不需要藏着掖着。

7. 时间概念：在东方文化中，时间观念似乎相对灵活。但在西方社会，很多事必须提前预约，时间的随意性和灵活性较小。意大利可能是个例外。

在跨文化沟通中，语言并不是最重要的因素。在跨国企业管理中，真正重要的是理解不同地域员工的价值观、文化、行为和态度。即使我们可以用同样的语言交流，但如果在某个方面无法达成共识，那么我们也无法跟对方建立深入的合作关系。

跨文化沟通是拥有不同文化背景的人之间信息、思想和情感的互相传递、交流和理解，最终达成共识或妥协的过程，如图1-8所示。它的核心在于理解对方的价值观、文化、行为和态度。只有通过理解和尊重对方的文化背景和习惯，才能够更好地沟通，避免误解和冲突。

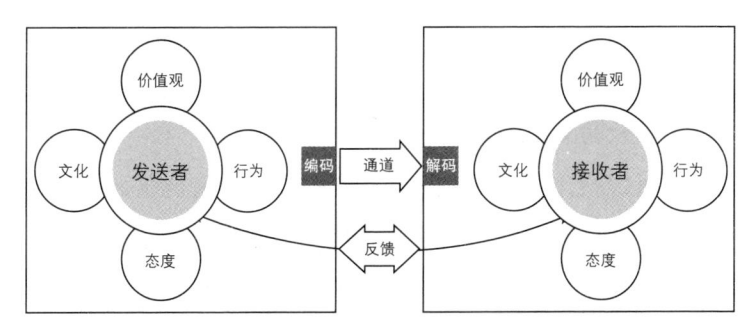

图1-8 跨文化沟通模型

在国际化业务拓展的过程中，面对文化差异，企业高管需要处理好以下几个问题。

1. 尊重文化差异，认同区别，求同存异

尊重是跨文化沟通的前提和基础。对于走出国门的中国企业来说，理解和尊重当地文化是至关重要的。必须认识到文化差异的存在，不管是否喜欢，文化差异是客观存在的。

理解不同文化背景之下的思维和工作方式的差异，避免以自己的文化为中心，并建立文化敏感度，这是建立跨文化管理能力的关键一步。如果没有相互的文化了解和尊重作为基础，深度商业合作和业务拓展中就会出现低效沟通、误解和不愉快的互动，严重影响工作和合作的正常进行。因此，跨国企业的业务和管理工作必须建立在有效的跨文化沟通和了解的基础上。

2. 普及跨文化沟通的知识，培训重点员工

为外派员工提供跨文化沟通和培训是跨国企业必不可少的一项任务。企业管理层有责任提供必要的资源支持员工进行跨文化沟通方面的培训。相对而言，中国企业更加注重员工的商务技能，但在跨文化沟通能力的培训上较为薄弱。跨文化培训可以帮助的员工群体不仅是来自中国的外派员工，也要面向海外招聘的雇员。跨文化培训可以帮助员工学习不同的语言文化，增强文化敏感性、适应性和跨文化沟通能力。可以聘请专门的企业文化专家和跨文化沟通专家帮助员工有效应对跨文化差异。在笔者以前的经验中，曾有企业邀请对出海目标国家有了解的跨文化专家给业务团队进行培训，经过培训后，团队成员意识到之前的沟通和合作困难是因为不了解对方的思维和沟通方式，缺乏对对方文化和价值观的了解。他们纷纷表示需要更虚心地学习和了解其他国家的文化

和沟通方式的差异，而不是按自己的固定思维和方式进行跨文化管理和沟通。

3.建立明确、客观的结果导向的绩效评估机制

结果导向的绩效文化是全球通用的理念。建立清晰的绩效考核和沟通机制有助于在多元文化背景的组织内部形成积极的紧迫感。考核的重点应该放在结果上，不要过于关注沟通和交流方式。通过提前约定和认可明确的考核目标和指标，以及明确清晰的管理红线和不可接受的文化价值观，可以帮助大家更聚焦于结果的达成，而不是过于担心合作过程中琐碎的文化差异。求同存异，专注于重要的目标是跨文化管理和沟通的智慧。

4.定期做文化测评和访谈，制订改善计划

在合理的范围内，跨国企业应定期进行文化健康度调研和访谈，了解海外公司和母公司在跨文化管理上面临的挑战和适应情况，并结合调研和访谈结果制订短期和中期的跨文化管理计划和改善方案。这种定期的文化体检方式有助于管理层清晰地了解企业跨文化管理的现状，并确定下一步的工作方向。

5. 先建立良好的关系，再进行业务合作

跨国企业与海外合作伙伴建立良好的关系是至关重要的。不要匆忙推进业务，而是先耐心地相互了解对方的文化和合作沟通方式。多了解对方国家和企业的文化，多展示中国民族文化和企业文化，安排双方面对面的沟通和非正式交谈，组织互访和非正式的聚会和晚宴，让双方都能在放松的情况下坦诚地沟通和相互了解，基于互信再推动业务合作和项目的开展。

跨文化管理问题没有一劳永逸的解决方案，不同企业和不同发展阶段的选择也各不相同。保持高质量的相互沟通，客观承认彼此之间的文化差异，在尊重的基础上寻求合作和共识，可能是跨文化管理的最好选择。

【案例解析】

一家中国公司在欧洲成功收购了一家老牌中型公司，希望借此机会在海内外的市场拓展更多业务。该公司已经完成了对被收购公司的财务整合，但管理层逐渐意识到两个国家的公司之间有着相当大的文化差异。

首先，双方管理团队之间存在语言障碍，大多数人无法熟练地使用对方的语言。这导致双方难以进行直接有效的沟通，必须依靠翻译人员，而这增加了沟通成本。其次，在对接过程中，欧洲公司管理团队对中国总部的组织架构、关键

事项和决策方式了解不足，因此难以及时作出合适的决策，导致工作效率受到影响。

此外，欧洲公司对年度工作规划有较高要求，通常规划周期可长达半年以上，而中国总部管理团队没有这种长周期计划的工作习惯。双方的计划安排、工作节奏和具体要求存在较大差异。欧洲公司非常注重自身品牌和内部协同的文化，其品牌历史、在行业中的地位，让欧洲公司的员工感到非常自豪。同时，他们认为消费者对品牌的喜爱是员工产生归属感的主要原因。

欧洲公司内部具有不错的团队合作基础和氛围，本地员工之间注重相互尊重，强调团队和谐和互助。被中国公司收购后，他们感到中国总部拥有更多的决策权，这让欧洲公司管理层感到不适应。

基于对欧洲公司企业文化的初步分析，中国总部管理团队制定了以下五个文化评估和整合的工作重点：

第一，通过前期解读两个公司的企业文化，初步了解它们之间的异同。

第二，进行文化差异诊断，确定调研对象，并通过访谈和问卷调查识别双方核心文化差异。

第三，管理层就调研结果和核心文化差异展开讨论，确定文化融合的行动计划。

第四，先就关键、紧急的议题和行动方案进行小范围试点，根据试点效果修正计划，逐步推进文化融合。

第五，通过员工调查等工具了解文化融合计划的效果，并启动全面的沟通计划，增进双方企业管理层和员工的相互了解。

中国总部和欧洲公司双方的高层在企业战略和企业文化整合方面达成了一致，认为增进双方公司管理层和员工的相互了解很有必要，并就阶段性的业务和企业文化整合目标进行深入讨论，通过邮件和会议等多种方式推动员工参与其中，及时与员工分享正面积极的文化融合信息，并与员工共同规划未来战略目标和合作计划。

通过一段时间的跨文化沟通磨合和整合，双方管理层的配合默契程度和信任度明显提升，为两地管理效率的提升打下了较为坚实的基础。

很多与上述案例类似的收并购案例证明，企业文化差异被认为是除了业务融合之外最重要的交易风险之一，远高于人员问题和客户保留等因素。

若在交易时未能妥善识别和处理不同的企业文化差异，这些差异会对企业的日常运营产生影响：员工在文化认知上如果感到自己的文化认知受到威胁，对新组织也会心存戒备，从而对敬业度产生负面影响。若两家公司工作流程和管理方式大相径庭，两边的员工在开展工作时就会感觉困难重重，工作效率也会大打折扣。此外，文化差异会带来文化摩擦，双方难以达成共识，员工会产生自我疑虑，对企业文化的变化充满焦虑。这些都会影响企业的日常运营和收并购的交易价值。

处理好跨文化管理难题需要跨国企业采取一系列措施。了解和尊重不同文化的差异，建立有效的跨文化沟通渠道，培养和发展跨文化团队的跨国文化沟通能力以及持续学习和改进，这些都是更好帮助不同文化企业间文化融合的重要手段。但文化融合只是第一步，还需要建立一个上下同欲、步调一致的稳定的跨文化沟通团队，这样企业才可以更好地实现跨文化经营的成功。

本章小结

本章介绍了使命、愿景和价值观对于一个企业的重要性：愿景是一个目标，而使命是企业的初心，它让愿景变得有价值，值得企业为之奋斗；战略是条无人之路，它告诉人们如何达成愿景；而价值观则是一个企业对过去成功经验的总结，让企业可以在奋斗的道路上明确边界，使企业成员的思维方式和行为习惯无限接近组织期望，从而帮助企业达成目标。

当然，了解企业文化的底层逻辑还不够，企业会遇到不少企业文化建设方面的现实挑战，对于这些，本章尝试提供一些思路、方法和工具，希望可以帮助读者。

当谈起企业文化时，比起将企业文化和"使命、愿景和价值观"进行简单等同，大家更在乎的是，企业有能力将天南海北走到一起的人们打造成一个伟大的团队。在这个团队中，每一个人都知道自己应处的位置，每一个人都知道自己正在和什么样的人一起工作，每一个人都知道大家正在一起完成一件非常有意义的事情，并且大家都知道如何让这件事情成功。最重要的是，大家彼此信任，愿意为共同的目标而努力。

■ 思考题

1. 为什么说好的企业文化在一定程度上反映了一个企业长期主义的经营思想？
2. 如何让企业文化在企业内真正落地？如何让企业员工对企业价值观的理解和执行达到知行合一？
3. 企业文化和业务战略的关系是什么？为什么说文化可以把战略当作早餐吃掉？
4. 作为企业高管和 HR 一号位，如何有效推动企业文化变革？
5. 如何让领导者积极推动企业文化的沟通和建设？
6. 如何理解跨文化管理面临的挑战，有何应对措施？

第二章

制定人力资源战略

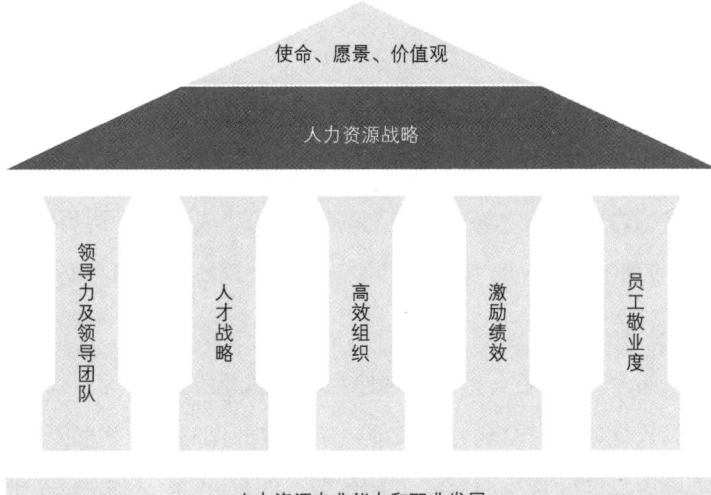

```
                使命、愿景、价值观
                   人力资源战略
```

| 领导力及领导团队 | 人才战略 | 高效组织 | 激励绩效 | 员工敬业度 |

人力资源专业能力和职业发展

了解战略的起源,准确地理解企业战略、人力资源战略以及两者之间的关系,是制定人力资源战略的第一步。

第一节　企业战略 VS 人力资源战略

"战略"这一概念最早源于军事领域,其中,"战"指战争,"略"则代表谋略。因此,战略即是对战争全局的策划与谋略,古时又称之为"韬略"。在我国,"战略"一词历史悠久,《孙子兵法》被视为最早涉及战争全局筹划(即战略)的著作。

如今,"战略"一词已延伸至政治和经济领域,其含义泛指具有统领性、全局性以及能决定胜败的谋略、方案和对策。哈佛商学院的肯尼斯·R.安德鲁斯(Kenneth R. Andrews)教授认为,企业战略的本质在于通过某种模式,将企业目标、方针、政策和经营活动有机地结合,使企业具备独特的战略特性和竞争优势,从而将不确定的环境具体化,更容易着手解决企业面临的问题。从管理学的角度来看,企业战略是一种计划或模式,旨在解决企业面临的特定问题,为企业特定目标服务。

企业战略是指组织为实现长期生存与发展，在全面分析内部条件和外部环境的基础上，制定的一系列具有全局性和长远性的谋划。企业战略旨在为企业全局性、基本性问题提供方向性指导，具有总体性、系统性、长远性、指导性、竞争性和现实性等特征。

战略＝"战"+"略"。"战"关乎在哪里竞争，"略"则是"如何制胜"。企业战略的本质在于取舍，体现在企业可以选择不做什么。只有知道要放弃什么，才能彰显企业战略规划的清晰性。企业战略既是选择，更是一组选择的集合，它的目的是推动企业在所处行业中获得独特地位，进而创造出较竞争对手更为持久之优势和卓越之价值。优秀的企业战略就是要回答一些关键选择的方向性问题：我（公司）是谁？要到哪儿去？如何去？它探讨的是企业如何在未来实现增长目标。这里也可以通俗地理解为："战略就是做正确的事（而战术则是正确地做事）。"

正如任正非所说，华为的战略，就是"傻"，像阿甘一样，目标坚定、专注执着。华为的战略，就是"选择"，不为短期挣钱机会所左右，不急功近利，不为单一规模成长所动，敢于放弃非战略性机会，敢赌未来；敢赌就是战略眼光，就是聚焦于大的战略机会，看准了，就集中配置资源强压在关键成功要素上。①

　　人力资源战略是企业战略的重要组成部分，服务于企业的人力资源目标，解决人力资源供需的动态平衡问题。在人力资源战略制定与管理的过程中，需要立足企业发展的实际情况，关注企业战略，分析内外环境及形势，因地制宜地制订具体战略内容及工作计划。此外，还需要制定中长期的策略，并将其分解为实施计划和考核指标。

　　在当前这个错综复杂且充满不确定性的时代，人力资源战略的重要性愈发凸显。它需要达成"既要、又要、还要"的多重目标：人力资源战略的需求既要来源于业务实际，又需要对业务发展形成有效推动；既要着眼于长期规划，又要兼顾中期规划和短期规划；既要推动当下的业务发展，又要为企业的未来发展提供有力支持；既要着眼于战略性人力资源规划，又要关注战术性人力资源规划。

---

① 彭剑锋.对话任正非：华为的最高生存智慧只有一个字，"傻"！[EB/OL].华夏基石e洞察，2016-11-11.

第二节　制定人力资源战略的四要素

人力资源战略作为人力资源管理工作开展的"蓝图"，需要实现"文化、人才、组织"三位一体的战略统筹和落地。其中，组织是企业战略落地和业务经营的载体，人才是企业的核心战略资源，文化是企业的核心发展动力。以下为制定人力资源战略的四要素：

1. 企业文化。企业文化是在企业发展过程中，受外部环境及内部因素共同影响而逐渐形成的，为全体成员所认同并遵循的具有企业独特性的价值观念与行为规范。企业文化需具备明确的使命、愿景、价值观，以及相应的文化保障机制与体系。

2. 人才战略。企业竞争的本质在于人才竞争，也是人才管理机制与制度的较量。优秀的人才战略可以为企业的战略发展提供坚实的人才保障，通过全面的选、用、育、留解决方案，助力企业制定最有效的吸引、激励、发展和保留新人才及现有人才的总体规划。

3. 组织。打造适合未来业务发展、与企业发展战略高度匹配的高效能组织，识别对达成战略与目标至关重要的组织技能与能力，从而确保组织效能管理真正发挥作用。组织提效的前提是如何确保组织高效运作，使组织流程及分工科学、合理，以支持企业总体业务策略，并为组织治理和风险管控制定指导方针和方法。

4. 人力资源管理运营。除了上述的文化、人才、组织三大战略性要素之外，人力资源管理运营也是不可或缺的基础要素。企业为实现经营战略目标，需在人力资源战略指导下，展开具体的人力资源管理运营工作，如职级体系设计、人岗匹配、薪酬福利管理、激励与绩效运行体系设计、员工通用能力和专业能力培养、日常招聘及培训体系设计等。

人力资源战略要求企业经营战略、企业文化、人才战略、组织及人力资源运营管理之间要保持内在逻辑的一致性，不应该相互矛盾或产生离心力，这样才能切实打通企业文化、组织、人才及人力资源管理各项工作之间的联系，构建管理闭环，形成组织合力，使人力资源管理真正影响并支持企业的有效运营。企业战略与人力资源战略的关系如图 2-1 所示。

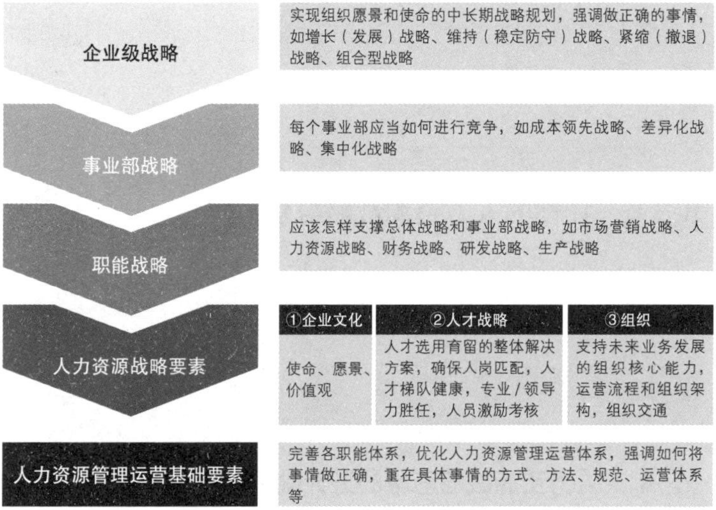

第二章 制定人力资源战略

企业级战略	实现组织愿景和使命的中长期战略规划，强调做正确的事情，如增长（发展）战略、维持（稳定防守）战略、紧缩（撤退）战略、组合型战略
事业部战略	每个事业部应当如何进行竞争，如成本领先战略、差异化战略、集中化战略
职能战略	应该怎样支撑总体战略和事业部战略，如市场营销战略、人力资源战略、财务战略、研发战略、生产战略
人力资源战略要素	①企业文化：使命、愿景、价值观　②人才战略：人才选用育留的整体解决方案，确保人岗匹配，人才梯队健康，专业/领导力胜任，人员激励考核　③组织：支持未来业务发展的组织核心能力，运营流程和组织架构，组织交通
人力资源管理运营基础要素	完善各职能体系，优化人力资源管理运营体系，强调如何将事情做正确，重在具体事情的方式、方法、规范、运营体系等

图 2-1　企业战略与人力资源战略的关系

第三节　让你的人力资源战略与众不同

一、制定人力资源战略面临的五大挑战

为什么会出现企业人力资源战略质量不高，甚至远未达到企业高层对人力资源战略期望值的情况呢？这主要是因为企业在制定人力资源战略时面临以下五个方面的挑战。

（一）业务领导和人力资源部双方对人力资源战略的关注点和期望值有偏差

在众多跨国公司或成功的民营企业中，高层领导对人力资源战略的价值有较高的认同度。然而，在另一些民营企业和创业公司中，老板和高层对于人力资源部门在企业中所能发挥的价值，以及人力资源战略如何助力企业打造文化、人才和组织的核心竞争力等方面，认识不足，理解各异。一方面，他们将人力资源部视为仅负责执行人事组织任务的执行

部门，或者只是传统意义上的人事部门，从而忽略了高质量人力资源战略的制定和实施；另一方面，他们又经常抱怨公司的人力资源部缺乏战略思维，不熟悉业务，仅局限于人事组织工作的实操和运营。

人力资源部则习惯从专业角度看待这些问题，认为老板和公司高层过于偏重业务发展，对人才和人事组织管理工作重视不足，人才培养投入不够，组织和管理格局不高。这种双方关注点和期望值的偏差，导致了人力资源战略规划与老板和公司高层的期望和设想存在脱节现象。

（二）人力资源部对企业战略理解不到位

优秀的企业战略规划往往会基于行业发展的高度，同时兼顾企业现实的组织能力与可持续发展的需要。企业业务中长期发展战略的背后，蕴含着深刻的内外部环境和发展趋势的影响与清晰的业务逻辑。如果人力资源团队对业务逻辑和企业战略理解得不够全面和深刻，未能充分考虑企业的长期战略规划，很可能导致人力资源规划与企业战略脱节。在这种情况下，人力资源战略举措往往看似很专业，但与企业未来发展战略的关联度不大，对企业战略实现的贡献作用也相对有限。

（三）人力资源部对外部的人才和组织现状及未来发展趋势不敏感

许多企业在制定人力资源战略规划时，依然沿袭传统、保守、封闭的思维方式，对外部环境和行业中人才和组织未来发展的趋势和方向缺乏敏感度，欠缺有效且前瞻性的认知，在人才的流动性和多样性方面，缺乏精准的预测，也无法借鉴外部优秀企业在组织和人才发展方面的成功经验。在当前商业环境瞬息万变的背景下，这种固化的工作思维和工作方法可能会导致企业人力资源战略难以适应外部环境的快速发展，从而削弱企业在组织和人才战略方面的灵活性和应变能力。

（四）人力资源战略规划缺乏数据支持或对企业基层核心问题的了解不深入

数字化转型已经成为当下很多企业制定人力资源战略规划的关键途径之一。然而，许多企业在数字化转型上仍显得相对滞后，未能充分运用新技术及数字化工具对错综复杂的组织与人员的相关数据（例如组织效能、人才离职率、流动率、人才梯队和员工绩效等数据）进行高效收集、整理与分析。

没有充分的调查和分析，就没有发言权。在进行人力资源战略规划时，很多企业缺乏实际的数据支持，无法准确把握影响企业未来发展的组织和人才方面的核心痛点问题，不仅使得企业在人力资源战略决策上产生偏差或失误，还可能导致企业高度聚焦的精细化战略规划难以实施。

（五）人力资源的一把手或人力资源团队的专业度不高

某些企业会将一些非人力资源专业出身的领导调任人力资源部负责人，这些来自业务或运营部门的领导尽管对业务有深入的了解，对老板忠诚度较高，但其在人力资源领域的专业素养相对欠缺，如果恰好其所管理的人力资源团队也未具备高度专业素养，那么可能出现的情形是：一群非人力资源专业人士致力于遵循老板的指示，投其所好地制定一些看似正确但实际不够专业、价值有限的人力资源战略。这类战略难以实质性推动企业文化发展与人才变革，也无法支撑企业发展战略的实施。

二、制定高质量人力资源战略的三个前提条件

对于任何企业而言，制定人力资源战略都是一项极具挑战性的任务。要想制定出高质量的人力资源战略，必须满足以下三个前提条件。

（一）人力资源部门既要懂人力资源专业又要懂业务

人力资源部门的工作远不只关注人力资源领域，更要站在业务角度从企业战略层面思考文化、人才和组织方面的问

题。具体如下：

1. 人力资源部门要全面深入理解企业业务，了解企业内部环境，包括业务流程、组织结构和企业文化，同时关注企业外部环境，如行业趋势、客户需求和竞争对手等，以便将人力资源管理与业务发展紧密结合。

2. 人力资源部门要关注人效（人力资源效能）、人力资源结构、人才质量，以确保企业的长远发展。

3. 人力资源部门要关注并适应外部人才市场的变化和趋势。

4. 人力资源部门要关注业务部门关心的组织效能、人才供应链、干部管理。

5. 人力资源部门要专注于影响企业中长期发展的战略落地，要聚焦影响企业未来业务发展的核心问题的解决。

人力资源部门应立足人力资源专业视角，基于对行业和企业情况的深入了解，为企业发展提供关于当前瓶颈和未来趋势的见解与思考，为业务部门的决策提供专业的人力资源建议。

（二）人力资源部门要推动企业内部中高层参与人力资源战略研讨会，并促使企业上下达成战略共识

企业中高层达成战略共识，是企业各种战略能真正落地的重要保障。人力资源战略的制定绝不仅仅是人力资源部门

的责任，而是需要公司高层的积极参与。人力资源部门应对内部各部门相关人员的建议和意见进行汇总与整理，积极推动人力资源战略研讨会的召开，达成共识，确保人力资源战略的成功制定与实施。此外，还可以借助外部专业力量，如咨询公司或行业专家，协助企业高层与人力资源部达成同频共振，更加精准、高效地把握重点，形成战略共识。

（三）人力资源部门能够有效实现企业业务需求与资源的匹配

人力资源部门应主动参与与业务相关的会议，与业务部门保持充分的信息互通，了解并整合现有的业务需求信息，以确保现有业务需求与资源的高度匹配。此外，还要结合企业可调整的资源、面向未来需要弥补的短板，以及未来组织核心能力和人才战略的构建，对业务部门的人才需求与企业现有人才能力现状进行匹配分析，进而判断企业现有的人才储备是否足以支持企业未来的发展。

三、四个战略视角，打通战略、组织和人才

为了制定高质量的人力资源战略，人力资源部门需要具备以下四个战略视角，全面审视人力资源战略，如图2-2所示。

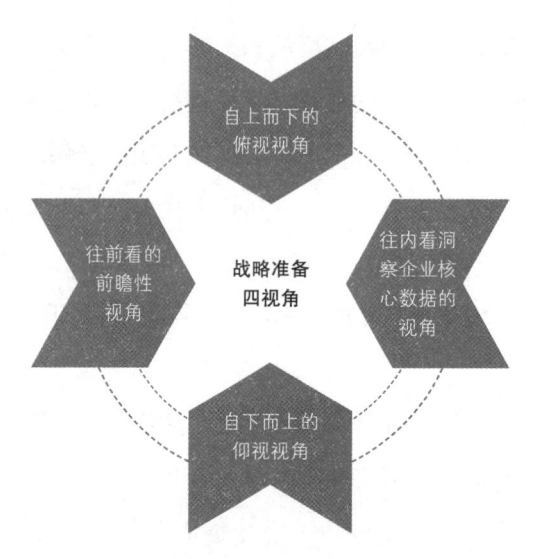

图 2-2 制定人力资源战略的四个战略视角

（一）自上而下的俯视视角

人力资源部门要能够对企业纵深有清晰的认知和了解，有深度思考并回答以下问题的能力：

1. 企业一线所面临的核心痛点是什么？是否能够针对问题进行集中突破，从而寻找到提升全体员工士气的关键切入点？

2. 企业文化建设是否能有效支持企业战略落地？是否能真正落实到基层员工？是否能有效推动企业业务的发展？

3. 企业的治理架构是否合理、完善？当下企业应该具备的技术、市场等关键能力是否到位，有哪些优势或不足？企业信息的传达和决策是否高效？影响战略实现的关键部门、关键岗位设置是否有缺陷？部门间的权责衔接和协作如何？

4.企业需要多少合适的人才？需要有什么样能力的人？达到合格人才质量标准的人员分布是怎样的？未来的人才需求有哪些？

5.绩效体系是否可以帮助企业达成当下的绩效目标？员工能否得到公平和合理的绩效奖励？

6.应该激励员工达到什么目标？激励措施是提供奖金、期权、晋升机会还是培训机会？

7.核心员工可否得到保留？人才梯队是否健全？员工培训体系、管理者培养计划是否健全和有效？

（二）自下而上的仰视视角

人力资源部门要了解外部优秀标杆企业在组织、文化和人才发展方面的成功经验，具体如下。

1.要有能力通过对标，清晰了解本企业与行业内外的优秀企业在人力资源实践方面的差别，找到自身的短板以及与标杆企业的差距。

2.要借助多种途径和方式及时洞察外部契机。例如，与外部标杆企业及同行业人才展开交流，通过咨询公司、外部顾问以及从优秀公司招募的人才，更深入地了解标杆企业在组织现状、人才梯队建设和人才发展方面的成功经验。

（三）往前看的前瞻性视角

人力资源部门要对企业未来 3 至 5 年的战略发展路径有清晰的认识，以便把握企业的未来走向以及发展所需的核心能力。

1. 要熟悉关键业务部门的核心能力增长和提升的方向、企业核心财务数据、中期战略路径、企业会进入或者退出的赛道、市场争夺策略、近期战略重点、本年度的关键战役以及年度经营目标。

2. 具备前瞻性，根据未来业务发展战略，讨论未来几年企业人力资源战略布局和资源整合规划，涵盖组织、文化、人才、激励、绩效考核等各方面的战略抉择。

3. 了解外部环境和行业人才和组织未来的发展趋势和方向，对人才的流动性和多样性有清晰的预测。

（四）往内看洞察企业核心数据的视角

为了确保企业未来在战略发展道路上稳步前进，人力资源部门有必要明确关键的人力资源考核指标体系。通过搜集、整理、统计和分析以下各项信息和数据，人力资源部门可以对企业当前的状况有更为清晰的认识。

1. 组织、人才、激励和绩效等数据；

2. 当前人才储备与人员缺口；

3. 人效、人员总成本 / 预算；

4. 核心组织能力和专业能力现状,将来的关键能力需求;

5. 行业人才薪酬水平与人才供需关系;

6. 组织效率和组织架构的现状,面临的挑战和提效机会点。

第四节　制定人力资源战略的三种方法

为了确保人力资源战略规划的全面性与准确性，除了要关注前文提及的四个战略视角外，人力资源部门还需运用合理、严谨、系统的分析方法与工具，以明确人力资源战略的发展方向、重点及面临的难题。在多年研究与实践的基础上，笔者建议借鉴宝洁公司（P&G）和摩立特（Monitor）战略咨询公司的"五大"战略模型、IBM的业务领导力模型（BLM）、杨国安的杨三角模型这三种方法论的战略规划框架，以制定企业人力资源战略。

一、宝洁公司和摩立特战略咨询公司的"五大"选择战略模型

宝洁公司的"五大"选择战略模型（如图2-3所示）最初来自一家战略咨询公司摩立特。摩立特战略模型原来只有"取胜愿景、进军哪类市场、如何取胜、组织核心能力"四

第二章 制定人力资源战略

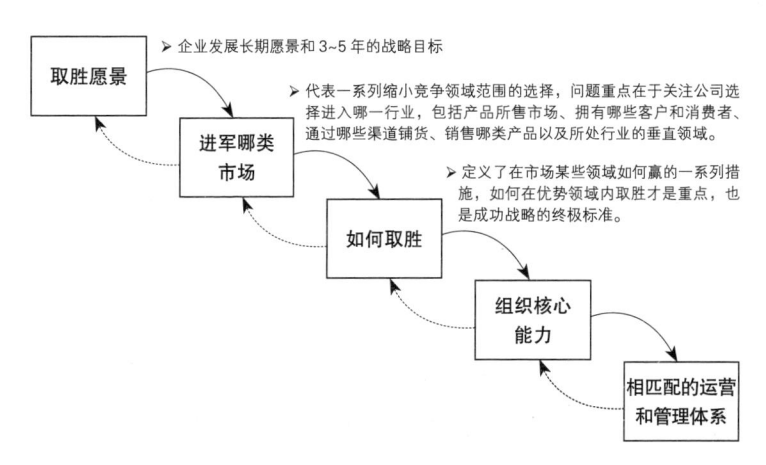

```
取胜愿景
   │
   ▼           ▶ 企业发展长期愿景和3~5年的战略目标
进军哪类
   市场        ▶ 代表一系列缩小竞争领域范围的选择，问题重点在于关注公司选
   │            择进入哪一行业，包括产品所售市场、拥有哪些客户和消费者、
   ▼            通过哪些渠道铺货、销售哪类产品以及所处行业的垂直领域。
如何取胜
   │           ▶ 定义了在市场某些领域如何赢的一系列措
   ▼             施，如何在优势领域内取胜才是重点，也
组织核心         是成功战略的终极标准。
   能力
   │
   ▼
相匹配的运营
 和管理体系
```

图 2-3　宝洁公司和摩立特战略咨询公司的"五大"选择战略模型

个问题，宝洁在导入这个模型的时候增加了第五个问题"需要怎样的运营管理体系（支撑组织能力的构建）"，形成了适合宝洁的、更具落地性的"五大"选择战略模型。这"五大"选择战略要素需要互相协作，且融为一体。

如果条件允许，在梳理清业务战略的基础上，完全可以在"五大"选择战略模型的基础上完善与业务战略高度匹配的人力资源战略，其关键点就是在明确组织核心能力之后，一定要从组织、人才、文化、激励和绩效考核等几方面考量如何调整人力资源的战略重点以更贴近业务战略，更好地打造出组织核心能力，推动战略落地，并取得业务的中长期目标。所以可以借助上述框架思考和制定人力资源战略，解决下列非常重要的战略问题：

085

1. 企业中长期战略对目前组织、人才和文化的最大挑战和需求是什么？

2. 企业需要什么核心能力？

3. 企业的人才策略是什么？

4. 企业如何打造人才供应链？如何解决人才的"有没有"和"好不好"的问题？好人才能不能留下来？

5. 企业如何设计合适的人才选、用、育、留策略？如何做好吸引人（招聘、雇主品牌、薪酬策略、团队建设等）、培养人（培训项目、企业培训部门、师带徒制、评估反馈等）、保留人（激励和考核）及人员任用（人才盘点、人才晋升等）四大维度的工作？

6. 企业如何有效激活组织，提升组织效能，确保组织高士气？

7. 企业需要建立哪些组织、文化、人才、激励绩效体系以确保人力资源战略落地？

当上述战略能够有效地帮助人力资源部门打造组织核心能力，并能够承接和支持业务战略重点时，就可以清晰地从人力资源战略中找到和企业战略重点紧密相关的地方，人力资源战略就能和业务战略做到相辅相成、浑然一体。业务战略如果没有相应的组织、文化和人才、绩效激励机制来保驾护航的话，很难有效调度组织成员可持续的高度投入。如何建立有效的人力资源管理体系和运营机制以支持业务战略的落地，对于企业管理者和人力资源部门来说，都是至关重要的考验。人力资源战略和业务战略匹配度越高，业务战略落地越有保障，业务中长期目标达成的概率也越高，但这非常考验人力资源部门和业务管理层高度配合的能力，以及业务领导对人力资源战略重视的程度。

二、用 BLM 模型制定人力资源战略框架

BLM 模型最初由 IBM 推出使用，后被华为广泛应用于战略制定与贯彻执行。作为体系化的战略管理框架，它包括战略规划、战略执行、战略分解、领导力及价值观五个方面的要素，如图 2-4 所示。

（一）战略规划

战略规划涵盖"市场洞察、战略意图、创新焦点、业务

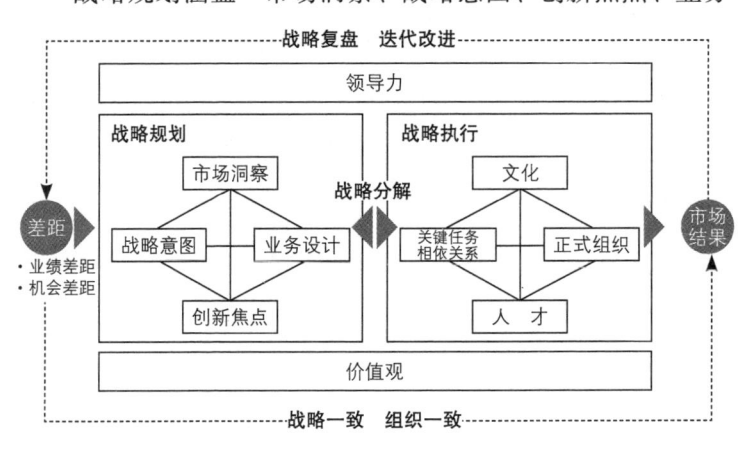

图 2-4 BLM 模型

设计"四个核心内容，它的关键产出和焦点在于业务设计。

市场洞察：旨在深入理解客户需求趋势、竞争格局，以及技术进步和市场经济环境对业务的影响，从而发掘机遇并识别风险。此步骤的目标在于阐释市场现状及其未来演变趋势，以及这些变化对企业运营的意义。

战略意图：即组织机构的发展方向和最终目标，包括企业的愿景、使命、战略目标、战略重点以及战略业务组合。

创新焦点：进行与市场同步的探索与试验，从众多资源中筛选有价值的创意，并通过试点和测试来应对行业变化。

业务设计：以深入的市场洞察和企业分析为基础，着力于更高效地运用内部能力，并进行持续改进与变革。其目的在于探索并优化替代性的业务设计方案。

（二）战略执行

为了确保战略目标的顺利实现，我们在组织、人才和文化方面必须完成一系列核心任务。这些任务之间以及其与人力资源是否相互依赖？哪些任务必须由我们亲自完成？哪些任务可以交由合作伙伴处理？各任务必须在何时完成？作为战略制定与执行之间的纽带，这些关键任务有助于执行层面深入理解企业战略，明确个人在战略实施中的角色与定位。

正式组织是为了确保关键任务和流程得以高效执行，有必要设立的相应组织架构、管理及考核标准。这些标准包括但不限于人员规模、职责划分、管理与评估、奖励与激励机制、职业发展规划等，从而便于领导者指导、管理和激发个人与团队完成重点任务。

人才在企业的战略执行中至关重要，在BLM模型中，我们需要准确描述：企业需要什么样的人才？对人才需求的详细定义和人才画像是什么？当前人才队伍能力与所需能力是否存在差距？哪些能力亟待培养或从外部引进？如何激励和留住优秀人才？为实现既定关键任务，员工需具备哪些适当的能力、动力和行动？

文化是组织的行为方式，涵盖核心价值观的传承、工作氛围的营造和管理者的示范作用。企业的价值观、行为期望、非正式的沟通网络以及权力分配方式，是否会推动、强化关键任务的有效执行？一个团队的风格，最终由管理者塑造。

（三）战略分解

在完成公司战略管理环节后，可通过组织绩效管理及目标分解，实现个人绩效管理，以完成战略解码和目标分解任务，构建系统全面、上下衔接、环环相扣的管理闭环。如图2-5所示。

（四）领导力

如果说价值观构成了企业的文化基础，那么领导力则是

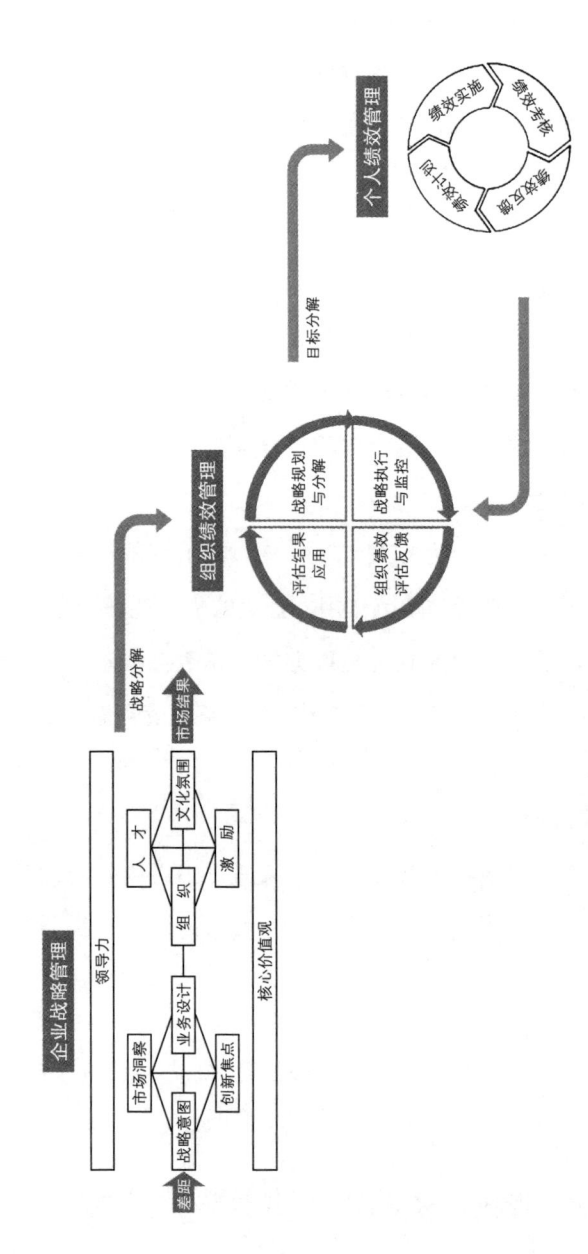

图 2-5 从企业战略到组织绩效和个人绩效的管理闭环（基于 BLM 模型）

企业发展的根本要素。一个企业的高层管理者既要对业务结果负责，也要对企业的组织、文化和人才与人力资源部负有共同的领导责任。高层管理者需要清楚的一点是，企业级别的战略是不可被授权的，他们必须亲自参与和领导战略的设计、执行，并确保战略设计和执行落地是切实可行的；他们必须躬身入局，亲自下场，起到行为示范作用；他们必须为团队提供清晰的方向，梳理未来的期望，减少官僚作风，指导关键团队和个人达到良好的表现。

（五）价值观

价值观回答的核心问题是：我们大家一起干事业，要主张什么？反对什么？即什么是对的，什么是错的。

以华为为例，华为的价值观是这句话："以客户为中心，以奋斗者为本，长期坚持艰苦奋斗。"也就是说，华为主张"以客户为中心"，主张"以奋斗者为本"，主张"长期坚持艰苦奋斗"。

三、用杨三角模型梳理人力资源战略

杨国安教授认为，"企业成功＝战略×组织能力"。由他创建的杨三角模型也成为梳理组织核心能力与制定人力资源战略的有力工具，具体做法可以分为以下四个步骤。

1. 洞察未来和外部趋势。

2. 明确企业业务战略方向，强化竞争差异，从而改善竞争格局，如拓展新客户、新产品和新市场。

3. 确立组织的核心能力：根据企业战略方向，挑选2至3个有助于战略实施且能为客户创造价值的组织核心能力。这里所指的组织核心能力深植于组织而非个人，表现为团队整体战斗力、超越竞争对手的能力（即竞争力DNA）。例如，3M公司的创新能力、美国西南航空和我国春秋航空的严格成本控制能力、四季酒店的客户服务能力，均为企业长期打造了远超竞争对手的组织核心能力。

4. 围绕组织核心能力，从组织、人才和文化三个方面制定人力资源的战略和运营体系。构建上一步选择的组织核心能力涉及三个方面的重要因素：员工能力（会不会）、员工思维模式（愿不愿意）、员工治理方式（容不容许）。同时，还需遵循两个原则：平衡（三个方面均衡发展）与匹配（与组织能力要求相适应）。如图2-6所示。

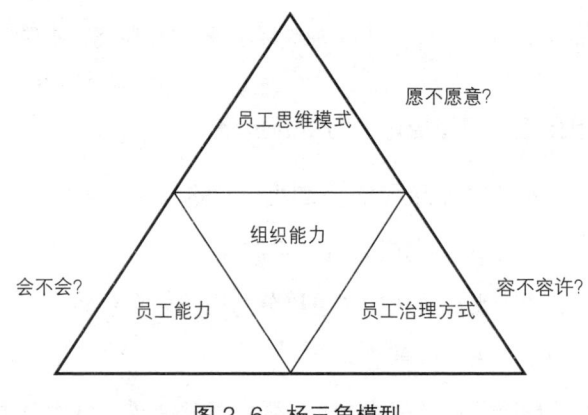

图2-6 杨三角模型

成功企业需具备恰当的战略与相适应的组织，组织能力的构建务必确保组织、人才及文化与战略方向保持一致。组织能力的打造需要 CEO、人力资源部及业务管理层三方共同秉持承诺并付诸努力。

四、人力资源战略制定的底层逻辑

各家企业、咨询机构和管理大师都有不少的方法和模型来帮助企业推动企业的战略规划和人力资源战略制定。尽管表面上看似存在诸多差异，但实质上这些模型间的区别主要在于具体的实施策略，而其底层逻辑和本质则大同小异。

优秀的战略制定往往和企业的使命、愿景、价值观紧密相连，高度契合。企业战略的核心在于如何实现企业的愿景，而战略行动方案则为企业提供了实现这一目标的具体措施。人力资源战略则是在组织、文化和人才三个方面，确保企业战略能够落地实现的配套方案。

企业通过战略规划满足自身定位、发展模式、业务增长与管理体系等方面的需求，并参照行业标杆及市场人才趋势设定人力资源规划目标。结合组织现状和未来数据，企业应制定 3 至 5 年的人力资源战略目标，确保人才在数量、结构和质量上实现动态平衡，满足业务发展，支持战略目标的实现。如图 2-7 所示。

如果没法有效地把以上这些环节的内部关联逻辑有效地

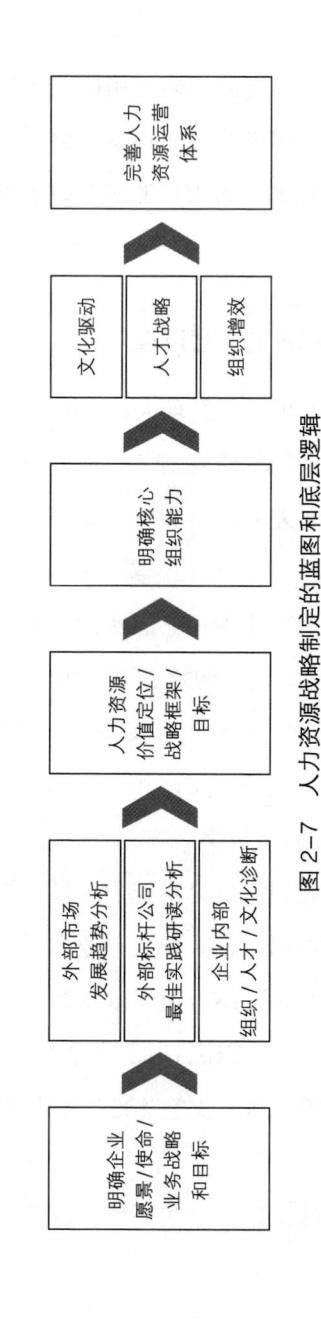

```
明确企业          外部市场           人力资源         明确核心        文化驱动      完善人力
愿景/使命/   →   发展趋势分析   →  价值定位/   →   组织能力   →   人才战略  →   资源运营
业务战略          外部标杆公司      战略框架/                        组织增效      体系
和目标            最佳实践研读分析  目标
                  企业内部
                  组织/人才/文化诊断
```

图 2-7 人力资源战略制定的蓝图和底层逻辑

梳理出来，就无法明确人力资源战略的重点和业务战略的相关性，那样人力资源战略就是一盘散沙，无法聚焦。在资源有限的情况下，需要抓住制约业务战略有效落地的组织、文化和人才中的问题和短板，只有解决它们，人力资源战略才有可能为企业真正增加价值。

第五节　制定人力资源战略的九个关键步骤

为了确保人力资源战略落地的实操性，笔者在对多种常用方法论及其底层逻辑进行深度剖析的基础上，结合多年来的实践经验，将人力资源战略的制定过程概括为以下九个关键步骤。

第一步，设立由人力资源部与业务高层共同组成的专项小组，且企业领导层需要全力支持并定期参与专项小组的汇报与讨论会议，确保战略方向明确，对核心方案达成共识。在条件允许的情况下，可以邀请外部顾问公司及相关专家参与，并向其提供必要的协助与信息支持。

第二步，企业内外部环境相关信息的数据收集、分析和评估。

1.要对外部宏观环境对企业的影响有清晰的认识。可以运用PEST模型分析外部宏观环境。

P（Political，政治）：政治环境是否稳定？国家政策对行业发展的影响是什么？

E（Economic，经济）：对未来几年经济发展预期、通货膨胀率、就业率、行业发展趋势有清晰的了解。

S（Social，社会）：社会和人口发展趋势、文化障碍、人力资源供给情况。

T（Technology，技术）：科技发展对企业产品创新和客户的影响是什么？对人力资源数字化转型有什么影响？

2. 收集和整理外部标杆企业的实践信息，通过和外部标杆企业的对标，清晰了解本企业与行业内外及跨行业的优秀企业在人力资源实践各方面的差别，找到自身的短板以及与标杆企业的差距。

3. 了解外部市场和人才的发展趋势，通过对外部环境、行业人才和组织未来发展趋势和方向的了解，才有可能对人才的流动性、未来关键人才的画像及人才多样性有清晰的预测。

4. 了解和汇总企业内部组织、文化和人才的核心数据，了解企业优势和需要提升的关键方面。通过收集、整理外部信息和对内部组织信息及人才数据的深入洞察，我们才可以更准确地对组织的当前状况和未来需求有更为清晰和客观的认识。通过对"过去、现状、未来"人力资源的基本信息进行分析对比，找出差距和需要重点提升的地方：

（1）过去

①回顾近几年企业在组织、文化和人才方面的实际情况。

②过去企业自身的优势和短板。

（2）现状

①企业现有员工选用育留的核心数据、员工的绩效与成果状况。

②企业的人力资源流动储备如何？员工流动率多大？员工的学历和年龄结构怎样？

③企业目前的组织效能、人均利润率、组织层级是否合理？

④员工士气如何？企业文化是否能健康地支持战略发展？

（3）未来

①需要讨论和明确企业需要打造的组织核心能力和未来业务战略需求之间的差距。

②为了满足未来业务发展战略需求，企业需要多少员工？需要员工具备哪些技能？需要怎样的人才结构？

③现在的实际情况与未来需要达到的状态之间有多大的差距？

④企业文化能否给未来业务发展战略保驾护航？

第三步，明晰企业中长期发展战略规划以及当下和未来在业务发展方面的目标和蓝图。既要清晰地了解客户需求和市场状况，又要对战略优先级有明确的认识，以便分析它们对人力资源的影响。另外，还需要清楚地了解客户、竞争对手和供应商的战略选择会对公司人力资源需求产生的影响。企业的人力资源战略应该和整体业务战略一样，深度理解企业的市场现状和发展趋势。

第四步，和企业高层共同明确人力资源在企业内部的价值定位。根据第二步和第三步提炼的关键信息，深入推敲和梳理人力资源的战略框架、未来关键目标和评估指标。

第五步，通过整合内外部信息和数据，结合企业未来战略的发展方向，识别出关键的组织能力，进一步判断当前和未来的差距，并与高管团队达成共识，共同为建立企业未来发展所需的组织核心能力提供支持，这一步骤正是战略规划的核心。

第六步，项目团队需要明确和划分人力资源战略的利益相关者，通过细分公司内外关键利益相关者，找出人力资源战略重点聚焦的关键群体。针对不同利益群体对公司做出的贡献，在资源分配和战略支持上实施差异化处理。例如，在资源有限的情况下，应优先满足高影响、高价值群体的需求。

第七步，结合企业实际状况、业务发展战略以及标杆公司的最佳实践，确立组织、人才和文化三方面的人力资源战略，明确取舍、聚焦人群和资源整合方向。

第八步，若想确保人力资源战略能高质量落地，还要完善和优化相应的人力资源运营体系。人力资源运营体系和运营机制应遵循人力资源战略的导向。

第九步，制定与业务目标一致的人力资源绩效衡量标准，通过人力资源管理仪表盘[①]监控策略和计划的执行情况，以便跟踪绩效并推动持续改进。

如果没有高效的落地实施和结果监控，策略将永远不会有效。评估策略最有效的方法之一就是对企业人效和组织效率进行分析，并将结果与同行业其他企业进行对比。此外，我们还需要关注其他以价值为导向的人力资源管理数据，如员工流动率和晋升率、人才储备深度与广度比率、人才横向流动性（轮岗）比率、关键员工的保留率，以及绩效薪酬比率、员工敬业度等。

值得注意的是，人力资源战略永远无法孤立地实施，管理层的支持、合理的预算、人力资源专业人员的运营以及数字化转型所需要的新技术等，都是实现战略目标的关键成功因素。

[①] 人力资源管理仪表盘：本质上是指通过直观的可视化界面，呈现关键人力资源数据和指标的工具。

第六节　评估人力资源战略优劣的八项标准

通过前面一系列对于人力资源战略的概念、思维、方法论、工具和实操步骤的阐述，相信各位已经具备为自己企业量身定制人力资源战略的能力。会不会的问题虽然已经解决了，但是究竟做得好不好，还需要及时评估。

优秀的人力资源战略通常具备以下特征（你们公司的人力资源战略满足了哪几条？可在前面的"□"中打钩）：

□ 1. 它明确了人力资源管理活动的重点和聚焦方向；

□ 2. 它清晰地部署了企业资源的分配（即金钱、时间、人员的分配）；

□ 3. 它提升了企业员工敬业度，有效推动了人才选用育留方面的工作并提供了前进的方向和行动路线；

□ 4. 它的实施需要一年到三年的时间；

- ☐ 5.每两到三年会对它进行更新和修订；
- ☐ 6.它结合了企业高级管理层和人力资源专家的判断；
- ☐ 7.它是基于战略的解读和数字化大数据的驱动，是个客观科学的过程；
- ☐ 8.它既关注当下又兼顾未来发展，两者达到充分的协调和平衡。

一家企业要做到各方面都精通是非常困难的。制定有效策略的关键是决定关注什么和忽略什么，同时确保企业的人力资源的各套关键体系中不存在明显的短板。正如木桶原理所言，决定木桶最终容量的是桶身中最短的那块木板。人力资源战略选择就是根据企业战略需求和企业的实际情况选择侧重点，有所为有所不为。优秀的人力资源战略可以帮助企业在组织能力、文化建设和人才选用育留上扬长避短，提升企业软实力和长远的竞争力。

【案例解析】

某知名跨国公司人力资源部和公司高管团队曾共同制定公司未来三年的人力资源战略规划，并成功实施，为业务战略目标的顺利实现提供了有力的人力资源保障。以下案例将结合上述人力资源战略制定的关键步骤进行深入分析。

1. 企业愿景/使命/业务战略和目标

该企业的愿景是：通过卓有成效的药物为患者的生活带来意义深远的变化。使命是：携手为生命护航。该企业在中国的目标是：立足中国，长远发展；立足中国，全球共享；该企业希望能成为行业领袖，成为最佳制药公司、最佳雇主、最佳管理团队。

2. 成立人力资源和业务高层共同参与的专项小组

为了实现上述目标，该企业高管团队制定了未来几年发展的业务战略，并希望人力资源团队和高管团队一起制定未来三年的人力资源战略，包括组织、文化和人才策略。为此，该企业人力资源部门的核心团队和几位主要的业务高层领导一起筹建了专门的人力资源战略项目小组，并且邀请了一些企业内部的关键意见领袖加入项目小组。

3. 项目小组运用四种视角筹备制定人力资源战略

（1）自上而下的全局视角：和高层访谈并对企业大数据进行分析，对组织纵深有清晰的认知和了解，了解以下几个问题：一线面临的核心痛点是什么？企业文化建设能否有效支持战略落地？企业的组织治理架构是否合理、完善？当下企业应该具备的技术、市场等关键能力是否到位？企业需要多少合适的人才？需要什么样能力的人？绩效体系是否可以帮助公司达成当下的绩效目标和指标？激励机制是否可以推动员工达到业务目标？核心员工是否可以得到保留？人才梯队是否健全?

（2）自下而上的仰视视角：了解外部优秀标杆企业在组织、文化和人才发展方面的最佳实践。

（3）往远看的前瞻视角：对企业未来3—5年的战略发展路径有清晰的认识，以便把握企业业务的未来走向以及发展所需的核心能力。了解外部环境、行业人才和组织的未来发展趋势和方向。

（4）往内看的洞察组织核心数据视角：通过搜集、整理、统计和分析以下内部组织信息及人才数据，对企业的当前状况有更为清晰的认识。

项目小组认真了解了外部行业的发展趋势，也整理了标杆企业在组织、文化和人才方面的最佳实践。通过深入研究，该小组发现医药市场收入增长速度趋缓，人员编制激增，组织效率普遍较低。销售团队的有效性成为需要关注的重点问题。高层领导岗位的合格候选人稀缺，由于缺少经验丰富的管理者，人工成本、招聘费用以及组织的生产率受到了极大的影响，甚至制约了企业业务的发展。直接影响企业效益的几个关键部门（如医学市场部和销售部）面临严峻的中高层招聘形势。人才市场从过去的外部招聘逐步转向内部培养。市场上员工离职率颇高，接近30%，主要原因包括职业发展受限、对薪资不满、经理的管理水平欠佳、工作与生活无法平衡等。很多关键岗位还不能做到人才本地化。员工的敬业度普遍较低。支持个人职业发展的培训机会、薪资福利的有效性、中长期福利项目（如养老保险和企业年金等），都是在职员工非常关心的激励和保健因素。部分标杆企业则积极地提升企业薪资福利有效性，推出长期激励项目，加大领导力培养、人才梯队建设及轮岗力度等，对人才培养和人才保留制定综合解决方案。

4. 企业内部整体业务情况分析

过去几年，该企业业务增长稳健，连续几年双位数的增长率彰显出其在制药行业的卓越表现，年度销售额名列行业前三。然而，该企业推出新产品的能力相对有限，市场潜力有待深入挖掘。尽管该企业整体员工离职率低于市场平均水平，但中高层岗位的人才储备仍存在较大缺口。为实现未来几年业务战略目标，该企业需着力于以下三个方面：

（1）在强化合规管控的基础上，推动商务创新和提升商务运营效率；

（2）确保新产品的成功上市，提高关键药品在各省医保目录谈判中的成功率；

（3）拓展广阔市场，并将产品下沉至我国三线以下城市的主要医院。

通过实施以上策略，以实现年度销售额增长率近20%的年度目标。

5. 通过整合内外部信息和数据，结合企业未来战略发展方向，识别出关键的组织能力

项目小组和高管团队通过反复讨论和沟通，都认为该企业需要打造三大核心能力：

（1）打造一流的研发能力和专业化的营销能力；

（2）打造开拓新兴市场（县级市和乡镇医疗市场）的能力，推动业务的深耕；

（3）打造赢之有道的制胜文化和高效团队。

6. 规划人力资源部门未来3—5年的战略目标

项目小组希望制定一套能够完善组织建设、构建人才战略与打造优质文化的策略，以推动公司未来3—5年的业务增长。在广泛收集内外部数据的基础上，结合公司的业务战略，通过数据分析和关键员工访谈调研，项目小组深入了解了公司有关组织、文化和人才方面的核心痛点问题，据此为公司量身定制了以下四个关键的人力资源战略目标：

（1）要打造一流的员工敬业度，并将其员工离职率降至远远低于市场平均水平；

（2）要打造一流的领导力培养和发展项目，有效提升关键人才梯队的储备厚度；

（3）要提升组织效率，组建一个专注于扩展地级市和广大乡镇市场的全新且高效的组织——"广阔市场团队"，并提高人均销售额，打造精兵强将；

（4）要积极打造赢之有道的制胜文化，助力企业业务发展。

7. 推动企业内部中高层积极参与人力资源战略研讨并达成共识

基于上述四个目标，项目小组和高管团队经过几周的深入研究和严谨讨论，最终就以下四个方面的人力资源战略重点达成共识：

（1）打造携手共赢的雇主品牌，全面提升员工敬业度，并制订员工保留计划以降低员工流失率；

（2）倡导赢之有道的制胜文化，鼓励创新，积极驱动组织变革；

（3）将内部组织调整与外部人才引进相结合，推动新组织——"广阔市场团队"组织的建立，培养"广阔市场团队"的市场推广能力；

（4）制定人才发展战略，加速推动本地人才及高潜人才的发展和培养进度，提升关键岗位的人才储备厚度。

8. 制订各项行动方案和资源配置计划

项目小组围绕上述四个战略重点，制订了明确且有侧重点的行动方案和资源配置计划：

在文化领域，项目小组推出了以"正直诚信，赢之有道"为核心的企业文化理念，即CPP企业文化，以更好地支持业务发展，并规划了一系列实施方案，确保新文化理念的落地实施。

在人才方面，项目小组对人才发展的愿景进行了重新定义——打造杰出管理人才并加速拓展人才发展空间，加强人才在"选、用、育、留"四大维度的战略聚焦（见图2-8）：

（1）在"选"方面，重点为未来业务选拔人才，同时全面提升人才盘点的质量和覆盖范围；

（2）在"用"和"育"方面，注重为高潜人才提供定制化的发展机会和加速发展的空间，着重培养管理者掌握出色的领导能力；

（3）在"留"方面，提升业务主管在人才保留方面的责任感，并通过职业发展策略主动保留优秀人才。

公司高度重视人才培育与发展，对领导力和专业能力的

愿景
打造杰出管理人才加速发展空间

人才管理四大模块

选	用 & 育	留
■ 为未来业务选人才 ■ 提升人才盘点质量和覆盖面	■ 给高潜人才提供定制化的发展机会和加速发展的空间 ■ 各级别都注重发展领导者	■ 提升业务主管在人才保留方面的责任感 ■ 通过职业发展主动留人

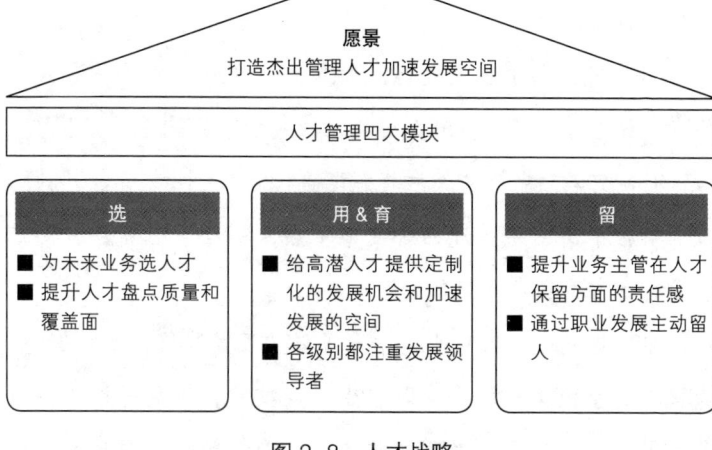

图2-8 人才战略

素质模型进行了优化更新,推动跨部门、跨区域、跨职能的轮岗机制,引入并实施高管教练和导师项目,制订培养高效领导者的培训计划。如图2-9所示。每年,公司投入高达三百多万美元用于员工培训与发展。

为了提升员工的敬业度和保留率,公司积极打造内外部雇主品牌,重点提升薪资福利水平,增强公司在市场上的竞争力;在行业内,公司率先推出了弹性福利和企业年金福利项目,激励员工长期为企业服务。对优秀和高潜员工,公司有针对性地实施人才保留策略。同时,公司推出灵活办公制度,使员工的工作与生活更加平衡。通过这一系列措施,为

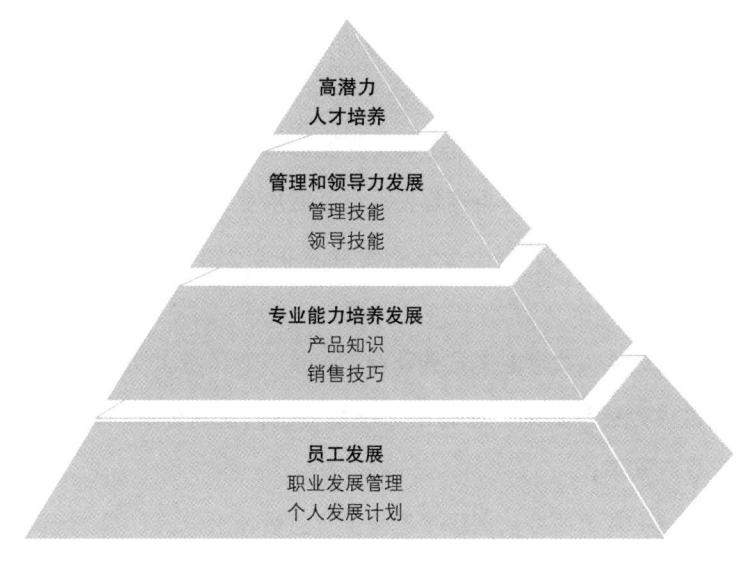

图 2-9 高度关注人才发展和培养

人才提供良好的学习、发展和成就事业的机会，使员工能够全身心地投入工作，最终取得了良好的人才保留成果。

在组织方面，通过将内部员工轮岗和引入外部的关键人才相结合，迅速筹建新的"广阔市场团队"，根据业务需要，构建员工胜任力素质模型，来支持"广阔市场团队"的业务发展对人才的需求。

另外，参照外部标杆公司对各职能人员配备的数据，严格控制公司各业务单位和职能部门的组织编制，提高人员效率。通过积极且具有前瞻性的人员调整与组织编制，实现公司人均营业收入达到市场75分位以上。

9. 推动落地，监控人力资源管理仪表盘并持续改善

在高管团队的全力支持和协作下，项目小组与人力资源部门共同努力，积极推动人力资源战略的实施和落地。经过12至24个月的高效执行与KPI监控，他们欣喜地发现，几项人力资源战略的关键指标均被提前且高质量达成。详情如下：

（1）公司被外部专业机构连续多年评为中国制药行业的最佳雇主；

（2）员工的敬业度显著提升，连续多年保持在90%以上，公司成为业界典范，并在全球范围内各国家和区域市场中居于最高水平；

（3）员工的主动离职率已降至行业最低水平；

（4）公司关键岗位的人才梯队储备达到历史峰值；

（5）员工对文化的认同度也达到历史最高水平；

（6）员工因违反合规纪律而被施以纪律处分或辞退的人数已大幅降低到历史最低点；

（7）公司的年度销售额增长连续几年创历史新高；

（8）公司的人均销售收入达到了全行业的标杆水平。

从上面的案例中可以清晰地看出，高质量的人力资源战略对于推动业务发展，全面提升公司在组织、文化及人才各领域的竞争力具有显著作用。

本章小结

人力资源战略是企业战略中的重要组成部分，同时，人力资源战略也是人力资源管理工作开展的"蓝图"，它需要实现"组织、人才、文化"三位一体的战略统筹和落地。组织是战略落地和业务经营的载体，人才是企业的核心战略资源，文化是企业的核心发展动力。人力资源战略要求企业战略、企业文化、人才战略、组织及人力资源运营管理之间保持内在逻辑的一致性，相互支持、彼此呼应，这样才能切实打通企业文化、组织、人才及人力资源管理各项工作之间的关联，使人力资源管理真正影响并支持企业达成战略。

本章详细地介绍了企业在制定人力资源战略中面临的五大挑战、制定人力资源战略的三项关键前提条件和四个战略视角，来帮助读者了解制定好人力资源战略的前期准备工作。同时本章也介绍了三种不同的人力资源战略方法论，以及制定人力资源战略的九个关键步骤,并提供了衡量人力资源战略是否靠谱的八项评测标准。最后,本章通过一个案例希望能帮助大家明确一个共识:高质量的人力资源战略对于推动业务发展,全面提升公司在组织、文化及人才各领域的竞争力具有非常显著的正向作用。

■ 思考题

1. 企业战略和人力资源战略的关系是什么?
2. 人力资源战略的核心要素是什么?
3. 为什么会经常出现企业人力资源战略质量不高,或远远达不到企业高层期待的情况呢?
4. 要制定高质量的人力资源战略,需要从哪些重要的视角准备和思考?
5. 制定人力资源战略的关键步骤有哪些?

第三章

打造卓越领导力和高效领导团队

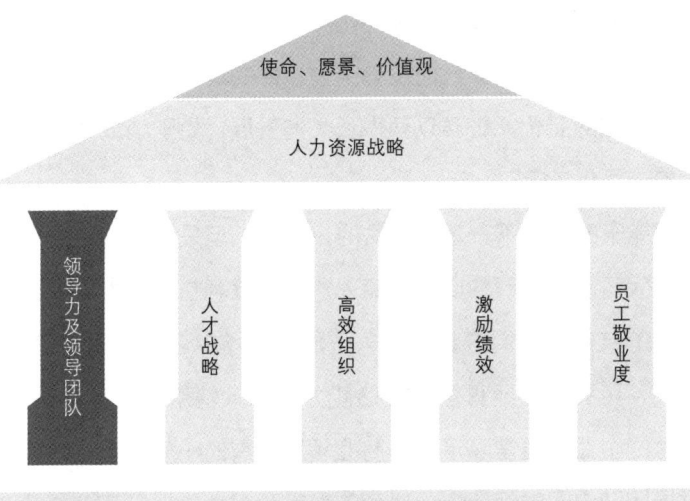

使命、愿景、价值观

人力资源战略

| 领导力及领导团队 | 人才战略 | 高效组织 | 激励绩效 | 员工敬业度 |

人力资源专业能力和职业发展

据有关统计数据,跨国企业的平均寿命大概是30—40年,然而在中国,中小企业平均寿命只有3—4年,较大规模的企业平均寿命也只有7—9年。一个企业寿命的长短和多个因素相关,但最重要的影响因素是企业的领导者,企业领导层的管理水平直接影响企业的命运。

不少中小企业创始人把自己视为商人,并将追逐利益作为他们事业的主要目标。这种商业导向的创始人可能会因为过于讲究短期利益,而忽视了企业长期发展的战略规划。这样的企业往往也不会追求真正的愿景和使命,很容易面临这些挑战:如没有为企业提供长远发展的战略规划,无法打造适合企业发展的企业文化;盲目追求利润,随波逐流,无法真正变得强大等。若企业只是规模大而没有实力,便会逐渐衰退,无法应对经济周期的变化,也难以获得长久的发展,更别谈成为历久弥新的"百年老店"。

能干的商人不一定是优秀的企业家,但是优秀的企业家却有很大可能是卓越的商人。商人通常追逐利益,较为重视业务方面的技能,他们擅长在竞争激烈的市场中追求利润和增长。然而,企业家需要具备更多的能力来有效地激励和领导团队,优秀的企业家通常除了具备商业领域所需的一般技能,还能在领导团队的同时保持企业运营的稳定和成功。他们不仅关注利润,还重视组织发展和员工成长。他们能够看到长远的目标并制定战略来实现这些目标,成为企业发展最大的推动者。企业的发展就像在游戏里打怪升级一样,需要不断地进行优化和升级。在这个过程中,优秀的企业家会成为企业发展最有力的推动者,反之,也可能成为最大的瓶颈。

如果领导者缺失责任感或领导力不足，企业的升级或转型之路必然会遇到阻力。一些领导者抱有很强的机会导向、暴发户心态和短期主义思维，他们更愿意追逐风口，急功近利，热衷于追求短期利益，往往忽视投入长期资源和培养人才的重要性。还有一些领导者，他们观念陈旧、知识与年龄结构老化、技能单一，同时又不愿意跳出舒适区；他们缺乏数字化分析与决策能力，变革创新意识也不足，难以形成批判性思维并进行自我反思。此外，许多企业对转型升级的难度和周期预估不足，缺乏足够的战略准备。所有这些困境都与缺乏卓越的领导者和高效的领导团队密切相关。

归根结底，很多经营发展的问题都可以归咎为人的问题，尤其是领导人和领导团队的问题。所以，领导者及其所需要具备的领导力，对一家企业的发展而言至关重要。那么问题来了，到底什么是好的领导者，什么又是优秀的领导力呢？

第一节　关于领导者的常见误区

一、好的管理者就是好的领导者，管理和领导是一回事

领导者一词可以追溯的历史非常久远，原始社会时代那些部落的领袖们带领着族群"打怪、升级、捡装备"、争夺领地，这些领袖都是领导者。相比"领导"而言，"管理"的概念要年轻得多。

"领导"和"管理"是两个不同的概念：管理者的目的是把事做正确，工作重心主要在制订计划、预算管理、分配资源、工作任务和执行监督、建立团队和组织架构以及管理执行计划并解决问题等方面，以确保产生符合预期的业务结果。

而领导者的目的是做正确的事，需要更多地关注方向、激励、变化和发展等方面。优秀的领导者既要知道如何抓管理，又要懂得如何确立战略方向，还要懂得如何引领创新与变革，如何激励和激发团队，并与外部客户和内部员工建立

同盟和相互信任。

二、好的领导者是天生的，外向型性格的人更容易做领导

有些优秀的领导特质与个人的性格特质确实密切相关，如正直善良、积极乐观、主动、不墨守成规、高情商等，这些特质为领导者提供了优势，让他们在某些方面更容易展现出领导力。然而，领导力并不完全是天生的，有一些领导特质可以通过不断地学习领导理论、积累经验、接受培训等方式来提高，例如前瞻性思考、创新、变革、激励和发展下属的能力等。此外，领导力还受到环境、文化、组织等因素的影响。一个好的领导者需要了解如何适应不同的环境、文化和组织，并根据实际情况调整自己的领导风格和策略。

因此，领导力是由先天和后天因素共同造就的，是个人特质、学习和实践、环境和文化等因素的综合产物。

很多人觉得外向性格的人更适合做领导，其实不然。外向的人和内向的人都有各自独特的优势，这些优势在不同的情况下都可以转化为领导力。

外向的人通常更善于与人交流和建立关系，这使得他们在团队中更容易建立信任和影响力。其次，他们通常更倾向于采取主动行动，具有较高的自我肯定和自信心，这也可以激发团队的士气和动力。

不过，内向的人也有自己的优势。他们通常更善于思考

和反思，更注重细节和品质，擅长建立深入的人际关系，因为他们更善于倾听和理解他人的需求和想法。这些优势可以帮助他们在领导工作中更好地分析问题、做出明智的决策，并更好地与团队成员建立深入的联系。

因此，一个人是否适合当领导并不仅仅取决于他们的性格类型，无论外向还是内向，只要具备了足够的领导技能和经验，都有可能成为一个优秀的领导者。古今中外很多性格内敛、惜字如金的人都成了优秀的领导者，例如邓小平、基辛格，他们都是非常内敛的人，但他们都是公认的优秀领导者。

三、职务越高，领导力越强，影响力越强

由于长期受到传统儒家思想的影响，中国的职场人士一般对上级和领导都很尊重，都觉得领导有很强的领导力。但实际上，大家混淆了两个完全不同的领导力：权力和影响力。

权力通常指的是一种正式的、组织所赋予的职位权力，是一种强制性的力量，可以通过奖励或惩罚影响他人的行为。在组织中，权力通常与职位、地位和资源相关，拥有权力的人可以通过这些手段影响他人的行为和决策。而影响力则是一种更加微妙和非正式的力量，它来源于个人的品质、能力、知识和人际关系等因素，是一种说服他人自愿接受自己的观点、想法或建议的能力，而不是通过强制或威胁达到目的。

拥有影响力的人通常能够通过自己的言行影响他人的态度、信念和价值观，从而在实现个人或组织目标的过程中获得他人的支持和合作。

另外，职位的权力范围通常受时空和权限的限制，而影响力不受时空限制，更可以超越权限，甚至可以超越组织。职务权力的大小是确定的，不因人而异，而影响力的大小是不确定的，因人而异。职务权责的落地方式是以行政命令的方式实现的，是一种外在的作用，而影响力是下属自觉接受的，是一种内在的影响。职务权力的效果是下属的服从、敬畏，但下属也可以通过调职、离职等方式逃避，而影响力的效果是下属的追随、依赖和爱戴有更为长远的影响。职务权力是强制的影响，而影响力是自然的影响。组织可以赋予某人职位，但无法赋予他领导力，真正的领导力只能靠自己获得。

权力和领导力确实有一定的相关性，但职位高的领导不一定有很强的领导力。领导力和影响力有很强的相关性，有出色领导力的领导，其影响力往往是很强的。

四、有出色业绩的领导，更可能拥有强大的领导力

在企业中，很多高管由于业绩出色，职务越升越高，别人会给他们贴上领导力很强的标签。但实际上，业绩出色并不一定等同于领导力优秀。例如，特斯拉创始人马斯克是位

极聪明的企业家，但他的领导风格却被很多人诟病，被称为"恶魔模式"，曾有几十位下属由于忍受不了他的管理风格而离职。

虽然业绩是领导力的重要体现之一，但它并不是衡量领导者的唯一标准。一个优秀的领导者需要具备多方面的能力和素质，如沟通能力、决策能力、协调能力、激励能力、人际关系协调能力、团队建设能力等。这些能力可以帮助领导者更好地管理团队、推动项目进展、解决冲突和建立团队凝聚力等。

此外，领导者的价值观、道德品质、诚信和责任心等方面也是衡量领导力的重要标准。一个领导者需要有正确的价值观和良好的道德品质，能够以身作则、树立榜样，并带领团队朝着共同的目标前进。

五、对不同级别领导者的领导力要求应该是不同的

对不同级别的领导者，领导力的要求和发展的侧重点理应是有区别的，不应一概而论。这是因为不同级别的领导职位所承担的职责和任务是不同的，因此需要不同的领导能力和素质。

高层领导者通常需要具备战略眼光、决策、协调、激励等方面的能力，能够制定企业的长期发展战略和规划，并带领团队实现这些目标。

中层领导者通常需要具备较强的组织、协调、沟通、团队建设等方面的能力，能够管理好团队、推动项目进展、解决冲突和建立团队凝聚力等。

基层领导者通常需要具备执行力、沟通能力等，能够落实好上级的指示和任务，有效地完成工作。

第二节　一将无能，累死千军

近几年，很多知名企业受到环境的冲击濒临垮塌，看起来好像是宏观环境巨变造成的结果，但究其实质还是因为这些组织没有建立真正有效的管理机制。它们内部可能存在能力有限但又自恋的平庸领导者，这样的领导者很容易把一个公司和团队带到一个无法挽回的败局里。

在现实工作中，我们身边的卓越领导者非常少，反而是平庸无能的领导随处可见。常见的不靠谱的领导者，基本上可以划分为以下六种类型：

第一种是独断专行型领导：喜欢一个人说了算，不能听取别人和专家的意见。喜欢听那些顺耳好听的话，对于说实话和发表不同意见的人无法容忍，而且大小事都要插手，对下属干事不放心或不放手。

第二种是变色龙型领导：非常善变，前后不一，口是心非，让人无法相信他们什么时候是在说真话，而且善于搬弄是非，精通厚黑学和办公室政治。

第三种是多疑型领导：以自我为中心，很难相信别人，也很难让下属觉得领导信任他们。

第四种是缺乏智略的领导：目光短浅，缺乏长远的眼光和前瞻性的战略判断，就在乎当下的得失，患得患失，无法为未来的成功尽早投资和准备。轻视战略战术的运用，强勇轻战，也可能会因侥幸取胜而立功。

第五种是格局小，自私型领导：过于关注个人得失，无法公正大方地帮助他人，甚至会损人利己。

第六种是自视颇高，但能力又欠佳的领导：自身的专业能力和综合素质欠佳，不是专业高手，但又觉得自己很厉害，下属在此类领导者手下很难发挥出潜力和能力。

没有一种类型的领导是完美的领导，都有其明显的优势和短板，也都可以发挥其独特的价值和贡献。如果领导者可以对自己有清晰的自我认知，同时又能够虚心学习、扬长避短，就会有机会成为卓越的领导，带领团队取得成功。

第三节　塑造卓越领导力，超越领导巅峰

一、典型的领导力模型

究竟何为领导力？每一个人都有不一样的答案。南加利福尼亚大学领导力研究所已故创始人、领导力之父沃伦·本尼斯（Warren Bennis）说："领导力像爱情，谁都知道，但谁都说不清。"[①] 不过，从古至今，从东方到西方，都有很多典型的领导力模型可以供大家参考：

【领导力模型1】:《孙子兵法》的"智、信、仁、勇、严"

中国古代有很多非常富有智慧的总结提炼，它们就是形象的中国原创领导力模型。在《孙子兵法》中，就有对卓越领导力的解释："将者，智、信、仁、勇、严也。"企业就相

---

① 本尼斯.成为领导者:纪念版[M].徐中，姜义波，译.杭州:浙江人民出版社，2016.

当于一个国家，而领导者就相当于国家的将领，智、信、仁、勇、严是为将者必须具备的五个能力，企业领导者也是如此。

【领导力模型2】：中国特色的家长式领导

清华大学杨斌教授曾经分享过具有中国特色的领导力变迁，过去的中国特色家长制领导方式令人印象深刻。具体而言，可以归纳成以下几大特点：

树德：领导者表现出更高的个人操守和修养，以身作则，不徇私舞弊，赢得下属的景仰和效仿。

立威：领导者强调其权威是绝对的，不容挑战的，对下属做严密的控制，要求下属毫无保留地服从。

施恩：领导者对下属提供个人的福祉，做特殊的、全面而长久的关怀。

人治：在人治的氛围下，表现出严格的纪律和权威，同时拥有父亲般的仁慈与廉洁品德。

【领导力模型3】：中西融合的兄长式领导

杨斌教授还指出，随着中国的改革开放越来越深入，越来越多的中国企业领导者也开始学习西方的领导力管理理念，开始调整他们的领导方式，形成中西融合的兄长式领导方式：

树德（德行领导）：强调公德，放宽私德，领导者不必被苛责成为道德楷模，而只需要像大部分人一样不逾越底线即可。

立魅（魅力领导）：强调个人魅力型权力，从正式权威到全方位影响取代立威（权威领导）。

施恩（仁慈领导）：强调互惠性的社会交换，满足多维度需求。

发愿（愿景领导）：以共同愿景作为凝聚、感召和激发下属的重要抓手。

【领导力模型4】：约翰·麦克斯韦尔的五层次领导力

西方有关领导力的研究理论很多，其中，约翰·麦克斯韦尔（John Maxwell）是世界排名第一的领导力专家，他在《领导力的5个层级》（*The Five Levels Of Leadership*）一书里，揭示了塑造个人领导力的五个阶段——职务权力、认可、成绩和贡献、人才培养、人格魅力，以及不同阶段对应的能力要求

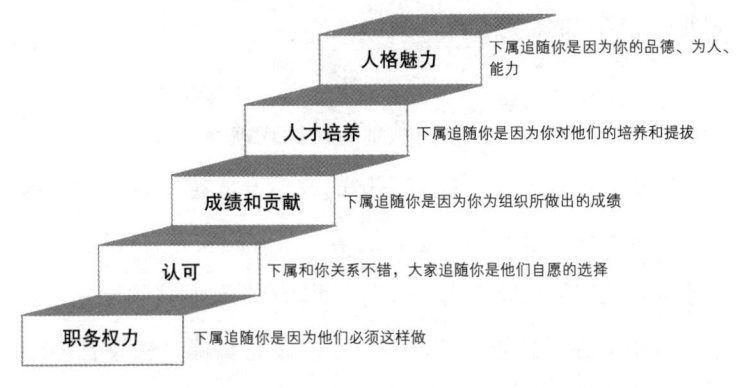

人格魅力	下属追随你是因为你的品德、为人、能力
人才培养	下属追随你是因为你对他们的培养和提拔
成绩和贡献	下属追随你是因为你为组织所做出的成绩
认可	下属和你关系不错，大家追随你是他们自愿的选择
职务权力	下属追随你是因为他们必须这样做

图3-1 约翰·麦克斯韦尔提出的领导力的五个层次

与解决方案，如图 3-1 所示。

第一层是职务权力。人们追随你的原因是你的权力，他们必须服从你的管理，除非他们离开你。

第二层是认可。这里的认可是指个人关系，人们追随你是因为他们和你的关系不错，他们自愿选择追随你。

第三层是成绩和贡献。人们追随你是因为你为其组织做出了贡献。

第四层是人才培养。人们追随你是因为你对他们的培养以及对他们个人的帮助和提拔。

第五层是人格魅力。人们追随你是因为敬佩你的品德、为人和能力。

【领导力模型 5】：企业内部量身定制的领导力模型

很多企业都制定了带有自身特色的领导力模型，例如图 3-2 中的三家企业的领导力模型：

宝洁 5E 领导力模型	某知名药企的领导力模型	某知名民企的领导力模型
・指明方向，提供愿景（Envision） ・赋能员工（Enable） ・授权下属（Empower） ・激励人心（Energize） ・强执行力（Execution）	・热情对待客户 ・战略性地思考 ・人员和组织的发展 ・行动果断 ・协调工作 ・驱动绩效	・构建共赢 ・引领卓越 ・战略思考与执行 ・凝聚和培养团队

图 3-2　企业内部量身定制的领导力模型示例

不同企业的领导力模型看似不同，但抛开现象看本质，大家心中对卓越领导力所需的素质和能力的描述又有很多相似性，拥有一些共同的要素和核心概念。美国著名的人力资源专家和学者戴维·尤里奇曾做过一个有趣的实验，他在代表20家不同公司的胜任力模型图上，去掉了这些公司的名字，让各公司领导找到自己公司的胜任力模型。结果大多数人找不到自己公司的领导力胜任力模型。通过这个小实验，他发现不同公司领导力胜任力模型之间的相似点远多于差异点。

以下是一些常见的与领导力相关的素质和能力，这些素质和能力在不同企业的领导力模型中都有所体现：

1. 愿景和目标设定：领导者需要有明确的目标和愿景，能够为团队指明方向，并确保所有工作都与组织的使命和价值观保持一致。

2. 决策能力：领导者需要具备做出明智、及时和有效决策的能力，包括分析和解决问题的能力以及评估风险和制定决策的能力。

3. 沟通技巧：领导者需要具备良好的沟通技巧，能够清晰、准确地传达信息，并倾听他人的意见和建议。

4. 团队建设：领导者需要能够建设和带领团队，培养团队的合作精神和凝聚力，解决冲突并促进团队成员的个人成长。

5. 变革管理能力：领导者需要有能力引导组织适应不断变

化的环境，推动变革并管理变革过程。

6.自我管理能力：领导者需要能够管理自己的情绪、时间和资源，保持高标准的工作质量和个人形象，并不断学习和成长。

简而言之，领导力就是让人追随的能力，是可以充分释放个体和组织潜力以及帮助组织和个人实现目标的能力。

二、卓越领导者的六个画像

领导力的核心基础是多数卓越领导者共通的领导力特征。经过多年对职场优秀领导者行为和表现的观察，典型的卓越领导者画像通常有以下六种：

1.布道者。不断沟通和启发，发掘他人内心的意义感和使命感，让大家心悦诚服地追随他。布道者有一种非常强的愿景力和感召力，输出价值观的能力非常强，这对领导者来说也是一种很重要的能力，一个团队如果对自己做的事情没有信心，那么这个团队是很难成功的。通常那些能做大事的企业家都具有布道者的特质，他们能够领导大家一起去做那些充满挑战的事业，让大家衷心地相信完成企业的挑战目标和实现个人梦想休戚相关，这样就有了为使命而奋斗的源源不断的原动力，而不是单纯为钱、利益和权力在奋斗了。马云在刚刚创业的时候就能把随其创业的十八罗汉紧密地团结在他的周围，一起去干一件看似遥不可及的事业，这和他强大的布道能力密不可分。

2. 领跑者。给大家指明方向，明确企业使命、愿景、价值观，带领大家制定企业短中长期战略目标。制定战略如布棋局，他们用远见、战略思维和创新性思考能力创建新的组织结构，从而推动未来增长。领跑者带领着团队朝着既定的方向奔跑，他们也许会在行进过程中调整前进的方向，但总是会让团队明确地感觉到清晰的方向。他们往往有明确的前进方案，而不是漫无目的地胡跑乱撞。

3. 鼓舞者。不断激励人心，充分发挥大家的潜力，取得令人鼓舞的结果，并且鼓舞者能及时给予大家奖励和激励，让大家勇于挑战更高的目标，以此持续为组织和员工提供正向能量。相比于关注个人成就的领导者，关注为他人做贡献的领导者的领导效果更好，其所在的组织和员工也更加出色。如果能让员工感觉自己被认可、被尊敬、有价值，能够获得支持和鼓励，他们的工作效率和投入度自然会提升。

4. 创新者。不断挑战现状，敢于变革和创新，推动大家积极探索创新，而不是停滞不前。优秀的领导者很多都是变革的引领者和创新者，他们关注新生事物和创新机会，他们也有能力解决各种棘手的新问题。

5. 组织者。知人善任，任人唯贤，把合适的人放在合适的岗位上。领导者要善于及时调整人员、组织和管理系统，来更好地支持业务的发展。其实很多企业不是被挑战压垮，反而是被成功给压垮的。很多企业的一把手可能做业务是好手，很会抓住商机，但是却缺乏组织能力。业务成功了以后，随着企业规模的不断扩大，如果不能够更好地理解组织和管理的本质，不能够及时建立有效的管理流程和组织管控模式，垮塌的可能性就会变高。

6.辅导者。富有同理心，善于启发员工，能帮助员工成为更好的自己。辅导者能够用提问激发思考、激发成长，给员工提要求，明确员工的担当。他们关注员工发展，知道如何让人发挥最大的能力。

在实际工作中，卓越的领导者往往能够灵活地扮演以上多种角色，根据团队需要和组织环境调整自己的领导风格。他们不仅关注业绩的达成，还重视团队的发展和成员的成长，致力于创造一个充满活力和创新的工作环境。

三、卓越领导者需要的七种素质和能力

要想成为卓越领导者，需要具备一系列的素质和能力。这些素质和能力相辅相成，可以帮助领导者在领导工作中取得更好的效果，以下是卓越领导者需要具备的七种最为重要的素质和能力：

1.正直诚信。在西方管理学界，正直始终是排名第一的领导力特质。著名管理大师彼得·德鲁克说："如果领导者缺

乏正直的品格，那么，无论他多么有知识、有才华、有成就，也会造成重大损失——因为他破坏了企业中最宝贵的资源——人，破坏组织的精神，破坏工作成就。"①

2. 具备远见卓识，有出色的前瞻性战略决策和未雨绸缪的变革能力。领导者需要比其他人更加具有远见卓识，需要为团队、公司乃至整个行业指引方向。领导者要能够敏锐捕捉趋势，不仅要知道今天、明天，更要预见更长远的未来。当员工选择追随某位领导者时，主要是因为他不知道要去哪里，而领导者知道方向和未来在哪里，能够为他们指明方向的引路人。或许这位领导者也没有100%准确的答案，但是他的知识、经验、魄力、洞察力、决策力和前瞻性思维使得团队坚信，跟随他才更有可能走向成功。

那些具有卓越战略领导力的领导者，不仅能够明确地描述未来的方向，当外部环境发生变化的时候，他们往往也能够快速识别需要变革的环节，敢于接受挑战，勇敢面对变革的结果和风险。在这种能力强的领导的带领下，大家都知道未来往哪里走，团队士气就会比较高。

3. 能够真诚面对自我、坦诚、言行一致，沟通清晰、简练，行为与价值观一致。究竟什么样的人能够赢得别人的信任呢？答案是能够真诚面对自我、坦诚、不做作、言行一致

---

① 德鲁克. 管理的实践[M]. 齐诺兰, 译. 北京: 机械工业出版社, 2009: 128.

的人。他们的言辞和行动充满了真诚，因此其他人一般不会质疑他们。反之，最影响信任的是言而无信、言行不一，很少有员工会发自内心地追随这样的领导。不要轻易承诺，承诺后一定要兑现。真诚不仅是建立个人信誉的基石，更是领导力所需的核心素质之一。

一个优秀的领导者还需要具备良好的沟通能力，他们影响力深远，能够显著影响组织的工作氛围和团队的工作效率。领导者的角色类似于导演，需要及时、有效地与各方保持清晰的沟通。如果有事不说、不及时说、该说的不说，或说得非常模糊，需要让人反复猜测，又或者沟通过于直接和粗暴，让人无法客观接受反馈，都会给组织和团队效率、氛围带来极大的负面影响。

卓越领导者还需要具备很强的文化领导力，尤其是那些在塑造企业文化方面发挥关键作用的高管。他们必须以身作则，成为员工学习的榜样，才能使企业使命和价值观深入人心，得到广泛认同并贯彻执行。也只有这样，企业的文化才可能得到很好的传承和发展。

4.洞悉人性，知人善任，具备出色的组织领导力。在中国还有一组非常重要的因素会影响领导者的可信度，那就是洞悉人性和知人善任，这也是领导力真正的本质。

洞悉人性就是对人性的理解，在上下级的关系里，往往指的是上级能不能读懂下属、理解下属。只有做到洞悉人性，才能更好地理解下属的需求、想法、能力和潜力,才能做到知人善任,发掘每个团队成员的优势,提高团队的效率。能做到洞悉人性和知人善任的领导者,通常会使人信服、令人尊重、被人佩服、受人敬畏、让人崇拜。

优秀的领导者不仅擅长制定战略和引领变革,更能够建立一套统一而高效的组织方法和流程,并将这些目标转化为实际的行动。他们深知,一个优秀的组织只有具备强大的适应能力和学习能力,才能在日新月异的市场环境中立于不败之地。因此,他们会不遗余力地推动组织的成长与发展,为团队的持续进步和成功奠定坚实的基础。

5. 出色的洞察力和决策力。洞察力是一种深邃而锐利的智慧,它赋予企业领导者洞察趋势的敏锐感知,以及对未来走向的坚定信仰。企业的战略好不好,取决于领导人的洞察力如何,它如同指南针,引领着企业在复杂的商业环境中稳健前行。当企业业务不顺、面临模糊看不清的情况时,企业目前要做什么,不做什么,如何为未来的成功做准备,都需要领导者能够清晰地把握时代的脉搏,洞悉市场的变化,从而引领企业在变革中寻求机遇,实现持续的成功与发展。

6. 有很强的同理心,为他人带来正能量。在人际交往的纷繁复杂中,隐藏着一种看似简单却又深不可测的能力——换位思考与感同身受的能力。这种能力或许是优秀领导力最深处的奥秘。如果一位领导者没有培养出这种能力,他又如何能真正理解客户和老板的需求，洞悉同事和下属的心理呢？

研究表明，如果优秀的正能量领导者通过身体力行地展示诸如谦逊、善良、诚信、正直、真诚、慷慨、感恩、对组织的认可等积极的品行，就能够显著提升员工的投入度，降低员工流失率，并能增强员工的幸福感。在这样的氛围中，每个人都能得到充分的成长与发展，而股东回报也会变得出众，有些企业的利润率和效率甚至超出行业平均水平的四倍。

在职场中会有这样的领导，他们如冬日暖阳，让每个人都感受到温暖、受到激励和鼓舞，并能让彼此相互连接。宝洁前全球 CEO 约翰·白波（John Pepper）就是这样一位领导者，他非常谦和，充满正能量，无论在公司大楼的哪个角落里走动，都能与员工亲切地打招呼并能准确喊出员工的名字。20 世纪 90 年代日本大阪大地震之后，他不顾危险，第一时间飞往日本宝洁总部慰问当地员工，他的这个举动让很多员工感受到了满满的爱和温暖。

7. 逆商和韧性。卓越的领导者还需要有扛住压力和穿越逆境的特质，他们能在压力与逆境中保持坚韧，拥有在茫茫黑暗中发出微光的智慧，更拥有敢于追随这种微光前进的勇气。正是这种独特的魅力、领导力和个人品德，使他们与其他领导者不同，犹如璀璨的星辰在夜空中熠熠生辉。

第四节　两种测评领导风格的工具

如果想要清晰地了解自己属于哪种领导风格，评估自己的领导力水平，并探索提升之道，借助专业的测评工具无疑是一种明智的选择。市场上，许多专业机构已经研发出多种优质的领导力测评工具，它们不仅普适性强，更可以根据企业的特定要求进行个性化开发和定制。

优秀的领导者往往具备多种领导风格并能根据实际需要在不同的领导风格之间灵活切换，以适应不同的情境和团队管理需求。为了更准确地评估领导者风格，可以邀请人力资源部门、外部顾问、上下级同事以及领导者本人共同参与评估过程，确保评估结果的全面性和客观性。通过这样的评估，领导者可以更加清晰地认识自己的领导风格，发现自身潜在的提升空间，进而实现领导力的持续成长。

以下推荐两种常见的领导风格测评工具：

五项行为	十个承诺
以身作则 	1. 明确自己的价值观,找到自己的声音。 2. 使行动与企业共同的价值观保持一致,为他人树立榜样。
共启愿景 	3. 展望未来,想象各种令人激动的、崇高的可能。 4. 描绘共同愿景,感召他人为共同愿望奋斗。
挑战现状 	5. 通过掌握主动和从外部获取创新方法来猎寻改进的机会。 6. 进行尝试和冒险,不断取得小小的成功,从实践中学习。
使众人行 	7. 通过建立信任和增进关系来促进合作。 8. 通过增强自主意识和发展能力来增强他人的实力。
激励人心 	9. 通过表彰个人的卓越表现来认可他人的贡献。 10. 通过创造一种集体主义精神来庆祝价值的实现和胜利。

图 3-3　卓越领导的五种习惯行为

领导力实践的重新评估数据

本页将您最近的得分与您以前的领越 LPI® 得分进行对比，按照双观察员类型进行分组，根据您最近和次近完成评估的每项实践，在变化列显示了自我回答与观察者回答之间的差异。

	已回答/邀请	变化	2024年2月 7/8	2025年2月 5/7
以身作则	自我	-4.0	39.0	43.0
	平均	0.3	48.9	48.6
	经理		52.0	
	下属	2.0	49.0	47.0
	同事	-3.7	46.0	49.7
	其他		51.0	
共启愿景	自我	-6.0	23.0	29.0
	平均	-4.1	41.9	46.0
	经理		48.0	
	下属	-3.7	40.3	44.0
	同事	-4.3	43.0	47.3
	其他		38.0	
挑战现状	自我	3.0	33.0	30.0
	平均	-2.7	43.7	46.4
	经理		48.0	
	下属	4.2	45.7	41.5
	同事	-8.2	41.5	49.7
	其他		38.0	
使众人行	自我	0.0	45.0	45.0
	平均	-0.1	48.9	49.0
	经理		49.0	
	下属	4.5	52.0	47.5
	同事	-2.5	47.5	50.0
	其他		42.0	
激励人心	自我	-1.0	32.0	33.0
	平均	0.3	47.3	47.0
	经理		48.0	
	下属	3.5	49.0	45.5
	同事	-4.0	44.0	48.0
	其他		48.0	

邀请—受邀约观察员人数
已回答—回答的观察员人数
平均—所有观察员回答的平均结果

图 3-4 领越 LPI® 测评报告样例

一、领越 LPI® 测评

领导力大师詹姆斯·库泽斯（James Kouzes）和巴里·波斯纳（Barry Posner）于 1987 年出版了《领导力》（The Leadership Challenge），他们总结出卓越领导者的五项习惯行为：以身作则、共启愿景、挑战现状、使众人行和激励人心。领越 LPI® 是一套与《领导力》模型配套的领导力发展系统，包括领越 LPI® 测评、工作坊和领导力教练等一系列领导力发展理念、工具和方法，是全球最具影响力的领导力发展项目之一，也是测评和提升领导力的有效办法。如图 3-4 所示。

二、DISC 个性测评

DISC 是一种行为风格理论，它将人的行为通过四个维度来解释，其基础为美国心理学家威廉·莫尔顿·马斯顿博士（Dr. William Moulton Marston）在 1928 年出版的著作《常人之情绪》（Emotions of Normal People），书中提出：情绪是由代表运动神经本性和运动神经刺激的两种精神粒子传出冲动组成的。这两种精神粒子的能量通过联合或对抗形成四个节点，分别是支配（Dominance）、影响（Influence）、稳定（Steadiness）、遵从（Compliance），每个节点代表情绪意识的一个特质，而它们的英文首字母共同构成了"DISC"这个名称。

马斯顿博士是研究人类行为的著名学者，他的研究方向有别于弗洛伊德和荣格所专注的人类异常行为，DISC 理论研究的是由内而外的人类正常情绪反应，其之后的学者进一步将这个理论发展为可以了解个体的心理特征、行为风格、沟通方式、激励因素、优势与局限性以及潜在能力等方面的测评，该理论也可以广泛应用于现代企业对人才的选、用、育、留等流程中，这也就是大家所熟知的 DISC 测评，如图 3-5 所示。

遵从型（C）人格的行为倾向
- 善于分析
- 经常反思
- 喜欢质疑
- 有条不紊
- 做事精确
- 细心周到

支配型（D）人格的行为倾向
- 指挥他人
- 意志顽强
- 结果导向
- 喜欢竞争
- 坚定不移
- 勇于冒险

任务型领导

创造或稳定环境
行动型领导

随环境变化调整
行动型领导

关系型领导

稳定型（S）人格的行为倾向
- 脾气温和
- 为人谦卑
- 调解斡旋
- 倡导协作
- 充满耐心
- 易于协商

影响（I）人格的行为倾向
- 梦想愿景
- 意气风发
- 热情洋溢
- 敢做能为
- 乐观精神
- 影响舆论

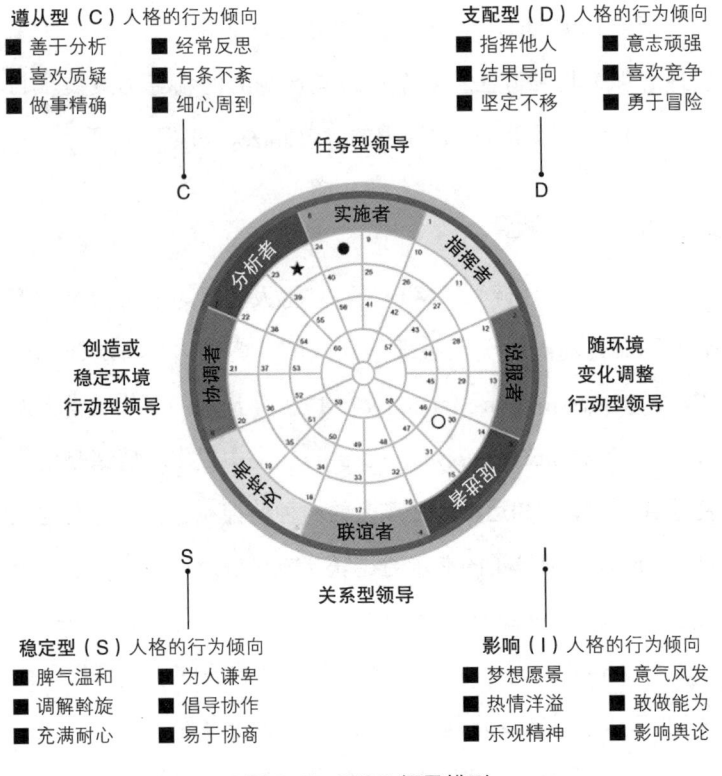

图 3-5　DISC 领导模型

D——支配型（Dominance）人格的行为倾向：他们更喜欢指挥他人，这种人意志顽强，喜欢竞争，勇于冒险。他们的性格很直接，偏结果导向，意志坚定顽强，充满力量。

I——影响型（Influence）人格的行为倾向：他们崇尚梦想和愿景，意气风发、热情洋溢、敢做能为，有很强的乐观主义精神，善于影响舆论。他们的性格乐观热情，兴致勃勃，充满活力。

S——稳定型（Steadiness）人格的行为倾向：他们脾气温和，为人谦虚，善于调解、寒暄，做事倡导协作，充满耐心，易于协商。他们性情平和、随和耐心、谦逊得体。

C——遵从型（Compliance）人格的行为倾向：他们善于反思，喜欢质疑，有条不紊，做事精确、细心、周到。他们的个性倾向于分析和精确，喜欢保守和私密，擅长系统化思考。

DISC测评不仅是一个审视自我的好工具，更是一座理解他人、接纳差异的桥梁。每个人身上都有DISC的四种特质，而且会因情境不同（如自然状态、工作状态和压力状态）而展现出不同的比例。借助DISC测评，人力资源从业者可以更好地了解自己、接纳他人，从而构建一个"和而不同"的巅峰团队。

市场上领导力测评工具还有不少，如美国宇航局（NASA）科学家查理·佩勒林（Charles Pellerin）博士研发的 4D 领导力系统和测评、光辉国际的领导模型和领导力测评工具等。不同的工具各有千秋,在选择之前首先要明确自己的目的,是为了提升领导力水平、改善团队协作,还是为了职业发展?不同的目的可能需要不同的测评工具。考虑到测评结果解读的专业性和重要性,建议邀请专业的测评师或人力资源专家对结果进行解读和分析,并提供具体的发展建议,以便真正准确地理解、合理地运用测评结果。

领导力的发展是一个持续的过程,关键在于理解、反思、计划和持续学习。建议将测评结果作为自我反思的起点,而不是终点。思考自己的领导力风格有哪些优势和不足?它们是如何一步一步形成的?又是如何影响工作和个人发展的?通过以上思考,能够将测评结果转化为实际的领导力提升,为个人和团队发展做出更大的贡献。

第五节　影响领导力的关键要素

领导力的塑造是一个多维度的过程，受多种因素影响。笔者借用冰山模型（如图3-6所示）进行剖析，将其划分为两个层面：首先是冰山之上的显性层面，主要包括知识、技能、经验等显而易见的外在因素。尽管这些因素在领导力的构建中占据一席之地，但是其影响力相对较小，而且大多数可以通过后天的学习和积累获得；其次是冰山之下的隐性层面，它涵盖个性特点、价值观、内驱力和动机等深层次要素。这些要素为个体提供了持续成功的驱动力，是决定领导者能否成为卓越领导者的关键因素。

1. 社会角色/价值观。价值观作为连接动机和行为的媒介，是个体认定事物、辨定是非的一种思维或取向。在工作团队、公司乃至整个社会中，都有其特定的价值观体系。

2. 特性。每个人的性格和气质都独具特色，它们在很大

```
        技能
        知识
──────────────────────
    社会角色/价值观
        特性
      内驱力/动机
```

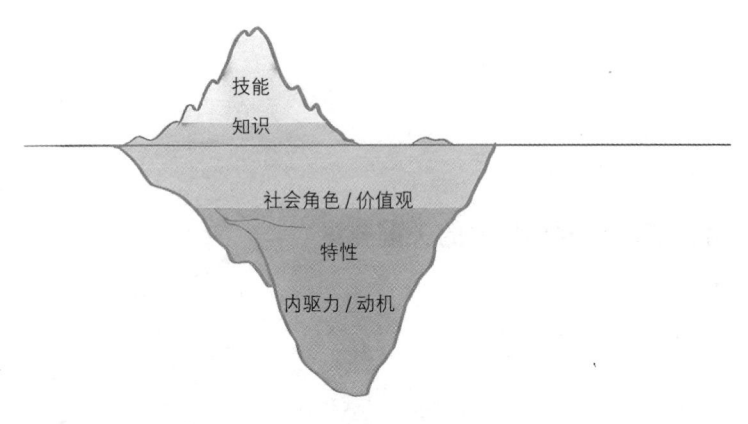

图 3-6　领导力冰山模型

程度上决定了人们的行为方式。无论是外向还是内向的人都可以成为优秀的领导者，当然个性特点会对每个人的领导风格和特性有很大的影响。

3. 内驱力/动机。内驱力和动机是最深层次的素质，动机是对行为不断产生驱动作用的需要和想法。如果一个人积极主动地做某件事情，无论是出于理性或感性的选择，其内心深处总有一个驱使他行动的信念或力量，这就是内驱力。

动机是一种持续、反复地对目标状态的关注，这种关注是一种自然、自发的动力，它可以持续激发、引导人们选择特定的行为。谈到动机对领导者行为的影响，就不得不提哈佛大学的心理学教授戴维·C.麦克利兰（David C. McClelland）。他在1949年提出了三种社会动机的概念，即成就动机、亲和动机和权力动机。

应用到领导力领域，这三种社会动机代表了领导者在不同方面的动机和需求，对领导者的行为和决策有着非常重要的影响。通过了解领导者的动机类型，可以更好地理解和预测他们的行为，引导、激发、强化他们的动机，帮助他们更好地发挥领导力，带领团队实现目标。

价值观和动机虽然都能够影响人的行为，但是它们的影响方式却有所不同，如图3-7所示。

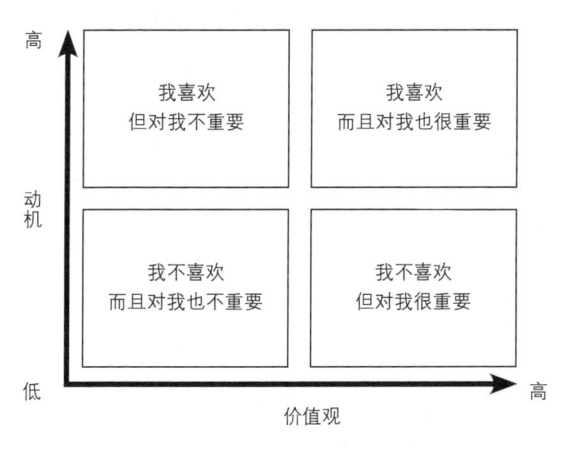

	价值观低	价值观高
动机高	我喜欢 但对我不重要	我喜欢 而且对我也很重要
动机低	我不喜欢 而且对我也不重要	我不喜欢 但对我很重要

图3-7 价值观和动机如何影响领导者的行为

价值观是一个人对事物价值的基本看法和取向，人们会根据自己的价值观来判断某个行为是否值得做，对行为的决策和选择具有决定性作用。动机则是激发和维持人们行为的内在力量，它涉及个人的需求和愿望，主要影响行为的强度和持久性。当一个人对某事在价值观上高度认同，动机和内驱力也比较强时，也就是"我喜欢而且对我来说也很重要"，这个时候他会感到舒适和满足。因为他内心的价值观和追求的目标是一致的，这种一致性能够激发个体的潜能，使他更加专注、积极和有创造性地投入其中。因为，他相信这些努力是有意义的。反之，当一个人在做他不喜欢同时对他也不重要、与价值观有冲突的事情时，内心难免有些抵触。这种情况下，他可能会觉得是迫于无奈才从事这项工作，缺乏动力、热情和创造性，自然会导致工作效率和质量下降。

通常，许多卓越的领导者在成就动机和权力动机方面的水平都很高，但在亲和方面的动机却略显不足，这样他们就很难表现出与人亲和的一面。尽管这可以通过后天学习进行提升，但对于那些内心不喜欢这类活动的人来说，长期坚持可能会相当困难。

另外，领导者的动机类型和强度与他们岗位的匹配程度也非常重要。如果他们的动机和个性与工作要求相互契合，也就意味着他们选对了职业。但如果他们的工作对他们的要求远远大于他们所能够或者愿意付出的程度，他们会感到难以适应，甚至可能选择离开。因此，了解领导者的动机与岗位需求的匹配度，对于组织的长远发展至关重要。

第六节　如何培养卓越领导力

美国领导力大师约翰·H.曾格（John H. Zenger）提出了一个著名的因果规律："领导者→员工→顾客→企业利润"。领导者的影响力直接作用于员工，员工的表现进而影响顾客体验，最终决定企业的利润状况。这一连串的效应说明：糟糕的领导者会让员工士气低落和能力低下，从而无法为顾客提供优质的服务或富有竞争力的产品，这样的连锁反应最终会导致企业利润下滑，甚至陷入亏损的困境。因此，为了提升企业的利润和竞争力，最根本且长效的策略就是持续提升管理者的领导力水平。

然而，提升领导力水平这件事无法一蹴而就，大部分领导者经过长期锻炼和学习可以成为一个合格甚至优秀的领导者，但是"从优秀迈向卓越"则相对较难。尽管这看似只是一小步的提升，但完成这个跨越需要领导者付出巨大的努力。

约翰·H.曾格的研究表明，一旦领导者成功实现了这一跨越，他们为企业创造的盈利将是优秀领导者的近3倍。

那么，如何实现这个跨域呢？以下是走上卓越领导之路的三个关键步骤：

1. 提高自我认知，发掘自己的优势，成为一名真诚的领导者；

2. 大胆尝试，尽早体验关键挑战和经历，及时复盘成功和失败的经验和教训；

3. 寻找和建立提升卓越领导力的支持体系。

一、了解自己，发掘自己的优势

（一）提高自我认知，了解自己，做自己

成为卓越领导者的第一个秘诀，就是要深刻了解自己，勇敢地做真实的自己，并找到内心真正热爱的领域。领导力更为深层、根植于人性深处的特质，就是深层人格。其中，最为核心的要素无疑是个人动力和品格。这两者宛如冰山下那隐秘而坚实的基石，由一个人的价值观、人品和驱动力共同塑造，深深影响着领导力的水平。它们难以被培训，更难以被改变，却是每一位领导者必须直面的真实自我。

一个卓越的领导者需要具备敏锐的审视自我的能力，同时借助专业测评工具、外部专家、教练和长期密切合作伙伴

的助力，才能对冰山下的自我有足够清晰的认知。也只有这样，他们才能真正找到适合自己的岗位，充分发挥自己的潜力，实现人与岗位的完美匹配，从而取得更大的成就。

斯坦福大学工商管理研究生院设有一个由75名成员组成的顾问委员会，当有人请他们指出领导者最应培养的一项能力时，他们的回答毫无二致：自我认知（self-awareness）。沃伦·本尼斯在他的著作《成为领导者》中写道："自知之明是我们每个人面对的最艰巨的任务。'认识你自己'，这是刻在希腊德尔斐的阿波罗神庙上的铭文。但是，除非我们真正地了解自己，认清自己的优点和缺点，清楚想做什么以及为什么要去做，否则除了表面意义上的成功，我们不可能取得任何真正的成功。"[1]

然而，在现实职场中，很多领导者尤其是事业刚刚起步的领导者，都在为如何站稳脚跟而殚精竭虑，根本无暇顾及对自身的探索。他们努力以外界认可的成功标准来衡量自己的价值，如金钱、名誉、权力、地位以及不断攀升的股价。虽然这种方式可能会在短时间内为他们带来职业上的成功，但从长远来看这种成功却难以持续。随着岁月的流逝、年龄的增长，他们可能会发现自己与理想中的自我渐行渐远。面对真实的自我需要勇敢、诚实，要能够以开放的心态探究自

---

[1] 本尼斯.成为领导者：纪念版[M].徐中，姜义波，译.杭州：浙江人民出版社，2016：140.

己的人生经历。能够做到这一点的领导者往往更有人性中真实的一面，愿意坦诚地面对自己的不足，因此，他们不仅更容易赢得他人的信任与尊重，也更有可能引领团队走向真正的成功。

大多数领导者每天都要经历人格对立：比如明明对一件事毫无把握，却仍需要在他人面前展现坚定和自信；在应对企业错综复杂的问题时，不愿承认自己力不从心。这些人由于被困在完美型领导者的神话中无法脱身，不得不扮演那个永远无懈可击、完美无瑕的"超人"。现如今，企业实际上更需要的是那些敢于展现真实自我的非全能型领导者。

高水平的领导力强调领导者的行为和价值观要保持高度一致，这种一致性不仅要在内心坚守，还要通过具体行动展现出来。只有当领导者的价值观与团队产生了共鸣时，才能激发团队成员无条件的追随行为。这种基于价值观层面的高度黏性和信任，是领导力最强大的纽带，也是卓越领导者所具备的独特魅力。

以刘备为例，跟他周围的这些将军和能人相比，他有很多不完美的地方。但他非常真诚，拥有明确的价值观和匡复汉室的伟大愿景，而且言行一致。这让他的手下和他产生了共鸣，赢得了手下将领们的高度信任，因此才有了关羽愿意放弃曹操提供的权可倾国的荣华富贵，而千里走单骑去追随落魄的刘备开创那遥遥无期的复汉大业。

研究表明，卓越领导者通过运用基于价值观的真我领导力，不仅能够成功激励他人，还能够让自己和所在组织都获得不同的收获。在组织层面，这种领导力会显著提升组织内部的创新能力、团队合作效果、财务业绩以及整体凝聚力。换言之，真我领导力可以为组织带来全面且持续的进步。在个人层面，卓越的领导者会获得更高的工作满意度、更强烈的幸福感、更深的投入度以及更出色的个人表现。这些积极的变化，不仅丰富了个人体验，也进一步证明了真我领导力对个人和组织发展的巨大价值。

（二）挖掘你的优势

许多管理者习惯将工作重点放在寻找个人能力的差距并填补差距上，这导致了一种普遍的思维模式，即企业中没有足够优秀的人才来帮助组织成长和发展。如果能换个角度思考，看到并发挥每个人的优势，组织又会迎来怎样的一番景象呢？每个人都有需要纠正的缺陷，但如果有意识地将焦点转移到优势上，更能鼓舞人心，可以激发出人们内在的潜力并会感染周围的人，释放出巨大的创新及变革能量。

有两本书可以帮助读者更好地发掘自己的优势：《现在，发现你的优势》(*Now, Discover Your Strengths*) 和《欣赏式探询》(*Appreciative Inquiry: A Positive Revolution in Change*)。1998 年，优势心理学之父唐纳德·克利夫顿博士（Donald

Clifton）与汤姆·拉思（Tom Rath）及盖洛普公司（Gallup）科学家团队在《现在，发现你的优势》这一书中提供了一项科学的个人优势测量工具——优势识别器，这项工具把优势分为34个主题，分别从奋斗纬度、交往纬度、思维纬度、影响纬度等方面展开。

我们通常会忽略自己的优势，而直接去补短板。我们也经常关注他人的所谓缺点或短处，忘记了感激和赞美他们的优势。然而，快乐和幸福往往来自我们从事的内心真正喜欢的事情和真正擅长的事情。虽然关注并设法控制弱点很有必要，但这只能帮助我们避免失败，不可能帮助我们出类拔萃。优势识别器是一个可以让我们不断回到原点寻找自己能量源泉的工具。

在使用优势识别器时，请深入思考以下几个关键问题，来更好地认识自己，找到自己的优势和能量源泉，并在工作中发挥更大的潜力。

1. 你的五大优势是什么？
2. 你是如何发现你的优势的？
3. 你在生活和工作中如何发挥你的优势？
4. 你身边最亲近的三个人，他们的优势是什么？你如何让他们知道自身的优势被你看到？

第二本值得推荐的书是《欣赏式探询》。1980年，戴维·库珀里德（David Cooperrider）于美国克利夫兰医学中心研究组织发展课题时提出了欣赏式探询，这个方法有着深远的价值和应用意义，不仅能培养积极的自我认知，促进个人发展，还能激发团队智慧。更重要的是，欣赏式探询能转变我们的思维范式，引领组织实现积极的变革。

欣赏式探询是从欣赏和珍视现有最美好的事物开始，到预想可能出现的景象，然后与现有状态的对话，如图3-8所示。它的基本假设认为组织是值得大家深情投入的神奇机构。而传统的问题解决模式则是从产生识别问题的需求开始，到分析原因，然后是分析和确定可能的解决方案，继而制订行动计划。它的基本假设是，进行组织内的工作是解决一个个待解决问题的过程。

二、大胆尝试，尽早体验，及时复盘

想要拥有卓越领导力需要完成以下三个层次的晋级：

首先是领导业务，需要带领大家完成业务上的目标，有业绩，有成果，不断超越自己，带领团队从胜利走向下一个胜利；

其次，领导他人和团队，让大家能共同去做有价值的事，成员都有归属感，团队有黏性；

最后一个层级就是领导价值观，让大家都觉得所做的事

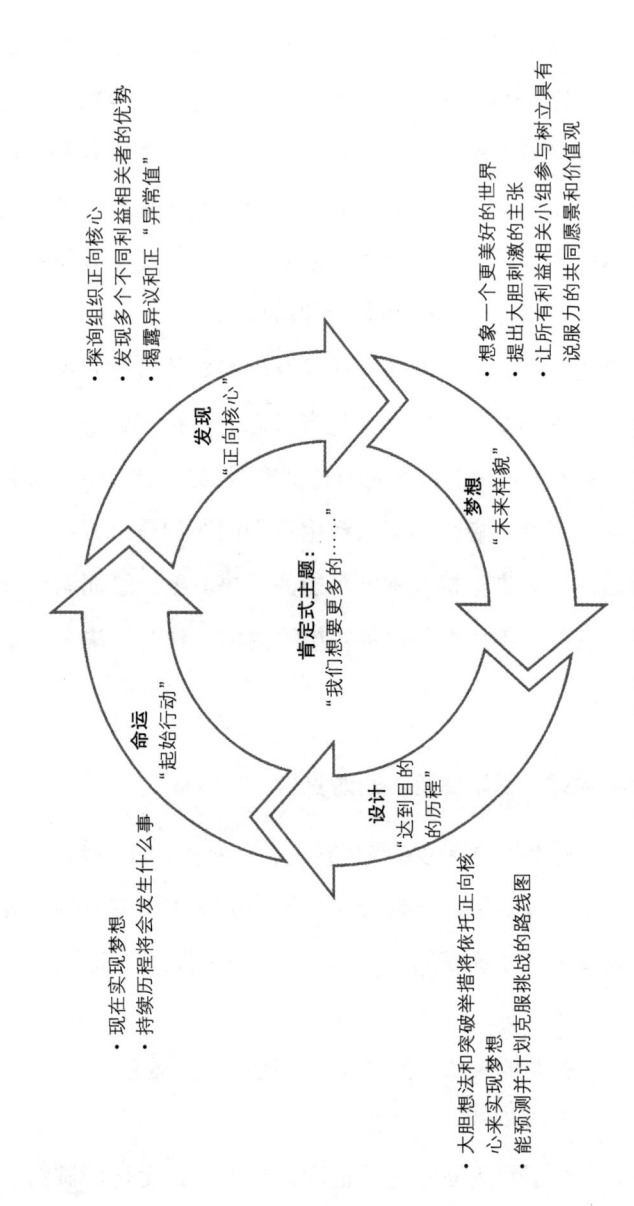

- 探询组织正向核心
- 发现多个不同利益相关者的优势
- 揭露异议和正"异常值"

- 想象一个更美好的世界
- 提出大胆刺激的主张
- 让所有利益相关小组参与树立具有说服力的共同愿景和价值观

发现
"正向核心"

梦想
"未来样貌"

肯定式主题：
"我们想要更多的……"

命运
"起始行动"

设计
"达到目的的历程"

- 现在实现梦想
- 持续历程将会发生什么事

- 大胆想法和突破举措将依托正向核心来实现梦想
- 能预测并计划克服挑战的路线图

图 3-8 戴维·库珀里德的欣赏式探询

有意义，大家是因为认同共同的价值观走在一起，而且可以走得很远。

没有人天生就是卓越的领导者，如果在拥有正确的价值观和强有力的自驱力的基础上，还能通过实践不停打磨自己的领导力，假以时日，一定会把自己打造成一个更好的领导者，成为更好的自己。

亨利·基辛格（Henry Kissinger）曾说过，领导者就是要带领他的人，从现在所处的地方到达还没有去过的地方。领导者就要在学习理论和向别人学习的基础上，在实际工作中大胆锤炼自己的领导能力，需要借事修人，大胆挑战自己的舒适区，通过不停地修炼和复盘，完成能力的提升。

要想尽快实现卓越领导力以上三个层级的晋级，领导者需要有意识地完成以下六项自我修炼和关键挑战：

（一）从某一专业领域的专才到能驾驭全局的通才

过去，员工常常仰望那些"具备个人魅力的专家型领导者"，期望从他们那里获得专业的指引，这种专业精深的领导者也因此更容易巩固自己的领导力优势地位。随着科技的发展、社会的进步、知识的迅速更新以及技能的快速迭代，员工现在也可以通过非常多元化的渠道获取信息和提升技能，这使领导者的权威和神秘感正在逐渐被削弱，那些精深于专一领域的领导者已经无法持续地领先。

尤其在商业环境日益复杂的当下，员工更倾向于追随那些具备战略远见和实干精神的领导者。由于环境与企业的不确定性不断增加，员工们对自身的职业发展感到忧心忡忡，他们比以往任何时候都更加关注企业是否在"光明大道"上，能否在复杂环境中突出重围。和企业一样，员工也在期待如同"超级英雄"般的领导者出现，引领他们共同应对挑战，开创新局面。在这样的背景下，领导者在应对变化和挑战时展现出来的"大局观""远见卓识""身先士卒"等特质就变得尤为重要。

为了全面负责业务或者开启一项创业之旅，领导者必须从"专才"向"通才"转变，要深入了解各个企业和各职能部门的运作情况。他们需要把思想和时间都解放出来，把各个局部信息整合起来进行分析，形成整体战略思维观念，并有效地将企业内部和外部的各种意见、资源调动整合起来，形成强大的合力和清晰的战略选择。在这个过程中，领导者千万不要以偏概全、不懂装懂，而应该保持谦虚谨慎的态度，虚心向专家请教。只有这样才能不断提升自己的领导能力和战略眼光，成为员工们真正信赖和追随的领袖人物。

（二）从日常运营 COO（首席运营官）视角转换成为布局未来发展的 CEO 视角

领导者一旦晋升为公司级领导，便不能再让自己沉浸在熟悉的企业运营琐碎事项中，而应该将宝贵的时间和精力投入更为关键的决策与取舍之中。在企业中，每天都会涌现出许多新问题和新想法。一位卓越的领导者不仅要激发团队的创新精神，鼓励成员们群策群力、各抒己见，还要有足够的勇气和智慧对这些观点和建议进行审慎的取舍。卓越领导者，不仅要关注眼前的"绩效差距"，更要敏锐地捕捉到未来的"机会差距"，需要突破3—6个月的"远见极限"，转而变成思考至少未来3—5年的战略布局和取舍。

具备战略远见的领导者更能激活员工对组织和领导者的信心，他们的大局观、高站位、强大的凝聚力可以让员工更愿意长期追随，共同为企业的未来打拼。领导者的个人品质和专业积淀固然重要，但当下领导者更应具备应对变化的适应力，以及展现出的前瞻性与宏观视野。这些能力如今不再是空中楼阁，而是必备的核心能力。另外，领导者还要有战略定力，在面对突发事件和短期诱惑时，必须能够保持冷静，克服善变的心态，坚定自己的战略眼光。凡是对企业长期竞争力有影响的要素，往往都是短期内无法获得的。只有具备了足够的战略定力，领导者才能引领企业在波涛汹涌的商业海洋中稳健前行，不被突发性事件和短期机会干扰。

（三）从习惯管理确定性，到管理更多不确定性

在风平浪静的太平盛世，许多领导者能够游刃有余地引

领团队取得卓越的成绩。然而,一旦遭遇逆境或面临重大变革,他们就很容易变得手足无措、举棋不定,甚至做出错误的决策。领导者不能指望市场环境都是稳定、连续的和可预测的。一旦进入逆境或变革大潮中,领导者更不能出现无能为力或忙中出乱的状况。领导者要培养在灰度中决策、在边缘处创新、在混沌里带领大家探索前行方向的能力,只有这样才能带领团队走出混沌,让团队在黑暗里的微光中看到光明和未来。

职务越高就会越孤独,领导者要有强悍的内心,需要耐得住寂寞,受得了误解。企业越是不顺的时候,领导者就应该表现得越有精气神,而在企业顺利的时候,领导者也要提醒大家保持警惕和危机感。

在诸多不确定的场景下,如何共启愿景、使众人行、持续探索、获取胜利,这都是卓越领导力要彰显的行动引导能力。这一切正如一句格言所述:优秀领导者能够把人们带到他们想去的地方,卓越领导者能够把人们带到他们没想到要去但是应该去的地方。

(四) 从奖励驱动员工到使命愿景驱动的能力转变

物质激励虽然立竿见影,有时候对员工的激励效果显著,但是持续的时间毕竟有限。很多研究表明,使命、愿景驱动可以让员工更长久、发自内心地投入工作,为企业的共同梦想而努力，这个激励力度远大于物质激励。卓越领导者要在企业文化和价值观上做到以身作则，成为员工的榜样，员工往往也会模仿领导者的行为。团队不会成为领导期待的样子，更可能变成领导者的样子。

在管理上，卓越领导者需要刚柔并济，既要建立企业的价值观管理红线，又要敢于直面冲突、守住底线，在原则性问题上不能妥协，对不允许和不倡导的行为坚决说"不"。这样做不仅能给那些违反价值观的员工应有的惩戒，更能给那些坚守价值观的员工最大的奖励和肯定。

（五）从喜欢单方输出的演讲家转型为听得多、说得少的好教练

很多领导者都有很好的单向沟通能力，但不善于倾听、反馈和提问。卓越的领导者需要成为更优秀的听众和辅导者，要善于辅导员工，而不是简单直接给出指令；要鼓励员工积极参与和高管的沟通和讨论，让他们表达建议和反馈；同时也需要多提问、多启发、多给反馈、多帮助员工提升能力和格局。

领导者要赋予员工发言权，让员工在工作过程中有发表个人意见的机会。例如，邀请员工出席或旁听大小会议，鼓励他们发言，激发员工成长，使员工从企业和领导者层面获取更多元开放的建议。此外，还应为新员工提供与领导者进

行双向沟通的机会。对于新生代来说,参与公司工作和他们本身的成长一样重要。因为"参与"既是他们最想要的,也是最难得到的。他们的参与度越高,接收到的来自领导者的信息越多,与企业和领导者的联结感也就越强。

领导者需要超越伯乐,在用人中要能知人善任,善于发现人才的优点,并有意识地把人才放到需要承担更大压力和责任的地方,让他更快速地成长。在招人和培养人的过程中,一定要寻找至少某个方面是超过自己的强人,千万不要找在各项能力上都不如自己、只是一味很听话的人,那样只会带出一支"俄罗斯套娃"式的部队,没有战斗力和潜力。

(六)要走出舒适区,主动学习一些新能力

能力的培养是一个循序渐进、从量变到质变的长期过程。很多领导常常陷入故步自封的境地,他们的知识逐渐老化,思维变得僵化。这些人只擅长在特定的条件下发挥其特长,这样的领导方式很难引领企业穿越种种挑战,更难以在混沌局面中为企业指明方向。

在条件允许且风险可控的情况下,领导者应主动挑战一些自己不擅长的管理领域和项目。这需要他们保持谦虚的心态,向专家请教,不断学习和体验新的知识和技能。通过轮岗、参与特殊项目小组、和专家近距离学习、通过教练和辅导等各种方式,领导者学习和锻炼新能力,从而成为可以适

应各种考验的高效领导者。如果企业是在逆境或变革期，领导者还需要锻炼管理灰色地带和应对复杂局面的能力。这种能力不仅能够帮助他们在混乱中找到方向，还能帮助他们带领团队共同迎接未来的挑战。

三、寻找和建立提升卓越领导力的支持体系

智睿咨询（DDI）在《2021全球领导力展望》中揭示了一个令人警醒的趋势：全球仅有23%的领导者认为自身所接受的领导力发展项目达到了高质量的水平。而且，与往届调研结果相比，这一比例大幅下降。这些对领导力发展项目的低评价，在很多行业引起了极大的关注。

领导力发展是一个长期而复杂的过程，项目质量往往会受到很多因素的交织影响，常见的现实情况如下：

1. 领导者对自身角色挑战的准备不足；

2. 企业为打造健康的领导梯队在努力寻找和发展领导者；

3. 各层级领导者对自身角色感到越发迷茫、困惑和有压力；

4. 领导者没有足够的时间致力于发展自身，他们需要聚焦当下需求的合适发展；

5. 尽管企业想为领导者提供更多的发展机会，但无论是人力资源部门还是领导者自身，都很难找到时间和资源全身心

投入其中。

要想提高领导力发展项目的质量，需要从多方面入手。首先，在设计和规划项目时，需要注意以下五大基本原则：

1. 领导力发展需要在领导者的整个职业生涯中持续发生，而非一次就结束；
2. 领导力发展必须根据领导者的需求进行个性化定制，提高时间投入成效；
3. 领导力发展必须既要能够积极培养领导者的广泛技能，又要能够适时助力他们直面特定的挑战；
4. 领导力发展不能仅仅停留在理论阶段，在工作中，领导者需要以一种可被观察到的方式运用所学的新技能；
5. 领导力发展必须符合领导者当下的需求，以确保能够赢得他们的关注并促使其积极投入练习实践。

其次，高管的领导力成长过程需要得到高度个性化的配合和支持，要为他们寻找并建立有效的支持体系。我们可以参照以下这些已经被证明、比较有效的最佳实践方式，在领导者最需要的时刻，更好地配合并支持他们：

1. 内外部教练；

2. 发展性任务指派/轮岗；

3. 诊断领导力优势和评鉴发展需求；

4. 项目小组行动学习；

5. 内部辅导（如非直属上级和直接上级的辅导）。

以内外部教练为例，内外部教练的辅导已经被证明是发展高管领导力的有效办法。下面，笔者将为你详细解析这一过程的四个关键步骤。

第一步，明确需求，精准规划。内外部教练需要先和高管明确卓越领导的画像，并就业务战略方面的需求、发展期望和重点达成共识。然后通过上级、平级和下级的360度调查了解领导者个人能力和领导力当前的现状，并针对发展需求提出建议。将测评与发展相结合，为领导力发展提供参考和洞察，可以让领导者更深入地认识自己，探寻阻碍自身成长的深层原因。同时，强调反馈在个人发展和成长中的关键作用。将不同类型的反馈方式融入领导力发展项目之中，利用专业工具实现个性化的、一对一辅导反馈并制订有针对性的个人发展计划。除此以外，还需要调查了解的问题有：目前岗位对相关领导能力及每项能力素质有怎样的要求？要提升领导力与能力素质，具体可以采取怎样的方式？就具体工作中的问题，以素质模型的角度重新考量，是否有更好的处理方法？

第二步，深度对话，激发动力。内外部教练要与高管本人就个人职业经验、业绩、能力特征、发展动机、价值观和文化的契合度等话题进行深入的交流，探索高管发展的动力和源泉，帮助高管进一步探究个人发展抱负和未来发展目标，并做出个人改变的具体承诺。

第三步，制订计划，持续追踪。帮助高管确认个人期望，明确个人动机、性格特质、行为层面的优势和待发展领域，界定具体的改变和发展措施，并通过一系列敏锐和有洞察性的问题引导他们进行自我反思并做出改变承诺。基于领导力状况分析、企业要求的领导者行为素质自我评估以及对职业生涯发展的思考等信息，制订一份未来 6—12 个月的、目标合理的个人领导力发展计划，如表 3-1 所示，该计划的目标和指标的设定都应遵循 SMART 原则[①]：

S（Specific）：具体而不空泛；

M（Measurable）：成功标准是可衡量的；

A（Attainable）：以行动为导向的 / 可实现的；

R（Relevant）：相关的；

T（Time-bound）：有时限性。

[①] SMART 原则是一种用于设定目标和制订计划的有效方法，它可以帮助我们更明确、高效地达成目标。

表 3-1　个人领导力发展计划

拟定未来半年内，个人发展的一个目标及其行动计划，提升个人的绩效水平，朝个人职业目标迈进。	
目标：（必须符合 SMART 填写要求，并与具体工作直接相关）	
分解行动步骤与完成时间：	
行动步骤	完成时间
1.	1.
2.	2.
3.	3.
期望的结果：	
1.	
2.	
3.	
需要的支持或资源：	
衡量标准：	
潜在的风险或阻碍：	

高管领导的个人成长规划还可以用"KISS 模型"来达成共识：

K（Keep）：需要继续坚持做什么；

I（Improve）：哪些行动需要改进；

S（Stop）：需要停止做什么？

S（Start）：需要开始做什么？

第四步，携手共创，加速发展。邀请内外部教练定期向各利益相关方了解如何支持和加速高管的发展，用深度探索式对话了解高管的发展重点、挑战和限制性因素、期望和行动之间的分化、外部交流情况并提出培训的建议等，帮助高管找到切实可行的优化建议，激发其做出具体的改变。这是一个共创的过程，教练将携手高管们共同迈向领导力的新高度。

第七节 团队成功不靠奇迹——高效团队的六要素

所谓团队，就是一群拥有互补技能的人致力于一个共同的目标，在实现绩效目标的工作过程中相互协作，并共同承担结果。团队成员之间互相信任、相互理解又互相配合，同时也有共同的价值观和方法论。团队的发展是有规律可循的，通常来说有以下四个发展阶段：

初创期：这是从小组向团队转化的起点。成员们努力明确工作目标，探索所需的信息和资源，并学习如何协同推动工作。

磨合期：随着成员间熟悉度的提升，他们开始为了完成自己的任务而努力争夺控制权。这一阶段充满挑战，很难处理好成员间的各种复杂情绪，可能会引发不必要的团队动荡。

协同期：团队成员们开始接受并形成共同的工作方式和价值观，建立成文或不成文的行为准则，开始形成彼此的绑定关系，团队凝聚力增加，工作进展更加有序。

高绩效期：在这一阶段，团队信任度达到顶峰，成员感受到彼此的默契，大家享受工作上的合作乐趣，相互之间可以公开地提出建设性意见，充分理解彼此的观点和顾虑，并有效解决内部矛盾，团结得如同一个人。

调查数据显示，在企业中，有超过一半的领导者未能建立有凝聚力的高效团队。那么，高效团队与低效团队之间，究竟存在哪些显著差异？这些差异又如何影响个人与组织绩效呢？

下面是高效团队和低效团队之间的差距：

高效团队的成员是相互负责、相互支持、相互倾听、相互信任的，没有太多猜忌，成员之间可以自由地分享创意。团队的任务非常清晰、聚焦，团队成员有各自必备的知识，有很强的互补性。成员之间的关系是公平的，大家都为共同的目标而努力，在讨论中都能贡献自己的意见，能够有建设性地、高质量地讨论。高效团队聚焦于团队的结果，团队的决策能够得到坚定执行。

低效团队恰恰相反，团队成员缺乏个人责任心，缺乏真正的相互理解，成员之间也缺乏信任，团队的组织比较混乱。这样的团队开会效率低，团队成员在开会之前往往不做准备或不做必要的沟通；团队的目标模糊或者不聚焦，成员的职责分配不清或者有很多重合；团队领导没有起到该起的作用，管理上要么太过粗放，要么又过于细致；团队成员非常不稳定，一直在频繁的变动之中；团队成员很关心各自的私利和领导权威，如果出现问题，常常互相指责埋怨；团队成员对集体的决策心口不一，相互扯皮和推诿，不认真落实既定计划和决议；团队成员对彼此也不是真正的尊重，经常相互埋怨，对别人总是小心谨慎，有很高的防护心态，根本无法做到坦诚相待。信任是建立高效团队的基石。如果缺乏信任，害怕冲突，就无法进行有建设性的争论，而缺乏承诺和逃避责任，也只会导致这个团队的目标无法达成。

由此可见，低效团队与高效团队之间有着很多的差异，而这会对个人绩效和组织绩效产生不同程度、直接或间接、正面或负面的影响。在比较他们之间差异的基础上，进一步深入挖掘高效团队常见的特征和应该具备的要素，可以分析差距、找到导致低效的原因，并采取针对性的措施来改进团队运作模式，打造高效团队，推动整个组织绩效和竞争力的提升。

曾经有一项研究认真地考察了许多高效团队，包括获得冠军的运动队以及其他一些非常成功的团队，发现它们存在以下 8 个共同特征：

1. 有一个明确的、能激励人心的目标；
2. 以结果为导向；

3. 团队成员有能力；
4. 有统一的承诺；
5. 有齐心协力的氛围；
6. 有一套关于卓越的标准；
7. 能得到来自外部的支持和认同；
8. 有原则性强的领导。

缺乏以上任何一个特征，团队的绩效都会降低。导致团队失败的最常见原因是允许个人或政治议程优先于明确的、激励人心的团队目标。

基于多年的近距离观察和深入研究，笔者发现高效团队一般都需具备以下六个要素（如图3-9所示）：

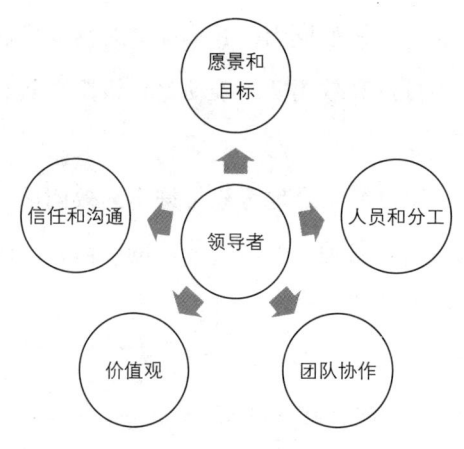

图3-9 高效团队的六个要素

（一）愿景和目标

团队成员因有一个明确的、共同的愿景和目标而凝聚在一起，大家愿意共创一番事业，所有人对企业的使命、愿景、战略以及团队的方向设定有清晰一致的认知，力出一孔。我们可以通过思考几个问题来检查这个要素的合理性：

1. 团队是否设定了正确的方向？
2. 团队中所有成员是否都清楚团队的中长期目标？
3. 团队所有成员是否都致力于实现团队的目标？

（二）领导者

领导者要带领团队齐心协力，努力实现组织的愿景和战略，专注于一些中长期目标，共同完成一些具有挑战性的重要任务。同时领导者也应授权激励并发展团队成员，以实现企业和个人的目标。领导者是否称职是关键，他需要获得团队成员的信任，让团队成员相信领导者是在维护团队的共同利益，并在组织中为团队的决策和行动代言。重视并发展优秀团队是领导者所需要的重要能力，这包括人员管理、沟通协调、决策等重要技能。

（三）信任和沟通

成员间彼此理解欣赏，因是同路人而相互信任，协力同心；努力提高人际关系的深度与质量，加深团队成员的相互了解，建立高度信任；建立成员心理安全感、成就感和责任感，让团队有更高的安全感和相互依靠信赖的基础；平等、尊重从领导团队做起，让团队成为阳光团队。没有藏污纳垢的幕后交易发生，团队信任感才经得起时间和重大事件的考验。

团队需要建立透明、有效的信息沟通机制，避免误解和不必要的猜测和谣言，直接通过具有建设性的沟通会，让团队工作关系更加简单和谐，避免内部争宠、互相争权夺利的不良内部竞争局面出现。对于冲突和不同意见，团队内部需要有清晰的解决办法，不回避客观的分歧，但对事不对人，建立客观公平地解决问题和分歧的沟通方式。可以通过思考几个问题来检查这个要素的合理性：

1. 团队中能否建立交流的信任、行动中的信任和内部的信任？
2. 团队成员能否在工作中做到坦率和真诚？
3. 团队成员是否言行一致？
4. 团队成员是否相互信任？

（四）人员和分工

领导团队要选拔合适的人才加入。大家专长不同，能力互补，将彼此的能力、经验和风格等进行组合，能够确保团队实现目标。团队成员也需持续磨合和成长，最终成长为彼此互补且不可或缺之人。团队内部应当分工明确，责权利清晰。每一个角色有清晰的责任定位、边界和负责事项；对自己负责的领域尽职尽责；对于共同负责的团队任务都能积极献言献策，不推诿；对自己不负责的领域有边界感，不拆台。

可以通过思考几个问题来检查这个要素的合理性：

1. 团队是否有完成工作所需的人才？
2. 任务是否分配给合适的人？
3. 能否做到知人善任？
4. 人才的招聘、分配和部署是否合理？
5. 完成工作所需的技能，能否得到及时发展和提升？

（五）团队协作

在团队中建立清晰的工作流程、规则和决策机制，靠制度和体系管理团队，而不是靠人性和大家的自觉性管理团队。管理层管理的各项任务通常都有纷繁复杂、耗费资源、事关全局的特点，通常需要做全局性系统的评估，需要有清晰的支持体系（如会议、资源分配、绩效考评等）以及决策流程，否则效率和结果都会大打折扣，结果也不可以持续。团队应根据具体的目标，规划团队的资源分配和决策机制，评估和平衡团队的决策效率和风格。在制定冲突处理规则时，要求团队在解决冲突问题中有据可依，有章可循，找出冲突的根源，学会用坦诚开放的沟通方式解决冲突。团队还应根据目标挑选适当的工作流程，并把流程标准化，明确KPI指标，这样可以帮助团队坚持正确的方向。可以通过思考几个问题来检查这个要素的合理性：

1. 团队能否有效利用他能支配的所有资源，并在需要其他资源的情况下，及时获取外部资源？

2. 团队成员能否从自己和他人的失败中，学习并提升自我？

3. 团队能否及时地做出决策？

4. 团队中的氛围是否有助于所有人展现其最佳状态？

5. 团队使用的工作流程是否有效？

（六）价值观

所谓"道不同，不相为谋"，只有大家有共同的价值观和文化理念，底层逻辑一致且达成共识，并建立了规范的行为准则、语言、方法，拥有明确统一的价值观，领导团队才能克服各种挑战和困难，才能够保障团队成员并肩同行、自发协同。对团队成员的任何破坏性行为说不，一定要有管理红线，一旦触碰红线就绝不容忍。

第八节　打造高效领导团队，铸就团队战斗力和竞争力

企业最根本的竞争优势，既不是来自资本实力和发展战略，也不是来自技术，而是来自团队协作。如果能让一个企业当中的所有成员齐心协力，就可以在任何市场环境下纵横驰骋、战胜挑战，这是企业文化软实力的具体体现。反之，如果缺乏优秀的团队协同合作，即使能够在短期内集中拥有一流的战略、流程和技术创新优势，公司也不会在激烈的竞争中脱颖而出。

企业是一个"生人"社群，危机是团队最好的"磨刀石"。唯有经历过环境或内部危机的层层考验，团队成员们才能完全放心地将后背交付给彼此，营造笃信合作的力量，共同抵御来自外部市场的变化和组织内部的熵增。唯有这样才能真正从"团伙"蜕变成"团队"，打造出真正的组织力。共同经历过各种磨炼的团队，成员彼此之间也会更加信任，沟

通和信息交流自然会更顺畅，从而实现团队整体利益的绑定，有效降低内耗，激发组织旺盛的生命力。

美国著名学者吉姆·柯林斯（Jim Collins）写的《从优秀到卓越》（*Good to Great*）一书中有一条非常重要的原则：优秀卓越的公司会让正确的人上车，然后，再把正确的人安排在正确的位置上。没有完美的个人，只有相对完美的团队。企业需要打造高效团队文化，而不是提倡团伙文化。每个管理者都要思考一个问题：你的团队是"团伙"还是"团队"？"团伙"就是一群乌合之众，大家各自为战，或只为金钱而战，最终可能因为各自价值观不同而分道扬镳。如果能以共同的使命为纽带，追求长期的目标，彼此信任，不谋一己之私，不争一时之功，这便是真正意义上的"团队"。

很多团队随着人数的不断增长，走着走着就开始出现公司政治，就会出现隔阂，彼此之间不再有坦诚的沟通。只有鼓励"对事不对人"的沟通文化，团队才能成长。一个团队在协作过程中必定会遇到种种阻碍，帕特里克·兰西奥尼（Patrick Lencioni）在《团队协作的五大障碍》（*The Five Dysfunctions of a Team*）一书中将其归纳为以下五种：缺乏信任、惧怕冲突、欠缺投入、逃避责任和无视结果，其中每一项都可能成为团队发展的拦路虎。

通常需要比较长的时间才能打造出高效协作的团队，取得成功所依靠的并不是神秘复杂的理论，而是通俗易懂的原则：人们需要持之以恒，认识并克服人性的弱点。人们需要建立信任，进行有益的争论，全力投入，并注重集体成绩。只有这样才能取得成功。团队领导和成员需要清楚地了解本团队的现状，借助外部教练和人力资源团队的帮助，定期进行客观的团队自我评估，照照镜子和找找差距，并一起就如何有效推动各团队高效协作、补短板进行讨论，达成共识。领导团队需要不断复盘自己团队的有效性，有自我校准、调整和优化的能力，只有这样才能打造出真正高效协同的团队。

在由一群高管组成中领导团队中，成员们通常拥有丰富的阅历，大家基于过往各自的成功经验，有很强的惯性思维与风格，个性鲜明，不容易形成彼此欣赏、互相信任、坦诚沟通的局面。另外，中国民企的领导团队通常缺乏有效的团队领导力训练，一号位通常对自身或团队能力过于乐观，对领导团队的团队建设不够重视。如果领导团队中的高管之间没有形成高效协作的关系，就会经常出现分歧，很难达成共识，最终还是听老板决策或者迟迟不决策。

领导团队建立不起来，还与企业早期发展的一些因素有关，比如对一把手形成决策的路径依赖，创业初期高度依赖个人能力，鼓励个人英雄主义以及"活着"是硬道理的实用主义导向等。从本质来看，这类问题是"历史欠账"，因为企业发展早期要求部下专注于当下的实操工作，所以当这些早期打江山成长起来的高管后来转型去做更宏观、复杂抽象的战略统筹规划等领导工作的时候，有不少人会难以快速转变角色。也有不少企业的一把手一直独断专行，不爱听取其领导层成员的建议和想法，久而久之，领导团队成员或多或少都会受到潜移默化的影响。

美国著名领导力大师约翰·麦克斯韦尔（John Maxwell）结合 30 年的领导经历，感悟到的最伟大的领导力原则就是：离领导者最近的人，决定了领导者的成功程度。想要预测一个领导者有什么样的未来，看看追随在他左右的都是一些什么样的人就可以了。如果领导选人不当，用人不善，把不合适的人放在不合适的领导岗位，其副作用会逐渐显现。轻则影响团队，重则影响业务，领导者和领导团队的声誉也会在一定程度上受损。

企业领导和人力资源部如何才能为企业建好领导团队呢？至少有以下几点要注意：

（一）选对领导团队成员

无论是通过外部招聘还是内部提升，选拔合适的人才、宁缺毋滥始终是首要原则。首先，人才的价值观和文化理念必须要和企业的核心要求高度吻合，这是不容妥协的底线；其次，需要通过专业且客观的评估和测评，才能确保选拔出的人才质量可靠，这一步不可或缺；最后也是最重要的一点，人才是企业最宝贵的财富，寻找并吸引合适的领导团队成员，是企业一号位领导者最核心的职责之一。然而，令人遗憾的是，这项工作却常常被一号位领导者忽视。

下面这组评估标准包含了多个不同的重要维度，可以供企业一号位领导和人力资源部在选拔和评估领导团队成员时参考：

1. 能力：这个人是否拥有完成这份工作的技术性能力和经验？

2. 判断力：这个人是否有良好的判断力，特别在压力情况下或者在为了更大的利益需要做出牺牲的情况下，他能否快速做出正确的判断和决策？

3. 能量：这个人是为这项工作注入了正能量，还是说处于筋疲力尽或自由闲散的状态？

4. 专注力：这个人能否设定优先工作并忠于这些工作？还是说他容易在其他方面分散精力？

5. 关系：这个人和团队中其他人是否相处融洽？是能够支持集体的决策还是难以共事？

6. 信任：你能否相信他会遵守诺言，并坚持履行承诺？

7. 价值观：这个人的价值观和团队秉承的价值观是一致的吗？会不会有价值观和文化风格上的冲突？

需要注意的是，当招募和组建领导团队的时候，不是看这个人合不合适，而是看他和这个群体在一起能不能更好地互动、产生共识，能否让大家在多样化中受益。还有一个需要避免的问题是团队混乱或团队断裂。因为团队成员的社会类别不同，当年龄、学历背景、性别等要素上构成了明显的极端甚至形成了小群体时，就容易出现所谓的团队断裂，这会加剧冲突，降低团队信任度。因此，团队多样化程度越高，越有必要在初期花时间建立共同的目标和流程，从而形成认同感，克服团队断裂带来的过程损失。

同时，任何领导团队都要控制好规模，才能更好地互动和管理。虽说领导团队规模只有足够大，才可能形成团队的多元化，但如果是一个20人以上的领导团队，就需要做大量的协调、决策沟通、建立互信、建立共享心智的工作，这是很难管好的。一般来说，7—11人是比较合适的领导团队规模。

除此之外，领导团队的构成也需要重点关注。彼得·德鲁克认为，高管组成的团队复杂性太大了，少部分人不可能具备所有能力。因此，在他看来，领导团队中至少得有4种人：思考型的人、代表型的人、行动型的人、善于与人相处的人。

基于以上领导团队构成的观点，笔者建议在组建领导团队时注意以下四项基本原则：

1.以持续打胜仗为目标，满足组织战略目标要求，团队成

员必须拥有企业发展必需的技能;

2.以团队整体承担责任,团队成员之间互补、互信至为关键,合适比厉害优先;

3.能够处理长期与当下、整体与局部的关系,须有系统和全局的知识和视野;

4.能够与企业共同进化,需要团队成员保持创业精神和学习能力。

事是人的契机、人是事的线索,领导团队的建设应始终关注组织与人的彼此成就。要在人才培养和业务目标中寻找平衡,为不同细分战略的落地找到最合适的人选,并且能敏捷迭代、及时调整,在这个过程之中既要做到内观自省,又要做到向外学习、博采众长。

(二)在保持成员相对稳定的前提下,建立领导团队的淘汰和轮岗机制

成员稳定的领导团队,能够形成了共享的心智模式,也更加灵活。不需要反复沟通讨论和管理分歧,团队目标和工作方式就能达成一致,因此团队绩效也就更好。但是,过于稳定也会产生问题。通常,五年以上成员不变的领导团队,其绩效会下降,因为这样的团队容易自满,会阻碍创新和创意的产生。

我们既要考虑到领导团队的稳定性,也要保持一定的动

态，促使团队更高效，还要注意团队成员的合适性，建立能进能出、优胜劣汰的机制。领导团队的退出机制通常会在以下几种情况下触发：

（1）高管有轮岗安排；

（2）某些成员绩效不能满足职位要求；

（3）高管能力和成长速度不能达标；

（4）公司战略调整，对人员要求发生了变化。

一般来说，除非在企业初创阶段，否则领导者不可能从零开始创建一个领导团队。如果领导继承了一个团队，就必须把它塑造成他想要的样子，以实现中长期的目标。这就好像在海洋中修补一艘正在漏水的船，如果忽略了必要的修补点，就达不到目的。但是又不能改变得太多太快而导致这艘船沉没，关键就在于找到稳定性和改变之间的平衡。在想要的、新的核心成员到位之前，领导者和人力资源部门不要大力推动具体的、实质性的团队建设行动，建议在早期只关注最高优先级别的人事变革。

领导者不要尝试着自己一个人解决所有问题，而是要花心思找到能够提供最佳建议的人，先找到能够帮助他制定和执行战略的团队成员，再和团队一起推动变革和战略的执行落地。否则很容易陷入领导者一骑绝尘，跑得太远，团队却完全没有跟上领导的节奏的尴尬境地。

领导者要尽量对那些最优秀的团队成员发出明确信号，

表明对他们能力的认可,这对于团队稳定有不少益处。如果领导者无法预测谁会留下,谁会离开你的团队,也不做任何表态,这可能会导致优秀的团队成员去别的地方。

另外,还需要考虑建立配套的领导团队保障机制,比如明确任期制和人才储备机制。从一些表现优秀的储备人才中挑选人,让这些人参加企业高层会议,让他们提前得到锻炼和曝光,再配合一些高管的辅导和轮岗计划,才可以有计划地推动领导团队的人才储备机制,真正做到保持团队成员的相对稳定。

(三)尊重和激励领导团队成员,推动互信文化

每个组织都有鲜明的个性,要结合领导团队的特点量身定制,也要根据具体的情境因势利导。不要强推团队改变,而是要营造安全的场域,让改变由内而外自然发生。只有心中有人、以人为目标,保持对人才内心共识与意愿的关注,方能激发其潜能。在团队发展的每个阶段,领导者都要尽力尊重领导团队成员,如果他们认为领导者采取的行动不够公平和尊重别人,领导者的名誉也就受到了损害。

在领导团队中拥有合适的人非常重要,但仅仅这样还不够。领导者需要通过"推"和"拉"的管理和激励动作,确保在责任分配和目标达成的过程中,每位领导团队成员都能管理好各自的目标,使组织和团队目标都能得到高效达成。

最为有效的"推"的工具是目标业绩衡量制度以及激励制度，通过权威、忠诚以及对奖励的期待，从而推动员工追求工作上的生产力。除此之外，还可用其他的"推"的工具，例如定期汇报制度、计划流程和规则管控。最为有效的"拉"的工具是提供一个有说服力的使命和愿景——它能够通过激发人们想象一个积极并且令人兴奋的未来，从而起到鼓舞人心的作用。若能使领导团队成员变成其他员工的榜样，就能提升大家的自豪感和成就感。

领导团队成员之间通常以竞争关系居多，但是没有信任氛围又会让团队陷入非常被动的窘态。领导者要带领团队花时间使团队成员相互信任，这和提高在银行的信用度一样，只有在更高的信任积累下，未来才有可能相互透支信任和给予彼此无私的支持和帮助。

领导者可以参考以下做法，推动领导团队逐渐建立起信任机制：

1. 要求大家对团队其他成员保持足够的同理心和同情心，确保在激烈的冲突中维持基本的尊重，不会冒犯或疏远其他成员；

2. 团队成员必须恪守诚信，以确保信任得以加强而非损坏；

3. 即便团队成员之间冒犯到各自主要负责的工作领域，也要以组织目标的达成和有效运作为先；

4. 所有人对团队讨论的内容可以发表各种不同的意见，但一旦团队有了共识和决策，大家就要摒弃各种原来不同的意见，坚决地执行决议，同时不要在其他同事面前抱怨决策的问题。

（四）领导者要定期评估领导团队的有效性，帮助个人和集体照镜子

一号位的角色至关重要，既需清晰描绘领导团队成功时的样子，又需做好他人的榜样，充分发挥榜样的力量。领导团队的进步是一个不断烧水、持续加温的过程，过程中可能会出现往复，领导者需要保有耐心，要相信"相信"的力量。

纵容和保留不适合的领导成员是一副慢性毒药，只会拖延问题的爆发。人力资源部门和一号位可以帮助领导层个人和集体照镜子，通过客观真实的360度反馈，包括对个人的评估，也包括对整个领导团队的反馈，可以让领导团队成员更清晰地知道个人和团队的问题和现状。

领导班子的团队合作建设对企业来说非常重要，企业成败取决于领导团队的强弱，领导者要舍得提升团队成员的能力并对合作建设给予充分投入。例如，通过内部或外部教练，提升领导团队成员的领导力，增强团队合作。

(五)领导者需要大力推动领导团队协同，凝心聚力，打造高效领导团队

面对多变的市场环境，如何站在企业角度优化业务组合、发挥业务间的协同价值，成为摆在企业面前的新课题。很多企业的领导团队虽群英荟萃，但往往"有明星球员而没有明星团队"，对于资源喜欢"自有"而非"分享"，侧重于实现最优个体，而丧失了最优全局。

这就需要牵引领导团队从更高的格局看待问题、激发改变。第一，建立高管之间的理解、欣赏与信任，并从企业视角审视团队协同现状，激发彼此协同合力的意愿；第二，通过使命愿景及战略共创、经营沙盘演练等方式帮助高管提升站位，从全局出发审视、规划业务及资源；第三，在战略解码过程中平衡多方诉求、持续凝聚共识，让"共赢"真实发生；第四，运用行为准则规范、流程牵引等方式固化行为，提升团队并肩作战的能力；第五，团队需要共同创建工作流程和方法来解决团队效率问题，确认共同的语言和方法论。

领导团队需要有一套清晰的治理团队、达成共识、决策的原则，如：

1. 谁在某一领域中承担主要责任，就应该拥有最终决定权；

2. 任何成员都不应该对他人主要负责的事务做出决策；

3. 每个成员在自己负责的领域，都应自己做出决定，但某

些决策应该"保留"给团队做出。

领导团队要做到关键任务有人盯，关键流程有人看，关键资源有人管。需要建立能够互相补位的机制，形成"所有人干所有事"的文化。任何领导团队都需要有磨合与契合的过程，所以领导团队需要经过一定时间的打磨，才会变成一个整体。

领导团队在制定决策体系的过程中，需要制定一些基本管理原则作为参考，让决策尽量科学；需要尊重专长，让每个团队成员的专长能产出最高水平的价值；责权要对等，要能够承担所做事情的后果。通常情况下，每个人只愿意对自己参与过的事承担责任，哪怕这件事是某一个人说了算的。但是可以通过适当的分配让团队成员都有合适的场景参与。例如，可以把企业内部的决策会分成意图阶段、方案阶段、评议阶段、决策阶段。分解成这样一组程序，就可以让团队成员都有合适的机会参与进去。

权力的分配和设置是一项艺术。单一事项尽量归个人，政策事项尽量归集体。处理具体事务的权力尽量归个人，与人员管理相关的权力尽量归集体。事权是有周期和结果的，最终责任都是可追溯的，事权越清晰，这件事做成的可能性越高。相对而言，人的评价权如果完全落在个人手中，就容易出现权力滥用和腐败现象。因此，人的评价权应尽量归属集体，通过多方面的观察和评估，形成更全面、更客观的评价结果，既能减少个人主观因素的影响，也能有效防止权力腐败的发生。

【案例解析】

某企业需要做业务战略调整和转型，公司的集团领导团队的核心领导团队人员都做了很大的调整，新老成员参半。团队融合和高效领导团队的建设，是公司重要的组织和人才战略。

人力资源部门配合公司一号位领导，从外部精心挑选了几位经验丰富且和团队一号位管理风格契合度高的资深团队教练，一起设计和推动为期两年的领导团队建设项目。通过团队融合工作坊和教练指导促进核心领导团队新老成员相互间的熟悉，建立高效协同的文化，积极拥抱组织变革带来的变化和机遇，帮助领导团队实现年度的业务目标。

在工作坊开始之前，公司一号位领导、人力资源部门和外部教练等首先一起分享了公司组织架构、愿景、使命、战略和年度关键目标；其次，对领导团队发展进行诊断，要求参与者在体验工作坊之前先完成与外部教练的一对一访谈和问卷调研。访谈由外部教练作为引导者，通过与参与者进行会谈，了解团队的当前状态、需要提升的领域和未来发展方向。然后根据问卷的统计结果，确定领导团队在哪些方面做得最好，哪些方面急需改善或发展。充分收集这些信息，便于有针对性地设计工作坊中的各项流程和细节。

第三章 打造卓越领导力和高效领导团队

在接下来的1—2天的工作坊中，外部教练会引导领导团队成员深度了解自己和其他团队成员，用优势的视角看自己和他人，发现团队成员和自己的无限潜能。通过工作坊帮助大家建立强大的伙伴关系，欣赏和探索未来合作的可能性，以及彼此在协作中展现的行为特点和价值贡献，并引导大家反思"如果能促进合作的话，需要哪些内外因素"，并获得相互之间的真实反馈。

工作坊开展期间，教练还会让大家回顾那些在自己成长和突破时所经历的变化，帮助大家从过往的经历中唤醒拥抱变化的积极心态，梳理当下变革为领导团队带来的压力、焦虑、挑战和机遇，帮助领导团队成员共同明确未来方向和当下需要协同做出的变化和努力。通过共创会，让领导团队聚焦团队的挑战，共寻应对冲突的解决方式，共同梳理和完善领导团队的沟通原则和行为准则，并根据团队的优势和短板，制订后续可跟进的行动计划。

在工作坊结束之后，还会邀请外部教练定期给领导团队和个人进行教练辅导。每个季度，人力资源部门帮助领导团队组织半天到一天的工作坊，聚焦大家对达成共识的承诺度和执行力，跟进具体行动计划进展中的提升和挑战，进而推动各项计划保质保量落实，确保领导团队的年度和半年的业务目标得以高质量达成。

另外，每半年组织一次领导团队有效性测评，领导团队的有效性需要达到 8.5 分以上（10 分满分）。

领导团队建设工作坊每半年开展一次，让团队领导者可与团队成员根据诊断环节确定团队发展需要提升的维度，一同探讨、寻找恰当的干预措施，共同制订详细的行动计划（见表 3-2）。

表 3-2 团队行动计划模板

团队有效性维度	项目具体内容	项目负责人	时间	资源	进展
1					
2					
3					

例如，关于如何提升领导团队会议的有效性和决策质量，该团队借助上述流程和方法达成了一些共识和原则，具体内容如下：

1. 鼓励会前沟通，提前分享内容；

2. 按模板整理所需信息，包括问题、目标、方案和风险等，用数据和事实说话；

3. 参考专家及顾问意见，必要时邀请相关负责人参与讨论；

4. 达成共识的基础不等于 100% 同意，但需要没有坚决反对的人；

5. 讨论中鼓励有不同意见，分享不同意见要对事不对人，在尊重的基础上鼓励多元，尊重的是观点，而非角色；

6. 引入一些讨论工具作为复杂问题的议事方法，如"六项思考帽"（一种全面思考问题的模型）；

7. 应用一些分工决策工具来明确大家的协同方式，如"RACI"（一种用于明确权责分配和分工的模型）；

8. 决策后，统一口径，坚决执行。

外部教练在整个过程中，针对领导团队会有定期的一对一辅导，来提升个人的领导力和帮助个人成为该团队成员。教练也会帮助领导团队在提升团队有效性的过程中提供教练辅导，帮助领导团队克服自身发展过程中面临的主要挑战和困难。可以看到，在团队领导、人力资源部和外部教练的积极推动下，各主要领导团队的团队有效性测评每半年都有不错的提升，最后领导团队有效性的分数都达到了期望水平，团队的各项年度目标也能超额完成，团队的稳定性也达到了历史新高。

组织是不断变化发展的，为适应组织发展的需求，领导团队也需要不断地进化。因此，高效的领导团队发展并不是一个动作，也不是一次性项目，而是一项长期的系统工程。高效的领导团队不是简简单单自发产生的，它不仅需要耗费大量的时间和精力来推动演变，并进行长期塑造，还需要强有力的领导力作为支撑。

本章小结

人们常说:"问题出在前三排,根子就在主席台。"领导者如何带好团队和组织?如何引领大家走向何方?这和羊群全靠头羊来带是一个道理,领导者在团队和组织中起着至关重要的作用。他们是企业的核心人物,是企业命运的根本,决定了组织的成败。然而,由于晕轮效应的存在,我们往往对领导力产生很多不必要的误解,比如认为级别越高的领导,领导力越强。但实际上,领导力并不能通过职位高低来体现。

通过对卓越领导力画像和七大素质的深入剖析,读者可以清晰地看到领导者所需要的基本领导素养和能力。这些素养和能力并非全部由先天决定,也有很多是可以通过后天学习和实践来培养的。世上没有完美的领导者,但真正的高效领导者通常能够充分发挥自己的领导力优势,同时不断提升并控制自己在领导力方面的某些短板,以确保其不会影响领导效能。

为了帮助领导者更好地审视自我和提升，本章推荐了两种典型的领导风格测评工具。这些工具可帮助每位领导者获得较为客观的外部测评和反馈，有助于领导者更全面地认识自己，从而有针对性地提升领导力。

另外一方面，高效的领导团队对一个企业的成功也至关重要。打造高效的领导团队需要花时间精心策划，只有稳扎稳打地提升，领导团队才能逐步达到一个较为理想的境界。没有任何团队天生就是"梦之队"，高效的领导团队的培养从来就不可能是一蹴而就的，而是需要长期、持续地打磨。

因此，企业的关键领导人和人力资源部门一定要在领导团队的选拔、任命、淘汰及凝聚力打造方面下足功夫，做很多量体裁衣的台前幕后工作。建立让成员高度信任的团队文化、打造有愿景和使命驱动的领导团队是确保团队长远发展的关键。团队成员之间要能够取长补短、同心协力，才能共同应对挑战，而不是陷入一盘散沙的窘状。西游记中师徒四人的组合就是一个非常优秀的团队。唐僧作为怀有愿景和使命感的好领导，引领团队朝着明确的目标前进，让大家各司其职，共同克服重重困难，最终取得真经，实现梦想。

希望越来越多的企业愿意花更多的精力，重视企业高层领导力的培养和提升，并着力打造高效领导团队。只有这样，才能有更大的概率带领组织稳健地穿越风云变幻的市场，迎接绚烂的彩虹，还能在长远的征途中走得更远，实现更为辉煌的成功。

■ 思考题

1. 好的领导是天生的吗？领导者级别越高，他的领导力就越强吗？
2. 中西方崇尚的领导力模型有什么异同？
3. 如何跨越"从优秀到卓越"的领导力提升阶段？
4. 高效领导团队的画像是什么？需要具备哪些重要成功要素？
5. 如何打造高效的领导团队？

第四章

破解人才战略

```
         使命、愿景、价值观
            人力资源战略
┌──────┐ ┌──────┐ ┌──────┐ ┌──────┐ ┌──────┐
│领导力│ │人才战│ │高效组│ │激励绩│ │员工敬│
│及领导│ │略    │ │织    │ │效    │ │业度  │
│团队  │ │      │ │      │ │      │ │      │
└──────┘ └──────┘ └──────┘ └──────┘ └──────┘
        人力资源专业能力和职业发展
```

人力资源管理的发展并不是与企业发展同时发生的。

20 世纪 70 年代至 80 年代,商品短缺,只要有产品就不愁卖不出去,那是一个拼商品力的时代，所以，彼时企业的管理更加侧重在生产管理上；到了20世纪80年代至90年代，光有产品还不行，还要辅以厉害的销售，那是一个销售力的时代，企业的管理偏向销售管理；而从20世纪90年代开始到21世纪初，很多企业开始注重形象，为自己的品牌设计商标、拍宣传片等等，那是一个形象力的时代，企业管理的重点在品牌管理；再后来直到现在，是文化力时代，市场的竞争表现为人才的竞争，从这个时候开始往后很长一段时间，企业管理的重点都将是以激发个人内在驱动力为主的人力资源管理。

在传统的人力资源六大模块中，人力资源战略规划排第一，而人才战略是承接人力资源战略落地的首要部分。

很多时候我们都会发现招人、发薪似乎才是一个企业人力资源工作的"刚需"。但作为HR必须要知道的是，人力资源的各个模块都是非常有价值的，他们的重要性会因为企业不同的发展阶段而有所不同。

从人力资源管理的发展历史来看，招人、发薪属于基础性人事管理，而人才发展则是增值的部分，和职业规划一样，都属于战略性人力资源管理。它不一定是企业当下迫切需要的，但它一定是企业追求成功和长期发展的过程中必不可少的。一个企业要想成功，无非两步：一是战略精准，二是执行到位。战略精准要求企业有明确的方向，不论战略是由董事长还是一把手制定的，又或是核心领导班子成员讨论后制定的，战略的制定关键一定在人。战略需要执行到位,由谁来执行?关键也在人。奈飞创始人里德·哈斯廷斯(Reed Hastings)在《不拘一格:网飞的自由与责任工作法》(*No Rules Rules: Netflix and the Culture of Reinvention*)中说道:"一个公司真正赚的,是员工成长的红利。"对于企业来说,无论在发展的哪个阶段,人才都是至关重要的。

任何企业都希望内部的员工多元且强大,最好一眼望去满眼都是精兵强将,可以随时排兵布阵去做创新项目,去新的地域展业,去挑战一个高难度项目,或者接手老业务等等。可现实中我们常常会遇到"人到用时方恨少"的情况。要么没人,要么没有合适的人,要么合适的人正在原来的岗位上,没办法协调过来。

在本章中,笔者希望通过一个系统化的人才战略来进行人才的规划、甄别、盘点及发展,帮助企业解决组织中关于"用人"的问题。

第一节　人才战略：在选择中聚焦

一、人才战略解决的问题

当企业明确了要去做什么之后，接下来就需要为完成这件事搭建团队。人才战略通过对人才进行前瞻性的规划，确保组织在需要的时候，可以输送匹配度高且高质量的人才，从而帮助企业战略顺利落地和得到执行。人才战略需要根据企业战略对应的不同人才需求，基于现有人才数量、质量和结构，找到差距，建立配合企业战略、符合企业实际情况的人才策略。人才战略是为了让企业打赢人才战。人才战赢了，竞争力就有了。

既然是战略，就需要面向未来。人才战略需要基于现况面向未来，并解决以下三个层面的问题：

1. 人才的数量：是否有足够的人才来实现战略目标？
2. 人才的质量：完成未来企业的战略目标，企业需要什么样的人才？

3.人力资源管理策略：人力资源如何能够最有效地支持企业的战略目标，帮助企业获得竞争优势？

这几个问题相互影响。当企业确定了战略目标后，CHO的首要任务就是根据当前情况思考如何满足未来战略目标所需的人才，即：企业未来的市场在哪里？竞争对手在哪里？战略上如何取胜？满足什么标准的员工可以被称为"人才"？哪些人才是组织发展所急需的？

人才战略的规划影响着企业战略的规划和经营结果的实现，人才战略规划的作用就是使企业的人力资源在数量、质量和策略上与企业的业务战略要求保持一致，能够促进战略目标的达成。通过以上三个方面和闭环的人力资源管理策略（识别、甄选、吸引、保留、发展和激励优秀人才），使人力资源体系能够最有效地支持组织的战略以及最有效地支持组织获得竞争优势。

制定人才战略时，需要考虑这五个方面：定位未来的人才需求、评估现有人才数量和质量、采取相应措施填补人才缺口和提升人才质量、制定有效的人力资源管理策略。只有这样才能实现人力资源与组织战略的协同发展。

二、人才战略的核心是定位未来需求

在为未来的需求准备人才的时候，一个非常现实的问题就是：如何知道一个员工是不是战略发展所需要的关键人才？或者说，一个员工有没有潜力被培养成战略发展需要的关键人才？建立人才标准，就是建立人才评估的依据，同时让这个判断变得容易。

拥有不同业务属性、不同职能、不同管理风格的领导在"用什么样的人"上会有各自不同的偏好。但是，透过现象看本质，不论选择什么样的人才，都一定是为了实现组织战略目标。战略目标是确定的，那么战略目标对组织能力的要求便会相对清晰起来，从组织能力层面解码人才标准也就不那么困难了。

【案例解析】

某著名世界500强日用消费品公司在进入中国市场多年后，需要进行业务模式的调整。在这之前，公司业务以经销商渠道模式运作，而在2010年之后，中国的大型商超迅速发展，各地涌现出了大大小小的超市。面对这一形势，该公司决定以大型商超为市场增长的主要驱动力，受到这个战略目标影响，公司内部所需的人才标准也将做相应调整。过去，该公司的销售人员大多具有大专学历，不精通英语，但拥有强大的销售能力和维护客户关系的能力；市场人员则比较擅长做线下广告。然而，在2010年之后，公司需要更多懂英语、快速学习能力强的年轻人，因为许多商超是外国品牌，需要企业加强卖场客户体验、通路渠道发展、消费者洞察。正因为这家公司在 2010 年做了人才战略调整，才得以抓住商超发展的机遇，并为后面 3—5 年的快速发展奠定了基础。2013年之后，随着电商的兴起，为了积极跟上中国电商市场的发展，该公司在 2014 年定义了 O2O（Online To Offline 的简称，指的是将线上的用户引导到线下的实体店铺中去消费）整合战略并成立了电商团队，从外部大量引入了来自民企擅长做电商的员工，以弥补自身在该领域上的不足。

三、人才数量定多少为合理

基于企业的战略目标，企业管理者确定了人才标准，那么，完成战略目标的过程到底需要多少人呢？

这个问题的答案一般会体现在组织的定岗和定编工作中。在定岗、定编这件事情上，企业管理者通常会遇到持不同态度的两方：认为人多好办事的业务部门以及认为人多成本高的人力资源部门，似乎每年都会有这么一次或多次的博弈，为争取多一个编制和人力资源展开唇枪舌剑。碰上不那么懂业务的人力资源工作者，他们只靠成本论又不足以说服业务工作者。因此很多时候只能寄希望于业务领导本身有着大局观，会从企业的层面考虑人员效率和组织效率，从而对编制有更理性地看待。在许多情况下，业务领导出于对本部门利益的考虑，往往倾向于支持"人多力量大"的观点，从而简单地通过增加人员来追求业绩的提升。

那么，如何让定岗、定编变得更合理？定岗和定编的原则是什么呢？

定岗原则有以下五个：

1. 因事设岗原则：在实现战略目标的过程中，先有"事"，才会需要有人来完成。所以岗位一定是因"事"设岗。和过去不同的是，"事"并不局限于眼前，而要着眼于未来，还要考虑到组织为适应内外部环境变化而发生的变革和创新对"事"的影响。

2. 整分合原则：从企业的组织层面进行整体规划，明确分工，在分工基础上进行有效整合，让不同岗位之间既分工明确又能上下贯穿、左右同步协调，从而发挥组织最大效能。

3. 最少原则：节约人工成本的同时，也能减少岗位之间信息传递的时间，提高效率，提高企业的战斗力和应对市场的快速调整能力。

4. 张弛有度原则：对于流程性比较强的岗位，需要对相关的人效比进行把控；而对于创新型或涉及新业务的岗位，需要留有余地。

5. 一般性原则：基于正常经营下对岗位的考虑，而不是基于任何特殊、紧急或者例外的情况。

定编原则有下面三个：

1. 科学合理、精简有效原则：科学合理，就是要符合科学的一般原理，合理地确定人员数量；精简有效，就是要能体现组织机构精干、人员相对较少、劳动生产率相对较高。

2. 人效比参考原则：每个部门都可以有自己的人效比，比如销售部门的人均销售收入；电商互联网平台运营人员的人均获客能力和人均转化率；生产企业的生产成本，人力资源业务伙伴的人员服务配比（一个人力资源业务伙伴服务多少人员）等。可以参照过往三年的人效数字，定出未来1—3年的人效，并基于此完成每个部门的定编工作；也可以参考行业内人效比并结合企业的实际情况，制定出一个合理的人效比。

3. 人员比例关系协调原则：各类人员的数量以及它们之间的比例关系要协调。这里涉及的有：直接销售人员与非销售人员的比例；前端与中后台的比例；管理人员与直接下属的管理幅宽比例关系等。这与企业业务类型、经营模式、专业化和自动化程度、员工素质、企业文化以及其他一些因素有关。企业在保证业务需要的前提下，需要对标行业或条件相同的企业所确立的标准，然后定出自己企业的目标。

这些年，关于先定岗还是先定编的争论在人力资源管理领域一直存在。

支持先定岗的观点认为，企业应该先根据业务需求确定需要的工作岗位，然后根据岗位需求来招聘合适的员工。这样做的好处是可以根据实际需求来安排编制和招聘，确保岗位与人员的匹配度更高，能够更好地满足企业的业务需求。而支持先定编的观点则认为，企业应该先确定需要的人员编制数，再根据编制数来安排具体的工作岗位。这样做的好处是可以更加有效地利用人力资源，避免招聘过多或过少的情况发生，也能够更加有针对性地进行组织设计和岗位分配。

实际上，先定岗还是先定编并没有一个固定的答案，具体应该根据企业的特点和需求来决定。有些企业可能更适合先定岗，因为业务需求变化较快，需要灵活地招聘和配置人员；而有些企业可能更适合先定编，因为组织结构稳定，人员需求相对固定。

无论选择哪种方式，重要的是要充分考虑到企业的长期战略和业务需求，同时进行有效的人力资源规划和管理，确保岗位和人员之间的匹配度，并确保人力资源被有效利用。

四、赢得人才的五大策略

香港大学 SPACE 中国商业学院的麦耀泉（Mr. Anthony Mak）曾提出，解决人才数量和质量的相应策略有以下五种，也称为 5B 人才策略，即招聘（Buy）、发展（Build）、借调（Borrow）、保留（Bind）和淘汰（Bounce）。

1. 招聘：快速引进人才。企业建立初期的人才累积多靠招聘来完成；当出现人才短缺却无法从内部转化的角度解决时，企业便会采用外部招聘的方式；企业转型期也往往需要引进外部专业人才，来弥补企业在变革中所缺失的能力。

2. 发展：即提升员工能力。人才除了需要满足现有岗位的要求，同时还要满足企业将来的人才发展需求。企业不仅要做好各个层级的梯队建设，提供足够的人才支持，还要拥有应对企业的转型与改变所需具备的新能力。

3. 借调：从关联企业、相关客户或者外部合适的相关企业、机构、学校等途径借调人才，弥补现企业缺失功能的能力。需要确定好借调时间并做好回归安排。

4. 保留：当一个企业的离职率明显高于同行时，企业需要多关注员工的离职原因，筛选重点保留目标人才，促进员工的发展与成长，营造良好的工作氛围，建立健全激励机制，全方位地留住人才。

5. 淘汰：在企业的发展过程中，一定有些员工在工作一段时间之后能力达不到或者跟不上发展的步伐，这个时候就需要采取淘汰的策略。很多管理者在面对员工淘汰问题时经常选择拖延，不愿意做恶人，尤其是在面对老员工时。有些管理者的管理能力也跟不上企业的发展。企业应该制定有效的考核机制，通过考核评定员工，建立定期回顾与面谈机制，适当处理不合适的员工及管理者，这样才能保证组织能力的不断提升。

人才策略也会因为不同的人才需求而不同。

一家企业的人才和需求种类很多，比如与岗位适配的人才、骨干人才、潜力人才、稀缺人才和创新人才。能够完成相应工作任务，胜任目前工作岗位的适配人才需要得到进一步发展，此种人才适用人才发展策略。骨干人才是指在关键岗位上有卓越表现的专业人才，他们需要被保留。而潜力人才则表明他们在职业发展道路上具备更高的潜力，无论是专业路线还是管理路线，都有能力比大多数人更快速地取得更好的成就。他们对应的是人才发展和人才保留策略。企业可以通过招聘或借调策略来引进稀缺人才，他们在某一特定领域拥有独特技能、知识和经验，并且在短时间内难以被其他人替代。创新人才能够为企业带来创新思维、技术、产品和管理方式，具备自主发明、改革和创新的能力，可以给企业带来突破性改变，他们多半也会通过招聘策略来引进。总之，企业应该根据不同的人才需求采取相应的人才发展、保留和招聘等策略。

企业中存在各种不同的人才，但人才结构的调整是必要的，以适应企业的行业特点和发展阶段。人才的选择与岗位需求、价值创造和支出成本密切相关。在基础岗位上，选择适合的人才是最优策略。"高能低用"不仅会增加人力成本，还会降低员工满意度，从长期来看会限制员工的发展空间，从而增加人员流动性。"低能低用"则会导致岗位价值下降和组织效率低下，因为只能通过增加更多的人来完成任务。一个企业内部，绝大部分岗位"适能适用"和少部分岗位"高能高用"才是最合适的策略，这样才能确保组织的长远发展。

第二节　招才选将：在沙海中淘金

在人才战略规划中，对外招聘人才是至关重要的一环，只有招聘到正确的人选，才能有效展开后续的人才使用、培养和保留等一系列人才发展措施。如果企业招错了人，不仅将面临高昂的招聘成本，还会对企业的雇主品牌、外部形象和声誉造成损害。

一、选人的关键在于"合适"

企业选择人才的关键在于"合适"。"合适"意味着招聘的人才必须与企业当前的发展阶段相匹配（适时性），并与岗位需求相匹配（适能性），同时与企业文化相匹配（适合性）。

如果候选人的能力结构无法与企业的发展需求相连，或者他的能力无法在未来1—3年内为企业所用，那么即使他再优秀，也不适合在该阶段加入。

如果候选人的能力和素质要求高于岗位需求，那么他在这个岗位上的发展将受到限制，因此也不能录用他。因为该岗位无法满足他的工作成就感，也无法满足他在职业上的发展需求。即便薪资再高，随着时间的推移，他也会失去对工作的热情和斗志。

如果候选人在其他方面都契合企业和岗位的需求，但他的个人价值观和企业文化不一致时，也不建议录用他。因为"三观"不一致，他在工作中会感到非常别扭，如果候选人从内心深处不认同企业的文化、价值观和做事方式，那对候选人来说是一种违心的委曲求全，对企业也是一种负担。因为尝试教育及改变一个人的价值观会费时费力，且未必有效果。

因此，企业应该建立适合自身的人才选拔标准。除了具备专业能力，也要关注候选人是否具备通用能力和领导力。比如阿里强调"皮实"，奈飞则注重招聘"成年人"，这些要求能够清晰地表达出企业对人才的不同期望。这些要求与企业的发展阶段和企业文化息息相关。在体系化建设相对完善的企业中，注重流程规范的候选人会感觉得心应手。相反，习惯于大公司、大组织、强调流程和体系的候选人在规章制度尚不健全的创业型企业中可能会感到茫然而不知所措，难以推进事务。这也就解释了为什么许多在世界500强外企工作的专业人士很难适应民营企业的工作，很多民营企业都还处在创业和发展的阶段，在从0到1到N的过程中需要不断地摸索。而世界500强企业的工作更多的是从N到100的搭建过程，所需的个人能力也是截然不同的。

【案例解析】

某家全球知名的500强公司在全球拥有近十万名员工，并在八十多个国家设有工厂和分公司，且是一家百年企业。面对地域、文化和种族的多样性，它如何找到打开不同市场的关键钥匙？究竟是什么因素使这家企业基业长青？如果是一家仅有十年历史的公司，或许可以通过技术领先、成本领先、渠道领先等多个角度去分析其成功之道。然而，仅仅依靠这些因素，能确保企业持续繁荣超过一百年吗？显然并非如此。一百年的时间足以让所有的厂房都变得老旧不堪，但人和人的精神却能够代代相传、生生不息。只有找到一群合适的员工，共同为企业的长远发展而努力奋斗，才能使这个企业存续百年。接下来，笔者将从人才战略的角度探讨一下这家企业是如何存续百年的。

（一）别具一格的招聘管理

很多成功的企业家都非常重视招聘，例如亚马逊公司的杰夫·贝索斯（Jeff Bezos）、特斯拉公司的埃隆·马斯克、微软公司的创始人比尔·盖茨（Bill Gates）等。这些企业家认为招聘到合适的人才是公司成功的关键，他们通常会亲自参与招聘过程，以确保招聘到的人才能够满足公司的需求。这些公司的高管也是一样，他们会亲自参加一些比较重要的面试。招聘是人力资源工作的起点，公司上下一致，高度看重招聘环节。

在全球范围内，这家公司在招募新员工时都遵循同一准则，即重视员工的个人素质，包括诚实正直、领导能力、勇于承担风险、积极创新、团结合作能力、持续进取以及发现和解决问题的能力。产品供应部、研究开发部、信息技术部和财务部等部门有不同的需求，他们希望候选人拥有基本的专业背景，但不要求完全对口。

为了确保招聘到能够对公司做出贡献、能够创造新局面的人才，该公司制定了统一的人才标准，其中包括以下七个方面：

1. 强烈的进取心：他们应当能够克服困难，坚持完成工作。他们必须表现出极强的主动性，坚韧不拔，独立自主地以极大的热情完成自己的任务。

2. 卓越的领导才能：他们应当在领导他人并激励他人方面表现出优秀的能力。在公司内部，能和同事建立良好的工作关系，并努力帮助下属发挥他们的潜力。

3. 较强的表达交流能力：他们应当简洁明了并有说服力地表达自己的观点。他们不仅应该具备对他人的影响力，还应该懂得以客观开放的态度吸纳别人的建议和反馈。

4. 较强的分析能力：他们应当能够全面思考工作中的问

题,并得出合理的结论。总体而言,他们需要具备较高的才智,能够及时应对瞬息万变的商业竞争。

5. 创造性:他们应当能够发现新的思维方式、工作方法以及实现目标的最佳途径。面对不断变化的环境,只有通过更具创造性的工作方式,并不断挑战基本假设和传统观念,才能应对变化。

6. 优秀的合作精神:他们需要具备领导团队并取得成功的能力,懂得如何激发热情,以便在工作中充分发挥个人和团队的作用。

7. 正直的人格:他们需要按照公司的"文化信条"来行事。在日常工作中,始终遵循诚实和正直的原则。

(二)标准化的招聘面试流程

这家公司还因优秀的校园招聘而闻名。每年,他们会在全国甚至全球的重点高校举办大规模的线下招聘会和空中宣讲会,通过严谨有序的招聘流程,吸引了大批青年才俊。尽管该企业的校园招聘被认为是"很难进的",即便在中国顶尖高校如北京大学、清华大学、上海交通大学和复旦大学等,其招聘会往往被挤得水泄不通。每年仅有几十个名额,却有数以万计的简历投递,竞争异常激烈。

面试过程由经过专门培训的公司高级经理来主持。他们通常具有一定的经验和丰富的面试技能,同时也是候选人意向岗位的部门经理。面试时间约为45分钟,主要分为以下四个部分：

1. 相互介绍并创造轻松交流的气氛，为面试的实质阶段进行铺垫。

2. 信息交流。这是面试的核心部分。通常，面试官会根据既定的八个问题进行提问，要求每位应试者能够以自身经历为例，分析他们所提出的问题。这八个问题是由该公司的高级人力资源专家设计的，无论应试者如实回答还是编造答案，都能反映出他们在某个方面的能力。面试过程中，面试官希望得到每个答案的细节，高度的细节要求可能使某些应试者感到难以适应，而缺乏丰富实践经验的应试者也很难很好地回答这些问题。

这八个问题分别是：

（1）请举一个具体的例子，说明你是如何设定一个目标并最终达成它；

（2）请举例说明你在一个团队活动中如何主动参与并扮演领导者的角色，最终达到你期望的结果；

（3）请描述一个情境，在该情境中你必须寻找相关信息，发现关键问题，并根据一定步骤获得预期结果；

（4）请举一个例子，说明你是如何通过实际行动履行你对他人的承诺；

（5）请举一个例子，说明你在完成一项重要任务时是如何与他人进行有效合作的；

（6）请举一个例子，说明你的创意建议如何对一个计划的成功起到重要作用；

（7）请举一个例子，说明你是如何评估你所处的环境，并将注意力集中在最重要的事情上以达到你期望的结果；

（8）请举一个例子，说明你如何学习一门技术并将其应用于实际工作中。

3. 随着问题逐步减少或合适的时间到达，面试进入尾声。面试官会给予应试者一定的时间，让他们向面试官提几个自己关心的问题。

4. 面试评估。面试结束后，面试官需要整理面试记录，根据求职者对问题的回答情况和总体表现做评定。面试的评价体系，即根据一些既定的考察维度和问题，通过应聘者所描述的事例，从而评估其综合素质、能力和未来可能的表现。根据以上八个问题，面试时每位面试官会根据应聘者的表现在"面试评估表"上打分，打分分为三等：1—2（能力不足，不符合职位要求；缺乏技巧、能力和知识）；3—5（普通水平至超乎一般水准；符合职位要求；技巧、能力和知识水平良好）；6—8（杰出应聘者，超乎职位要求；技巧、能力和知识水平出众）。

（三）很少采用试用期

此外，该公司的与众不同之处在于极少采用试用期这一措施，尽管国家允许对员工设立试用期。这家公司认为与员工的雇用合同犹如一纸婚书,期望将之视作婚姻关系,在前期阶段严格考察,一旦婚约缔结,则不会随意分道扬镳。

我们再来探讨一家上市民营金融科技公司的招聘案例。尽管该公司成立只有十年,且规模中等,但它实现了两次重要转型并成功登陆纳斯达克。它依靠的是什么呢?这家企业之所以能在十年的时间里运营有序,并且远远超越同行业其他竞争对手,是因为它明确了人才战略,并且实行了统一的招聘标准,从而成功实现人才的积累并充分发挥了团队的力量。接下来我们一起来探究一下这家企业是如何实现这一目标的。

【案例解析】

(一)定义清晰的人才招聘策略

首先,考虑到行业特点和企业关键岗位所需的人才密度,同时制定两种不同人才的招聘策略:普通员工用校园招聘,中高管则使用社会招聘。

校园招聘:为了满足企业对专业度要求较高岗位的需求,如风控、技术和运营岗位,确定了校园招聘加内部培养的路径。这一培养路径从基础员工开始,逐步培养成业务骨干和部门经理,全方位提升员工的素质和能力。

社会招聘:在过去的十年中,该企业经历了两次转型。

其中一次是将线下业务转移到线上。这样的转变对管理能力提出了更高的要求。而原有的部分中高级管理人员已无法满足未来公司运营的需求。因此，针对可以助力公司转型发展的中高级管理人员需求，公司制定了社会招聘方案，目的是快速跟上业务的变革，提高管理团队的整体水平。

（二）统一人才的选拔标准和选拔流程

为了确保人才的选拔更加科学、高效，该公司制定了统一的选拔标准和选拔流程。具体如下：

校园招聘的标准和流程：

1. 简历初筛：公司重点关注两个方面，一方面，精准定位国内211学校，并筛选学术能力排名前30%的学生。考虑到公司成立仅十年，尚未建立起较知名的雇主品牌，难以吸引国内985学校的顶尖学生。因此，公司选择在211学校中寻找排名前30%的学生进行选拔。另一方面，公司非常看重专业度，只选拔专业对口的学生。不符合技术、风控、统计和运营相关专业的学生，即使再优秀都不会被考虑。

2. 线上笔试：通过数学计算和逻辑测试题来考核候选人的数字分析能力和逻辑思维能力。在线上测试中，优先考虑成绩高于中位值的毕业生。

3. 性格测试：通过既定的性格测试和当下流行的线上游戏形式了解毕业生的性格、个性和做决策的偏好，以判断候选人是否适合相关岗位的需求。

4.现场面试：通过招聘官对候选人的工作样本、进行的压力测试以及面试，包括对价值观相关维度的提问，帮助企业真正了解候选人的实操能力、抗压能力以及个人价值观与公司的匹配程度。

社会招聘的标准和流程：

社会招聘主要是针对中高层管理岗位的选拔。其选拔标准包括具备世界500强或互联网大厂高管经历的国内候选人以及具有风控管理和技术管理背景的华人候选人。同时，公司也会考虑国外候选人，尤其是那些在美国行业具有类似经验的候选人。

候选人除了在各部门运营体系上能进行迭代更新外，还需要具备从0到1的建模能力经验。为了了解候选人的领导风格并确定其潜在的团队管理能力，这家公司使用了领导力测试。通过这些措施来更好地选拔适合岗位的候选人，并帮助他们在后期更好地融入团队。

（三）试用期管理既贴心又严格

公司非常关注员工的融入和绩效表现，为校招和社招的两类人员制订为期半年的"新员工融入计划"。在融入计划的不同阶段，如第一天、第一周、第二周、第一个月、第二个月、第三个月和第六个月等，公司为员工本人、直接主管、HRBP（人力资源业务合作伙伴）和伙伴这四个角色设计了不同的工作重点和产出要求。所有举措都是为了让候选人更快、更好、更平稳地融入团队，以期他们在行为和绩效方面能够表现出色。在第三个月和六个月的时候，新员工还需要直接主管给出关于绩效的反馈。HRBP也会对"新员工融入计划"进行健康检查，以评估计划执行的情况并进行必要的调整。

二、建立企业特有的人才标准能力模型是核心

尽管上面案例中的世界500强外企和拥有十年历史的民企在招聘策略和手段上存在差异，但它们都取得了很好的招聘效果并取得了成功。然而，读者必须认识到，人力资源策略和举措无法做到"一招鲜，吃遍天"。相反，应根据企业当前的发展状况和人才需求，制订最合适的招聘策略和计划，从招聘环节就严格把关。只有正确选择了人才，才能进行后续的培养、使用和留用，从而实现企业和员工的双赢。如果选择错误，就不得不考虑解约并重新招聘，这将带来巨大的麻烦、劳力和经济负担，导致企业和人才双方都遭受损失。

要在众多人群中找到合适企业的人才，核心是要有企业自己的人才标准，并基于人才标准建立独一无二的能力模型。

能力模型包括专业能力、通用能力和领导力等内容。其中，专业能力和各个职能相关，如设计、销售、编程、会计等。通用能力则是人才标准至关重要的一部分，它需要与企业文化价值观相协调，不受专业和职能影响，是所有员工都

应具备的独特能力。领导力则主要针对拥有团队成员的管理者，涉及管理能力和领导力。图 4-1 是国内某著名上市企业的"员工能力全景图"，概括了其用人标准和对员工能力的期望。

建立企业独特的能力模型是一项至关重要的人力资源管理举措。该模型将贯穿整个人力资源管理的过程。该模型不仅可以用于人才招募，也可以用于人才培养、能力提升、人才盘点和晋升评估等方面。在构建这个模型时，每个企业都需要考虑能力分层，大部分能力项在不同层级中会展现出明显差异，产生这些差异的原因有不同层级所承担的责任以及处理问题的复杂程度、视野广度和影响力程度。

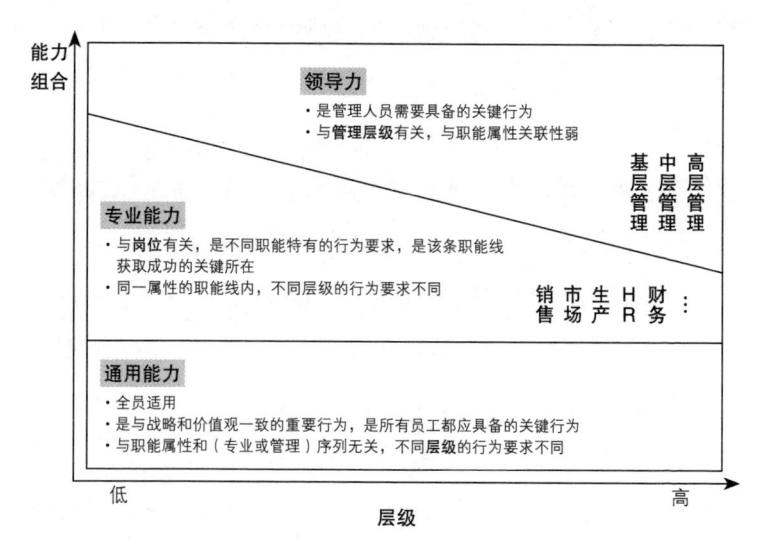

图 4-1　员工能力全景图

读者可以采用多种方式在芸芸众生中发现合适的人选，包括工作样本、能力测试、行为面试法、性格/领导力测试以及评价中心等，每种方法都有其独特的优势和适用范围，通过合理的结合使用，可以最大限度地提高招聘过程的效率和准确性，帮助企业更精确地挑选出最合适的人选。

第三节　人才培养：在夯实中铸就未来

宝洁公司的前任董事长理查德·杜普瑞（Richard Deupree）曾说过："如果你把我们的资金、厂房及品牌留下，把我们的人带走，我们的公司会垮掉。相反，如果你拿走我们的资金、厂房及品牌，而留下我们的人，十年内我们将重建一切。"这体现了注重人才、以人为本的人才观。

人才是企业最重要的资产，每个企业都应该关注和重视人才培养。从企业角度看，培养人才不仅是提升员工个人能力的手段，更是彰显组织凝聚力和能力进步的必要手段。从个人角度看，随着个人能力的不断提升，对人才的培养会激发他们去学习新事物、新知识、新技能，为企业目标做出贡献，从而形成一个积极正向的健康循环。

以宝洁为例，该企业高度关注人才的培育和发展，其培训体系具有以下特点：全员、全程、全方位和针对性。

全员指的是公司的所有员工都有机会参与各种培训。无论是技术工人还是公司高层管理人员，公司都会为他们设计有针对性的培训课程和内容。

全程是指从员工进入公司大门的那一刻开始，培训会贯穿他们整个职业发展的全过程。这种全程式的培训将有助于员工在适应工作的同时不断提高自身素质和能力，也是公司执行内部晋升制度的前提之一。当员工晋升到更高级别时，他们需要接受相应的培训来帮助其成功和发展。

全方位是指培训项目涵盖了多个方面。包括对公司产品、服务、流程、制度、文化的培训，以及针对专业能力、通用能力和领导力的培训。此外，还有素质类培训、语言类培训以及电脑培训等等。公司以此确保员工在各个领域都有机会获得提升。

针对性是指所有的培训项目都会针对每个员工的优点和待改善的地方，结合业务需求进行设计。同时，还会考虑员工未来的职业兴趣和需求，为个人提供独具特色的培训计划。

通常，员工在公司工作1.5—2年后，会有调动岗位的机会。这为每位员工提供了新的学习曲线，帮助他们找到新的动力，并不断前进。这样的培训体系有助于员工在公司内实现自己的职业目标，同时也能为公司的发展提供有力的人才支持。

现在，笔者要向大家揭示一个成功的方程式，它可以帮助我们更好地理解人才培养的关键要素，这个方程式就是：

人才培养 = 观念 × 方法 × 投入

首先，"观念"部分。强调企业在文化和意识形态上对人才培养的重视程度。一个企业如果真正重视人才培养，就会将"以人为本"的育人理念贯穿在日常管理中，努力营造有利于人才培养的土壤。在这种观念的指导下，企业不仅会在口头上强调人才培养的重要性，更会在实践中让员工感受到这种重视，从而为人才培养创造良好的环境。

其次，"方法"部分。强调的是人才培养的具体实施策略。这些策略不仅包括搭建系统的培训体系，还包括各级管理人员的推动和实施。一个健全的培训体系通常由四个关键部分组成：培训课程体系、培训讲师体系、培训效果评估和培训管理体系。

1.培训课程体系是整个培训体系的核心，它涵盖了课程设计、课件制作、讲义编写以及课程的审核评估，这不仅需要确保课程内容与企业战略目标和业务需求紧密相连，还要保证课程内容的高质量和有效性。

2.培训讲师体系则承担着培训体系的具体执行任务。这个体系包括了培训师的选择、培训师的培训以及对培训师的教学质量进行监控等环节。培训师不仅需要有专业的知识和技能，还需要具备教学能力和良好的人际交往能力。

3.培训效果评估是对培训设计、内容及效果进行评价和衡量。培训评估不仅可以帮助我们了解学员在培训中的收获和对培训的满意度，还可以帮助我们改进和完善培训内容和效果。"柯氏模式"（Kirkpatrick Model）的四层次模型当前在对培训评估进行系统总结的模型中占主导地位，柯氏模式将培训评估分为四个级别，即通过学员反应、学习效果、行为改变和产生结果这四个方面来评估培训的成果。这种评估不仅要求观察学员的反应和检查学员的学习效果，还强调衡量培训前后的表现和公司经营业绩的变化。

4.培训管理体系是整个培训体系的基础，它包括诸如培训制度、培训管理办法、培训计划、培训评估方法以及内部讲师制度等内容。这些制度和办法可以确保培训活动的顺利进行，同时也可以提高培训的效率和效果。

管理人员在组织中扮演着关键角色，他们的支持和推动是人才培养项目成功的关键。同时，为了解决员工可能存在的后顾之忧，如"教好徒弟，饿死师傅"的问题，组织还需要采取相应的措施，确保员工在培养新技能和提高能力的过程中，不会对自己的职业前景产生担忧。

最后，"投入"部分。主要指组织在人才培养上的投入，包括时间、金钱和资源等方面。这些投入是人才培养的基础，只有当组织愿意在人才培养上投入足够的资源，才能确保人才培养项目的顺利实施。同时，组织还需要关注人才培养的产出，即员工能力的提升和绩效的改善。这样的投入与产出关系，可以帮助组织更好地评估人才培养项目的价值和效果。

一、培养人才的黄金法则

人才培养需要遵循"70-20-10"法则。"70-20-10法则"最早源自全球顶尖领导力发展与研究机构CCL（创新领导力中心）的摩根·麦考尔（Morgan McCall）、鲍勃·艾兴格（Bob Eichinger）和迈克·隆巴多（Mike Lombardo）在20世纪80年代提出的"历练驱动型发展"（experience-driven development）。该法则认为：成人学习70%来自挑战性在职任务，也就是从工作中学习；20%来自与他人的合作与洞察，也就是人际关系上的连接，从他人学习；10%来自知识和理论的学习，包括从正式课堂学习或是自我学习。

这个法则的重点是在70%的工作实践，可以给予人才挑战性的工作项目，让其在实际操作中锻炼个人能力；同时，也可以通过更换工作内容和岗位，让其能转换思维方式并提高学习能力；开拓新市场的同时也能够驱动人才的创新思维；此外，将人才派往不同的地区，甚至国外，也能够提升他的跨文化管理能力。

20%来自人际关系上的连接。具体而言，人才的培养离不开他人的影响。除了自己努力外，人才必须学会从他人身上学习。正如常言所说：他山之石，可以攻玉。许多企业引入教练制度或推行导师制度正是为了借鉴他人的经验和优点，让自己能够站在他人的肩膀上不断发展。将他人经验结合自身经验，可以缩短进步所需要的时间并获得加速发展。同时，他人提出的问题也能够启发人才的思维，从不同的角度看待世界。实际上，许多问题都是相通的，当一个人能够连接更多的点和面，站在更高的视角看待事物的本质，他便能够理解所有的相关事物，并了解这些关联之间的关系。

最后，10%来自知识和理论的学习。社会技术发展迅速，新的业态不断涌现，管理理念也应随着社会的发展不断更新。因此，学习是一项重要任务，不仅是为了跟上社会的发展，更是为了保持对新事物的敏锐度强化个人的理解能力。

通常情况下，参加培训时大家会有深刻的现场感受，但可能两周后就没什么印象了，记忆往往难以保留。为了更好地理解所学的知识和理论，我们必须通过实践来加深理解，并从中总结自己的经验和方法，这个过程被称为"从知识到能力的转换"。知晓理论和转化能力之间横亘着一座喜马拉雅山，而翻越这座山，则需要行动的支持。这也很好地阐释了"70-20-10"人才发展法则的由来。

在人才培养的过程中，需要根据"70-20-10"法则制订个人发展计划，尤其是要重点关注70%部分的计划是否能够得到实施。很多企业可能将精力过多地放在10%的培训上，而这10%恰恰是最容易实现的。20%的人际连接只要企业提供资源和制度的支持，也可以比较容易地实现。相对而言，对70%的安排则需要更多的思考，这就需要人力资源部门拥有强有力的推动力量，要和人员的直属经理进行多次沟通，以确保人才发展计划能够具体地实现，而不是泛泛而谈，或者只是为了应付任务而交差。只有这样，企业才能培养出更多的潜力人才，推动企业不断发展。

二、科学规划，精干赋能

在竞争激烈的商业环境中，企业的成长与发展依赖于拥有一支能够适应变化、驱动创新的人才队伍。高潜人才是企业人才培养中需要特别关注的群体，高潜人才是指具有较高领导力和专业成就潜力的人才。培养高潜人才不仅能够建立稳定的领导梯队，降低员工流失率，还能激发团队士气，传承企业文化。高潜人才是确保企业持续竞争力和实现长期发展的关键。

培养高潜人才是一个长期的、系统性的工程，也是组织实施继任者计划的重要环节。为了提升高潜人才培养的效果，企业可以采取以下措施：

（一）针对不同层级的潜力人员制定发展路径

企业针对不同层级的潜力人员进行甄选，而潜力人员分专业路线和管理路线两种发展方向。因此，企业需要制定不同岗位的专业发展路径和管理发展路径。例如，针对专业路径的发展计划应适用于销售、技术、研发、运营、财务、人力资源等职能部门，以培养各个领域的技术专家。在提高员工专业能力的过程中，应考虑不同岗位的技术要求，并结合企业标准、流程和岗位需求，明确不同岗位所需的专业能力。

与走专业发展路线的人员相比，走管理发展路线的人员发展更加复杂。

管理人员不仅需要有精通某个专业的业务能力，还需要知道：如何设定团队的目标、追踪过程和评估结果；如何进行团队的绩效管理，并及时回顾和复盘绩效；如何通过数据报表看到问题、分析问题和解决问题等等。管理人员要同时具备团队管理能力，无论是首次担任主管还是晋升为经理、总监、副总裁、事业部负责人或CEO，都需要具备不同层级的管理能力。

因此，企业需要明确每个管理层级所需的管理能力。其中，部分管理能力是普适的，放之四海而皆准，如绩效管理、员工发展、战略规划和决策能力等；而另一些能力可能因企业文化的不同而有所差异，比如百胜强调流程管理，腾讯注重创新。

总体来说，管理人员应了解如何搭建团队，选拔和培养骨干员工；如何发展和评估员工，甚至如何裁退员工；如何建设团队文化并加强凝聚力等等。最后，对管理人员而言，最重要的是树立良好的职业道德和价值观。企业应对管理人员设定更高的价值观标准，管理人员应做到以身作则，成为践行组织价值观的榜样。

（二）将高潜人才用在攻坚克难或关键岗位上（应用"70-20-10"法则中的70%）

如何能让高潜人才快速成长？企业管理者可以大胆任用他们担任需要攻坚克难的项目中的负责人或关键人员。在项目执行中，可以锻炼高潜人才的推动能力、执行能力、沟通能力和协作能力，同时也能提升他们不足的能力。另外，将高潜人才放在关键岗位上，高潜人才会面临更大的责任和压力，但压力同时也是动力，能够激发他们的潜能。此外，把人才放在关键岗位，还可以培养高潜人才的系统思维能力、战略能力和决策力。

（三）导师答疑解惑、教练激发潜能（应用"70-20-10"法则中的20%）

在许多企业中，高潜人员通常会得到导师或教练的支持。这两者在组织中发挥着类似的作用，但也有一些区别。它们都可以促进高潜人才的个人发展，提升他们的能力和自信心。然而，在人才发展项目中，导师和教练的角色和重点是不同的，因此对他们的能力和要求也不同。

导师更注重传授专业知识、分享经验和教授实用技巧，帮助学员掌握做业务的方法。而教练则致力于打开被教练者的思维空间，促使他们的思维方式发生转变。

在导师制下，学员是问题的提出者，导师负责解答。而在教练制下，教练则提出问题，被教练者负责回答问题和解决问题。

在方法上，导师通常采用"讲"的方式，他们是引路人，通过沟通、分享和给予建设性的反馈，帮助学员解决问题和成长。而教练则更倾向于采用"问"的方式，引导被教练者自主寻找答案。教练会使用各种工具和方法，如 GROW[①] 模型，来帮助人才发展。例如，教练可以使用 GROW 模型引导被教练者寻找最紧急的目标，以激发他们的积极性并推动他们行动。

在能力要求方面，导师需要具备专业的知识和丰富的实践经验。同时，导师也具备良好的学习能力，紧跟快速变化的世界，不断更新知识体系，将行业最新动态带入组织内部。而教练则需要精通教练技术，包括开启辅导、澄清问题、启发心智、达成共识和确定行动等一系列行为。教练的核心在

---

① Grow 模型，由 Goal（目标）、Reality（现状）、Option（方案）、Will（意愿）四个英文单词的首字母组成，由约翰·惠特默（John Whitmore）在 1992 年提出，现已成为企业教练领域使用最广泛的模型之一。

于通过强有力的提问,激发被教练者的潜能和内在驱动力。

(四)理论学习和培训,提升意识层面(应用"70-20-10"法则中的10%)

在人才发展的过程中,理论学习是不可或缺的一部分,几乎每个企业都会采纳。尽管实践能让人快速成长,但要形成系统性思维并不容易,因此需要借助外部的力量,向高潜人员灌输系统的管理理论和专业知识,这样一来,有助于高潜人才从理论到实践形成一个闭环,不断加深对专业和管理的理解。通过学习提升认知和积累经验,这就会让高潜人员将所学灵活应用在工作中,并在不断反思中获得成就感和价值感。

对于走专业发展路线的人员,可以采用企业内训的方式,让高潜人才担任内部培训讲师,完成相应的讲课内容,以此提升个人的专业能力。还可以安排外部培训,将高潜人才派往专门的大学或机构攻读某个领域的学业课程,或者安排他们参加相关领先行业的技术交流,有计划地选派其到合作单位进行参观学习,从中取长补短,拓宽他们的视野。

对于走管理发展路线的人员,可以外聘机构来进行不同的管理类和领导力类培训,也可将高潜人才送去读MBA(工商管理硕士)或EMBA(高级管理人员工商管理硕士),让他们深造。培训可以选择半脱产或全脱产形式,毕业后报销全部或者部分学费。在入学前需要签订服务协议，在毕业后仍需为公司服务一定的年限，这也是一种常见的做法。

【案例解析】

国内某知名企业成功地结合了"70-20-10"法则的人才发展原则和高潜人才发展策略，推动了他们的人才发展项目。这个项目的目标是在未来的五年内为公司培养能够挑大梁的领军人物，并加强长期的人才储备。

这个五年的人才发展项目每年都会选拔一批高潜人才，每批20至25人，培养周期为三年。对于高潜人才的定义，该公司有着清晰的标准：年轻有为、自我驱动，并能践行企业的价值观。在评估潜力人才上，该企业用的是倍智人才测评（基于国内几百家标杆企业高潜识别项目的成功实践而提炼出的高潜人才模型，如图4-2所示），具体如下：

该人才发展项目的特色还在于"我的发展我做主！"，被选拔出来的高潜人才可以根据自己的喜好和偏爱自主设计自己的发展路径、自主选择匹配的发展方式、自主挑选合适的发展资源、自主设置合适的发展节奏。这四个"自主"极大地激发了高潜人才学习和工作的热情，提高了他们的自我驱动力。

为了提供充足的资源，公司不遗余力，不仅发动内部高管参与，还对接了外部的资源。公司为每一位选拔出来的高

```
是不是有长期发展潜质?          是不是有强烈发展意愿?

情感成熟度 ┈┐                              ┌┈▶ 独立自主
自我学习力 ┈┤      ╭───╮ ╭───╮      ├┈▶ 积极性
多视角思考 ┈┤      │高潜│ │高潜│      ├┈▶ 成就导向
                          │因素│ │驱动力│      ├┈▶ 权力导向
人际敏感性 ┈┘      ╰───╯ ╰───╯      └┈▶ 灵活性
```

图 4-2　倍智的高潜人才模型

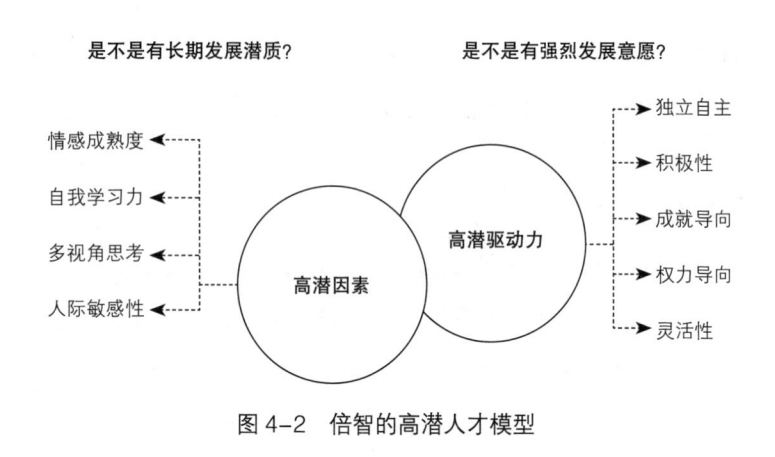

潜人才配备了"指路人（职业保荐人）"，这个指路人可以是直接上级，也可以是外部的教练。公司是高潜人才最好的"练武场"，处处都是显身手的好地方，比如轮岗、门店体验、挑战性项目、内部创业等。与此同时，公司为高潜人才提供了丰富的工具和资源库，如阅读书籍、参与线上线下培训课程、参访标杆企业、加入分享研讨会、接受教练辅导等，既能确保每一位高潜人才掌握理论知识，又能让大家在理论基础上充分结合自己的实际工作，不断在实践中成长起来。

三、如何让培训做得既贴近业务又有新意

许多企业虽然投入了大量的预算用于培训，结果却往往不尽如人意——业务部门对此并不买账，员工的参与度也不

高。为了优化培训效果，企业首先需要将资金用在刀刃上，紧密结合业务需求，使培训内容更接地气。同时，还需要创新培训方式，让培训变得生动有趣，激发员工的好奇心和求知欲，从而使他们主动参与学习。

那怎么做才能既贴近业务又有新意呢？

比如，入职培训是每个企业都会为新员工提供的培训，它不仅让新员工更好地了解企业的宗旨、企业文化、公司环境、制度与政策，以及各部门的职能和运作方式，还让新员工感受到公司对他的欢迎，从而增加他们对公司的融入感和归属感。下面列举两家入职培训做得挺有特色的公司，能够在短时间内让新员工迅速了解公司业务。

【案例解析】

一家是世界500强的餐饮业公司，在新员工加入公司后，会接受短期的入职培训。其中的一项重要内容是，无论员工的职位和级别如何，都需要在餐厅实习一周。这种做法让新员工能够直接面对客户或在厨房帮忙，从而很快了解一线员工的工作环境、工作情况和挑战。这对于那些之前没有接触过餐饮业的新员工来说，能够让他们更加了解餐厅的运作方式和服务流程，同时也能够让他们更好地理解客户的需求和期望。这种贴近业务的入职培训方式，不仅让新员工快速融入企业文化，还能够提高他们的工作适应性和工作效率。尤其是当办公室的员工回到日常的工作中，就能从理解一线餐厅员工的角度出发，制定更贴合客户需求和满足一线餐厅员工需要的政策、体系和工具。

另外一家是世界500强的快速消费品公司，也通过一种有趣的方式组织新员工的入职培训。他们每个月定期组织两次新员工入职培训，其中有一个环节是用分组拼图的形式去了解企业文化，这种方式以小组讨论和表演的形式诠释企业文化，对新员工来说这无疑是有趣且令人印象深刻的。除此之外，新员工在入职之后的两周内，还必须去门店做为期三天的门店促销管理员。这种在实际的业务场景中进行的培训方式，让新员工深入地了解公司的产品和业务，从而更好地完成自己的工作任务。

在这家企业中，新员工的入职培训并不是由人力资源部门进行，而是由老员工执行。那些经常被认为"黔驴技穷"的老员工，实际上不仅熟悉企业的内部资源，具有相关理论知识，还是企业哲学的认同者和实操者。通过与新员工的互动，老员工不仅可以巩固自己的知识和技能，还可以将自己的经验和智慧传承给新员工。这种师徒式的培训方式不仅能够提高新员工的工作效率和质量，还能够促进企业内部知识和技能的传承。

通过以上两家企业的例子可以看出，这两家公司的入职培训都充分考虑了新员工的需求和特点。贴近业务的入职培训可以让新员工深入了解公司的工作流程和文化特点，而有趣且创新的培训方式则能够提高他们的学习积极性和学习效率。这些措施不仅能帮助新员工快速融入和成长，还能够帮助老员工进一步发展。

专业能力培训若想尽可能贴近各职能部门和业务，其关键在于创新和实践。以一家国内金融科技公司为例，他们针对研发中心的培训以分析实际业务和案例为主，公司组织编程小竞赛并在季度会议上进行点评和分享，促进共同学习。同时，公司结合"1024程序员节"，邀请外部行业专家举办圆桌分享会议，主题紧密围绕相关公司业务。对于线上运营团队，他们以运营魔方大会的形式开展季度培训，员工不仅能学习运营知识，还可以针对当前的运营难点集思广益，进行分组讨论，形式多样，新颖有趣。

在进行战略规划和年度规划时，企业通常会聘请外部机构进行沙盘演练，对不同的战略规划做分析和比较，这种多样化的培训形式大大地提高了员工的主动性和参与度。

以管理技能和领导力培训为例，如何做到贴近业务并有新意呢？

管理的理论知识都是通用的，通过网络和相关书籍等公开渠道都能找到很多相关知识，所以企业做管理和领导力培训时，关键是要结合企业内部的实际案例和操作情况，与相关理论结合，使管理人才能够将理论知识应用到公司的实际操作中，从而提升其管理和领导水平。

一种有效的做法是，邀请内部管理者和外部专家分享他们的管理心得和领导感悟，以便公司员工及时了解国际先进的管理技术和信息。

四、人才培养离不开公司良好的土壤

人才培养应该是一个持续、循序渐进的过程，而非一蹴而就，企业需要根据自身发展所处的阶段和战略需求来制订相应的人才培训计划。例如，在创业之初，企业可能需要重点培养营销型人才和技术型人才，以应对企业快速发展的需要。在成长期，企业需要集中培养能够带领销售团队攻城略地和带领开发团队开发新产品的人才。同时，各部门的管理人才也需要成为人才培养的重点，他们需要有效地协调各个部门的工作，提高整体运营效率。在成熟期，企业的人才培养需要朝着复合型、多面化或精细化的方向发展。这意味着企业需要培养能够熟悉多个领域的复合型人才，能够适应各种工作需求并具备较强的专业素养。在转型期，人才的培养通常就需要将重点放在突破型和创新型人才上，这些人才能够为企业带来新的想法和创新，引领团队走向变革，推动企业不断向前发展。

最后，高管的参与和支持是任何人才培养和发展项目中最重要的因素。即使项目设计再好，缺乏高管的参与和支持都会大大降低人才发展项目的效率，甚至难以执行下去。高管需要参与和支持高潜人员的外出培训或者进修，还要将他们放到重要的项目和岗位上，并在日常工作中给予他们反馈和辅导。只有企业内的高管对人才发展都有了高度统一的认识，才能将人力资源部门设计的人才发展项目落地并取得成果。

第四节　大胆用人：在想象中长跑

一、为企业的未来做人才盘点

经过对众多国内外企业的深入观察，笔者发现，那些能够持续成功并实现长久经营的企业，往往更倾向于采用内部晋升制度。要实现这一制度，必须满足以下条件：

1. 员工具备相当的能力，并展现出较高的发展潜力；
2. 员工对企业的文化与价值观高度认同；
3. 企业的管理层具备发展他人的坚定信念，并将其融入日常管理之中；
4. 企业建立完善的员工发展体系和人才发展机制，以帮助员工快速成长；
5. 企业为技术型人才和管理型人才设计清晰的职业发展通道；

6.企业制定透明、公正的晋升制度,确保员工的努力得到应有的回报。

现在,我们知道了企业想要实现战略目标需要什么样的人,以及通过哪些渠道和方式来获得他们。接下来,我们也得非常清晰地知道,此时此刻,在企业内部都有什么样的人在?该用哪些人?该发展哪些员工?想要了解组织人才现状,最常用的工具就是人才盘点。通过盘点来看看现有人才的数量和质量,并对此进行分析。随着人才盘点在外企的流行,越来越多的民企也开始在管理中引入人才盘点,但真正能把人才盘点做好的企业并不多。人才盘点是一项复杂的工作,不仅对 HR 有一定的专业知识和技能要求,同时也需要企业能有良好的氛围和管理机制。

二、人才盘点的维度、流程、输出结果和工具

人才盘点是一个系统性工程,也体现着企业的人才管理理念,因此盘前、盘中、盘后都有大量的工作需要做。一般而言,企业需要制定完善的人才盘点机制,包括频次、时间、范围、流程、工具、决策人、内容、输出结果和结果运用等。在盘点前需要整理人才的差距分析,为盘点提供数据支撑。

个人层面的人才盘点数据包括人员过往的绩效评估、个人信息表、能力评估表、潜力测评等。人才差距分析是基于

业务战略分析而推导出企业所需人才和现有人才之间的差距，包括人才的质量差距和数量差距。盘点中，根据企业的需要和组织架构，组织不同级别的人才盘点会议，这些人才盘点会议包括部门级别、事业部级别、总部/集团级别等。如是全球性公司，还会涉及国家级、大区级的会议。最后，输出人才盘点结果，根据盘点结果跟进措施和实施建议，由 HRBP 支持业务战略的落地和执行。

在人才盘点中，可盘点的维度比较多，如价值观、绩效、能力、潜力、岗位匹配度、个人稳定性（离职风险）、健康风险和年龄等。但我们很难在一次盘点中考虑所有维度，那会是一个庞杂的多维度系统，而且很难有一个盘点工具可以包罗它们。通常，我们使用人才盘点九宫格工具（如图 4-4 所示）来盘点人才，如果需要盘点更多的维度，可以在九宫格的基础上，叠加其他评估工具。

【案例解析】

某家全球知名消费品公司的人才盘点流程十分完善，他们非常注重人才的培养和发展，在非常早的时期就引入了人才盘点和人才发展体系，使得这家公司成了业界的黄埔军校，以其出色的内部培养机制而享有盛誉。公司内部人才济济，几乎可以满足公司对各层级人才的储备要求，因此公司内部很少通过外部招聘来补充管理人员。通过严格的盘点流程（见表 4-1），公司能够及时了解员工的表现和潜力,并为员工提供个性化的发展支持。这使该公司能够保持自身的竞争力和领先地位,在全球范围内持续发展壮大。

人才盘点会议是该公司推动人才发展的重要环节,人力资源部门为此专门设计了一套系统化的人才盘点会议流程,可供总监、副总裁、各国家总裁等级别的会议使用。这一套清晰的标准化人才盘点操作流程,可以帮助公司游刃有余地组织和推进人才盘点工作。从职能部门经理层级的人才盘点会议来看人才盘点的操作流程,以此类推,这套操作流程可以同样复制于其他级别的人才盘点讨论会。

表4-1 人才盘点操作流程

时间	步骤	行动机会	工具表	说明
盘点前	1	和部门总监预约盘点会议		
	2	和部门总监宣导人才盘点的基本概念和相关重要定义		
	3	收集每个经理人员的每个绩效目标完成情况	绩效汇总表	
	4	针对每个经理,做出对应的九宫格位置(建议)	九宫格	
	5	汇总该职能部门的所有经理的九宫格位置(建议)		
	6	对各总监提名的潜力人才做潜力测试("潜力总监人员"和"潜力经理人员")	潜力测试	潜力测试反馈报告

续表

时间	步骤	行动机会	工具表	说明
盘点前	7	完成每个经理的个人信息表	个人信息表	
	8	准备人才盘点会议的PPT		
	9	敲定并邀请相关总监参加人才盘点会议		
盘点中	1	介绍人才盘点的意义、基本概念和相关重要定义	PPT	
	2	介绍会议议程和相关纪律,并下发绩效汇总表、个人信息表和提名人员潜力测试反馈报告		·每个与会人员都要参与的讨论 ·会议内容保密
	3	从⑨格的员工开始讨论		·花一点时间介绍"做了什么"和"如何做" ·鼓励每个总监都参与讨论并达成共识 ·可参考：图4-4人才盘点九宫格
	4	然后讨论⑧格的员工		
	5	继续讨论⑥格的员工		
	6	让与会人员看一下⑤格的员工,看看是否感到有不对的地方,以及为什么		
	7	看②③④⑦格的员工,是否觉得他们的名字摆放错误		
	8	最后看①格的员工,确定他们是否在绩效和行为上都表现不如人意		
		休息		
	9	对关键人才和潜力人才达成共识		·"关键人才及潜力人才"和"关键岗位"的定义 ·鼓励每个总监都参与讨论达成共识
	10	对职能部门的关键岗位达成共识		

续表

时间	步骤	行动机会	工具表	说明
盘点中	11	讨论新提名的"潜力人员名单"及"晋升准确情况"以及未来晋升岗位等，达成共识	潜力人员提名表	针对"潜力总监"人员
	12	检查"关键人才"和"关键岗位"的匹配度	人才地图	·如果不是关键人才，则讨论如何把哪位关键人才放到关键岗位上 ·聚焦在未来12个月内将被调动的关键人才
	13	讨论内部轮调、跨部门轮调和海外轮调的机会		针对经理人员
	14	经理人员整体异动一览		可做未来2年的员工异动计划，但应聚焦在未来12个月
	15	关键人才的留任风险评估	人才留任风险评估表	聚焦留任风险大的关键人才
	16	讨论新提名的"潜力人员名单"及"晋升准确情况"以及未来晋升岗位等，达成共识	潜力人员提名表	针对"潜力经理"人员
	17	经理人员继任者讨论		针对未来晋升和轮调的经理人员
	18	确定未来12个月的外部招聘计划		针对经理人员

续表

时间	步骤	行动机会	工具表	说明
盘点后	1	介绍根据九宫格排列,对应的"任用与发展"与"薪酬激励"		
	2	跟进"关键人才"的个人发展计划(IDP)	个人发展计划	委以重任,提升能力
	3	跟进②④格子员工的绩效及行为表现		观察表现,给予帮助
	4	跟进①格子员工的退出执行		坚决淘汰
	5	跟进③⑤⑦格子员工的绩效反馈		稳定军心
	6	跟进"薪酬九宫格",给到员工合适的激励和认可		

除了操作流程之外,该公司对人才盘点的输出结果也做了统一,如图4-3所示。

然后,该公司所用的主要人才盘点工具主要有九宫格、高潜人才列表、人才地图等。

1. 九宫格

九宫格工具是一种常用的人才分类和评估方式。它将人才按照潜力、绩效的高中低等不同的维度划分为九类,从而更清晰地了解和评估人才的不同维度和特点,有助于合理安排人才的岗位分工和激励培养,并为企业的人才发展和战略

```
准备数据 → 九宫格 → 高潜人才名单 → 人才地图
              关键人才名单   （关键岗位和关键
                            人才匹配）
                                ↓
团队整体异动 ← 内部流动机会和 ← 高潜人才发展规划
概况图       其他新增岗位     关键人才发展计划
                             （IDP）
    ↓
关键岗位    → 高潜人才和关键 → 后续行动机会
继任计划      人才留任风险评    其他事宜
             估表
```

图 4-3 人才盘点的输出结果

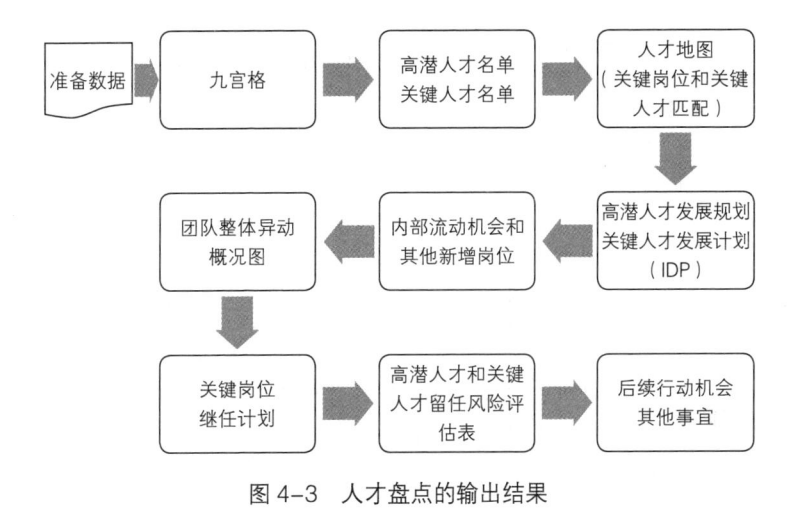

决策提供参考依据。

在实施过程中，企业不仅仅宣导将员工正确地填入相应的位置这一点，更加重要的是，它要求整个组织不断持续提高标准。如何理解呢？如图4-4所示，假设今天组织的起点在图中①格的左下端，表示企业在某个方面的能力和水平，而未来企业的发展起点会不断向上移动，可能会在⑤格的左下端。这种移动起点的过程，可以理解为企业不断努力提高自身能力和水平的过程。它要求企业不满足于目前的状态，而是追求更高的标准和更好的表现。只有通过持续地努力和持续地提高，企业才能够真正打造自身的组织能力，为企业的发展提供助力。因此，企业不仅仅是将员工正确地填入相应

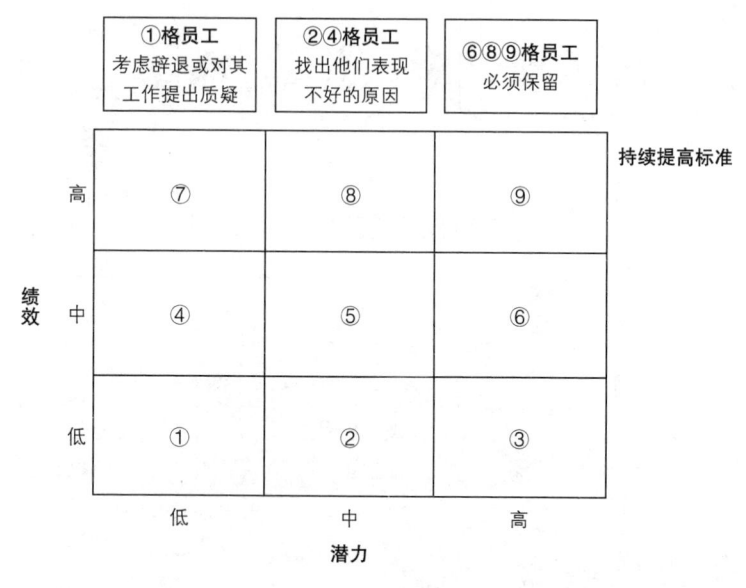

	①格员工 考虑辞退或对其 工作提出质疑	②④格员工 找出他们表现 不好的原因	⑥⑧⑨格员工 必须保留	
				持续提高标准
高	⑦	⑧	⑨	
中	④	⑤	⑥	
低	①	②	③	
	低	中	高	

绩效（纵轴） 潜力（横轴）

图 4-4　人才盘点九宫格

的位置，更加重要的是建立并不断提高自身的组织能力，来促进企业的发展并实现长期的成功。

2. 高潜人才列表

在九宫格中，高潜人才通常对应⑥⑧⑨格子里面的员工。然而，这并不意味着这三个格子内的所有员工都是高潜人才，其中可能包括高绩效员工。公司需要建立一套针对高潜人员的标准用于准确识别高潜人才。通过维护和更新高潜人才列表，公司可以更好地识别和管理这些关键人才的发展。

3. 人才地图（关键岗位和关键人才匹配图）

人才地图是一种将关键岗位和关键人员进行匹配的工具，通过绘制关键岗位和关键人员的匹配图，组织可以清晰地了解当前人才资源的布局和匹配情况，并有针对性地进行人才管理和培养。

如何识别一个企业的关键岗位？以下三个要点可以帮助读者确定关键岗位，对这些岗位的识别和培养将对公司的持续发展起到至关重要的作用：

（1）岗位对公司业务影响重大：这些关键岗位会对企业的收入、利润、市场份额或增长业绩产生重大影响。这些岗位通常拥有关键的决策责任和权限，能够直接影响企业的财务损益，并与关键客户或消费者群体有密切的绩效关联。

（2）岗位对公司未来发展有直接影响：这些关键岗位在制定公司的战略方向上扮演了至关重要的角色，并对企业的核心能力发展有决定性影响。这些岗位通常需要具备前瞻性视野和战略性思维，以确保企业在竞争环境中保持领先地位。

（3）岗位具有稀缺性和不可代替性：这些关键岗位上的人才具备独特的能力和表现，对企业的成功有重大影响。在这些岗位上，更多的人才将推动企业在市场竞争中取得优势。

关键人才的识别相对简单，通常对应的是九宫格的⑥⑧⑨格子内的人员。在进行人才盘点时，通过综合考虑高潜或关键人才的稳定性，我们可以做出更准确的人才选用和培养决策。这可以通过使用不同维度的量表来实现,以评估个人在稳定性方面的表现,从而更好地发掘和留住关键人才。

三、人才盘点的实施要点

(一)建立统一的语言和标准

人才盘点的首要任务就是建立统一的语言和标准来确保人才盘点的公正性和准确性。统一的语言可以避免因为理解差异而导致的误解和混淆。不同部门和管理人员对于人才的定义和要求可能存在差异,如果没有统一的语言,就很难进行有效的沟通和交流,影响了人才盘点的精确性。如果每个管理人员都有自己的评估标准,就容易产生偏见和不公平。统一的标准可以减少了主观因素的干扰,使评估结果更加客观和准确。

(二)用人才委员会/校准会议纠偏绩效评估

绩效评估是组织管理中非常重要的环节,但同时也存在着一些误差。绩效评估是通过人(主管)对人(下属)进行的评估,即便再三强调绩效评估应以事实为依据,但依然会有主观意志的存在。要避免这些误差,可以采取以下措施:培训管理人员,加强他们对绩效评估的认知和理解,引导他们设立正确的目标和并避免误差;通过绩效校准会议纠偏,由于以上种种可能存在的偏差，直属主管的评估结果需要被进一步校准，以减少个人偏见。绩效校准会议才是保证绩效考核公平公正的关键。这些措施能够提高绩效评估的准确性和公正性。

（三）识别潜力和潜力测评

绩效评估需要综合考虑业务数据、个人表现等多个因素，该项评估基于员工在评估周期内的实际表现，比较容易达成共识。而确定和评估一个人的潜力却并不容易。潜力，是预测一个人在未来取得高绩效的可能性，是一个比较抽象的概念。企业需要明确定义潜力的标准。不同企业可能有不同的业务需求和发展方向，因此对于潜力的要求也会有所不同。企业可以根据自身的需求和发展目标，制定一套符合企业情况的潜力评估标准。

就像企业通过行为面试法用员工过去的行为来预测将来的行为一样，潜力的评估也是需要排除非主观和偶然性因素，把产生出高绩效的原因回归到行为（能力）层面，从而归纳总结出一些特质，并基于特质的延续性，推测出未来成功的可能性。潜力评估虽然具有一定的困难和争议，但通过科学的方法和有效的评估工具，结合企业的实际情况和需求，可以更加准确地评估和发现员工的潜力。

经过多年的实践，市场上成熟科学的潜力测评工具也比较多，透过现象看本质，我们会发现，不同的工具背后所评估的要素大多是相通的。这里列举几个常见的工具模型：

学习敏锐度测评模型（Learning Agility）：学习敏锐度模型是光辉国际提出的一种测评模型，用于评估个体在学习和应用新知识时的能力。这个模型分为五个维度，分别是人际、变革、结果、心智和自我认知。

JDI［Judge（判断力）、Drive（推动力）、Influence（影响力）］模型：JDI模型主要从判断力、推动力和影响力三个维度进行评估，每个维度又包含三个细分子维度。在判断力维度，考察的是个人的逻辑思维能力、分析问题能力和决策能力；在推动力维度，考察的是个人的积极性、行动力和目标导向性；在影响力这个维度下，考察的是个人的沟通能力、领导能力和团队合作能力。

八大能力评估体系：由美国著名发展心理学家、哈佛大学教授霍华德·加德纳博士（Howard Gardner）提出的多元智能理论发展而来。这八大能力分别是：心智与习惯、分析和创造力、沟通能力、领导力及团队合作能力、信息技术及数理能力、适应性与探索能力、决策能力和全球视野。

高潜人才和高绩效员工是两个不同的概念。高绩效员工是指在业绩表现上明显突出的员工，而高潜人才可能在绩效方面与其他同级员工相当，但却具有未来可期的潜力。总结起来，高潜人才是那些在职业发展中超越绝大多数人、走得更远更快的人才。

高潜人才的定义有两个层面：速度和高度。在速度方面，高潜人才用比别人更短的时间就可以达到更高的位置，个人成长的速度也会更快。在高度方面，高潜人才职业发展的天花板更高，有能力突破职业层级限制，进一步提升职位。

一项统计数据表明，仅有29%的高绩效员工同时是高潜人才，而93%的高潜人才会取得高绩效，[①]这在一定程度上也说明了高潜人才和高绩效员工的关系。

四、人才盘点必须加上"组织盘点"才有意义

对许多企业来说，人才盘点已经成为日常工作中不可或缺的一部分。然而，如果只进行人才盘点而忽略了组织盘点，那么这样的盘点可能只会产生片面的结果，无法满足企业对业务发展的需求。人力资源部门的职责在于满足业务需求，并推动业务发展，解决组织和人才方面的问题。因此，在进行人才盘点时，必须要结合组织盘点，以实现战略的有效实施和对业务部门的全面支撑。

组织盘点包括对企业整体的组织架构、层级分布、人员结构分布、学历分布、年龄分布、司龄分布和人才整体流动

---

① 张谷雄.发掘高潜人才的两把金钥匙［J］.哈佛商业评论，2018（7）：130-133.

情况的评估。这些方面是企业在做人才盘点时可能会忽略的部分，但它们对整个系统和未来发展却有着重要的影响。

在进行人才盘点时，只有结合组织盘点，才能更好地了解企业的战略目标和业务发展方向，明确人才的需求和发展方向。这样不仅可以提高人才盘点的准确性和有效性，还可以帮助企业制定更具前瞻性和指导性的人才战略。通过优化组织架构、了解员工队伍的特点和需求、明确人才发展方向等措施，企业可以打造从战略到组织能力的闭环管理，减少"自嗨式"的人才举措，为组织的长期健康发展奠定坚实的基础。

五、以战代练，大胆任用

在竞争激烈的市场环境中，企业要实现持续增长，关键在于其能否有效地管理和利用人才。高潜人才作为企业的重要资产，需要得到更多的关注和发展机会。传统的人才发展方式已经无法满足现代企业的需求。因此，从人才培养的"70-20-10"法则来看，采用"以战代练"的方式，将育人和用人相结合，已经成为主流的人才发展模式。

"以战代练"是指以任务为出发点，将学习和实践紧密结合，使高潜人才在实践中不断成长。这样的模式缩短了企业育人和用人之间的时间差，使高潜人才能够在最短的时间内适应企业的需求，并为企业做贡献。

为了更好地实施"以战代练",企业需要采取多种方式。首先,可以将高潜人才放在关键岗位或者安排其轮岗,让他们在不同的岗位上获得实践经验和技能。其次,可以安排高潜人才参与具有挑战性或是跨部门的项目,锻炼他们的团队合作能力和解决问题的能力。此外,还可以通过到分/子公司挂职,甚至安排他们去供应商或合作生态圈企业任职等方式,拓宽高潜人才的视野和经验。

大胆任用高潜人才是企业在发展过程中必须要采取的策略。然而,在实践中,许多企业在安排高潜人才的"以战代练"项目时面临挑战。一些管理者可能会以没有可接替的人为由,或者以可能出现业务下滑或是影响运营为由,拒绝放人。为了解决这一问题,企业要对管理者进行不断地培训和教育,让他们认识到培养人才和发展人才的重要性。同时,企业还需要制定相关的政策和制度,为高潜人才的发展提供支持和保障。

在发展和任用高潜人才时,企业要给予他们必要的支持。高潜人才的"以战代练"项目或任务,代表了企业对这些有潜力但还未有经验的生手的高度信任。为了支持项目或任务的成功交付,降低企业运营的风险,教练或导师的支持至关重要。他们可以提供指导和建议,帮助高潜人才克服困难并迅速成长。此外,外部教练可以从企业的视角客观地观察并反馈高潜人才的表现,为企业在高潜人才的考察和评估上提出建议。

六、持续进化的员工发展体系和机制

人才发展体系的建立是为了在不断变化的市场和竞争环境下,维护人才队伍的活力,确保企业的长期竞争力和人才的可持续发展。继任者计划是人才发展体系的重要组成部分,它重视关键少数岗位的人才储备和培养,是为企业未来做提前规划。通过继任者计划,企业可以确保关键岗位由具备适当能力和经验的人员接替,同时也为潜在领导者提供成长和发展的平台,为企业的长远发展打下坚实的基础。

继任者计划涉及人才的识别、培养和评估。通过人才盘点确定潜在的管理人员和关键技术岗位继任者,然后设计具体的培养方案与评估机制。人力资源部门需与相关部门合作,确保培养目标的实现。此外,将继任培养纳入考核体系,特别是高管层面,以推动员工发展和跨部门流动,使员工成长超越口号,成为组织发展的现实。

首先,通过人才盘点确定潜在的管理人员和关键技术岗位继任者。这一步可以和人才盘点同时进行;在确定想要培养的人才后,人力资源部门可以发起继任者计划,经过企业特定的维度识别出来的潜在的管理人员和关键技术岗位的继任者,这些高潜人才将参与继任计划,并接受相应的培养。

接下来需要为继任者设计具体的培养方案,并设定评估机制。包括培训课程、实践项目、导师制度等。培养方案应由人力资源部门与相关部门共同设计和实施，并确定培养周期和阶段性评估机制。同时，要明确人才培养的目标和结果，以确保继任者未来能够胜任职位并为组织做出贡献。在培养过程中，如果出现任何问题，人力资源部门应积极介入，并为部门提供相应的解决方案。企业需要为继任者计划的实施过程和结果制定相关的机制和流程，如继任者选拔标准、培养计划的管理和跟踪等。

此外，将继任者培养纳入考核体系，这一做法在体系化建设相对专业的大型企业中尤为明显。除了关注员工发展体系的建设，还要推动高管助力员工发展，以推动员工发展和跨部门流动，使员工成长超越口号，成为组织发展的现实。

不是每一位员工都会成为继任者，在继任者计划之外的一般员工同样需要制定相应的发展策略，以帮助他们提升技能、拓宽职业道路，并提高整体工作满意度和组织忠诚度。通过这样的发展策略，企业能够激发员工的潜能，增强团队实力，并培养出更多的内部人才。

笔者依然以上面案例中的那家全球知名的消费品公司为例，该公司制定了一项基于九宫格的全员发展路径（如图4-5所示），针对不同格子象限，赋予了员工不同的发展和辅导重点。此举旨在确保企业中的每个员工都能不断提高自己的绩效标准和行为标准，持续取得进步。

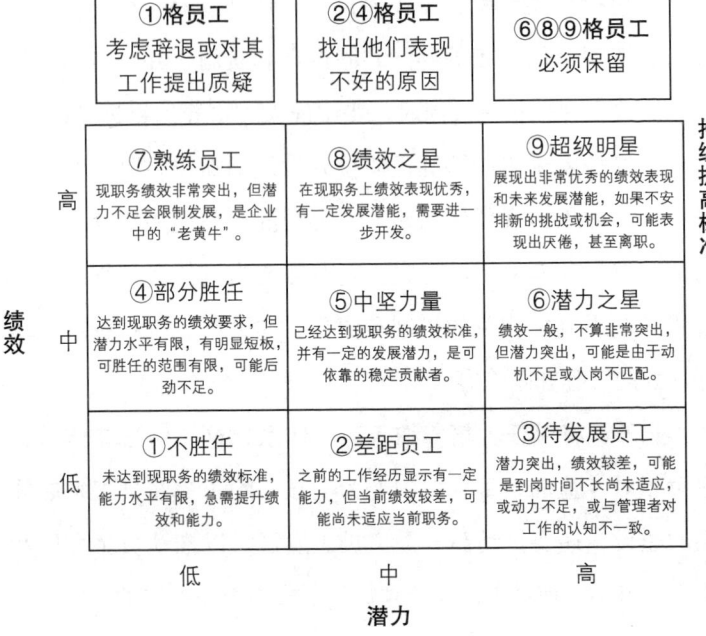

	低	中	高
	①格员工 考虑辞退或对其工作提出质疑	②④格员工 找出他们表现不好的原因	⑥⑧⑨格员工 必须保留
高	⑦熟练员工 现职务绩效非常突出，但潜力不足会限制发展，是企业中的"老黄牛"。	⑧绩效之星 在现职务上绩效表现优秀，有一定发展潜能，需要进一步开发。	⑨超级明星 展现出非常优秀的绩效表现和未来发展潜能，如果不安于新的挑战或机会，可能表现出厌倦，甚至离职。
中	④部分胜任 达到现职务的绩效要求，但潜力水平有限，有明显短板，可胜任的范围有限，可能后劲不足。	⑤中坚力量 已经达到现职务的绩效标准，并有一定的发展潜力，是可依靠的稳定贡献者。	⑥潜力之星 绩效一般，不算非常突出，但潜力突出，可能是由于动机不足或人岗不匹配。
低	①不胜任 未达到现职务的绩效标准，能力水平有限，急需提升绩效和能力。	②差距员工 之前的工作经历显示有一定能力，但当前绩效较差，可能尚未适应当前职务。	③待发展员工 潜力突出，绩效较差，可能是到岗时间不长尚未适应，或动力不足，或与管理者对工作的认知不一致。

绩效 ↑　　潜力 →　　持续提高标准

图 4-5　全员发展路径图

为了实现员工的个性化职业规划和发展，该公司采用了个人发展计划（Individual Development Plan，简称 IDP），通过明确员工的发展目标、培养需求和行动计划，帮助员工提升自己的能力和潜力，进而推动其职业生涯的进一步发展。

有效的人才发展机制可以保障人才发展体系的落地。人才发展机制应该包括明确的政策、原则，如内部流动政策、轮调政策、竞聘政策、晋升政策等。制定这些政策并不困难，困难的是如何让这些机制落地。

设计清晰的职业发展通道是构建有效人才发展机制的关键组成部分。无论员工是技术型人才还是管理型人才，一个明确的职业发展通道都可以帮助员工理解他们在组织中的成长和晋升路径，从而激励他们为达到个人和组织的目标而努力工作。

最后谈谈晋升机制的重要性。晋升机制对个人和组织都具有极其重要的意义。对一个有抱负的员工来说，晋升不只是对他们工作的认可和激励，更是他前进的方向和动力。对组织而言，晋升内部员工会传递积极的信号，不仅能解决组织人员空缺的问题，还能增强组织的凝聚力和向心力，这是一个双赢的局面。因此，晋升制度必须公开、透明以确保公平。如果一个没有能力的人被晋升了，可能会大大影响其他员工的士气。如果组织错误地提拔了一个不称职的员工到领导者的位置上，可能会出现"将熊熊一窝"的情况，这将对组织的进步和发展产生负面影响。

员工发展体系应根据实施情况不断保持进化，而人才发展体系须是一个充满活力的机制，只有这样才能不断挖掘和提升员工的潜力。

第五节　人才保留：在凝聚中加强归属感

在当今竞争日益激烈的商业环境中，企业的成功与否很大程度上取决于人才队伍的实力和稳定性。一个拥有强大团队和核心人才的企业，能够快速适应市场变化，并不断提高自身的竞争力。因此，如何留住人才已经成为管理者们关注的焦点。

一、员工为什么会流失？

员工流失率是衡量企业经营和管理水平的重要参考指标之一。过高的员工流失率会给企业运营带来诸多问题，例如人员不稳定、业务连续性受到影响、培训成本增加等。相反，员工流失率过低则可能说明企业内部缺乏活力和创新。因此，一个优秀的企业应该控制人员流失率在一个合理的比例上。一般来说，合适的员工流失率应该综合参考行业标准、竞争对手情况以及具体岗位的需求等因素来确定。

为了留住人才，许多企业尝试了各种方法，但有时结果并不尽如人意。有管理者认为员工流失的主要原因有两个：一是钱没给到位，二是心里受委屈了。首先，对于"钱没给到位"的问题，一些公司会选择直接用加薪来挽留员工。然而，这可能只是暂时的解决办法。如果员工对下次的加薪不满意或外部市场能提供更好的机会，员工可能会选择离开。因此，仅仅依靠金钱并不是长期留下员工的可靠策略。

另一方面，"心里受委屈了"是一个更复杂的问题。每个员工感到委屈的原因可能各不相同，要解决这个问题，管理者需要了解员工的需求和关注点，并采取有针对性的举措来满足他们的需求。

那么，如何做好人才的保留呢？提高员工的敬业度和忠诚度是关键。如果一家企业的员工表现出较高的敬业度和忠诚度，那么这家企业的员工保留率相对较高，离职率相对较低。

拥有高敬业度和忠诚度的企业，员工一般会呈现出"3S"的状态：

Stay（留）：拥有希望长期留在公司的强烈愿望。

Say（说）：始终积极正向地与同事、潜在员工以及当前或潜在客户谈论公司。

Strive（做）：愿意付出额外的努力，敬业地工作，以此帮助公司取得成功。

为了保留人才并提高其敬业度和忠诚度，企业可以从多个方面采取改进措施，这些措施包括提供良好的职业发展规划、营造开放的企业文化、完善的管理制度以及提供有竞争力的薪酬福利等，这些都会起到积极的作用。

员工离职原因一般可以归类为个人发展、家庭等原因，但有时很难找出具体的真实原因。许多企业会跟离职员工进行离职面谈，但其有效性并不高。其中一个原因是人力资源工作者在面谈时可能缺乏技巧，出现敷衍塞责的情况，或是没有与员工建立起信任关系，沟通不到位，因此往往没有真正了解员工离职背后的真实原因。很多时候，员工离职与企业文化不合拍、组织缺乏透明度、员工不理解战略、员工与直接经理之间存在冲突等有关，这导致了员工对企业的信任度降低，员工不愿意继续留在组织里。

二、留住核心人才，永葆组织活力的源泉

开放的企业文化、完善的管理机制、有竞争力的薪酬福利以及公开透明的沟通氛围都对保留员工起着积极的作用。

为了更好地保留核心人才，除了以上提到的内容，还需要考虑以下五个层面：

（一）提供强烈的工作成就感和满意感：员工需要明确知道自己的工作是否有意义，是否与企业的战略连接，对公司

和个人的价值和意义是什么,以及是否具有挑战性。

(二)提供良好的职业发展规划和前景:企业应该给员工提供清晰的职业发展规划,让员工知道在未来3—5年内在企业的发展路径是什么,并且让员工相信这些规划能够实现。企业还应该关注员工的职业发展,上级和HR应该与员工保持定期沟通。此外,企业应该提供支持员工在职业上更上一层楼的机制和制度,例如导师制、个人教练。

(三)提供有吸引力的薪酬福利政策:企业在薪酬福利方面应该有针对核心人才的保留机制。例如,企业可以提供"金手铐",资助员工读高级学位如MBA、EMBA、制定股票/期权激励计划、为高潜人才提供保留奖金和商业医疗等,以起到保留核心人才的作用。

(四)营造简单高效的工作氛围:企业的核心业务流程应该简单高效,沟通应该透明公开。上级应该经常和员工一起回顾业绩和流程,并给予员工相应的支持和帮助。企业应该能够实时审查和改进所谓的官僚主义问题,重视流程简化和流程再造。企业的管理层和员工都应该聚焦在"做对事情,做好事情"上,而非花时间在"溜须拍马,讨好上司"上。

(五)建立良好的人际关系网络:在部门内部,员工应该有良好的人际关系,团队应该支持员工的工作。在跨部门合作方面,企业应该倡导良好的团结协作精神。员工应该能够毫无顾忌地表达自己的观点。当需要帮助时,同事应该能够及时提供帮助。员工和上级之间应该能够保持良好的沟通，有时候也可以聊家人和人生的话题。

【案例解析】

一家世界500强制药企业曾经经历了内部经理级别员工离职率较高的艰难时期，为了针对性地解决这个问题，他们采取了以下措施：

首先，他们深入了解经理级别员工离职的真正原因以及留住人才所面临的关键挑战。为了获得离职员工的反馈和建议，人力资源部门对所有自愿离职的员工进行了离职面谈，并邀请第三方采访已离开公司的人员，以验证离职的真正原因并收集有关保留计划的建议。通过系统性地梳理这些员工的离职反馈，人力资源部门对员工为什么要走和为什么要留下来有了更深入的了解。

其次，他们设定了员工保留目标，并让领导者和管理者为此负责。在制订任何计划之前，他们给团队设立了员工保留的目标，并让所有团队朝着这个目标努力。他们将员工离职率作为一项关键绩效指标，并将其纳入公司和职能计分卡中，以便所有领导都对离职率结果负责。此外，他们还将员工保留与奖励和激励措施联系起来，以鼓励团队更好地实现员工保留目标。

最后，他们为降低经理级别员工离职率量身定制了解决方案。销售、市场营销和研发部门的经理与人力资源部门合作，共同制订明确的保留行动计划，以解决任何潜在的问题，弥补差距。

该公司的人力资源部门创建了一套系统的员工保留模型（如图4-6所示）来管理和提升员工保留率，这个模型涵盖了7个维度：员工价值主张、招聘、工作生活平衡、人才培养和发展、工作、职业发展、激励和认可。基于这套模型，结合

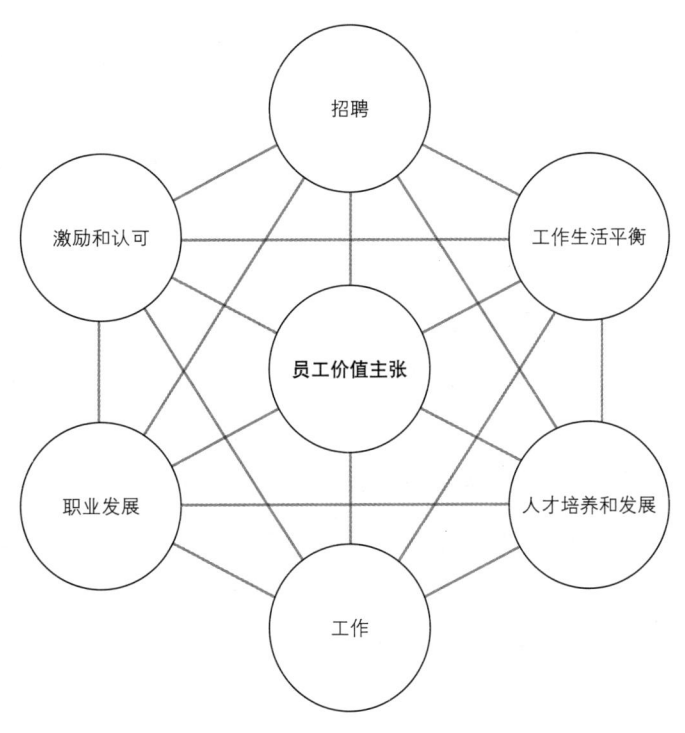

图 4-6 员工保留模型

员工离职原因，该公司推出了一系列关键举措来保留人才。

公司一方面致力于建立结果导向的制胜文化，另一方面注重以人为本，推崇关爱文化，让员工在工作中获得较高的成就感，以期打造优秀的雇主品牌和激发较高的员工敬业度。

在招聘过程中，除了应具备的岗位技能外，公司更注重候选人与公司的文化匹配度。

公司重视培养管理者，期望管理者能更好地领导团队并与团队建立信任，如部署教练/领导力/经理能力建设计划。在离职率较高的销售经理团队中开展辅导活动，赋予一线销售经理更多的决策权力。此外，公司还引入了"最佳直线经理奖"，为所有经理树立榜样。为了更好地指导直线经理，公司推出了"员工保留"指南，并与管理层分享"员工保留"的最佳实践。另外，公司还分享了如何与Y世代员工合作，并开启员工保留访谈。

在薪酬福利方面，该公司提供有吸引力和竞争力的薪酬福利和工作环境。公司率先推出了员工弹性福利和补充养老金计划，成为跨国制药公司纷纷学习的榜样。与此同时，公司加大优秀员工的薪酬竞争力，为关键管理人才和高潜人才提供保留计划，并对一定级别的员工提供股权激励计划。此外，该公司也在行业内率先推出弹性工作制，极大地提升了员工的满意度。

在职业发展方面，该公司为员工提供有意义和有竞争力的职业发展机会。职位的内部晋升比例远高于主要竞争对手和中国最佳雇主的平均水平。公司为经理级别员工创建了两个职业阶梯（管理发展通道和专业发展通道），让公司在留住和吸引人才方面变得更具竞争力。该公司还为员工提供职业发展相关培训，来帮助员工更好地拓宽职业发展的视野。

人力资源部每月都会跟踪公司和职能部门的人员流动状况与趋势，在定期的会议上与主要领导和管理层分享这些信息，管理层会根据离职趋势制订相应的后续行动计划。

经过一年的努力，该公司经理级别以上的离职率显著降低。同时，该公司也成为行业内的"最佳雇主"，业绩蒸蒸日上。

这个世界500强制药公司的成功案例，展示了如何系统地、全面地看待和解决员工保留的问题，这个系统性的方案可以被概括为——短期利益、长期价值、文化牵引。在短期内，需要设计出与员工利益密切相关的薪酬福利计划，以增强员工的满足感；从长期来看，需要规划员工的职业发展和成长，让员工感受到成就感和价值感；同时，还要打造强有力的文化，让员工有自豪感和归属感。

本章小结

在本章，我们了解了人才战略是组织为实现长期目标而制订的一套系统性计划，从人才数量、质量和人才管理这三个维度为企业的战略落地提供了人才保障。人才战略确保了组织拥有合适的人才来应对当前和未来的挑战。

人才战略始于人才需求分析，包括分析企业中人才的数量、质量和结构，并根据战略目标预测未来的人才数量和质量。在设定了清晰且具体的选人标准后，就需要制定有效的招聘策略和计划，确保企业能吸引到合适的人才。适能适用是实施人才策略的关键。同时，企业还应建立完善的人才评估、培养、发展和人才梯队建设机制，把有潜力的人才放到重要的岗位上锻炼。

及时吸引所需的外部人才、稳定内部的关键人才，才会让一个企业不断向前发展。

最后，企业应创造良好的工作氛围，提升员工的归属感，切实做好员工保留工作，尤其是要保留关键人才。

■ 思考题

1. 企业的人才战略如何有效支撑业务战略，并形成闭环管理？
2. 结合现有企业的发展特点，企业的用人标准是什么？对应的人才画像是什么？
3. 人才盘点的过程中，可能会碰到的阻碍有哪些？如何解决？
4. 在有限的资源和人力情况下，如何做好人才发展和人才储备计划？有哪些流程和机制需要适时出台？
5. 如何让业务高管认识到人才发展的重要性，从而更积极主动地落实人才发展项目？
6. 有什么样的机制和工具可以留住核心人才？

第五章

创建高效组织

使命、愿景、价值观

人力资源战略

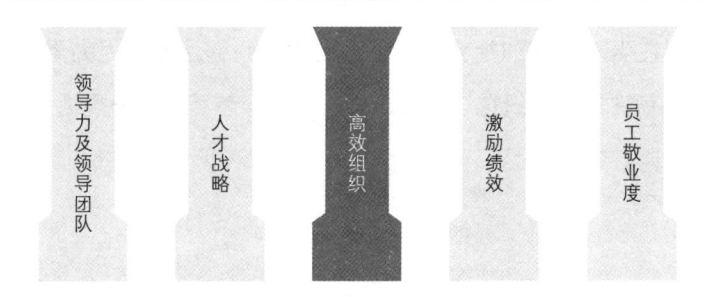

| 领导力及领导团队 | 人才战略 | 高效组织 | 激励绩效 | 员工敬业度 |

人力资源专业能力和职业发展

打造高效组织是企业取得成功的关键之一。每一个高效组织，都必然有其显著特征，组织设计是高效组织最基本也是最重要的开端，组织有不同模式，但不论哪种模式，都需要匹配战略和业务，还必须符合组织当下的员工结构、员工能力以及文化特性。

组织诊断可以帮助企业系统地找出组织中的问题，并解决它们，从而让组织变得更高效。

组织盘点可以帮助企业上承战略，下接人才，组织盘点必须与人才盘点有效结合，才可以更好地打造敏捷的组织，赋能业务。

提升组织效能，是组织永恒的话题。组织效能的提升，不是一点一面，它需要系统的思考，需要聚焦在组织能力建设上，同时关注组织的团队协作，让组织的效能获得进一步的放大和凸显。

在当下多变的社会形态下，构建组织韧性变得尤为重要，组织韧性是让组织得以生存、发展以及穿越组织生命周期的不二法则。

第一节　组织设计要和战略匹配

一、企业组织是一个有机的系统

企业组织是一个有机的系统，由组织架构、权责（岗位和分工）、流程、机制、员工和文化等要素构成。组织架构是企业的基本组织形式；权责类似于肌肉，丰满着组织的形态；流程类似于人体的血脉，是企业管理和运营的程序和原则；机制则是企业运转和发展的基础，类似于人体的经络系统；员工相当于一个机体的躯干，支撑着整个组织的骨架；而文化则相当于人体的神经系统，指挥着这个系统的工作和运营方式。

组织设计的目标在于以一种有效且合适的方式连接起组织的各种要素，使其能够高效运行。组织设计并非简单地设计组织架构，它涉及的内容非常广泛，包括梳理主要业务流程、科学地设立组织架构和岗位、明确岗位职责并进行合理分工以确保协同协作，以及匹配人才需求并配置合适的机制等。

很多时候，人力资源管理者在进行组织设计时，过于关注组织架构，却没有意识到组织是一个有机的系统。除了组织架构外，还需兼顾其他要素，并了解这些要素之间的关系。因此，我们应在组织设计中花费一些时间对这些要素进行扩展，以更好地理解组织作为一个有机系统应如何运作。

组织架构在组织设计中扮演着重要角色，它指的是以一定的模式或形式来明确分工和职责，既保证各部门正常运行，又保证部门之间的协同沟通。同时，组织架构还要与实施战略的目标相匹配，并确保资源合理利用，减少重复和浪费。

权责关系的划分是组织设计的核心。岗位定义了职责，而分工则代表专业性和效率。这两者的结合会影响利益分配，如资源和权力的分配。分工通常伴随岗位产生，但它是一项技术性工作，需要根据人员的特性进行适当的调整，而非一成不变。岗位和分工是为了让员工专注于完成特定目标而设定的，各岗位在发挥各自作用的同时，还能协同工作，共同创造更大的价值。

流程在组织设计中也起着至关重要的作用，流程将组织内的所有岗位连接起来。在设计组织架构时，首先要考虑的就是业务流程和管理流程。企业的运营就是将各种投入转化为产出的过程，在此过程中，企业能通过服务客户实现价值，并从中获得收益。因此，业务流程通常从市场调研开始，经过新产品或新服务的研发设计、客户拓展、订单获取、产品生产和运输等供应链管理，或者服务交付等步骤。而管理流程则是在业务流程中对每个关键节点进行控制，以最大化每个节点的价值链或最小化潜在风险，协助整个价值链的创造。清晰的流程还能确保组织内部的权责划分和协同调配。

企业的流程是组织设计中的一个重要因素，但往往被忽视。无论是业务流程还是管理流程，都需要考虑信息流的方向和流动性。每个业务流程节点都需要确定哪些信息需要传递到下一个流程节点、如何存储和转移信息、如何在组织的不同部门之间共享长链条的信息、哪些敏感信息需要被隔离，以及哪些信息需要相互关联等。

为了确保信息流在业务流程中的顺畅传递，可以单独绘制信息流图。在许多情况下，如果信息流没有被有效地融入业务流程和管理流程中，组织内部常常会出现信息不一致或沟通成本过高的问题。因此，保持信息流的畅通非常重要，我们需要让信息流像流水一样在组织中自由流动。

在企业运营中，对流程的理解和认知各有不同。通常，大中型企业尤其是全球500强企业，他们往往会更加重视流程管理，因为流程是提高效率的关键。这是因为在企业中，高级管理人员是少数人，大部分员工都在操作层面工作。为了确保这些员工在日常工作中不会感到困惑，必须为他们提供清晰的操作流程，并且这些流程要在适当的时候做出更新迭代，以更好地支持业务发展和提升组织效率。

相反，有诸多不确定性的流程会大大降低工作效率。缺乏流程或者流程不清晰、流程执行不到位的企业，大部分操作层面的员工可能会遇到这样的问题：每次执行相同或类似的任务时，他们需要反复询问，甚至新员工可能不知道应该向谁提问。

没有流程的企业往往不仅会陷入重复劳动的困境，甚至会不断地应对突发问题，因为他们无法通过流程管理来规避风险，提高效率。这种现象在中小型民营企业中尤为常见，因为他们认为一旦确定了流程，可能会限制新业务的发展。然而，他们没有意识到的是，建立、梳理和迭代流程是必要的，一旦企业中的流程得到了明确的定义和沉淀，每位员工都会清楚自己的工作职责和流程步骤。因此，流程管理在很大程度上解决了效率问题，也可以满足大部分的业务需求。

在组织设计中，机制是另一个关键要素，通常指为解决组织运营中的问题而设定的制度、标准或程序。它代表了组织的工作方式和默认的工作规则，是实现组织高效运营的重要因素。例如，对于集团公司，机制可能包括对子公司的监管模式、目标设定、评估标准以及激励和奖惩机制；对于单个公司，机制可能包括绩效考核和晋升机制等。机制对组织的重要性不言而喻，它可以提供工作规范，促进部门间的协调和沟通，同时也能规避或减少人为因素带来的风险，确保组织运营的稳定性和安全性，提升整体运营效率。

设计机制的目标是创造能自动运行、解决大部分问题的规则。同时，机制也需要具有一定的灵活性。在设计机制时，需要考虑其能否支持组织的战略发展，以及能否适应企业当前的发展阶段。在制定机制时，应采取上下结合、上下认同的方式，集思广益，这样才能制定出让员工有参与感、得到员工拥护并能被有效执行的机制。

如果一个机制只是存在于文件柜中，没有被实际应用，那么这个机制就是无效的，只是形式主义的表现。如果一个机制设计得不好，不能提高管理效率，也不符合人性规律，那么企业的管理必然会陷入混乱，负担过重。因此，设计出有效、合理的机制对企业的运营至关重要。

员工也是组织设计中必须考量的因素。员工的专业技能、知识结构、认知水平、应变能力和竞争力，都是决定企业战略实施和组织架构的基础。换言之，员工的素质直接影响企业对组织架构的构建。

文化也是组织设计中不可忽视的因素。企业文化必须与企业的战略定位和追求的价值观相一致。企业文化是企业的核心精神、价值取向以及领导方式的体现。

以企业的 CEO 为例，在大多数民营企业，创始人往往会担任 CEO 的角色，那么这个企业的组织设计在很大程度上会受到创始人管理风格的影响。如果创始人倾向于集权管理，那么内部的集权文化会让组织架构更集中。如果核心领导团队的成员数量相对较少，这可能导致管理范围过小，进而让内部决策流程变长，影响企业运营效率。反之，如果创始人倾向于分权管理，分权文化则会让组织架构更为分散，让部门和职责被进一步细分，核心领导的数量可能达到十几个甚至二十多个。这可能导致管理范围过大，跨部门合作难度提高，同时，分权文化也有可能会导致企业运营风险的增加。

二、八种不同的组织架构模式

让笔者首先探讨一下集团公司总部的管理模式。集团公司总部的管理模式通常可归纳为四种类型：控股型、战略设计型、经营型和职能型。

控股型总部重视财务管理和资源整合，拥有较强的控制力，对业务单元或下属企业的日常经营干预较少。这种模式适合业务多元化且相关性不强的企业。战略设计型总部重点关注战略规划及业务单元之间的协调，通常提供共享服务，对业务单元或下属企业的日常经营干预有限。经营型总部注重运营绩效和程序控制，主要运营职能在总部和业务单元或下属企业会同时存在，总部规模较大。职能型总部主要承担各项运营职能，注重在各职能上的管理，对业务单元或下属企业的干预较多，这种模式适合业务专一或不同业务间高度相关的企业。可以清楚地看到，业务的多元化程度和经营性整合程度直接影响着集团公司或公司总部的定位。

通常情况下，无论是哪种类型的公司总部，都需要为业务单元和下属公司提供指导和服务，包括指导其业务战略和业务组合，以及对高层管理人员进行指导和服务。同时，集团公司总部还需要创建共享的服务和连接价值，并确保集团作为一个整体能合规运营。

从形式来看，一般企业的组织架构可以分为以下八种：

1. 直线式

直线式就是垂直管理，这种组织架构适用于初创企业或者微小型企业。一个下级只有一个上级，管理简单、指令统一、权力集中、执行速度快，但对外界变化的反应不够敏感。

2. 职能式

这种组织架构强调专业分工，将管理权力交给各个职能部门负责人。这提高了工作效率，但可能会存在同时收到多个指令或指令不统一的情况。

3. 直线职能式

这种组织架构将直线式和职能式相结合，也就是"直线职能式"。目前不少中国企业，以及一些在国内经营的外企会采用这样的组织形式。这种架构相对稳定，且分工清晰。但如果不进行优化或者有效地管控，容易造成组织臃肿和产生官僚主义，决策效率低下。

4. 事业部制

"事业部制"由通用电气公司（GE）原总裁艾尔弗雷德·斯隆（Alfred Sloan）提出，所以也被称为"斯隆模型"。事业部制的本质就是一种分权机制，也被称为"联邦分权制"。这种组织架构的优点在于能够提高工作效率、独立核算、自负盈亏，并具有一定的自主权。现在，越来越多的企业采用事业部制，这种模式也能够提升员工的积极性和创造力。

5. 矩阵式

这种组织架构由纵向管理部门和横向管理部门交叉形成，适于攻克某一项目的情况。矩阵式组织灵活机动，有利于专业团队管理和团队部门协作，并能充分利用资源。

以上这五种组织架构模式是比较传统的层级制，很大程度上是生产和制造时代的产物。它们比较好地解决了组织规模和管理控制的问题，但随着组织的扩大，也会带来一些问题，比如信息不能流畅地在组织内流动，信息也不能及时地进行层层传达，指令经常会因信息的不完整和滞后以及理解的偏差而产生低效执行。

走进信息化、数字化时代，由于大大减少了信息不对称和信息不流畅的情况，为组织变得扁平化带来了可能，这是生产和制造时代难以想象的结果。组织的边界正朝着越来越模糊的方向前进，组织架构也发生了变化，随之产生了以下三种模式，将来可能会有更多想象不到的模式。

6. 模拟分权制

这种组织架构在事业部制的基础上对分权管理进行细化，旨在进一步提高工作效率。大家所熟知的阿米巴经营模式，就是在模拟分权制上的优化，是一种基于自主管理、分权决策的组织管理模式。强调员工的自主管理和参与企业的经营，将组织划分成小团队，每个小团队都是一个小的"阿米巴"，自行制订业务计划，实现自我利润管理和对外竞争。

7. 合弄制

合弄制，也就是全体共治，是去一种中心化的组织形式，旨在下放权力。它将工作角色由人定义转变为围绕工作来定义，并且可以经常更新，其主要特点是：自组织管理、分布式决策、动态角色职责、无领导管理方式、透明度高和开放。合弄制彻底改变了传统组织的结构设计和团队决策，以及权力下放分配的方式。

8. 网络型

网络型组织结构是目前正在流行的一种新形式的组织设计，其特点是组织扁平化和强调外部资源的整合利用。在网络型组织结构中，组织的大部分职能可以从外"购买"，从而为组织提供了高度灵活性和适应性，且适于弹性较高的行业。

企业的战略决定了最适合它的组织架构类型。如果企业的战略是全球化发展，矩阵型组织架构是一个不错的选择，特别是在大型企业中，矩阵式架构模式被广泛采用。如果企业采取差异化战略，业务多元化且关联度不高，事业部制是一个可行的选择。对于以区域、产品或客户为关注点的战略，分权的事业部制也是一个值得考虑的选项。而对于低成本战略，直线职能型组织架构有助于确保规模经济的一致性和职能的高效率。

从效益的角度看组织架构，职能型和直线职能型组织有助于放大经济规模。事业部制由于内部协作畅通，能够快速适应市场变化，快速取得想要的效果。矩阵型组织则在规模经济、产品和市场之间做出了较好的平衡，容易得出最优的组织决策。网络型组织因信息共享协作性强，也容易做大经济规模。

从成本的角度来看组织架构，职能型和直线职能型组织的内部沟通和协调成本比较高，导致其市场反应速度普遍较慢。事业部制可能存在资源重复的现象，从而导致效率有所损耗。矩阵型组织由于涉及不同条线的人参与其中，如果没有很好地梳理职权分工或者采取有效的决策机制，比较容易导致权责不清晰，决策速度较慢，成本也相对较高，同时也会导致对市场的反应速度变慢。而阿米巴模式强调各个业务单元的成本控制和管理透明度，有助于减少浪费并提高资源利用效率。

从工作效率、应变能力、激发人才的创造力来分析组织架构，阿米巴模式、合弄制组织的市场应变能力比较强，也比较容易激发人才的创造力。

三、没有完美的组织架构，只有适合战略发展的组织架构

为了实现企业的发展战略，必须设计与其相匹配的组织架构。换句话说，组织架构必须能够支撑企业战略的实现。因此，所有组织架构的设计都必须从目标和战略出发。

企业的战略一旦确定，前端业务部门和运营部门就会根据战略制订相应的部门策略和重要行动计划，这些因素会影响部门的组织架构、岗位设置和人员编制。

以某快消品公司为例，如果其战略是在原有产品线上选择增加1—2个新业务或缩减1—2个原有产品，那么企业的整体组织架构就要相应地增减。如果快消品公司决定拓展海外业务，就必须考虑总部和海外机构的管理模式和关系，确定总部的定位，并明确总部和海外机构的权责划分。

如果其战略是发展下层市场，就需要在各个区域组织分

销渠道，调整其组织架构，下放权力并与经销商销售人员在区域范围内对接；如果其战略是跟随大客户的发展，就需要在总部设立大客户部门。与此同时，职能部门存在的目的是助力企业战略和部门业务目标的实现。结合这两者，职能部门的组织架构也会进行调整。如果发展分销渠道，各个区域就需要在总部增加人力资源部门的人员配置；如果发展大客户渠道，就需要在总部增加支持大客户销售团队的人力资源部门人员。

企业的组织架构并非一成不变，一旦企业的战略规划发生改变，就必须相应地调整组织架构。

四、创建柔性灵活的组织架构

为了更快速地适应外部环境变化，并有效地积聚组织资源，同时协调好组织中部门与部门之间的关系，使人与事的关系高效协同，就必须创建一个柔性灵活的组织。那么如何设计一个灵活的组织架构呢？

组织结构设计和构建过程一般可以分为三个阶段，即组织检视和设计、组织设计方案达成共识以及组织架构落地实施。

在组织架构设计之前，需要进行充分的调研、检视和诊断工作。基于对企业战略的理解，来审视现有组织架构和各个要素的情况。通过这些调研和诊断工作，明确现有组织架构存在的问题、阻碍运营效率的因素以及能否应对未来的挑战等方面。此外，还需要明确组织结构对成本的影响、如何调整组织结构以及未来对人才的需求等问题。

为了更好地理解和检视组织现状，可以采用一种简单有效的方法，即利用组织建设的"六张地图"，如图5-1所示。

在进行组织架构设计的时候，首先需要梳理主要的业务流程。当业务梳理清楚后，非常关键的一点是要将业务流程和组织架构并行设计，这样可以更好地结合两者。也就是要将代表横向分工的业务全流程（比如研发、生产、物流、销售、营销、售后服务等）和代表纵向分工的部门（对应业务流程的活动）进行整合设计，以提高企业的运营效率。

在设计纵向的部门时，需要明确每个部门以及部门内部的岗位职责，并考虑不同部门之间的联动、边界位置、管理

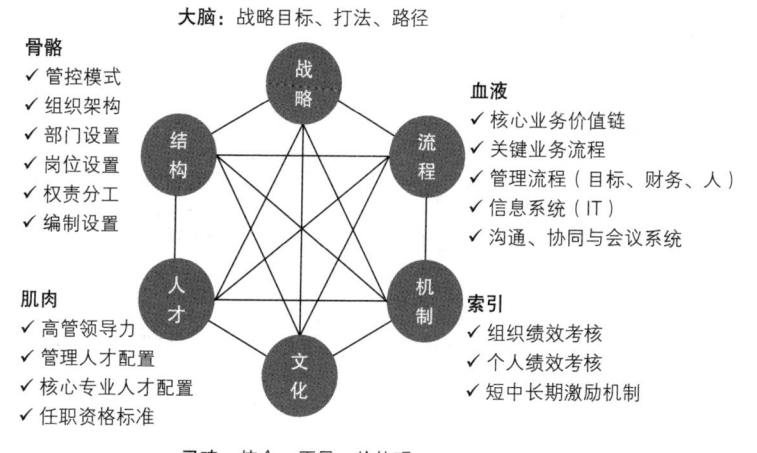

大脑：战略目标、打法、路径

骨骼
- ✓ 管控模式
- ✓ 组织架构
- ✓ 部门设置
- ✓ 岗位设置
- ✓ 权责分工
- ✓ 编制设置

血液
- ✓ 核心业务价值链
- ✓ 关键业务流程
- ✓ 管理流程（目标、财务、人）
- ✓ 信息系统（IT）
- ✓ 沟通、协同与会议系统

肌肉
- ✓ 高管领导力
- ✓ 管理人才配置
- ✓ 核心专业人才配置
- ✓ 任职资格标准

索引
- ✓ 组织绩效考核
- ✓ 个人绩效考核
- ✓ 短中长期激励机制

灵魂：使命、愿景、价值观

图5-1 和信颐安的组织建设"六张地图"

层级和管理幅宽、人才结构规划等问题。此外，还需要考虑企业的人力成本因素，因此这不是单一的选择题，而是动态地综合考量的过程。

设计完善的组织结构之后，还需要关注一些重要问题。首先，需要考虑不同架构的组织在运营时可能存在的系统性风险，这些风险可能来自业务方、人员、团队等方面，或是组织整体能力和人员能力方面。一旦明确风险的来源之后，就需要制定相应的措施来应对。以前文中的快消品公司为例，在组织架构从中央集权的大客户制转变为分权的区域下沉制之后，可能会面临一些风险。比如区域人员过去只执行任务，缺乏渠道管理能力，因此需要进行培训和赋能。比如在权力下放给区域人员之后，对所有费用的管控可能会出现问题，因此需要建立相应的机制。

其次，需要考虑新旧组织之间的衔接和交替问题，比如，新成立的集采中心与原有各事业部、各部门职能部门之间的职能分工和转换。同时还需要考虑涉及的团队和人员受到的影响，原有团队和人员是否能支撑新的组织职能和运营，人员的任职资格是否发生变化等。

最后，需要考虑动态的办公室陈列布置。组织架构只是纸上的静态组织布局，实际上，当组织架构进行调整时，就意味着资源的重新分配和调整。这涉及不同团队办公地点和工位的调整，需要考虑不同部门在日常工作中的动态布局。比如，办公场所的布置是否有利于不同部门的沟通和交流；物流配送场地与路程是否合理便捷；资源能否得到有效利用等。

在组织设计中，我们可以考虑遵循组织结构设计的古典原则（1—4）：

1. 指挥统一原则：确保每个下属只能有一个直接上级，以实现指挥的统一性和高效性。

2. 控制幅宽原则：合理控制组织架构的层级和管理人员的管理幅宽，以实现指挥的统一性和高效性。

3. 清晰分工原则：分工方式可以横向和纵向进行。横向分工是基于职能线（即资源线）的划分，而纵向分工则是基于职权线，即权力和绩效的划分。

4. 任务分配原则（部门化）：将相同工作和员工置于同一个部门，并由一位部门负责人统一协调和管理，以确保任务的高效分配和协调。

在古典原则之外，也建议同时考虑以下两个补充原则：

5. 协同合作原则：在部门与部门之间要确保分工明确的同时，也要鼓励协同合作，以实现联动效应和整体协同作战目标。

6. 精简高效原则：对各项指令能够高效执行，同时避免组织结构的冗余和无意义的部门与岗位设置，以实现组织的精简高效。

第二节 组织诊断和组织盘点

一、组织诊断犹如体检

组织诊断是企业发展中不可或缺的环节，目前越来越凸显其重要性。它可以帮助企业深入了解自身现状，发现问题，并提供切实可行的解决方案。它可以助力企业提升组织效能，实现持续健康发展。对管理者和人力资源从业者来说，组织诊断是不可或缺的工作。

组织诊断，顾名思义就是对整个组织进行诊断，就像我们个人去做身体检查一样。那么什么时候需要进行组织诊断呢？

一是定期进行组织诊断。一些规模较大、运营比较成熟的企业，在组织运行一段时间后，例如半年、一年或其他既定的诊断周期，便会对组织进行全面的梳理和诊断。这样一方面可以系统地发现和归纳一些问题，制订系统的改善计划，推动组织发展；另一方面也可以趁此机会发现一些隐藏的问题，及早预防，规避风险，确保组织健康运行。

二是当组织在运营中出现问题、发展受阻或者无法进行正常运营时，进行组织诊断将有助于系统地发现问题的根源，从根本上解决问题，而不是只解决表面问题。

组织诊断的本质是系统性地找出问题的本质，而非只找到现象。在这点上与中国的中医非常相似，中医一直主张人体是一个有机的闭环系统，当个体的某个器官出现问题时，需要通过系统调理以达到治病的效果。组织也是如此，它是一个有机的系统，每一个环节和节点都关联紧密，都存在因果关系。当组织出现问题时，最重要的是系统地找到问题的根源，找到现象背后问题的本质，才能真正从整体系统的角度解决问题。一个出色的管理者和人力资源从业者需要具备"透过现象看本质"的能力。

举个例子，某企业的销售团队最近一年新进人员的流失情况严重，销售团队的负责人和HRBP一直希望通过更好地甄选和匹配适合的候选人来解决这个问题。然而，该企业的HR负责人在进行详细了解之后发现，新进的销售团队人员流失的根本原因是销售管理人员没有花时间和精力对新进人员进行培训和管理。销售管理人员一心只想着业绩，几乎不关心自己团队的情况。新进的销售人员只能依赖所谓的"产品知识手册""服务流程"等来熟悉公司的产品和服务。然而在实际工作中，每个项目的流程都不同，新进销售人员为此感到头痛和困惑，也不知道该向谁寻求帮助。长此以往，这些销售人员就会在组织中迷失方向，不知道自己工作得是否正确。如果一个组织只有老员工能够生存下来，那么这个组织显然缺乏战斗力和创新能力。因此，解决销售团队新人员的流失问题的方案从一开始的招聘解决方案转变为销售团队管理提升方案和销售培训方案。

二、诊而不断，未诊而断？

企业面临的真正困境一般有两种，第一种是诊而不断，只抛出问题而不给解决方案或是没有解决方案；第二种是未诊而断，没有调查研究、没有科学依据而妄下论断。诊和断要合二为一。

组织诊断可以从业务、管理、人员和文化四个维度展开：

1. 业务维度：包含组织战略、经营策略、盈利状况、可持续发展情况等；

2. 管理维度：包含组织架构与层次、业务流程、管理流程、组织效率与效能、组织能力等；

3. 人员维度：包含员工结构（素质）、员工关系、薪酬福利、绩效管理、培训与发展、政策与制度等；

4. 文化维度：包含使命、愿景、价值观、社会责任等。

组织诊断常用的方法有问卷法、访谈法、工作坊法、分析法等。

目前市场上有很多组织诊断工具，包括力场分析法、利维特钻石模型（Leavitt's Diamond Model）、李克特量表（Likert scale）、星型模型、TPC框架、六盒模型、麦肯锡7S模型、盖洛普Q12测评法、高绩效程序化模型、组织绩效与变革因果关系模型、组织一致性模型、组织发展过程模型、组织智商（OI）模型等，常用的还有前文提到的BLM模型、狩猎模型、SWOT分析和宝洁公司和摩立特战略咨询公司的"五大"选择战略模型等。

如何使组织诊断更加有实际价值呢？实际上，我们必须根据企业自身的发展特点，系统地思考如何选择适合的诊断维度和运用合适的诊断工具。组织诊断是找出问题本质的过程，包括个性化建模、选择最佳方法、收集资料、形成报告和改进方案等环节，以找到问题、界定问题和解决问题。

（一）个性建模：选择合适的诊断维度和工具

选择组织诊断的维度应该从企业自身的特点出发，并考虑未来的目标实现。我们需要挑选出重要且适合的维度，对其进行清晰地定义，并确定维度的评价方式。根据企业的需求，可以建立一级、二级甚至三级的组织诊断维度，并可以根据不同的维度进行自由组合。一个成熟的企业和一个创新型企业关注的组织能力和活力，以及组织诊断维度肯定是不一样的。只有选择适合自己的维度才是最好的选择。

这里重点介绍六盒模型和 7S 模型。

六盒模型是马文·韦斯伯德（Marvin Weisbord）于 1976 年基于组织发展的经验和实践提炼而成的。韦斯伯德将六盒模型比作一个雷达图，将领导力作为中心来检测六大类信息，及时告诉我们企业当前发生了什么，并确定当前最需要突破的问题。六盒模型是一种简单实用的诊断模型，它为企业提供了一个整体性的框架，需要将盒子与另一个盒子联合考虑，单独看一个盒子是不够的。无论业务和组织架构如何变化，都要运用六盒模型进行分析，这样就能清楚地知道团队存在哪些问题。

麦肯锡的 7S 模型是一种用于组织分析和变革的管理工具。该模型由麦肯锡公司于 20 世纪 70 年代提出，通过综合考虑组织内部结构、制度、风格、员工、技能、战略、共同价值观七个关键要素，帮助组织找到问题的根源，并制定相应的解决方案。

7S 模型和六盒模型均可用于组织诊断。六盒模型以领导力为核心，协调各种关系要素；而 7S 模型则通过共享价值观对其他内容进行协调。相比较而言，7S 模型包含的要素更加全面。例如，战略在六盒模型中对应使命和目标；而员工这一要素在六盒模型中没有被充分提及，仅用充足的人力资源准备指代；结构则相当于架构和组织；制度则相当于流程、

第五章 创建高效组织

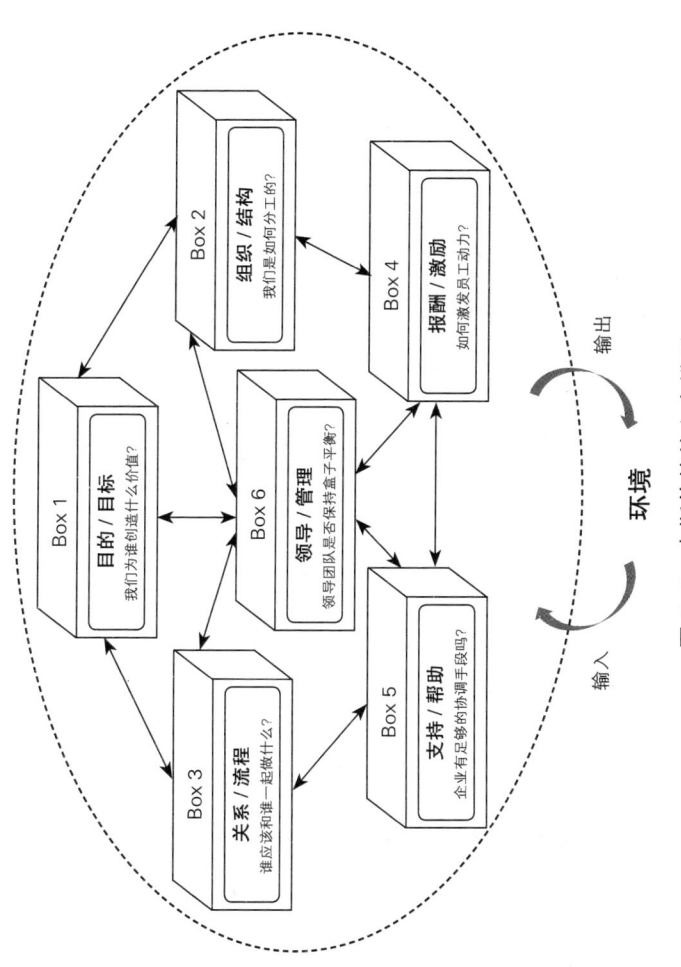

图 5-2 韦斯伯德的六盒模型

- Box 1 目的／目标：我们为谁创造什么价值？
- Box 2 组织／结构：我们是如何分工的？
- Box 3 关系／流程：谁应该和谁一起做什么？
- Box 4 报酬／激励：如何激发员工动力？
- Box 5 支持／帮助：企业有足够的协调手段吗？
- Box 6 领导／管理：领导团队是否保持盒子平衡？

环境：输入 → 输出

293

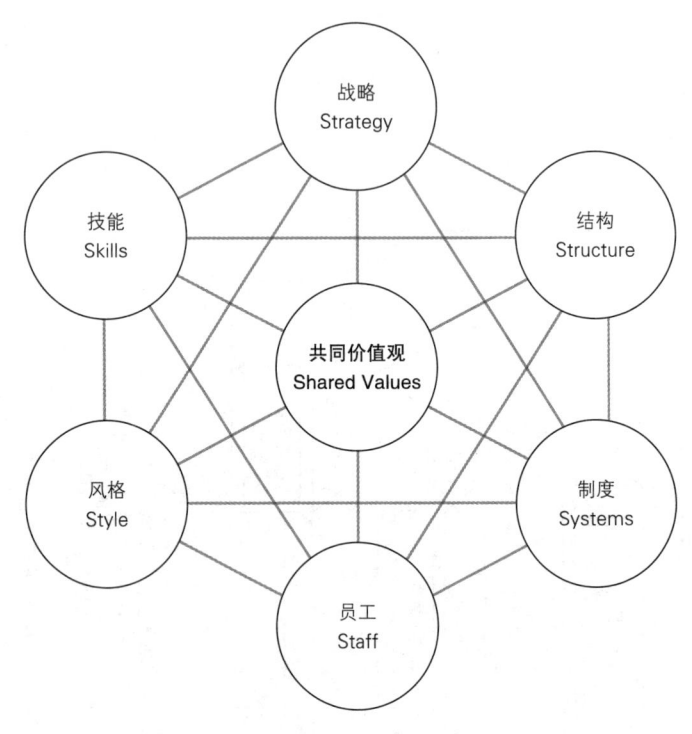

```
                        战略
                      Strategy

        技能                          结构
        Skills                      Structure

                   共同价值观
                  Shared Values

        风格                          制度
        Style                       Systems

                        员工
                       Staff
```

图 5-3 麦肯锡 7S 模型

支持和协助；技能则代表了组织的能力；而风格则主要指管理人员所展示的行为方式和管理模式等。

在 7S 模型中，战略、结构和制度被认为是企业成功的"硬件"，而风格、员工、技能和共同价值观则被认为是企业成功经营的"软件"。

不同的诊断工具关注的重点会有所不同，因此在选择诊断工具时需要思考企业当前面临的问题。我们需要抓大放小，有的放矢，优先解决主要问题和主要痛点。

（二）组织诊断的步骤

1. 优选方法，有效收集信息。

无论采用何种组织诊断模型，都需要对收集的信息、资料和数据进行统一汇总和整理，以确保组织诊断数据的完整性。特别是在使用多种诊断方法时，需要对得出的信息、资料和数据进行交叉验证和检查。这些数据可能包括访谈记录、财务指标、人均效能、人员结构、管理范围等能够反映组织现状的数据，以及同行业相关数据、客户和供应链反馈等有价值的信息。如果发现数据不一致，需要深入了解并收集更多信息，以确保清晰定义组织问题，找出问题的本质。

这里介绍几种收集有效信息的常用方法：

问卷法是企业最常用的调研方法，其特点是数据收集便捷、成本低，但可能存在信息失真或理解偏差的问题。在选择组织诊断方法时，可以考虑多种手段并用，比如将问卷法作为收集基本数据的方式，并辅以专家访谈法作为补充。

在问卷法中，六盒模型、7S 模型、盖洛普 Q12 测评法等工具都属于结构化问卷，且通常采用 5 分法的选项（非常不同意、不同意、一般、赞同、非常赞同）来针对不同维度的问题进行信息捕捉和收集。笔者建议在每个维度的结构化问卷之后，添加一些开放性问题。这样可以更深入地了解每个维度背后的问题，并能获取更有效的信息，从而使组织诊断具有更大的价值和意义。

表5-1是以六盒模型为例的问卷调查表：

表5-1 基于六个盒子设计的组织诊断问卷调查

调查问题	非常不同意	不同意	一般	赞同	非常赞同
1.组织可以明确说明自己的目标	1	2	3	4	5
2.组织分工灵活	1	2	3	4	5
3.直接主管给我的努力提供了支持	1	2	3	4	5
4.我和我的主管关系和谐	1	2	3	4	5
5.我的工作为我提供了成长的机会	1	2	3	4	5
6.我的直接主管提供了对我和我的工作有帮助的建议	1	2	3	4	5
7.这个组织没有抵制变革	1	2	3	4	5
8.我个人认同我的部门和公司的既定目标	1	2	3	4	5
9.组织的分工旨在帮助其实现目标	1	2	3	4	5
10.组织的领导规范有助于组织进步	1	2	3	4	5
11.如果我遇到与工作有关的问题，我总是能获得他人的帮助	1	2	3	4	5
12.组织的薪酬和福利公平对待每位员工	1	2	3	4	5
13.我有整理好工作所需的信息	1	2	3	4	5
14.组织引入了足够的新政策和流程	1	2	3	4	5

续表

调查问题	非常不同意	不同意	一般	赞同	非常赞同
15. 我理解这个组织的目标	1	2	3	4	5
16. 划分工作任务的方式是合乎逻辑的	1	2	3	4	5
17. 组织的领导努力使组织实现其目标	1	2	3	4	5
18. 组织存在内部晋升机会	1	2	3	4	5
19. 组织有足够的机制将组织与员工利益绑定在一起	1	2	3	4	5
20. 组织倾向于不断寻求改变	1	2	3	4	5
21. 组织的优先事项得到了员工的理解	1	2	3	4	5
22. 我所在的工作部门的结构设计很好	1	2	3	4	5
23. 每当我的领导指导完我的工作后，我都变得很清晰	1	2	3	4	5
24. 我建立了正确完成工作所需的关系	1	2	3	4	5
25. 我的薪资与我履行的工作是对等的	1	2	3	4	5
26. 在需要帮助时，其他业务部门对我的业务部门帮助很大	1	2	3	4	5
27. 我偶尔喜欢改变我的工作	1	2	3	4	5
28. 我有足够的外部环境信息决定的工作业务目标	1	2	3	4	5
29. 组织的分工实际上有助于实现其目标	1	2	3	4	5
30. 我理解领导为影响我和工作部门其他成员所做的努力	1	2	3	4	5
31. 没有证据表明该组织存在未解决的冲突	1	2	3	4	5

续表

调查问题	非常不同意	不同意	一般	赞同	非常赞同
32. 组织要完成的所有任务都与激励有关	1	2	3	4	5
33. 组织的规划和控制工作有助于其增长和发展	1	2	3	4	5
34. 组织有能力进行改变	1	2	3	4	5
35. 我们在哪些方面做得好,应该继续保持?					
36. 我们在哪些方面做得不好,应该立刻停止?					
37. 为了拓展更多的可能性,我们应该开始做什么?					

访谈改变颜色是另一种常用的调研方法,也可以通过六盒模型或者7S模型进行。在设计问题时,我们需要针对每个方面确定3—6个问题。每个问题可以进一步拓展为二级或者三级问题,以确保问题具备探究性,能够深入了解问题的本质。这就类似于剥洋葱,我们需要一层一层地探究,直到达到核心问题。

访谈可以采用一对一的形式,也可以是小组讨论的形式。通常,我们更倾向于选择小组访谈的形式,因为通过集体讨论问题,可以激发各种思考和观点的碰撞。这样可以达到举一反三的效果,凝聚共识,并提高访谈的效率。因此,输入高质量的信息对于有效地产出具有重要影响。

下面是引自陆课堂的以 7S 模型为例设计的访谈提纲：

（1）从共同价值观层面进行组织诊断：

①价值观是否足够清晰、简单、便于理解？

②是否在持续宣传价值观？是否覆盖每一位员工？

③是否有相应的具体行动措施来确保价值观的落地？

④企业是否有必要的奖惩措施以确保价值观的贯彻执行？

⑤企业的价值观是否明确地起到了导向、约束和凝聚的作用？

（2）从结构的角度进行组织诊断：

①组织结构是否满足了战略的要求并能促进战略实现？

②组织结构是否能够支撑业务的发展并突出业务重点？

③组织结构是否满足内部需求和外部环境的变化？

④层级、部门及管理幅宽的设置是否合理？

⑤每个岗位的职责是否清晰明确？

⑥是否有关键的管理机制/举措来促进不同部门之间的相互协作？

（3）从战略的角度进行组织诊断：

①战略规划前，是否对内外部环境和资源等情况进行了充分的分析？

②是否清晰地定义了企业的护城河业务和企业的关键组织能力？

③战略能否转化为战略地图以及关键实施路径，并有关

键的短期里程表目标？

④战略表述是否清晰，战略相关的愿景、使命是否沟通到位？员工是否能理解认同？

（4）从系统层面进行组织诊断：

①企业是否清晰定义了组织运营的关键系统（如绩效管理、薪酬激励、供应商管理、客户反馈与需求、生产、风控、质量、服务等系统）？

②企业的制度和流程是否匹配有利业务发展和管理的需求，并能促进组织效能的提升？

③企业的管理流程和对应的业务流程是否匹配？

④企业的制度和流程是否能被执行？

⑤企业的制度和流程是否能根据战略目标而做相应的迭代、修订与更新？

⑥企业是否有支持企业创新的机制？

（5）从风格层面进行组织诊断：

①管理者是否身践力行企业的价值观？是否起了模范作用？

②管理者是否具备使下属关注目标、反馈绩效，并辅导、发展和培养员工的能力？

③做决策时，管理者是否听取下属的反馈和意见？

④企业是否有清晰的授权制度？执行是否到位？

⑤企业是否有上下级和跨级之间的沟通与管理机制？

（6）从员工层面进行组织诊断：

①员工是否具备完成工作的必要的知识和技能？

②员工是否具备企业需要的价值观行为？

③员工是否理解企业的战略，是否理解公司及直接主管对工作标准的要求？

④员工是否具备达成绩效要求的能力？

⑤企业是否清晰地定义关键岗位和关键人员？

（7）从技能层面进行组织诊断：

①企业是否根据战略和业务明确相关的组织能力发展需求？

②企业是否具备相应的组织能力和未来需要的知识和技能？

③企业是否有针对员工技能的评估体系？

④企业是否有赋能平台并支持员工的自主学习和技能发展？

⑤企业是否具有完善的人才培养和人才发展体系？

7S模型能够有力地辅助组织从系统全面的角度理解组织中各要素之间的关联和连接，以确保当组织中的某个层面发生变动时，其他层面能够产生联动行动，从而提高组织的有效性。

第三种收集信息的方法是工作坊法，其主要优势在于其能够吸引大量员工参与，从而更准确地反映存在的问题和理解的核心。通过激发员工的参与度，工作坊为后续的组织诊断和行动方案的制定提供了良好的基础，有利于后续工作的执行。

工作坊的实施形式多种多样，包括分组讨论、轮流发言、补充反馈、小组评比、学员DIY和奖励机制等。工作坊的目标是体现真实性、开放性和全面性。真实性意味着参与者需要表达自己真实的想法，无须有任何顾虑。开放性则意味着参与者可以在现场充分互动，提高参与度。全面性则要求每一位参与者都参与到发言、讨论和决策的过程中。

为了确保工作坊的有效性，通常会邀请不同职能部门和不同板块的人员参与，人数一般控制在30人左右，以确保讨论内容的深度和广度。

工作坊的内容设计可以基于所选择的工具进行，通常包括理论介绍、实战分析和复盘总结三个部分。理论介绍主要是对工具内容的讲解和分享，以确保所有人理解所选择的工具，并在此过程中解答疑问。实战分析则是将讨论的内容与业务关联起来，进行有效的分析，分析后再次进行讨论，以发现业务的痛点和组织的需求。复盘总结则是回顾和总结讨论的重点，针对需要解决和改进的部分形成具体举措和行动方案，达成共识。工作坊的最终目标是全员参与，成员敢于说出真实的想法，勇于探索，并就行动方案达成共识。

第四种收集信息的方法是分析法。即使用SWOT分析和宝洁公司和摩立特战略咨询公司的"五大"选择战略模型等方法来评估企业的业务状况，如战略是否匹配，是否需要根据行业和市场的变动进行调整，如何确定和打造企业的竞争优势等。

分析法也常用于人力资源相关数据的分析，如分析组织的结构层次、分析人员的结构、入离职分析、内部发展和晋升分析、员工保留分析等。

2. 诊断报告的编制

组织诊断的结果需要以一定的形式呈现，形成诊断报告。这份报告应作为管理层了解组织有效性的一个工具，推动高级管理团队开展讨论，并制定进一步的组织能力提升方案、有效性措施和变革方案。一个优秀的组织诊断报告应具备系统性、结构合理性、逻辑清晰性、观点明确性和论据充实性。此外，报告还应区分问题的轻重缓急，与组织的短期和长期目标相对应，识别并解决主要问题。

3. 改进方案的制定

组织诊断的最终目标是形成改进方案，以提升未来的组织能力。当管理层推进到这一步时，需要全力推动组织制定一系列的改善措施和行动方案，这些措施和方案可能主要是人力资源的行动方案。每个组织都会遇到各种问题，但改进方案需要抓住重点，根据组织的战略目标进行优先排序，将所有力量集中在少量但最重要、最关键且能对组织产生大影响的行动方案上。例如，如果一个公司根据组织诊断结果计划在未来一年推行 20 个行动方案，那么它的执行过程和结果可能会不尽如人意，因为过多的行动方案会分散员工和组织的能力。为了确保行动方案的有效性，我们应将重点集中在 3—5 个重大项目上。

三、组织盘点：上承战略，下接人才

组织盘点是一种从组织角度进行的复盘过程，其目的在于评估组织能否有效地支持战略发展和实施。在某种程度上，组织盘点可以被视为组织诊断的精简版。

人力资源的工作最终是服务战略、赋能业务、支撑业务发展，让组织能跑起来。因此，任何人力资源工作的起点，都要从组织着手。而组织盘点和战略、业务紧密结合，能够有效地从组织层面承接战略，因此当业务变化过快、组织发生重大变化、出现问题时，引入组织的视角做盘点和回顾是非常有必要的，能帮助组织快速明确业务发展和人才发展的方向，让人力资源对业务的支撑行为更为清晰明确。

从战略到业务，从业务到组织，从组织到人，按照这样的逻辑顺序做盘点工作，究其本质，其实就是为了满足组织和业务的需求和痛点，从而解决实际业务和组织人才中遇到的问题。

组织盘点是从组织的角度对业务进行复盘，并将组织的需求转为人才需求，因此上承战略，下接人才。组织盘点有利于打造从战略到组织再到人才的闭环管理，从而让业务赋能变得更灵活，实现为企业创造价值的目的。

四、组织盘点和人才盘点需要相辅相成

通过组织盘点和通过人才盘点解决的问题是两个不同层面的问题。顾名思义，组织盘点解决的是组织层面的问题，需要定位组织能力和组织战略是否匹配，以及厘清当下与未来企业发展之间的差异，包括战略、业务、机制、架构、组织能力、组织效能等。组织盘点需要找出当下组织的核心问题，并提出系统性的解决方案。组织盘点一般不聚焦于员工个人。

人才盘点解决的是人才的问题，包括人才的数量、质量、布局和流动、发展、关键人才的后继人选等。总体来说，是人才价值链的管理。

笔者强烈建议将组织盘点与人才盘点进行有效的结合。

组织盘点和人才盘点是一起做，还是分开做呢？通常来说比较有效的一种做法是先盘点组织，再盘点人才。组织盘点和人才盘点可以放在一个会议进行，也可以分成两个会议进行，但必须从组织盘点开始，从战略切入业务，从业务切

入人才需求，依照此种顺序展开讨论。也就是说，组织发展的结果其实为人才盘点提供了有效信息，目的就是让人才盘点不脱离业务，更贴近业务，变得更有价值和意义。

组织盘点是定期做，还是及时进行呢？对于管理成熟的企业，它的组织需求相对稳定，组织盘点可与人才盘点一起定期组织，以形成统一且有效的人力资源战略行动。当然，引入组织视角的盘点方式可以多样化，实施的频率和时机也可以更加灵活。对于快速发展的企业，可以在组织发生重大变化或出现问题时及时进行盘点。

五、"四盘组织"：全面系统的组织盘点

在组织盘点之前，先需要回顾业务和战略，这是组织盘点的源头。战略是否一直是业务的指引方向？未来的战略方向和打法是什么？业务是否根据战略有资源性倾斜？业务目标的完成情况如何？整个组织的价值链中存在哪些问题？碰到了哪些困难？这些问题的解决方案是什么？

等战略和业务问题被解决之后，再开始做组织盘点。组织盘点主要包括四个方面的内容：组织能力、组织架构、组织效能和组织健康。整体的组织能力要确保其足以支撑未来的业务发展，组织架构要有效地支持业务战略，组织效能要保证组织的运行效率和效果，组织健康能更好地确保组织氛围，同时也应该能提高组织的整体效率。

（一）一盘组织能力

组织的整体能力能否被清晰界定？该组织能力是否与业务战略相匹配，并能促进业务的发展？现有的组织能力在什么水平？还有哪些能力需要加强或者弥补。可以从以下几个方面开始。

1. 员工能力

从分散到各个部门的员工层面看，员工是否有足够的专业技能以支撑组织发展和业务发展？每个部门是否清晰部门的关键能力？围绕着部门的关键能力，对员工的能力提升是否展开了正确的举措？

2. 人才储备

关键岗位的人岗匹配度如何？关键岗位的在岗人员，其能力和稳定度如何？组织内部人才通道的健康度如何？人才供应的健康度能否满足未来业务的需求以及抵抗人才流失的风险？

3. 组织系统

组织内部的流程、机制能否有效运作？组织内部的运营系统是相互协同还是南辕北辙？各系统之间的交叉和交互在哪些方面可以做修改和迭代从而让系统运营更高效？信息系统能否有效支持对业务的理解和分析？

4. 文化建设

企业文化能否很好地支持组织的发展和业务发展？在哪些方面，文化需要与时俱进？

（二）二盘组织架构

组织架构盘点主要是评估企业是否有适合组织战略目标的组织架构、组织形态、管理层级和管理幅宽等。

1. 适合的组织架构

上文提到，组织架构有六种类型，包括直线式、职能式、直线职能式等。我们需要从以下问题对自己的组织进行深入反思：

现有的组织架构是否合理？能否有效支持战略？例如，如果快消品行业要走深度分销，就不应建立总部集权制。现有的组织架构是否与业务战略相匹配？

如果业务有创新，是否有新的创新团队成立？在人才方面，是否需要招聘具有创新思维的人才？

如果业务有缩减，是否能在组织架构上体现出来？在人才规划上企业是否有减员计划？

对于处于转型期的组织，业务分工和组织结构是否需要调整？随之而来的人员需求是否会改变？我们是否会更倾向于招聘"一专多能"的人才？是否会更注重那些能够接受变化，促进跨部门合作的人员？

在现有架构下组织能否高效协同？主要的业务流程、机制和管理决策机制是否既有一定的制衡又不影响相互合作和决策？决策流程是否冗长？需要多久才能决定一件事情？

业务流程和沟通机制是否匹配？信息能否像水一样流向需要知晓和保留的层面？

员工是按章工作，严格遵守规定，以责任划分为先（"这不是我的责任"），还是为了客户而共同解决问题？

2. 合适的管理层级、管理幅宽

从管理的角度来看，合理的管理层级和管理幅宽对组织的运行效率至关重要。首先，管理层级的设置应避免过多，因为过多的层级会增加组织的沟通成本并影响效率。这就像我们会在很多娱乐节目中所看到的"拷贝不走样"游戏所展示的，信息在传递过程中，每经过一个人就可能出现偏差，最终导致接收者获取的信息与原始信息存在巨大差异。在层级过多的组织中，信息流转可能会出现失真和缺失。

其次，管理幅宽的设定也需要注意。理想的管理幅宽一般在 5—12 人。如果团队人数少于 3 人，可以考虑将其并入其他团队。而如果团队人数超过 15 或 20 人，这已经接近管理幅宽的极限，应考虑将其拆分。例如，某公司在进行组织盘点后发现，其管理幅宽存在两极分化现象，即 30% 的团队人数少于 5 人，而 15% 的团队人数在 15 到 35 人之间。因此，该公司需要对组织架构进行调整，将人数较少的团队与其他相近的职能部门合并，同时在人数较多的团队中增设一层基础管理人员，以确保管理的有效性。

（三）三盘组织效能

组织效能是衡量企业或组织实现目标的程度和效率的重要指标，简单来说，就是投入与产出的比例。组织效能主要体现在四个方面：能力、效率、质量和效益。能力指的是组织运作的基础和发展潜力，包括资源、技术、工具、人才和组织能力。效率是组织追求的目标，需要不断提升。质量是指组织的产品或服务的质量，是组织生存和发展的基础。效益则是指组织运营的结果，即利润。

在评估组织效能时，主要关注三个层面：经营管理效率、运营管理效率和组织与人才管理效率。

经营管理效率是衡量企业经营效率的重要指标，企业家和 CEO 通常会关注这个层面。我们可以通过财务数据指标，如销售收入、利润、净资产收益率等来评估。如果近几年企业有稳定的增长且未来趋势可期，那说明整体经营管理效率不错。

运营管理效率反映了业务价值链的运营效率，主要看投入的使用效率和利用效率。不同行业关注的重点可能不同，例如生产型企业关注生产率和质量，餐饮业关注翻台率，酒店业关注入住率，互联网企业关注转换率等。我们需要深入理解组织的核心运营能力，才能做出客观的评估。

组织与人才管理效率体现了人才管理的效率。我们可以通过人力资本效能，包括人工成本占比、人均人工成本、人均投入产出比（总产出/总投入）、每元人工成本带来销售收入/利润等来评估。同时，我们也需要关注人均效能，包括人均销售收入、人均利润、人均管理费用，以及各职能部门人均产出等。

（四）四盘组织健康

组织健康是通过评估内部组织的层级结构、人员结构、人员流动率和组织氛围等维度来衡量的。

1. 组织层级结构

组织层级结构是指从最高级别到基层员工之间的层次结构，这个结构可以揭示组织的形状，常见的有金字塔型、梨型、尖塔型或沙漏型，如图5-4所示。了解现有的组织层级结构后，我们需要根据行业特性、组织的成本承受能力、员工的稳定性和发展进行适当的调整，使组织层级结构更合理。

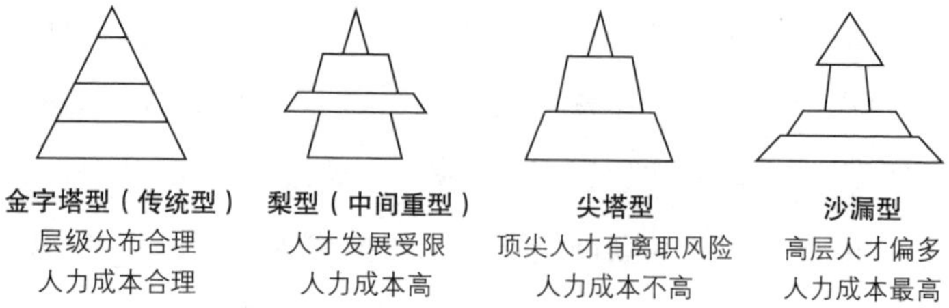

金字塔型（传统型）　梨型（中间重型）　尖塔型　　　　　沙漏型
层级分布合理　　　　人才发展受限　　　顶尖人才有离职风险　高层人才偏多
人力成本合理　　　　人力成本高　　　　人力成本不高　　　　人力成本最高

图 5-4　常见的组织层级结构

2. 人员结构

人员结构是指组织内部员工的年龄、工龄、性别、学历和专业等要素。在评估人员结构时，我们可以从整体角度出发，也可以针对不同层级的员工进行详细分析。如果发现某些要素在整个组织层级结构中存在问题，我们需要采取相应的措施，改善和提升人员结构。

例如，一家金融科技公司的层级和学历分布显示，该公司的组织形状为中间重型，如图 5-5 左侧部分所示，总监级占比 46%，这会导致较高的人力成本，经理级的人才发展也会因此受限。因此，该公司需要在总监级别的人员上做精简，同时，由于主管级别的员工学历偏低，如图 5-5 右侧部分所示，主管级有一半人员学历在本科以下，这也限制了主管级别能力的发挥，因此该公司需要采取相应的汰换和外聘策略，优化和提升主管人员的学历结构。

第五章 创建高效组织

M 序列各层级分布及占比

级别	M 序列	人数	占比
高管级	M7+	21	13%
总监级	M6	10	6%
	M5	42	25%
	M4	24	15%
经理级	M3	28	17%
	M2	20	12%
主管级	M1	20	12%

M 序列各层级学历分布及占比

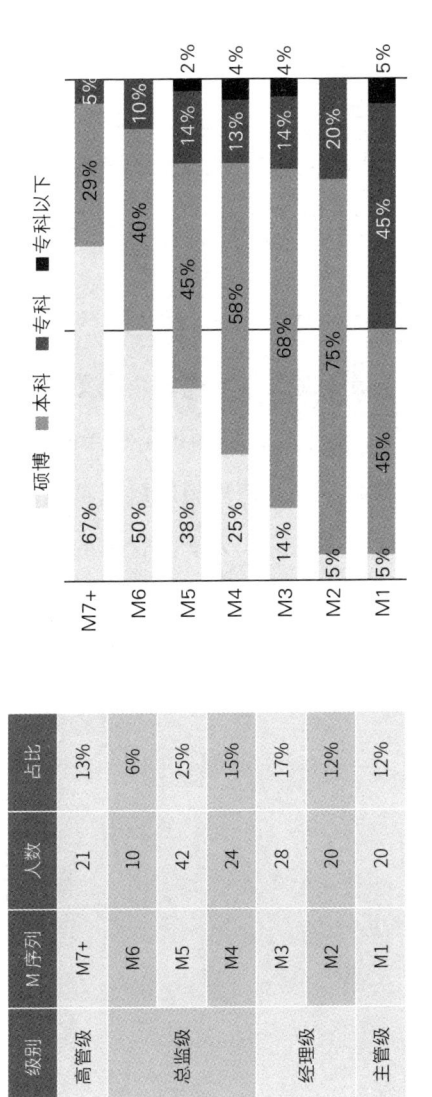

硕博　本科　专科　专科以下

层级	硕博	本科	专科	专科以下
M7+	67%	29%	5%	
M6	50%	40%	10%	
M5	38%	45%	14%	2%
M4	25%	58%	13%	4%
M3	14%	68%	14%	4%
M2	5%	75%	20%	
M1	5%	45%	45%	5%

图 5-5　M 序列各层级人数和学历分布图

3. 人员流动率

人员流动率可以从整体、职能部门岗位以及关键岗位和关键人才的角度进行分析。关键在于找到合适的标准，可以通过内部对比分析，或者参照行业平均值或行业标杆企业的人员流动率来确定合适的标准。

4. 组织氛围

组织氛围是员工对工作环境和企业文化的长期感知，通过评估组织氛围，企业可以清晰地了解当前的组织氛围状况，进而制定相应的策略以塑造理想的组织氛围，这有助于实现其经营目标。这种方法从人力资源管理的角度，提供了一种优化企业文化的有效工具，能够提升员工满意度和工作效率，进一步推动企业的发展。具体内容我们会在员工敬业度章节中进行详细阐述。

第三节　用系统性思维提升组织效能

组织是一个系统，因此，解决组织问题需要系统性的思维。提升组织效能是一个系统工程，涉及的内容、因素和方面都非常广泛。因此，最佳方法是根据组织价值链的逻辑，逐一解决问题，针对价值链上的每一个节点进行优化，从而在以客户价值创造为基础的过程中发现问题，提升组织效能。

一、组织效能的核心要点

组织效能的核心不仅涉及组织架构的调整和流程的优化，还包括了建立员工激励机制、科技应用的创新以及提升员工能力的关键策略。这些综合性措施可以帮助企业全面提升组织的效能。

1. 优化组织结构，提升效能

从组织架构的角度考虑，可以通过整合资源、合并业务单元或职能相似的部门等方式，重新优化组织架构，减少管理层级，裁撤冗余部门，如人力资源、财务、技术中心、采购、法务等，建立中后台的共享服务中心，使结构更扁平化，提升效能。

2. 建立绩效管理体系，配套绩效激励机制

绩效管理体系是一种由企业和员工共同设计和使用的管理和沟通机制，旨在实现组织的战略目标和短期业务目标。绩效管理的核心目标是确保企业战略的实施和执行，并持续提升个人、部门和整个组织的绩效。这涉及战略解码，需要制定明确的方向，并围绕组织目标进行纵向拆分和横向协同，以形成组织的闭环协同。同时，配套的激励机制应将绩效目标与激励措施相挂钩，明确责任和利益分配，以确保整个组织行动一致。

3. 优化并简化流程以提高效率

流程优化是企业管理的战略选择和策略，也是企业发展过程中的必然选择。通过流程改造、优化或简化，企业可以充分提升企业的组织效能。无论组织结构是否发生变化，都需要定期审视和梳理现有的工作流程，剔除不必要的活动和

审核环节，以提高效率。常见的优化手段包括流程改造、自动化替代人工、外包非核心业务等。

4. 拥抱科技，建立信息管理系统

科技的快速发展要求所有企业都拥抱科技，大胆创新，实现数字化管理，以提高企业的竞争力。一个开放且灵活的信息管理系统可以帮助企业实现流程标准化和数据可视化，确保企业的信息流、工作流和知识流得到实时无缝连接和共享，从而大幅提高企业的内部沟通和运营执行效率。

5. 提升员工能力，提高人效

从管理角度来看，可以通过扩大管理范围和幅宽的方法来提高人效，例如，一个客服组长可以从领导10人的团队扩大到领导15人。从员工角度来看，可以通过释放关键岗位的生产力、进行人岗匹配盘点、控制编制预算、实施优胜劣汰等方式来提高人效。优化员工结构也可以提高人效，例如提升员工的整体素质和能力，提高学历水平，或者招聘更年轻、更专业的员工。但这种优化需要较长的时间，甚至可能需要经历几轮员工的迭代。

二、聚焦建设组织能力，彰显组织效能

组织能力的定义在市场上有多种解读。在《变革的HR：

从外到内的 HR 新模式》(*HR Transformation Building Human Resources from the Outside In*)一书中,戴维·尤里奇明确定义了组织能力,并提出了 14 个衡量指标:"组织能力代表了一个企业因何为人所知、擅长做什么,以及如何建构行为模式以提供价值。"[①] 杨国安教授在《组织能力的杨三角》一书中提出了组织成功的公式:企业成功 = 战略 × 组织能力;并将组织能力分为三个方面:员工能力、员工思维模式和员工治理方式。

为了更易于理解,我们可以将组织能力简单定义为:一个企业在市场竞争中展现的整体实力和竞争力。这包括两个层面:一是组织或团队的概念,即一群有共同目标的人;二是战斗力和竞争力,这是组织能力的外在表现,是一群人在特定的体系规则中应对企业经营和市场的能力。组织能力是形成企业独特战斗力和竞争力的关键,它不仅仅是一系列能力的简单叠加,而是一系列有目的、有规则的活动,通过高效协同,利用内部资源和外部环境来实现组织的战略目标。

组织能力的建设核心包括以下三个方面:

(一)建设人才梯队

在组织中,人才是最关键和最基础的因素,因为只有人

[①] 尤里奇,艾伦,布罗克班克,等.变革的HR.朱翔,蒋雪燕,陈瑞丽,译.北京:机械工业出版社,2020:30.

才可以将组织的战略付诸实施并实现目标。如果将市场比作战场，那么只有具备人才梯队，组织才有可能获胜。因为只有形成人才梯队才具备形成组织的能力。很多组织常常只有一两个能人，虽然他们撑起了整个组织的大部分工作，但这些能人一旦遇到问题或离职，就会对组织造成较大的影响。当组织只依赖个别人才时，其组织能力就会变得脆弱，既无法应对风险，也无法取得胜利。而当人才梯队形成后，这个问题就迎刃而解了。如果继任者的能力相当，那么组织仍然能够坚挺。如果继任者的能力还不够强，至少可以将职责拆分，由不同的人来担当，这样组织仍然能够前进发展。

(二) 建设组织系统

建设组织系统是一项庞大而重要的工程。组织是一个有机的大系统，其中包含来自各个部门的不同运营系统和管理系统，还有不同的组织结构、相关制度和流程等。组织系统建设主要集中在以下四个核心点上：

第一个点是体系化建设。这是一项能够保证操作规范和提升组织效能的重要措施。

第二个点是流程简单高效。组织的业务在横向穿透速度和纵向执行力度上体现了组织的效能。这涉及组织架构的设计。组织架构需要清晰明了，同时也需要具备一定的灵活性。

第三个点是最困难也最关键的，就是组织各部门的运营系统和管理系统要能够协同配套，形成闭环。各个部门都在努力完成自己的任务和目标，这是组织运作的基础，本无可厚非。但是，如果仅仅局限于自己的领域，而忽略了整个组织的目标，那么最终的经营成果可能不会是最优的。如果各个部门和系统之间无法产生协同，那么随着系统的增多，内部沟通成本将会增加，组织效能就会降低。所以，各个部门之间不仅要完成自己的任务，还要相互协作，共同为实现组织的整体目标努力。

最后一个核心点是绩效与激励机制。明确组织、部门和个人的目标，也就是要明确打什么仗，怎么打才能取胜。激励主要指的是利益分配机制，通过激励来释放组织的活力，激发人才的潜能，并鼓励大胆创新。

（三）文化建设

文化建设是保持组织竞争优势的重要动力。文化是组织的上层建筑，它能统一组织内的思想和行动，以达成共同的目标。企业文化的核心是使命、愿景和价值观，它们定义了我们是谁、我们要去哪里、我们为何而聚集，以及我们如何共同工作。组织的发展建立在基于价值认同的使命感之上，这会吸引一批有着共同理想和信念的人。同时，我们需要在激励人才的同时，对其行为进行约束。

组织能力建设是一个持久且漫长的过程，需要长期的资源和时间投入。因此，这需要领导层的高度重视。组织能力建设也不仅仅是人力资源部门的责任，它需要组织内部各部门的高效协同。高管需要发挥其影响力，共同推动组织能力建设。

三、打破部门墙，破除本位主义

谈及组织，就无法绕开部门和人员。为什么那么多公司都在价值观中强调要"团队协作"？这说明团队协作绝非易事。部门之间合作普遍存在着阻碍，俗称"部门墙"，部门墙是企业内部部门之间阻碍信息传递和工作交流的一道隐形"墙"，部门墙体现的是本位主义。

部门墙的存在会影响组织内的跨部门合作。通常情况下，组织内普遍会出现以下现象：

1. 部门之间划定属地，将部门利益置于企业利益之前；

2. 员工之墙即个人本位主义，员工之间缺乏交流和信任，过度关注和维护个人利益；

3. 在沟通之前就已经明确自己的立场，无法倾听对方需求，表面上积极，实际上敷衍了事，拖延工作；

4. 只按规章制度、流程和指令办事，缺乏灵活性和主动性；

5. 首先看到的是其他部门或他人的责任，从不找自身或所在部门的原因。

为什么会出现部门墙？部门墙存在的根本原因是什么？

存在部门墙是因为组织系统和组织能力出了问题，这与组织结构、职责权利、流程制度和企业文化等紧密相关，如组织的管理职能过于庞大，分工不明确；管理过于垂直，忽视了管理的横向设计和扁平化；业务和管理流程复杂冗长，信息传递不透明、不及时、不开放和不流畅；价值观和协同文化塑造力度不够；对共同目标和利益的认知起点不同，未达成共识目标。这些都会导致部门墙的存在。

存在部门墙的另一个原因是个体因素。从个人角度来看，部门墙的存在与个人的能力、胸怀有关。如果个人的沟通能力不足或者缺乏有效沟通技巧，就无法解决个人层面的沟通问题；如果个人不能够换位思考，只考虑个人利益而忽略了集体利益，或者只关注自身避免犯错，无法有效处理冲突，那部门与部门、人与人之间就会出现"墙"。部门领导者以身作则十分重要，如果部门负责人的视野和格局仅限于个人或小团队利益，那么整个部门的风气和行为方式也会与其保持一致。

部门墙怎么拆？

可以运用拆墙四步法：组织拆墙，流程穿墙，文化弱墙，机制碎墙。如图5-6所示。

	具体行动
组织拆墙	1. 公司层面梳理架构（横向减少部门之间的壁垒）和完成人员盘点与配置（轮岗、晋升、换人等）。 2. 各部门梳理架构（纵向减少层级，提升效率）和完成人员盘点与配置（轮岗、晋升、换人等）。 3. 各部门权责清晰，重点梳理有业务交叉部门的职责。
流程穿墙	1. 建立信息管理系统，实现信息同步、透明、共享和同时"提醒"功能，打破信息不对称（敏感数据除外）。 2. 推进流程系统设计、流程简化、改进和优化等。
文化弱墙	1. 结合知识分享推动跨部门团建。 2. 立标兵（跨部门合作），强宣导，多激励。 3. 举办"高效沟通""建立影响力"培训工作坊。
机制碎墙	1. 优化目标机制、考核机制、奖励机制（以组织/团队利益为重，增加跨团队项目维度以激励团队协作）。 2. 推动制度化运作项目管理，创建跨部门运作的反馈机制。 3. 建立跨团队复盘制（结合知识分享），确立团队协作在绩效考评的落地方案，检测推墙行动的有效性。

图 5-6　拆墙四步法

【案例解析】

某金融公司发展到 2000 多人时，组织内部部门之间的隔阂逐渐加剧。虽然每个部门表面上看起来各司其职，但作为一个整体，最终的运营结果并不理想，无法达到预期目标：交易量没有显著增长，坏账率甚至比过去还要高。出现这些现象的时候，就意味着"部门墙"已经存在了。该公司组织内部的部门墙主要表现在以下几个方面：

首先是前端业务部门与风控部门之间存在矛盾。这两个部门拥有各自的目标，然而却没有任何有效的联动机制，导致目标与利益无法协调。

其次是风险控制部门、贷中和贷后部门之间的职能分工模糊以及利益无法共享。这种情况下，各个部门都没有明确的目标，并且缺乏共同合作的动力。

再次，前端部门与中后台部门之间还存在信息不对称的问题。中后台部门对前端业务缺乏了解，无法提供足够的支持和协助，无法满足业务需求。

此外，中后台部门之间缺乏理解、沟通和互动。这使得跨部门的项目很难推动和落实工作。

最后，跨团队的项目管理缺乏共享目标，无法明确分工。这不利于日常交互和工作。

为了解决这些问题，该公司采取了拆墙四步法，并制定了以下措施。经过大半年的时间，在市场环境相对恶劣的情况下，公司的业务量明显提升，坏账率也得到了有效控制，组织内部的"协同"文化氛围也得到了很大的改善。

四、科技发展给组织带来的机遇和挑战

科技的飞速发展改变了所有人的生活和工作，从无所不在的智能语音助手到全世界热议的 AI 和 ChatGPT 等工具，这些工具正在被广泛应用于不同的生活和工作场景中，重塑着社会、经济及其生态链。

科技发展带给人力资源管理和组织的影响同样是巨大的，机遇和挑战共存。我们无法阻止科技发展的脚步，相反，我们应该充分利用人工智能。和人类相比，AI 和 ChatGPT 在某些方面表现更加突出。将人工智能引入招聘、绩效考核、薪酬福利设计、培训、人力资源规划、组织效能提升、企业整体经营仪盘表等方面，不仅可以释放很大一部分重复劳动力，也会使相关的统计分析变得更加精准和严谨，在很大程度上能够促进人力资源管理效率的提升和企业经营管理模式的优化创新。但是，人工智能的缺点在于，它无法代替员工的情感需求、创新能力和判断能力，这就对企业从业人员的能力结构产生了新的要求，更需要员工转而投身于高价值的创造活动。

第四节　推动组织变革和创新

为了推动组织变革和创新，需要了解为什么一个组织需要变革。很多企业错误地认为，只有在遇到问题时才需要进行变革。然而，变革的目的不仅仅是为了解决问题，更重要的是为了使组织能够迅速应对外部环境的变化，从而保持竞争优势。现代科技的快速发展导致市场环境变化的速度越来越快，企业必须迅速适应市场的变化。

达尔文在《物种起源》中总结过："能够生存下来的物种，不是最强的，也不是最聪明的，而是那些最能适应变化的。"这句话同样适用组织。变革是从当前状态向目标状态的过渡，无论是调整企业战略方向、转型业务，还是推行新制度，都属于变革的范畴。组织变革的最终目的是适应组织未来发展的需求，实现可持续发展，通过变革提升组织效率和活力，进而提高企业的竞争力。组织变革可以通过优化组织结构、调整作战队形、加快组织新陈代谢等措施来实现。

一、组织变革有哪些阻力

组织变革并不容易，很多组织因为在变革的道路上遇到困难而变革失败。全球范围内的调研数据显示，组织变革的成功率不到30%。这是因为组织对变革的阻力认识不足，无法明确变革的受益方，导致组织和个人抵制变革，缺乏合作和对变革的支持。另外，变革准备不充分和缺乏变革管理技巧也是导致变革失败的重要原因。进行适当沟通和管控是成功实施变革的关键。

在进行组织变革时，会遇到许多阻力。企业需要对这些阻力有充分的认知，才能够有效地进行组织变革管理。通常来说，变革的阻力来源于以下几个方面：

1. 对权力的影响和威胁。组织的变革会对在位者的权力产生影响和威胁，即便变革中包含积极的变化，这仍然是阻碍变革推进的主要原因。

2. 经济和利益的影响。组织的利益是相互关联的，变革实质上是对这种利益关系的重塑。不论是对企业还是个人来说，短期内都可能面临收入的变化。变革可能会增加某些人的收入，降低其他人的收入，甚至会导致个人利益因失去岗位而受损。为了维护各自的利益，人们往往会阻碍改革，有时甚至形成联盟对组织施加压力。

3.惯性思维的影响。习惯具有强大的力量,在变革中需要放弃一些现有的东西,学习新的东西,重新调整并挑战人们已经适应的现状。例如,习惯使用苹果手机的人换用华为手机时,由于系统的不同,使用起来可能会感觉不便,这就是习惯的力量。此外,观念和认知方面的问题也是变革阻力的来源。组织运行的惯性同样存在此种影响。

4.组织结构与文化的影响。现有的组织结构和企业文化对变革而言也是一种束缚。特别是当一个原本是关系型的组织,可现在要转变为以绩效为导向的组织时,变革的难度会很大。想象一下,假设一个组织原本是以和睦相处为前提(尽管对组织不利),绩效评估只是形式上的,大部分员工被评定为100分。现在突然要求严格评估,并告知员工离目标还有差距,需要改进,许多人会感到手足无措。员工对稳定、舒适、确定性的追求、对未知状态的恐惧以及保守型企业文化等因素,也会影响和制约组织变革。

5.资源的限制。资源是有限的,战略选择就是对资源的选择。在分配资源时会引发冲突,当过分关注成本时,就可能会导致资源不足,无法推动变革。

6.处理危机的能力。有些变革就是危机事件,可能挑战企业目前存在的根本,需要进行危机管理。

通过了解以上变革的阻力,企业就可以更好地应对组织变革,充分优化变革管理策略,使变革过程更加顺利。

二、不打无准备之仗

在了解了组织变革的阻力之后,是否可以开始推动组织变革了呢?实际上,并不是这样的。在推动组织变革之前,必须对组织当前为变革所做的准备有所了解,并对其充满信心。企业需要从"我们在哪里"到"我们要去哪里"这个问题中,认识到两者之间巨大的差距。

当组织变革与战略适配性越来越高,变革执行难度越来越低时,便达到了组织实施变革的理想状态。同样情况下,当变革执行的难度一般时,这就需要权衡变革是否值得尝试。当组织变革与战略适配性越来越低时,无论变革执行的难度如何,组织变革的意义都不大,不值得推动。当组织变革与战略适配性一般,但执行难度高时,组织同样必须重新考虑或重新设计组织变革方案(如图5-7所示)。

组织变革的成功离不开关键人员的推动。关键人员的准备度和能力越高,并且他们担任重要职位或者具有较大影响力时,变革就越容易成功。反之,变革就可能容易失败。

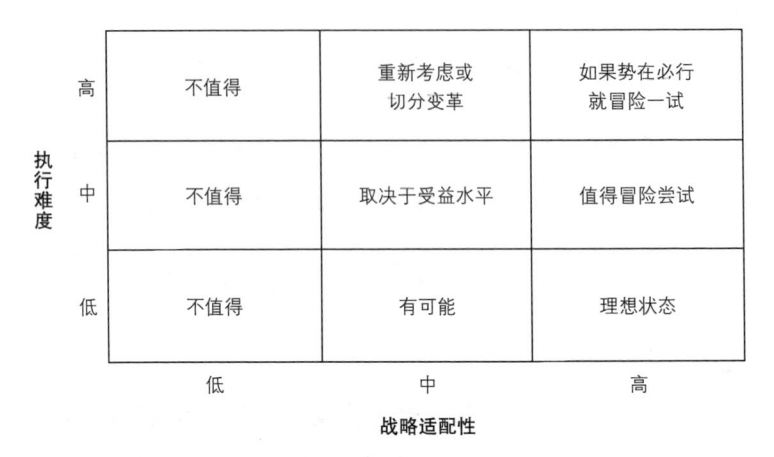

执行难度	低	中	高
高	不值得	重新考虑或切分变革	如果势在必行就冒险一试
中	不值得	取决于受益水平	值得冒险尝试
低	不值得	有可能	理想状态

（横轴：战略适配性）

图 5-7　组织变革的执行难度与战略适配性

三、科特八步法

基于对众多变革失败案例的研究，领导力和变革管理大师约翰·科特（John Kotter）提出的"八步变革模型"（如图 5-8 所示），找出了一些组织变革失败的共同原因：过于自满、缺乏管理层的支持、低估了愿景的重要性、缺乏有效沟通、未能消除变革障碍、缺乏逐步推进的策略、过早宣告胜利、忽视将变革融入企业文化等。同时，科特的研究还得出了两个重要的成功模式：首先，有效的变革通常需要经历一个多步骤的过程，这样的过程可以创造足够的动力和动机以克服所有的惯性。其次，只有在高质量领导的推动下，这样的过程才能得到有效地实施。

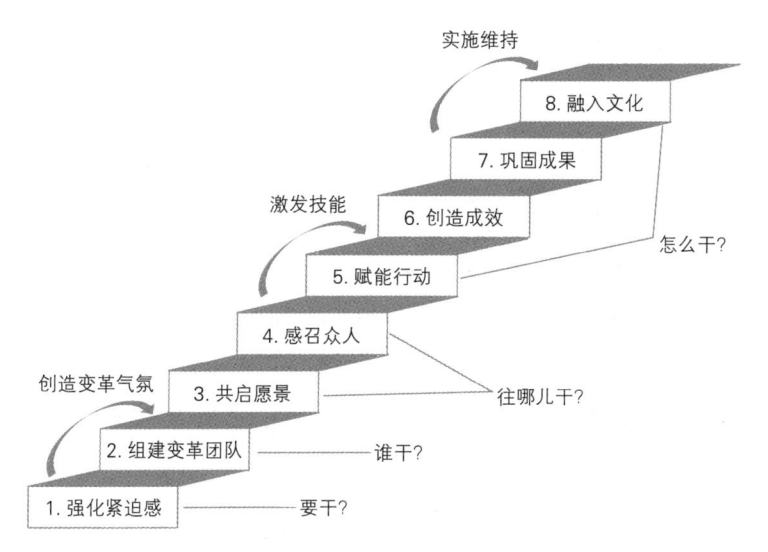

图 5-8　科特的八步变革模型

1. 强化紧迫感

为了增强紧迫感，企业需要克服自满情绪，不再依赖过去的成绩，时刻保持危机意识。企业可以通过市场和竞争分析来识别组织可能面临的潜在威胁，并通过场景描述或者引人注意的方式帮助员工理解变革带来的后果。此外，还可以从客户、外部利益相关者以及行业相关人士那里获取对组织的反馈，以增强我们的说服力。同时，企业还可以组织研讨会，定义和讨论组织可能面临的机会，以进一步加强紧迫感。

2. 组建变革团队

为了成功引领变革，企业必须组建一支能力强大的变革团队。企业应该在组织内寻找真正的领导者。这些领导者可以来自不同的部门，涵盖不同的职位层级，但都必须具备强大的职能能力、广泛的专业能力、出色的领导才能和管理技能，同时还要在组织中享有很高的威信。企业组建变革领导团队的标准就是十六个字：位高权重、业有专攻、勇于突破、领袖才能。其中领袖才能是非常重要的。在变革团队中，企业需要既有管理技巧又有领导技巧的成员，因为只有这样，才能全面把控变革的全局，并推动变革的顺利进行。如果变革团队中只有管理者，即使他们都才华横溢，也很难实现变革目标。

3. 共启愿景

变革团队需要为组织的变革确定一个合理、明确、简短而又激励人心的愿景以及相关战略。愿景是对未来的规划，它必须清晰、简单、有力，能够帮助所有人快速理解为什么要进行变革，清楚了解变革后的未来与过去的不同，并直接或间接地说明为什么组织应该努力创造这样的未来，以及未来如何变成现实。最高级别的激励就是用愿景去激励他人，从而激励每个人朝着变革目标努力，并高效地协调组织内部的行动。

4. 感召众人

在确定了变革的愿景之后,有效地传达愿景是决定变革项目成功与否的关键。企业必须以有效的方式,在多个场合不断地向所有与变革相关的人员传达愿景。企业需要回答员工的疑虑,缓解他们的顾虑,让尽可能多的人理解并接受变革的愿景和策略。只有当大多数员工理解企业的目标和方向时,愿景的力量才能被完全释放。企业的目标是在所有相关人员中形成共识,并建立一种责任感。重要的是,企业要通过沟通消除人们对变革的抵触情绪。只有当人们开始认同变革的愿景和战略时,他们才会将这种愿景融入自己的行动中。作为变革的领导者,要以身作则,首先改变自己的行为,以变革的愿景指导自己的日常工作,解决出现的问题,才能让员工更加信服。

5. 赋能行动

要在组织的变革中取得成功,领导者必须充分赋能。通过赋能,可以尽可能地为那些愿意参与变革的人提供信心,确保变革按计划进行,并消除由人员、制度、组织架构等因素产生的各种障碍。这一步的目标是让更多的人能够根据组织的愿景采取必要的行动,比如提供培训、给予绩效反馈、鼓励创新、尝试非传统的想法和活动。与此同时,企业应时刻关注变革过程中可能存在的阻碍因素,包括组织内部的一些抵制变革的力量。我们应该立即采取措施消除这些障碍，比如当发现现有流程或制度阻碍了变革的推进时，应立即修改这些流程或制度，确保它们与变革的愿景保持一致。

6. 创造成效

实现变革目标通常需要几个月甚至数年的时间。在变革的过程中，需要设定一些切实可行的短期目标，并以足够快的速度取得一些短期成果。每当达成一个短期目标时，企业就向员工们展示变革的成果，这将极大程度上帮助他们认可企业的目标并积极参与变革和改进，帮助更多员工建立变革成功的信心。这样不仅可以鼓舞士气、消除怀疑，还能赢得更多的支持并增强变革的动力，激励大家继续朝着下一个目标努力。

7. 巩固成果

在取得最初的短期成果后，企业不能掉以轻心。必须时刻关注内部可能存在的抵制力量，并防止因内部高度相互依赖产生冲突。此时，企业需要继续巩固和加倍努力，不断推进变革，直到完全实现组织变革的愿景。只有取得战役的最终胜利，才被视为真正的胜利，过早宣布胜利会助长自满情绪，影响整个变革进程。

科特认为，许多变革项目的失败都是因为过早地宣布变革成功。要实现真正的变革，需要涉及更深层次的变化，如流程和制度等方面。因此，取得变革的早期成功只是一个美好的开始。为了取得最终的胜利，变革领导团队必须持续推进和完善。在这个阶段，我们可以分析成功因素，探寻需要改善的方面，引入新项目、新主题和变革推动者等，或通过引进外部变革顾问和招募新的团队成员等方式得到持续推进变革的新思路。

8.融入文化

最后，为了进一步巩固变革成果，我们需要持续努力将变革融入企业文化中，培育一种新的企业文化来巩固所有的变革成果，包括组织中的群体行为规范和员工的价值观念。在许多变革过程中，与变革愿景不协调的东西通常不是核心观念，而只是一些具体的行为规范。在这种情况下，企业的挑战在于需要将新准则与旧文化融合，同时去除不协调之处。否则，变革过程中的许多努力会很快被旧文化摧毁。虽然传统行为方式等因素仍会产生影响，但只有成功地改变人们的行为方式，为团队持续创造相应的回报，并让人们认识到新的行为方式与绩效改善直接相关，企业文化才能真正发生改变。

如果想使组织变革成功，必须牢记下面三个成功要素：降低变革阻力、提升变革技能、加强变革领导。

四、唯创新与梦想不可辜负

当今，为了生存和发展，任何一个组织都需要创新。在过去的 20 年里，中国的互联网和数字化发展迅速，创新精神的重要性在中国的不少企业中都得到了很好的验证。

以下是两个例子，展示了创新在组织发展中的关键作用。

一是韩都衣舍。韩都衣舍的三人模式团队创造了服装行业的组织结构先例，打破了服装行业大规模生产所带来的产品积压问题。韩都衣舍通过小团队的敏捷、授权以及以消费者为中心的指导思想，实现了小规模试样和每天上新 100 款服装的目标。这样做的好处是能够预测市场需求，通过一个共享的后端平台提高效率，并有效控制成本。短短十年间，韩都衣舍快速发展成为国内知名的女装品牌，实现了业绩增长，吸引了超过 5000 万年轻女性的喜爱。韩都衣舍的例子告诉我们，通过充分激励团队和人才，可以大大提高绩效，更好地为消费者提供服务。

二是中国电信。自 2012 年起，中国电信开始大规模推行"营业厅外包"的内部孵化项目，对内部和外部员工开放，通过提供系统能力来支持所有的孵化项目，最终实现公司和员工的双赢。中国电信的创新运营管理模式以"激发人的活力"为核心，通过"员工内部创业"为手段，不断推动"划小承包"和"倒三角支撑"，开辟了员工发展的新道路。这种模式的效果是电信效益的增长一直高于行业平均水平，用户口碑也得到持续提升，服务质量和效率都有明显提高。中国电信的例子告诉我们，"大"并不是创新的障碍。

上述两个案例都是以内部创新项目为例，那么在组织内部进行创新项目或者孵化项目时，应该如何进行？又需要具备怎样的条件呢？

首先，组织内部需要树立创新文化。创新文化是企业发展的基石，因此我们应该从培养员工的创新意识开始抓起。可以引进创新人才，提供相关的创新培训并举办论坛，同时制定相应的创新政策，以此引导员工形成创新意识。

其次，组织内部需要营造良好的创新氛围。良好的创新环境可以激发更多的创新成果。如果整个公司都强调"鼓励创新，容忍失败"的氛围，那么新的产品和创意就会不断涌现。当然，企业也需要充分了解创新的两面性，即创新是企业发展的动力，但并不是所有的创新都能成功，创新也是有成本的。因此，为创新提供适当的资源，建立内部孵化机制，并制定创新原则，可以成为鼓励创新的重要方法。这样既能保证创意源源不断地迸发，也能控制企业的创新成本。

图5-9展示了某金融科技公司内部孵化项目的审批流程，该公司建立了内部创新创业机制，定期回顾创新项目并提出关键性决策意见，以确保创新项目的资金投入、人员配置和财务回报。

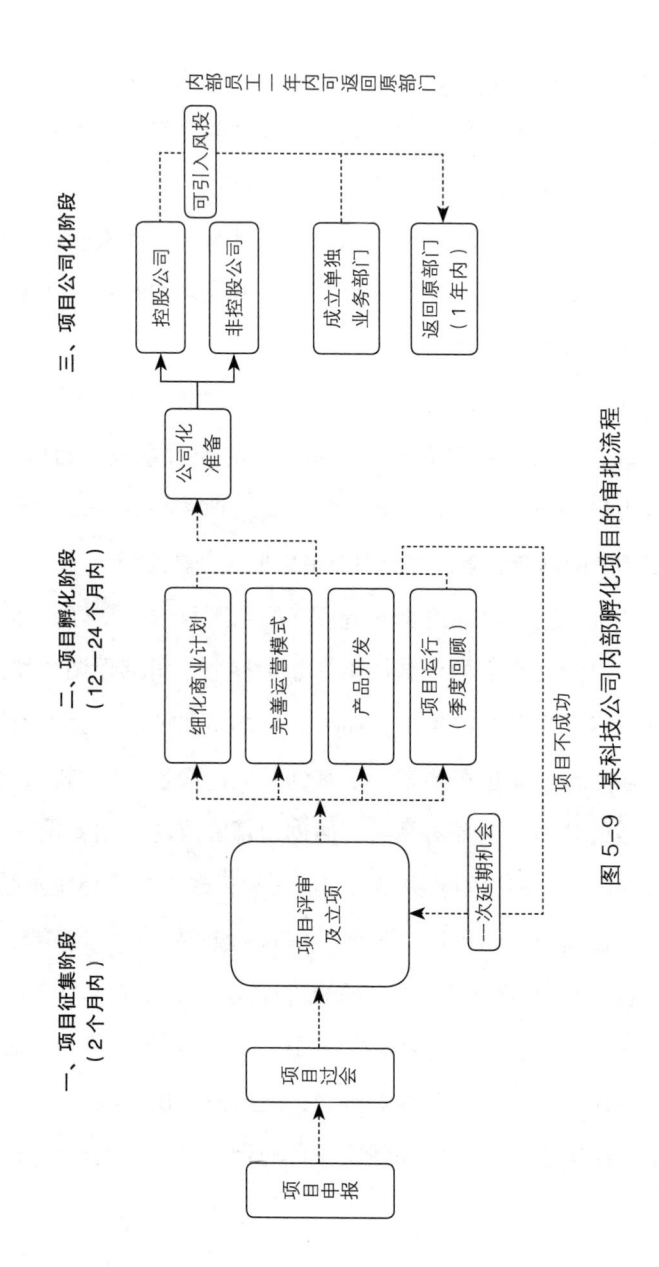

图 5-9 某科技公司内部孵化项目的审批流程

为了鼓励创新并有效控制创新成本，该企业制定了以下原则框架：

1. 符合国家和公司合规要求；

2. 创新项目聚焦前端业务开发，而公司中后台作为资源共享中心，支持创新项目。一旦创新项目获批，创新团队将享有相应的100%资金和资源配置自由；

3. 创新项目应定期回顾，以确保业务运行正常且能够进行良好的业务风险管理；

4. 创新项目应设定最低经营成果要求和止损点，如果未达到最低要求或超过止损点，公司可以进行干预或直接终止该项目；

5. 创新项目允许外部融资；

6. 所有创新项目启动的知识产权归公司所有。

对于项目团队，该企业也制定了相关政策和支持。例如，项目团队不得超过8人，包括正式员工和外包三方员工，编制独立。项目负责人可以在内部平台开展公开招聘，并申请面试者所在部门放人。

该企业为参与内部创新孵化项目的员工制定了相应的激励措施，解决了员工的后顾之忧，激励员工勇于创新：

1. 在项目期限内（最长两年），创新项目团队成员将享受80%的工资，不享受原有部门的奖金分配方案，但可以分享既定项目的利润；

2. 根据两年经营目标的业绩分享利润，分享比例在项目成立一年后确定；

3. 利润分配将按年度计算，50%的利润金额将在项目成立一年后发放，其余部分将在项目第二年支付，以完成两年的业务目标交付；

4. 如果将来创新项目独自成立公司，项目团队成员可获得该公司股权，比例由当时的出资比例确定；

5. 不论是由于公司干预还是个人意愿，如在两年内提前退出创新项目，个人将经历重新评估，并被分配到一个适合的公司内部职位。重新分配后的工资将保持原有水平，并享受重新分配工作部门的奖金。

这种创新机制对企业内部员工意味着更多不同的职业发展路径和管理机会，员工能够亲身感受企业家精神，这在很大程度上可以激活组织的创新文化。

但是，创新是否就意味着新项目呢？

实际上，并非如此。创新有大小之分。有时，创新可以体现在企业每个流程的简化、优化，每个新的管理思路和准则，以及每个信息流的开放等旨在提升企业组织效能的具体细节。

此外，在实际操作中，还会涉及组织结构创新。一般而言，组织创新有三种方式：兼并整合、划分小单元和创建全新组织。兼并整合是通过压缩合并原有组织结构，实现横向、纵向或全方位的整合。划分小单元是根据企业经营目标、产品线或区域的差异将成员分开。创建全新组织是在新的经营目标指导下建立新的组织。通常情况下，新业务建议通过创建新组织来完成。

第五节　不确定时代的组织生存法则

一、组织韧性是一种品质，也是一种潜力

抽样调查显示，中国民营企业的平均寿命仅为 3.7 年，中小企业平均寿命更是只有 2.5 年，每年有 100 万家企业倒闭。而在美国与日本，中小企业的平均寿命分别为 8.2 年、12.5 年。[①] 这些数字表明，许多企业无法穿越企业生命周期，要么是生命短暂，要么是无法做大做强。

随着这个时代带来越来越多的不确定性，拥有韧性的组织可以更好地面对不确定所带来的挑战。

2021 年 3 月，一份由国际权威研究机构高德纳（Gartner）发布的预测报告指出，到 2025 年，全球 70% 的 CEO 将建立"韧性文化"，以应对新冠疫情、网络犯罪、恶劣天气、内乱

---

① 刘兴国. 中国企业平均寿命为什么短［N］. 经济日报，2016-6-1（9）.

和政治动荡等各种威胁。该报告还指出，90%的全球商业领袖认为，组织韧性将成为未来商业领域首要的思考内容，80%的企业家认为，只有具备韧性的组织才能够获得长久的发展。

"韧性"一词源自拉丁文"resilire"，意为反弹、恢复原样。最初，韧性是用来描述物理学和材料学中的材料在外力作用下发生变形后恢复到原始状态的能力。后来，加拿大生态学家克劳福德·斯坦利·霍林（Crawford Stanley Holling）在生态学领域的研究中首次引用了"韧性"一词，用来解释生态系统在遭到外部冲击和干扰后自我恢复且迅速恢复到稳定状态的能力。随着时间的推移，"韧性"逐渐成为自然科学、社会科学等多个研究领域的关注点。

"组织韧性"是一种组织能力，能够帮助企业度过生命周期。它代表着组织在面临危机、困境和逆境时，能够穿越低谷，并通过自我调整和重塑来恢复甚至超越原来的稳定状态。简而言之，组织韧性意味着在危机中迅速调整，在困境中持续坚持，在逆境中战胜自己。无论遇到何种不利情况，组织韧性都能够取得最终胜利。

打个比喻，组织就像一个家庭，无论大小，幸福的家庭都是相似的，都是走过蹉跎岁月、经历风雨和磨难，相互理解、信任、陪伴和支持，最终实现家庭兴旺、儿孙满堂，使家族得以延续，这才是真正的幸福。

在当今社会，组织韧性成为企业发展的必然要求，因为国际关系、国家政策、经营环境和客户需求都是不断变化的。拥有强大组织韧性的团队能够帮助企业在任何不利的情况下，重新构建组织资源、流程和关系，加强团队协同，帮助企业走出困境，发现新的增长机会，进而推动变革，实现创新，推动企业不断实现增长。

总而言之，组织韧性最终支撑着组织实现可持续发展并不断前进。

二、衡量组织韧性的三个维度

组织的韧性可以通过三个维度来衡量。

第一个维度是组织的敏捷性。即组织适应变化、快速反应和灵活变通的能力。为了提高敏捷性，组织需要摒弃传统的纵向组织结构，转而采用横向的扁平化结构，以更快地迎合市场需求。扁平化的组织结构可以加快决策速度，避免传统等级制度和审批制度导致的决策周期过长。

同时，随着时间的推移，越来越多的大型组织已经意识到传统的职能式和直线职能式组织架构已经不能满足当下的需求，开始转向事业部制或者划分小单元的组织架构。这样做的好处是每个小单元的团队成员既可以看到整体战略布局，又能够参与到当前的变革中，围绕不同的市场和客户深入开展工作。此外，成立多个项目小组也是一个值得借鉴的做法。项目小组是一种灵活的非正式组织形式，能够显著提高组织的灵活性，可以根据市场和客户需求的变化快速调整产品或服务，更好地满足客户的需求。这种采用非正式组织形式形成组织战斗力，解决和克服组织面临的阶段性问题的方式，是应对外部快速变化的灵活处理方式。

扁平化组织结构对管理者提出了更高的要求，因为管理范围增大，需要更强的团队合作。扁平化组织结构对信息流的速度和流畅性也提出了更高的要求，这就要求组织的信息管理系统需要得到不断的更新。

第二个维度是组织的创新性。组织的敏捷性主要是被动的，是对外界变化的反应。而创新性使组织能够主动引领外界的变化。创新能力强的组织，通常也具备较强的韧性。创新能力主要体现在产品和服务的创新上，产品能够引领市场，并满足市场和客户需求。此外，组织结构的创新也可以推动产品和服务的创新。敏捷的组织更容易获取市场信息，更关注和贴近消费者的需求变化。相应的机制创新可以支持团队成员快速决策、调整和创新。这些机制包括决策机制、内部孵化机制、激励机制等。

第三个维度是组织的执行力。组织的战斗力最终取决于其执行力。无论有多正确的作战方针，多敏捷的组织结构和创新机制，要在市场中取得胜利，还需要整个团队的战斗力，即组织的执行力。市场变化快速，创意可以被快速复制，组织需要快速执行，才能率先占领市场并建立品牌，更好地满足客户需求。提升组织内部人员的能力是提高执行力的关键，这些能力包括理解战略的能力和快速学习、变通的能力。

三、打造组织韧性是持久的功课

组织韧性对于企业的持续发展至关重要。有韧性的组织才会走出危机，业绩长虹。那么，如何构建组织韧性呢？以下几个方面值得我们关注。

（一）建立文化韧性

企业的文化韧性变强，其组织韧性也会相应增强，组织韧性常常与组织变革、创新并行。在变革的过程中，企业文化起着先导的作用。一个缺乏信仰和文化精神的企业，往往无法走得远，也无法经受住挑战。而那些具有强大韧性的组织，不仅生命力旺盛，其使命感和愿景的感召力也非常强大。

以玄奘西天取经打比方，他能够历经九九八十一难，取得真经，就是源于他强烈的使命感和坚定的意志力。他的愿景是广传佛法，普度众生，这种价值观使他能够坚持到底，不达目的誓不罢休。

（二）坚持愿景

SpaceX 的创始人马斯克，即使在公司面临破产、三次发射失败的情况下，他和他的团队依然坚持研发和组装火箭，最终实现了第四次发射的成功。马斯克的愿景是希望人类实现永生，探索更多太空的可能。这个崇高和远大的使命，使马斯克和他的团队能够积极面对风险和不确定性，并在艰苦的条件下为之努力和奋斗。

对一个人，甚至一个组织来说，最高的激励往往来自愿景，而非物质。因此，构建组织韧性，首先需要建立强大的文化韧性，其次需要树立并坚持崇高和远大的愿景。

（三）塑造坚韧领导力

丘吉尔曾经说过，永远不要浪费一次好危机所带来的机遇。企业的领导者承担着引领组织变革的重大挑战，需要带领团队走出危机，逆势翻盘，走向成功。由此可见，坚韧的领导力对一个领导者来说是不可或缺的重要因素。领导者不仅需要提升自身的韧性，还需要引领追随者创造出团队韧性。领导力韧性是带领组织走出危机，推动变革的核心战略资源。

以微软第三位 CEO 萨提亚·纳德拉（Satya Nadella）为例，他在执掌微软期间，微软从 PC 时代的霸主地位滑向移动互联网时代的低谷。面临这个艰难局面，纳德拉毫不畏惧，大刀阔斧地对微软进行了自我革命。在业务层面上，纳德拉采取了开放合作的战略，提出了"移动优先，云为基础"的理念：砍掉手机业务，放弃 Windows 系统，使微软的应用能在各种操作系统上流通。同时，他也积极拥抱云服务和人工智能。在机制方面，纳德拉废除了员工评级制度，推行"一个微软"的理念，从强调个人和单个组织能力转向强调微软整体能力，这大大减少了内部纷争，实现了整体价值的最大化。在文化方面，纳德拉更新了微软的使命，从以前的"让每个办公桌和每个家庭上的 PC 都在运行微软的软件"变为"予力全球每一人、每一个组织成就不凡"。纳德拉还大力倡导内部文化氛围中的"成长型思维模式"，鼓励团队接受挑战，在失败中不断学习和成长。通过一系列果断的改革，纳德拉让多年来相对沉寂的微软，在短短 18 个月内实现了 U 形大逆转，焕发出新的活力，可以说为微软开启了第二个春天。如果没有纳德拉的坚韧心理和领导力，他很难在面对困境时保持冷静，并能够做出正确的战略决策，带领团队走出困境，让微软重回巅峰。

越来越多的国内企业家和创业者喜欢带领团队走进戈壁徒步。戈壁是一个荒无人烟、环境艰苦的地方。八百里流沙充斥着整片区域，寸草难生。白天的烈日炙烤着大地，夜晚的寒风刺骨。那么，戈壁到底有什么魅力呢？

对团队来说，戈壁行是一种心性的磨砺，能够感悟到集体的力量和精神，增强并促进团队的信任、协作和凝聚力，锻炼整体的意志力，提高团队的战斗力。而对个人来说，戈壁行是一种挑战自我的过程，是一个可以突破个人极限，重塑自我的机会。每个人都有自己的心理和生理极限，在面临难以逾越的困难时，只有无畏恐惧、充满勇气，才能突破极限，从而不断蜕变成长。

（四）加强资本韧性

资本韧性的加强对于一个组织的发展至关重要，这里所指的资本包括人才和传统意义上的资本。

首先，人才是组织的根本，只有拥有合适的人才才能使组织具备韧性。为了应对组织面临的危机和逆境，人才储备至关重要。组织需要精准地招聘所需人员，使他们在加入公司之前就具备所需的特质，例如适应能力、自主学习能力和创新能力。如果大部分员工都具备这些特质，组织的韧性将会大大增强。

其次，随着科技的发展，赋予员工成长的机会至关重要。企业应当通过人才盘点挖掘潜力员工、培养年轻干部，使他们在项目和挑战中不断成长，建立企业经营意识，摆脱专业职能的思维。这些也是做好人才储备的核心手段。

除人才外，资本也对组织韧性起着重要作用。组织想要在逆境中持续增长，不仅需要正确的战略，还需要充足的资本支持。资本是抵御风险的重要资源，现金对企业的生死存亡至关重要。因此，很多企业坚持"现金为王"，在好日子中要预先做过苦日子的准备。

总之，组织的资本结构和现金对构建韧性至关重要，它们决定着组织的发展。此外，还需要拥有合适的人才和充足的资本支持，组织才能在面对逆境时保持韧性并实现持续增长。

本章小结

　　一个高效的组织，必然有显著的优点。而这离不开组织设计，一个好的组织设计是组织最基本也是最重要的开端。组织有不同的模式，因此组织设计需要匹配战略和业务，还必须符合组织当下的员工结构、员工能力以及文化特性。

　　组织在运行一段时间后，就可以通过组织诊断的方法系统地发现组织中的本质问题，并系统地解决这些问题，从而让组织变得更高效。本章着重介绍了六盒模型和7S的组织诊断方法和相关工具，相信可以帮助读者更好地完成实战落地。同时，本章也推出了"组织盘点"这个概念。组织盘点上承战略，下接人才。组织盘点必须与人才盘点有效结合，只有这样才可以更好地打造灵活的组织，赋能业务。

　　提升组织效能，是一个组织永远不变的追求。而组织效能提升不能靠一点一面去解决，它需要从系统的角度去思考，需要聚焦在组织能力建设上,同时关注组织的团队协作,打破部门墙,让组织的效能得到进一步放大。社会在前进,技术在发展,组织更需要不断创新和自我革新,调整自己的步伐,以适应外界的快速变化。在当下多变的社会形态下,构建组织韧性变得尤为重要,组织韧性是让组织得以生存和发展以及突破组织生命周期的不二法则。

■ 思考题

1. 组织诊断应采用什么方法?为什么?
2. 如何结合组织盘点和人才盘点推动组织的发展?
3. 组织效能可以从哪几个维度做评估和衡量?
4. 应该如何定义组织能力?如何做好组织能力建设?
5. 如何确保组织变革的成功?
6. 什么是组织韧性?可以从哪些方面加强组织韧性?

第六章

解码绩效激励,驱动业务增长

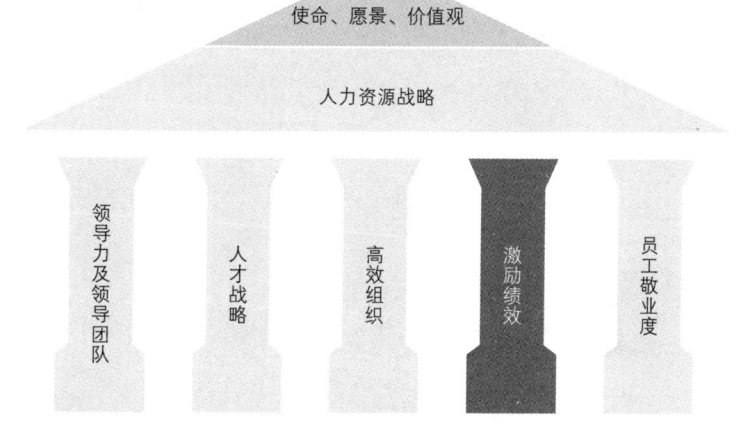

```
            使命、愿景、价值观
              人力资源战略

  领导力及    人才    高效    激励    员工
  领导团队    战略    组织    绩效    敬业度

        人力资源专业能力和职业发展
```

绩效与薪酬,是企业人力资源管理的关键部分。绩效管理能够点燃员工的激情,激发他们的潜力,促使他们为企业的目标而努力;而薪酬管理则能够给予员工应有的回报,激发他们的工作热情，让他们感受到自己的价值。然而，许多人力资源工作者和高层管理人员在处理这两方面时过于片面，未能全面考虑其关联性。实际上，人力资源管理的各个环节都需要系统性、全面性的思考。我们应该以一个完整的视角看待人力资源的各个方面，从而形成一个闭环式的管理模式，以实现更加高效、完善的人力资源管理。

第一节　构建全面而系统的战略绩效管理体系

一、从经营的角度理解战略绩效

企业的愿景是对美好未来的憧憬与期盼，它如同一幅宏伟的画卷，虽然无法用数字衡量，却能激发我们无尽的想象与追求。要想让这份愿景深入人心，成为员工共同奋斗的动力，就需要将其转化为一系列具体的战略目标。这些目标如同照亮前行道路的明灯，让员工们能够清晰地看到企业在通往愿景的道路上的坚实步伐。

从经营的角度看，战略目标也是指引企业正确前行的关键。它们是企业战略规划的落脚点，是实现愿景的基石。只有当每个部门、每个员工都为目标努力奋斗时，企业才能汇聚起强大的力量，不断攀登新的高峰。

彼得·德鲁克曾言："可衡量的才能被管理。"一个完善的战略绩效管理体系，如同一条脉络清晰的航线，能够引领企业在风浪中稳健前行。它不仅涵盖了战略规划、战略解码、企业经营目标等宏观层面的内容，还包括部门绩效、员工绩效等微观层面的内容。在这条航线上，如何确保战略目标与部门目标紧密联动，是至关重要的。只有当每个部门、每个员工都紧密协作，才能确保企业整体战略目标的顺利达成。

战略规划是企业为实现长期发展目标所制定的全面、系统的规划，涵盖使命愿景的确定、内外部环境分析、内部资源和能力评估、战略选择等多个方面。内外部环境分析旨在发掘外部机会与威胁，以及识别内部优势与劣势。内部资源和能力评估有助于明确企业的竞争优势，并发掘组织内部的协同效应，以实现事半功倍的效果。这里的协同可以包括投资协同、产业链协同和管理协同。战略选择则关乎企业关键策略的制定，如产品选择、产品定位、市场份额以及未来成长方向。

战略目标是企业在一段时间内追求的可量化、可衡量的指标，体现了企业的发展方向。关于"一段时间"的期限，没有严格规定，1至5年均可，期限的长短需考虑行业竞争状况、技术壁垒、产品或服务创新速度以及市场变化等因素。通常，市场变化越快，战略目标的制定周期越短。传统行业一般为3至5年，但对于高速发展、变化迅速的行业，如互联网、电商及其他创新型企业，这一周期可能缩短至1年。

即便确立了3至5年的中长期战略目标，仍需进行战略解码，以确保长期执行的战略举措能始终保持方向正确。战略解码的本质在于明确实现战略目标的路径。战略解码的核心包括两点：一是明确目标，二是掌握获胜的方法。战略解码的关键工具是绘制战略地图。在明确战略地图后，需定义核心目标和关键任务，即如何判断战斗胜利以及胜利体现在哪些层面。以及为实现胜利，需要占领哪些关键位置。

企业经营目标应将战略解码后的具体化核心目标和关键任务，并将其分解为年度、季度甚至月度目标，以确保战略目标的在执行上的有效性。部门绩效目标需围绕企业经营目标进行分解，为避免部门行动背离企业目标，应整合各部门目标，验证其是否紧扣企业经营目标，从而实现闭环管理；个人绩效目标则是每位员工根据部门绩效目标进行有效拆解和联动。最简单有效的方法是逐层分解，确保每位员工至少有1—3个目标与直接上级关联。

二、绩效管理的痛点、误区和隐形陷阱

绩效管理对于公司和员工的重要性不言而喻，它的主要作用包括：一是将公司目标与部门目标和个人目标进行联动，以确保目标的一致性；二是实现公司与员工的利益共赢，通过绩效管理来激励员工，提高工作效率；三是促进员工与公司的共同发展，通过绩效管理来提升员工的工作能力和职业素养。

然而,在实际的绩效管理过程中,企业往往会遇到一些痛点、误区和隐形陷阱。

(一) 只考核结果,不管理过程

绩效管理的最大误区在于将绩效评估与绩效管理混淆。实际上,绩效管理是一种科学的管理方法,它能通过持续开放的沟通,指导和督促组织成员达成绩效目标。这一过程强调达成共识和实现结果,是一个动态且持续的循环。绩效评估仅是绩效管理过程中的一个环节,也是最终的评价阶段。

从绩效评估的角度看,对员工在一定时期内的工作总结和成果评定具有重要作用,可以借此评判员工的工作表现:优秀、合格或不及格。然而,在绩效管理的整体框架下,绩效评估的地位并不那么重要。绩效考核虽然以结果为导向,但如果缺乏有效的沟通和管理过程,便无法实现优异的绩效结果。

许多管理者过于关注结果,忽视了过程的重要性。他们认为,只要达到预期结果,具体实施方式可任由下属决定。然而,倘若不对过程进行管控,便无法确保能否获得正确的结果。因此,在绩效管理中,管理过程与实现结果具有同等重要性。

而忽视过程管理的原因往往源于绩效考核会关系到利益分配、权力赋予等事项。绩效考核结果与年终奖金、薪资调整、晋升等福利待遇和人才政策紧密相连，直接影响员工个人利益和发展。在多数企业，绩效考评有一定分布区间，如"30-60-10"法则，即30%为优秀员工，60%为绩效达标者，10%为表现不佳者。然而，在年度绩效评估时，普遍存在员工对评估结果不满的现象：为何明明我的工作表现很好，我的考评结果却不是优秀的？为何我的不足之处没有人及时跟我反馈？为何考评结果不佳，中间却没人跟我提？为什么过程中没人辅导我来帮我达到标准？这不是秋后算账吗？

绩效管理的过程乃是一系列沟通环节，自目标共识、过程反馈、辅导与改进，直至达成结果、评定与考核反馈，皆强调沟通以达成双方共识。一个健全的绩效管理流程，可以通过绩效考核机制使企业战略目标逐级分解至部门及个人，确保上下目标一致，力出一孔。如果没有科学的目标设定，考核结果或将受到影响；若缺乏反馈与辅导机制，将会导致考核产生偏差；若评定考核结果后未能及时反馈，绩效管理将失去引领之力。因而，如果把绩效管理仅仅等同于绩效考核，是片面的，很难为企业带来持续健康发展。

（二）绩效管理与战略脱节

绩效管理脱离战略导向是一种常见现象。在考核过程中，尽管各部门的绩效目标均得到良好达成，但公司整体绩效却未达预期，这让管理人员颇感困惑。此类现象主要源于指标设定的不合理,以及企业战略目标在分解过程中出现了问题,即各部门的绩效目标未能遵循企业战略目标。错误的战略解码导致部门间绩效目标缺乏联动,整体协同性不足。

还有其他原因,比如各部门绩效目标源于其工作内容,部门目标集中关注在当前需要完成的任务。这种情况下,部门会更多关注内部事务,而非从公司战略和整体经营层面出发,来设定绩效目标。

此外,许多企业在理解和设计考核指标体系时,未能从战略角度出发,导致考核指标的设定存在一定偏差。例如,指标过于简化,难以进行客观考核;或过分追求完美,设置过多指标,致使管理人员和员工的关注点分散,降低管理效率。另一方面,企业可能生搬硬套,将不同专业的管理条线统一纳入一套指标体系。

制定绩效管理体系是确保企业战略目标落地执行的有效办法。考核指标体系应形成各部门关联、方向一致的绩效目标和指标链,核心目标是围绕战略展开工作,将战略目标层层分解,并有效落实到每位员工身上。通过关注关键业绩指标,引导员工行为朝着组织目标方向发展,促使每位员工为实现企业战略目标承担相应责任,这才是绩效管理的关键所在。

（三）本末倒置，绩效管理是为了利益分配

绩效管理的核心理念是，企业和员工应首先致力于扩大市场和业绩，然后再讨论分配问题。它的初衷在于推动企业实现长期可持续发展，完成更好的经营目标，并持续改进。绩效管理应引导企业实现战略目标和业绩增长，且员工的收入应与企业的经营成果紧密相连。优秀的绩效管理应激发员工更加努力地为企业创造价值，并从而获得更好的回报。

然而，很多企业对绩效管理的理解局限于"设定指标、评分及发放奖金"，将其视为扣除绩效奖金的工具和理由。在实施绩效管理时，企业通常将绩效工资或年终奖金与绩效指标完成率直接挂钩，例如，若绩效考核分数为90分，员工便可获得相应比例的绩效工资或年终奖金。这种做法可能导致员工在设定目标时产生抵触情绪，斤斤计较，不愿挑战高目标，因为他们担心难以实现高目标从而损害自身利益。久而久之，绩效管理便沦为企业和员工之间分配利益的工具。

（四）忽视绩效文化

企业大多具备自己的绩效评估体系。然而，尽管许多企业正在努力建立绩效管理体系，但效果并不理想。员工对绩效评估持有负面态度，管理人员也常常对绩效管理感到困扰，这主要是因为企业缺乏绩效文化。

简单来说，绩效文化就是企业从上到下都认同和接受绩

效管理的理念。虽然绩效文化是无形的，但它是绩效管理体系的灵魂，能确保绩效管理体系的顺畅运行。

然而，建立绩效文化并非易事，需要长期地执行和坚持。

首先，建立绩效文化不仅仅是一句口号，而是需要绩效管理与企业的经营和管理紧密结合，需要具体的行动来支持。其次，反馈文化是绩效文化的重要组成部分。然而，许多管理者往往碍于面子而避免给员工提供有建设性的反馈和批评。此外，绩效文化的建设需要长期地坚持，这是一个持续的过程。许多企业在初期可能会投入大量的精力，但如果看不到明显的效果，可能会逐渐失去信心。最后，如果企业在建立了绩效文化理念后，没有进行系统的制度建设、流程改造等工作，并与经营变革保持联动，那么绩效文化就无法得到有效的支撑。

如果企业能够建立强大的绩效文化，那么它将能提高组织效能，提升员工的敬业度和保留率，促进团队的发展和进步，实现个人和组织的共同发展。

（五）袖手旁观，绩效管理是人力资源的责任专区

在许多公司中，绩效管理工作常常被完全交由人力资源部门处理，这是一个普遍存在的问题。然而，人力资源管理专家戴维·尤里奇在他的著作《人力资源冠军》（*HR champions*）中指出，绩效管理应该是全企业的活动，不应局

限于人力资源部门。它是整个组织的核心活动之一，需要所有部门和员工的共同参与，以确保组织实现其战略目标。

在一个企业中，绩效管理通常涉及四个主要角色。

第一，CEO和高级管理人员。他们是绩效管理体系的决策者和推动者，他们需要制定适合公司的绩效管理体系，推动绩效文化的实施，并通过身体力行来倡导员工认同绩效管理的重要性。

第二，人力资源部门。他们是绩效管理的设计者、组织者、推动者和咨询专家，他们需要制定适合公司的绩效体系、流程、制度和原则，培训部门经理掌握管理员工绩效的技巧、工具和方法，提供有关绩效管理政策的咨询和绩效改进指导，并决定何时启动绩效管理以及如何把控绩效管理过程的关键节点，传播最佳实践并建立绩效管理知识体系。

第三，部门管理人员。他们是绩效管理的执行者和反馈者，他们需要执行企业的绩效管理制度，与员工进行持续的绩效沟通，记录员工的工作表现，评估总结员工的绩效，制订员工绩效改进计划（如有必要）和个人职业发展计划，并将执行过程中遇到的问题反馈给人力资源部。

第四，员工。他们是绩效管理的主导者，他们需要制订目标行动计划、达成预期的结果。在这个过程中他们需要向管理者征求反馈，采取适当改进行动，创建和执行属于个人的发展计划，设定个人目标和规划职业生涯。

从企业角度来看，一个良好的绩效管理体系应当能够明确企业战略，将企业战略目标分解并落实到部门和个人，从而通过推动战略的执行，提高企业经营的业绩。从员工角度来看，良好的绩效管理体系能通过实现员工目标来提升个人能力和促进个人成长，它不仅能为员工提供更多的发展机会，激发员工的成就感和使命感，还能让员工感受到自己工作的意义和价值。

三、卓越的战略绩效管理体系闭环

企业的绩效管理体系呈现为一个连续的闭环系统，其中战略、绩效与能力素质之间的关系明确且紧密。搭建一个完整的绩效管理体系，需要涵盖四个方面的要素（如图 6-1 所示）。

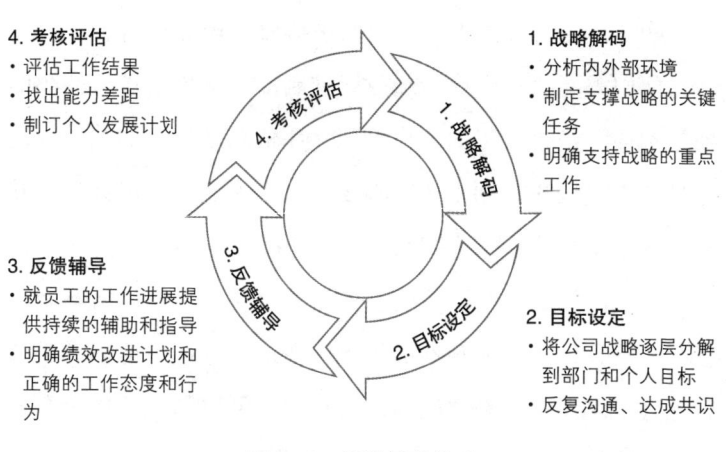

4. 考核评估
- 评估工作结果
- 找出能力差距
- 制订个人发展计划

1. 战略解码
- 分析内外部环境
- 制定支撑战略的关键任务
- 明确支持战略的重点工作

3. 反馈辅导
- 就员工的工作进展提供持续的辅助和指导
- 明确绩效改进计划和正确的工作态度和行为

2. 目标设定
- 将公司战略逐层分解到部门和个人目标
- 反复沟通、达成共识

图 6-1 绩效管理体系

（一）战略解码

绩效管理的首要任务是对企业战略的分解。这一过程需要管理者对企业规划的战略进行深入分析，明确企业在特定时期内应达成的战略目标。这需要结合市场的外部环境（如行业变化、竞争对手的优劣势等）和内部环境（如目标客户分类及需求，自身的优劣势等）进行综合考虑。在此基础上，还需要制定出支撑战略的关键任务，即明确能够推动战略实现的重点工作，并对这些工作的可行性进行分析，包括在实施过程中可能遇到的有利因素和阻碍因素。最后，将这些任务转化为具体的行动计划，包括行动的具体描述、时间节点、重要的里程碑、相应的衡量指标、责任人等。总的来说，战略解码就是将战略有效地转化为行动的过程。

（二）目标设定

目标设定主要涉及制定部门目标及每位员工的具体目标。部门目标的来源可分为两类：一是根据企业战略目标分解而来，或是与企业战略重要举措及专项任务相对应的关键绩效指标；二是基于部门关键职责推导出的常规管理或创新管理所需相对应的目标，通常为职能性指标。员工个人目标的来源亦分为两类：一是依据企业战略目标逐级分解至部门，进而形成的部门目标；二是源于个人岗位职责，如专项任务、工作岗位的职责或要求等。

(三) 反馈辅导

反馈辅导在绩效管理过程中扮演着举足轻重的角色。这是管理人员通过直接讨论与指导，有计划地提升员工工作能力，并协助员工实现目标的过程。在制订完工作计划和目标后，直属管理者应根据每位下属的实际情况进行辅导，核查任务与目标的执行状况，并为下属提供必要的辅导与反馈，确保个人与团队绩效的持续提升。反馈辅导贯穿整个绩效管理周期，是一个持续的过程。

企业考核周期时长各异。短周期考核，如一个月，较适合销售、客服、电销等岗位，此时反馈辅导通常较为及时。然而，若每个周期都进行辅导，管理人员的时间将面临巨大挑战。因此，建议将反馈辅导周期延长至季度或半年。长周期考核，如一年，常见于财务、人力资源、研发、供应链等职能部门。业务经理往往对此类辅导不够重视，若考核集中在年底进行，可能无法准确回忆上半年员工的绩效表现。因此，强烈建议在年中对个人绩效与发展进行一次正式的反馈辅导。此外，考核周期还可设置为三个月或半年，反馈辅导周期也可参照此频率进行。

(四) 考核评估

考核评估是在一个考核周期内对员工的工作任务和目标进行回顾、总结和评估的过程，通常采用目标评估法（如打分制）和等级评估法。此外，还需识别员工个人能力的差距，并与员工共同探讨下一阶段的发展规划。

四、事半功倍的绩效管理工具

常见的绩效管理工具包括平衡计分卡 BSC（Balanced Score Card）、关键绩效指标 KPI、目标与关键成果法 OKR（Objectives and Key Results）。

（一）平衡计分卡

平衡计分卡（BSC）是由美国哈佛商学院的罗伯特·卡普兰（Robert Kaplan）与大卫·诺顿（David Norton）于 1993 年提出。该工具通常用于集团型或成熟型大企业，将组织的战略转化为可衡量的指标和目标值。BSC 不仅是一种业绩管理工具，更是一种战略管理方法和有效的战略沟通工具，能够帮助员工清晰地理解他们的工作行为与企业战略目标之间的关联性。

BSC 重点关注以下四个维度。

1. 财务维度。它强调股东价值，即回报股东的目标和企业的经营结果。通过考察销售额、利润增长、成本降低以及资产负债率等指标，评估企业的成长性和盈利性，这些指标对实现企业的愿景目标至关重要。

2. 客户维度。它注重企业如何适应市场发展趋势并提高客户满意度。确定目标客户和服务的价值定位，通过改善交货周期、产品质量、客户利润率以及客户满意度等措施，推动实现财务目标，并进一步提升企业的竞争力。

3.内部运营维度。能否实现财务目标和满足客户的需求取决于企业的内部运营效率。通过改善企业的内部运营管理、客户管理流程、决策制度以及创新机制和激励机制等方面，可以提高企业服务客户的能力和吸引新客户的能力。关注生产率、生产周期、成本、合格品率、新产品开发速度以及项目开发和管理等指标，能有效优化企业内部运营。

4.学习与成长维度。为实现财务目标、满足客户需求以及改进内部流程，企业需要持续发展。这需要在三个方面做出改变，即人力资本、信息资本和组织资本。通过提升员工的能力和技能、改善信息系统以提升内部沟通效率等方法，能够优化企业文化、组织能力、领导力和团队合作等，支持公司的技术投入和人员能力培养。

总体来说，BSC 注重以上四个维度的平衡，包括长期目标和短期目标的平衡、内部和外部的平衡、前置指标和滞后指标的平衡，以及财务和非财务方面的平衡。通过实施 BSC，企业可以全面考量绩效管理指标，在不同维度中取得平衡，最终实现公司战略目标。

（二）关键绩效考核法

关键绩效考核法（KPI）作为一种目标式量化管理指标工具，能有效反映企业关键业绩的驱动因素，通过对组织战略目标的分解，衡量企业业绩结果和关键经营绩效。这一方法将企业战略目标分解为可操作的工作目标，并使其成为企业绩效管理的基础。一般适用于企业规模较大、管理制度相对完善、指标比较容易提取和量化的企业。

KPI 的核心理念在于引导管理人员专注于对公司整体业绩具有最大驱动力的经营活动和部门里的重要工作领域，并使员工关注个人关键工作任务。这一理念源于著名的"二八原理"，即在企业价值创造的过程中，20% 的骨干人员创造企业 80% 的价值。此外，"二八原理"在每位员工身上同样适用，即一个岗位的 80% 价值由 20% 的关键任务完成。因此，通过分析和衡量这 20% 的关键任务，便能抓住衡量和评估业绩的核心。

KPI 明确了部门的主要责任，并以此为基础，确定了用于衡量部门人员业绩及工作绩效表现的量化指标，这成为绩效计划的重要组成部分。因此，构建明确且切实可行的关键绩效指标体系，是成功实施绩效管理的关键。

值得注意的是，KPI 的制定通常会自上而下进行。

(三) 目标与关键成果法

目标与关键成果法（OKR）起源于英特尔公司创始人安迪·格鲁夫（Andy Grove），并由约翰·杜尔（John Doerr）引入谷歌，成为一套清晰定义并追踪目标及其完成情况的管理工具和方法。该方法旨在明确企业与团队的目标，以及达成每个目标所需的可衡量的关键结果，使整个组织的信息与资源得以共享，确保员工集中精力，协同工作。

OKR强调团队的协作力量，重视员工的主观能动性和创造性。目标须经管理者与员工充分沟通后共同确定，呈现自上而下与自下而上相结合的管理特点。由于目标设定具有挑战性，因此对企业员工的能力素质提出了更高要求。

为确保目标实现，每季度要进行回顾，以分析支持目标实现的关键结果。回顾形式包括一对一交流和公司会议。每季度关键结果将根据外部环境变化和全年目标及时进行调整，实现环境变化与目标稳定的相对平衡。

OKR的季度回顾有效适应了"互联网+"时代外部环境快速变化的特征。因此，该法更适用互联网企业、创新企业和创业公司等。

以上三种工具和方法并无绝对优劣之分，仅在使用场景上存在差异。绩效管理都需要先依据战略设定目标，再对目标进行分解与量化，最后实施考核。在此过程中，BSC、KPI以及OKR均能满足目标分解需求，BSC与KPI均采取自上而下的目标分解方式，而 OKR 则融合自下而上的策略。选择适宜公司发展的考核工具至关重要，当然，也可将多种方法混合运用，如采用 BSC 实现战略解码，部分员工采用 OKR，部分员工采用 KPI，但此举可能会使操作层面增加复杂性。

此外，在绩效考核中，部分企业会对价值观进行评估，并在总体评分标准中赋予一定权重。另有部分企业在人才盘点时，也会将价值观作为衡量标准之一。

第二节　以完成目标为导向的绩效管理

一、以终为始，定对目标，坚定不移

设定目标并非易事，这是一项需要智慧和逻辑的技术活。

如果目标设定不准确，公司可能会走向错误的方向，正确的目标应源于战略解码和界定重要里程碑。

实现目标的过程通常由行动和结果两部分构成。行动是为实现目标所采取的具体措施，通常包含若干个具体行动，而结果则是绩效期结束时必须达成的最终成果。这个结果应具有战略意义，它取决于上级领导的目标和个人职责范围的目标。

因此，从考核评估的角度看，目标可以分为阶段目标和结果目标。也就是说，我们可以从行动和最终产出结果两个方面来考察目标。阶段评估是对行动的界定，以明确员工为实现绩效结果所需的努力；结果评估则是根据双方约定的目

标对产出结果进行评估。

举例说明,如图 6-2 所示:

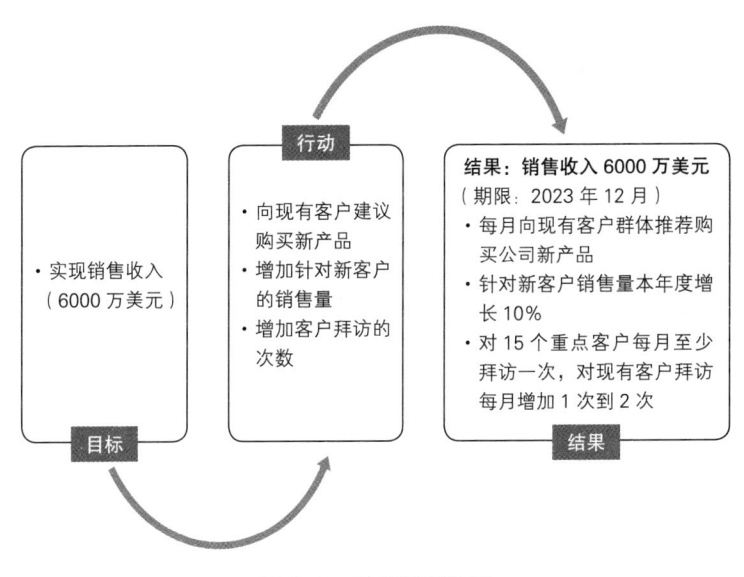

```
目标                行动                结果
・实现销售收入    ・向现有客户建议    结果:销售收入 6000 万美元
  (6000 万美元)     购买新产品        (期限:2023 年 12 月)
                  ・增加针对新客户    ・每月向现有客户群体推荐购
                    的销售量            买公司新产品
                  ・增加客户拜访的    ・针对新客户销售量本年度增
                    次数                长 10%
                                      ・对 15 个重点客户每月至少
                                        拜访一次,对现有客户拜访
                                        每月增加 1 次到 2 次
```

图 6-2　目标制定举例

目标可以分为三大类:定量目标、定性目标和特殊项目。

定量目标是指那些能够用具体数字来衡量的工作绩效。这些量化指标不仅提供了客观的评价标准,还能够清晰地反映工作成果。定量指标的形式多种多样,包括绝对值、比率、百分比、指数、市场排名和权威评级等。例如,销售金额、市场占有率、利润等都是常见的定量指标。在企业中,高层岗位通常与战略决策和整体运营联系密切,因此更适合采用定量目标来衡量其绩效表现。这样能够确保高层管理者始终关注企业的整体目标和战略方向。

定性目标则主要适用于那些需要客观描述和分析的工作任务。对于一些难以量化的关键工作，定性目标成了一种有效的考核方式，而基层岗位则涉及更多具体的执行和操作层面的工作，因此定性目标更为合适。

特殊项目则是指那些具有特定要求和期限的项目。这些项目通常需要在特定的时间内完成，并且在内容、成果等方面有明确的要求。例如，在半年内开发一个新产品就是一个典型的特殊项目。

目标设定应遵循 SMART 原则，即它应该是：

具体的（Specific）；
可衡量的（Measurable）；
可达到的（Attainable）；
与其他目标具有一定的相关性（Relevant）；
有明确截止期限的（Time-bound）。

在组织内部，各部门之间的目标是否对齐至关重要，因为只有目标一致，才能形成合力，推动组织向前发展。为了实现目标对齐，需要从横向和纵向两个维度做出尝试。在横向维度上，各部门的目标应围绕企业的整体目标展开，注重跨部门协同工作，合理配置资源并检查是否存在目标冲突的情况。在纵向维度上，各部门需将目标逐层分解，确保每个层级和员工都能明确自身责任与目标，从而形成一条从上至下的目标传递链。

在设定与对齐目标之后，各部门和员工需要进行充分的沟通以达成共识。无论是自上而下还是自下而上的目标制定过程，都需要确保上下级对目标的理解和认同相一致。在沟通中，应重点讨论以下问题：我们为何设定这样的目标？部门及个人如何支持业务战略与发展？预期达成何种结果？为什么这结果如此重要？如何实现目标？团队成员中将有哪些人参与？

只有达成共识的目标才能真正发挥效用，因此设定目标的重点在于达成共识。

二、调整战术，追踪过程，坚持不懈

一套完整的绩效管理体系远远不应只是在年初设置目标，并在年底进行绩效评估这么简单。更重要的是追踪绩效、及时反馈和沟通以及必要时的调整，这些要素贯穿于整个绩效考核周期。

目标的追踪需要及时进行，且不应受时间限制。管理人员应该在每个月或每个季度对目标完成情况进行比对，定期检查业绩完成情况，以了解业务发展的健康程度。这样管理人员就能及时发现问题，给予下属反馈、辅导和帮助，并及时调整策略、方法和战术，从而促进实现整体业绩。

正如英特尔前总裁安迪·格鲁夫所说："主管可能花费 8 小时中的 5 小时来评估员工，如果这种昂贵的工作能够提高员工的绩效，那就是值得的。"这表明直属管理者对下属的工作目标和业绩完成情况的追踪和反馈非常重要。我们建议直属管理者至少要每个季度针对下属的目标进行追踪、反馈及沟通，并预留时间充分讨论和沟通业务进展。在进行目标的进度跟踪时，通常可以使用甘特图、里程表、项目进度表等工具来监控进程。

有效反馈的三个要点是：基于具体事例和行为，及时传达，以及公正和真诚。

在日常工作中，直属管理者应该适时地给予员工反馈，这种反馈既可以是积极正面的，也可以是富有建设性、纠正性的。那么如何让员工真正接受自己需要改进的地方呢？这就要依靠具体事例和行为来向员工展示他们需要调整和进步的方面，以便让他们知道直属管理者的期望与他们自己的期望之间的差距。如果直属管理者提供的只是主观感受而不提供具体案例和行为，员工通常很难理解。另外，及时传达也是反馈的关键。如果管理者当场无法给予及时反馈，可以将需要反馈的事例先记录下来，然后找合适的时间与员工进行沟通。如果反馈的是半年前甚至更久远的问题，尤其是负面反馈，员工很容易觉得这是秋后算账。反馈的初衷是为了帮助员工实现目标。只要反馈充满善意，大多数员工都能接受并不断改进自己。有效的反馈可以赋予员工动力，激励个人成长和进步。此外，有效且充分的反馈也为最终的绩效评估奠定了坚实的基础。

与此同时，直属管理者应当制定有效的绩效管理策略，以满足团队中所有员工的需求。根据员工的意愿度和能力高低，可以采取不同的管理策略（如图 6-3 所示）。

高意愿、高能力的员工：这类人是企业中理想的杰出人才。对于这些人才，我们应当给予信任和充分授权，并放手让他们发挥。同时，也可以赋予他们更多责任，即使在团队中其他成员无法完成自己的目标时，他们也能够坚持完成

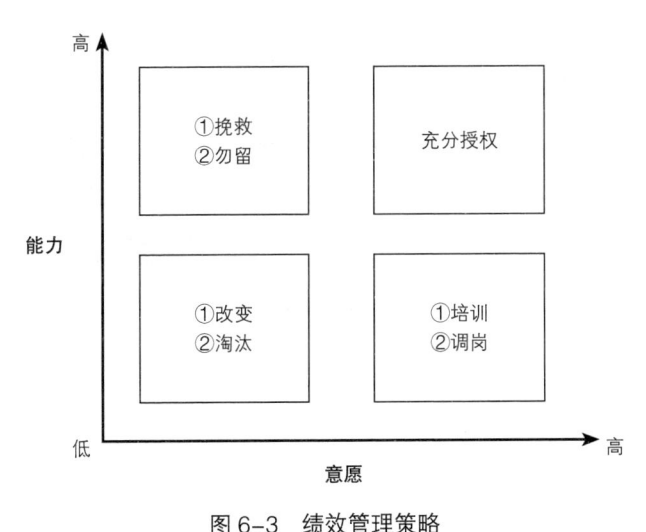

能力高	①挽救 ②勿留	充分授权
能力低	①改变 ②淘汰	①培训 ②调岗
	意愿低	意愿高

图 6-3　绩效管理策略

目标。

低意愿、高能力的员工：他们可能没有明确的职业目标。对于这类员工，有两种不同的应对方式：一种是采取挽救策略，通过持续鼓励和推动来激发他们的积极性，一方面要给予他们信任并肯定他们的能力，另一方面要严格要求他们的目标，并向他们提供更高的工作标准。在必要时，也可以用适当的报酬刺激他们。但是，要特别注意防止这些"怀才不遇"的员工用不满或懒散的情绪影响团队其他成员，因此要及时与他们沟通。

另一种方式采取的则是解约策略，对于那些无法融入企业文化和管理模式的员工，或者之前已经尝试了挽救策略但未见效果，以及没有产出业绩的员工，应当及早解除劳动合同。

高意愿、低能力的员工：这类人在企业中也比较常见，尤其是年轻人和新员工。我们应当充分利用他们的热情，及时为他们提供系统而有效的培训，并明确指出提高工作能力的具体要求和方法。另外，还可以将员工调整到最适合他们的岗位上，以使他们发挥出最大的价值和效能。

低意愿、低能力的员工：对这类员工也有两种不同的应对方式：一种是发挥他们的有限作用，即不要对他们失去信心，但要控制为他们所耗费的时间。一种有效的做法是改变他们，并提供简单有效的支持，以激发他们的工作热情，改变工作态度，并提高工作效率。另一种实际的做法则是解雇辞退，招募适合的人选来接替他们的工作，以确保团队不会被这些员工拖后腿。

无论是面对员工的个人目标还是团队的整体目标，管理人员都应密切关注目标进展情况，及时进行战略和战术上的调整，以完美达成，甚至超额完成目标。

一个好的结果必须建立在一个良好的基础上。

三、赏罚分明，拿到结果，坚持复盘

到了年底，基于目标的实际完成情况，我们需要对企业整体目标、部门目标以及个人目标进行评价和反馈。评价一般采用打分制，也可以邀请客户部门的相关人员对相关部门和人员进行评价，这就形成了360度绩效考核机制。绩效评估是对这一年的总结和复盘，评价必须基于事实和真实的数据。毫无疑问，对公司和个人来说，年终评估非常重要。

绩效评估的原则应该是赏罚分明的，使用一致的方法和步骤，识别并奖励业绩优秀的员工，同时识别业绩较差的员工。

在绩效评估阶段，许多公司都有类似"30-60-10"法则的评估分布要求。在许多公司，常见的情况是，每到绩效评估阶段，各部门的管理人员都会感到困扰，来回修改下属的绩效评估分数，一直改到最后一刻。实际上，如果管理者在

目标实现的过程中,能够密切关注过程,他们很容易做到心中有数,清楚地知道每个员工应该落在哪个评估分布区间。

没有进行过程管理和日常积累的情况下,绩效评估常常会出现偏差。绩效评估是管理者对下属进行的评估,尽管管理者都知道绩效考核应该以事实为依据,但仍然难免受到主观意志的影响。绩效考核通常存在以下偏差:

(一) 晕轮效应

简单来说,就是过度放大了局部表现的重要性。当一个人在某个领域具备显著优点时,人们会错误地认为他在其他方面也很出色,反之亦然。这种误差实际上是一种以偏概全的弊病,容易导致"一好百好,一差百差"的情况,从而使考核结果与事实不符。

(二) 近因偏差

管理者根据下属最初或最近的绩效信息,对整个考核期间的表现做出总体评价,这也是另外一种以偏概全的考核偏差。近因偏差无法反映员工在完整的考核周期内的实际绩效情况。

(三) 分布偏差

科学的员工绩效应该呈现正态分布趋势,即有少数表现最好和最差的员工，大多数员工的绩效水平居中。然而，在实际的考核结果分析中，经常会出现偏斜分布的情况。分布偏差主要包括趋宽、趋严和趋中三种情况。

趋宽现象即大多数员工都被评为优良，这种现象的出现主要是由于管理者采用宽松的、"老好人"式的管理风格，对下属没有高要求，在考核时不根据实际完成情况给予相应评分，故意放水。过于宽松的绩效考核容易在组织中培养出懒散的工作氛围，这不仅不利于个人绩效和能力的提升，还会对企业的整体绩效产生负面影响。

趋严现象指的是绝大多数员工被评为合格，这种情况是由于管理者采用严格的管理风格，对下属期望过高，设定的绩效目标难以实现，或者考核标准过高，员工难以达到。考核过于严格容易在企业内部形成紧张的工作氛围，员工面临较大的精神压力或者干脆不再努力，无论个人付出多大努力，都无法达到业绩指标。这种现象最终会导致企业的整体绩效下降并引起员工的不满。

趋中现象指的是考核结果过于相似，所有员工都集中在某一分数段，未能真实反映员工实际绩效的差异。这种情况通常是因为考核标准不明确或管理者采用平均主义的管理风格。

许多管理者认为，分布式的绩效结果会损害个人关系，破坏团队的团结。这种现象在许多企业的绩效考核中普遍存在，导致绩效考核流于形式，无法公正评估员工的绩效，并浪费企业的管理成本，最终无法促进员工个人能力和企业组织能力的双向发展。同时，对于表现优秀的员工而言，这种情况也是不公平的，他们的努力和能力得不到相应的认可，这种情况严重打击了这些优秀员工的工作积极性和主动性，最终可能导致他们陆续离职。

（四）轮流坐庄

很多企业在绩效评估的环节中，为了避免绩效分布出现偏差的问题，都对绩效分布做了一定的要求和规定。然而，这样又会出现了一个新的问题，那就是处于考核结果两端（绩优和绩差）的人员成了各部门考核中最头疼和最难处理的情况。结果就出现了部门内员工"轮流坐庄"的现象，即不同的员工轮流成为绩优或绩差的人员。长此以往，其实每位员工的最终绩效结果都差不多，绩效考核评估就变成了走过场，从上到下都不会认真对待绩效考核。

给团队每个成员正确的评估需要做到公正，以客观的事实为基础，而不是受管理者个人喜好或各种原因的影响。

在绩效评估和奖惩明确的基础上，还有一项非常重要的任务需要完成，那就是绩效复盘。复盘是对目标和结果进行全面分析和评估的过程，其意义在于帮助个人和团队总结经验、吸取教训，并更好地理解达成目标的过程和结果。通过及时调整和优化相应的策略和方法，复盘可以促进员工和团队的成长，推动整体绩效的提升。绩效复盘包括两个层面，即事和人。

复盘事，指的是对绩效目标（事情）进行反思、思考和总结。复盘事有两个方面的含义。首先是复制成功，即对于已经取得成功的举措，通过复盘提升每个人的能力，复制出更多的成功案例。其次是纠偏，即对于失败或未能取胜的方面，通过复盘找到下次取胜的方法，至少要有进步，并避免重复犯错。

复盘人，指的是对认知、思维习惯和行为（人）进行审查。我们需要审视当初的目标是否被正确理解，为什么要去做这些事情，初衷是否正确。我们还需要思考我们当初是如何考虑这些事情的。复盘人的最终目的是提升个人的认知思维能力。

道理虽然简单，但实践起来却并不容易。为什么会这样呢？因为许多企业在复盘的过程中很容易将其变成了追究责任的环节，将注意力放在了"问题出在哪里"和"谁要负责"的方面。因此，很少有人愿意深入进行复盘。追究责任注重的是结果，而复盘则致力于找到问题的原因。通过从结果到原因找到客观规律，我们能够挖掘出问题的本质，并还原事实的真相。真相往往是简洁明了的。一旦我们清楚地了解了真相，问题自然会浮出水面，解决方案也就跃然纸上。

然而，还原事物的真相却十分困难，一方面是因为许多表面问题掩盖了事物的本质，另一方面是由于信息和数据量过大，难以找到关键点。此外，员工们也会因为害怕在复盘中被追责而隐瞒真相，并用各种理由和问题来掩饰。

其实，找到问题的本质并不难，只需要进行反思，思考成功和失败的原因。在反思过程中，要强调内在因素，而非外在因素。作为管理者，我们要带领个人和团队从自身的角度进行反思、改进和提升。

在企业中，有效实施绩效复盘的关键在于建立坦诚、开放和追求胜利的文化。

在进行综合绩效评估和绩效复盘之后，给员工的绩效反馈和沟通成为接下来必不可少的环节。在进行绩效反馈时，应遵守一定的原则：

首先是要有坚定的立场。绩效反馈评估是管理者主导的事情，因此在事先就需要确定与每位员工沟通的调性，明确反馈是以表扬为主还是批评为主，或者是兼而有之。虽然兼而有之是最好的选择，但对于每个员工的绩效表现，可以有所侧重，进行表扬或批评。

其次，绝不给员工意外。绩效评估反馈中最难沟通的情况是，员工认为自己的绩效表现优秀，而管理者认为员工的绩效不尽如人意，希望对员工进行岗位调整、降级处理或解除劳动合同。这时，双方在绩效问题上的认知存在差异，因为员工感到意外，之前没有被告知任何相关信息。如果在日常管理中，管理者能够及时给予反馈，特别是反馈那些负面和有建设性的反馈，就能避免意外的发生。

最后是选择重点反馈。如果员工在业务能力方面有欠缺，应重点反馈如何提升业务能力。如果员工个人业务能力较强，但在团队合作方面不积极主动，就可以在价值观层面进行更多交流。

绩效反馈如何实施？以下六条"黄金法则"可能在你进行正式的绩效反馈时有所帮助：

1. 结合业绩目标的整体完成情况，评估员工在哪些方面表现出色。

2. 结合业绩目标的整体完成情况，提出改进的建议和意见。

3. 评估价值观和领导力层面（针对管理者）的表现。在哪些方面做得好，哪些方面还可以改进。

4. 通过绩效复盘和反思，运用3S方法进行总结：哪些措施、方法和良好的行为需要继续保持（Stay）？哪些需要开始改变（Start）？哪些工作需要停止（Stop）？

5. 针对绩效复盘，明确明年的主要工作任务和目标。

6. 针对绩效复盘，制订明年的个人发展目标。

绩效反馈不仅可以帮助管理者成为卓有成效的领导，还为员工提供了明确的发展计划，既可以满足个人发展需求，又对个人和团队绩效提升具有显著作用。

企业绩效的提升源于各部门和个人绩效的提升。无论对个人还是企业，绩效都是需要持续提升的，因为今天的最佳绩效将成为明天的基础。

绩效管理的最终目的是实现整体绩效目标的闭环管理，在制订目标时，需明确目标内容、实现路径、所需资源、风险点和关键节点。实施过程中，要保持执行力，持续努力推进目标。遇到意外情况时，需灵活应对。若未达预期效果，要及时调整策略和战术，弥补差距。最后，进行绩效复盘，从失败中汲取经验，实现从一次成功到多次成功的转变，达成持续性胜利。

第三节 薪酬管理：提供全面而平衡的激励体系

一、整体薪酬概念及管理原则

薪酬管理作为人力资源管理系统的重要组成部分，与企业战略及人力资源管理战略紧密相连。通过设计并执行有效的奖酬政策，薪酬管理有助于吸引、保留和激励员工，从而推动公司实现业绩、财务指标以及长期可持续发展的目标。薪酬也是关乎员工利益的核心问题，直接影响人力资源管理成效及企业整体绩效。因此，构建弹性、柔性和高效的薪酬体系对激发员工积极性和保持员工稳定性来说至关重要。

薪酬主要分为经济性薪酬和非经济性薪酬两大类，其中经济性薪酬包括直接经济性薪酬和间接经济性薪酬，直接经济性薪酬是指以货币形式支付给员工的薪酬，如工资、补贴、津贴、提成、奖金、利润分享、股票分红等，员工可支配这部分薪酬；间接经济性薪酬虽不以货币形式发放，但能为员工带来生活便利和工作提升，包括福利、劳动保护、社会保险、医疗保险、休假、弹性工作制、培训、晋升及发展机会等。此外，还存在非经济性薪酬，这些无法用货币等手段衡量的薪酬因素却能带给员工身心愉悦感。从企业薪酬管理的角度来看，应全面考虑整体薪酬概念，涵盖员工从工作和劳动中获得的上述各种形式报酬。

基本薪酬是根据岗位价值、员工能力和潜力来制定的薪资支付方式及依据。津贴和补贴则旨在满足特定目标。

浮动薪酬是根据个人业绩和表现进行调整的收入，可能上升或下降。它包括短期激励和长期激励两种形式：

短期激励：对短期绩效达成的奖励，旨在奖励员工过去的业绩和任务，通常包括绩效工资、提成、年终奖及分红等。

长期激励：对长期绩效达成的奖励，以奖励持续发展为宗旨，有助于留住员工。通常包括股票期权和限制性股票等。

福利涵盖法定福利和公司福利，设计原则是"花小钱办大事"，旨在提高员工满意度。

整体薪酬可用如图 6-4 所示的公式解释。

在整体薪酬中，员工关心的是工资、奖金和股票三个部分，它们所对应的薪酬理念和目的，笔者将其总结为以下四句话：固定工资是为岗位价值而支付的；绩效工资是为绩效而支付的；奖金是为企业超额收入/利润贡献而进行的短期激励；股票是为企业的未来而对员工进行的长期激励和投资。

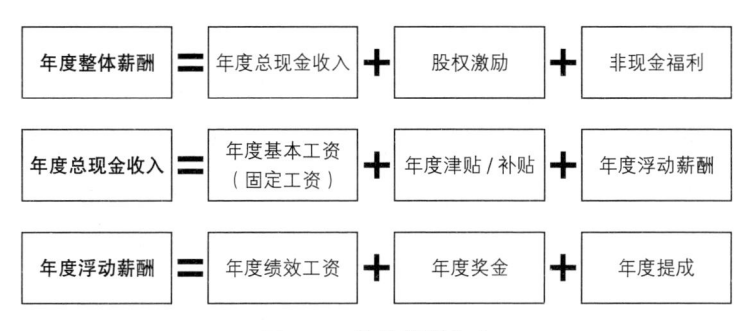

第六章　解码绩效激励，驱动业务增长

```
┌──────────┐   ┌──────────┐   ┌──────────┐   ┌──────────┐
│ 年度整体薪酬 │ = │ 年度总现金收入│ + │  股权激励  │ + │ 非现金福利 │
└──────────┘   └──────────┘   └──────────┘   └──────────┘

┌──────────┐   ┌──────────┐   ┌──────────┐   ┌──────────┐
│年度总现金收入│ = │ 年度基本工资 │ + │年度津贴/补贴│ + │年度浮动薪酬│
│          │   │（固定工资） │   │          │   │          │
└──────────┘   └──────────┘   └──────────┘   └──────────┘

┌──────────┐   ┌──────────┐   ┌──────────┐   ┌──────────┐
│ 年度浮动薪酬 │ = │ 年度绩效工资 │ + │  年度奖金  │ + │ 年度提成  │
└──────────┘   └──────────┘   └──────────┘   └──────────┘
```

图 6-4　整体薪酬公式

如图 6-5 所示：

工资		奖金	股票
固定工资	绩效工资	短期激励	长期激励
➤ 为岗位付薪 • 与市场接轨 • 以职级定薪酬	➤ 为绩效付薪 • 绩优当年高收入 • 绩优次年高调薪	➤ 为贡献奖励 • 目标达成即奖 • 高贡献高收获	➤ 为未来投资 • 股票期权 • 高管持股计划

图 6-5　整体薪酬

虽然很多企业都采用整体薪酬的管理方法，但从人力资源的角度来看，在日常工作中，人力资源从业者仍然会面临来自业务部门的许多挑战。

比如，一些业务部门可能会抱怨工资太低而难以招聘到合适的人才；一些员工可能会抱怨津贴太少或者收到外部职位提供的更高薪酬；通胀率上升可能导致薪酬无法跟上通胀的情况。此外，企业也面临着员工管理的困难。一些企业希望员工能够承担更多的工作量，但员工可能会因为没有相应的奖金激励而不愿意加班。分配奖金和薪酬方面也可能存在困难。一些员工可能会抱怨分配不公，认为奖金和薪酬分配不均，没有充分考虑员工的实际贡献；企业的内部晋升和晋级机制也是一个挑战。有些员工可能会感到企业的决策过于注重资历和排名，而没有充分考虑员工的实际表现和贡献等。

这些都是企业在日常薪酬管理中常常遇到的问题。为了解决这些问题，我们需要在薪酬管理过程中，遵循以下原则：

明确企业的薪酬市场定位：确定企业是对标行业还是对标全行业？是以市场中位值（分位值 P50[①]），还是市场高位值（P75 或 P90）或者市场低位值（P25）为判断基准？对薪酬市场定位明确，才能够清楚规定人员画像和所需能力素质的标准。

兼顾内部公平性：在招聘新员工时，需要平衡内部员工与外聘人员的薪酬，提供合理的薪资建议。外部候选人的薪资既不能太高——超过企业现有内部人员，也不能太低——低于企业现有内部人员。这项工作需要有经验丰富的人力资源专业人士给出建议。

选择适当的固浮比例[②]：一般来说，基层员工的固定收入

---

① P50：升序排列后排在 50% 位置的数据，下同。
② 薪酬固浮比是指薪酬中固定部分与浮动部分的比例关系。

占总收入比例较高，而销售人员和管理人员的固定收入占总收入比例较低。例如，对于1万元的总工资，不同岗位的固浮参考比例可能是：基层员工9∶1，研发或职能部门中层管理人员8∶2，高管人员7∶3，销售人员6∶4甚至5∶5。

以绩效为导向的薪酬设计：薪酬设计必须与绩效管理紧密相关，浮动薪酬与绩效目标息息相关。一个好的激励计划应该能够推动员工采取正确的行为，并识别出优秀的员工。

兼顾成本和高性价比的薪酬设计：薪酬设计必须在理解企业的成本结构和损益表的基础上进行。要关注人力资源效益，换句话说，需要考虑企业的支付能力，制定高性价比的薪酬结构。

考虑整体薪酬：在招聘新员工或做内部薪酬调整时，需要考虑每个人的整体薪酬状况，不能仅仅根据基本薪酬做评估，要全面了解整体薪酬情况。

二、职级体系是薪酬体系的基础

随着企业规模的扩大，建立一个完善的职级体系是必然的需求。简单地说，职级体系包括职位等级、岗位对应的职级和各个职级的薪酬范围。这套体系在企业运营中起着至关重要的作用，那么，为什么要建立职级体系呢？它究竟有何意义呢？

第一，完善的职级体系有助于确保薪酬公平。它是调整和确定薪酬、管理人事变动的基本标准。有了职级体系，企业可以客观地评估人才价值，帮助企业比较内部员工和外部候选人的价值，从而确保薪酬制度的公平性和合理性。

第二，完善的职级体系能推动员工的成长和职业发展。员工可以通过了解不同职级的要求，明确自己的成长方向和目标，并为之努力。职级体系为员工提供了一个明确的晋升路径，使他们看到自己职业发展的可能性，从而提高工作积极性和工作满意度。

第三，完善的职级体系是人才盘点和规划的好帮手。它能客观盘点人才价值和岗位价值的匹配度，帮助管理者在人才盘点之后进行的薪酬规划和能力发展规划。

第四，完善的职级体系有助于控制企业内部的人才流动。员工了解各岗位的要求后，如果发现个人的能力和价值与现有岗位不匹配，职级体系可以推动他们在企业内部进行合理流动，不论是岗位调动、主动离职，还是被动离职。

第五，完善的职级体系是企业与员工沟通的重要工具。无论是评定职级还是调整薪酬，企业都可以依据职级体系进行合理决策。

总之，建立完善的职级体系在多个方面都具有重要意义，它是企业薪酬管理的基础，也是人力资源管理中非常重要但专业度相对较高的一项工作。

许多中小型企业的职级体系往往不完善，甚至可以说是基本没有。对于初创公司或者那些组织架构频繁变动的互联网公司来说，他们在实际运营中，常常会根据员工具体情况来设定职级和薪酬，采用灵活的定级方式。在同一岗位上，不同的员工可能会有不同的薪酬和职级，这样做是为了保持足够的灵活性和可扩展性，以吸引外部人才，适应市场的变化和公司的快速发展需求。在这种情况下，员工的价值被置于岗位的价值之前。

然而，一旦企业发展到一定规模，建立完善的职级体系就变得至关重要。因为随着更多人员的加入，前期对薪酬的灵活性可能会导致内部薪酬管理出现许多问题，这时薪酬的相对公正和公平就显得尤为重要。

如何构建职级体系？职级体系应包含哪些要素呢？

简而言之，职级体系是由工作职责和职位层级两部分构成的。

首先，工作职责的划分通常以职能部门为基础，然后在每个职能部门内部进一步细分出二级子部门的职责。例如，销售部门的工作职责是一个大类，但在销售部门内部，通常会被进一步划分为大客户管理、业务拓展、渠道销售、销售行政和销售技术支持等不同的子部门。同样，财务部门虽然是一个大的部门，但在其内部，还会有应收应付会计、总账会计、财务分析控制、资金管理、内部审计和税务等不同的子部门。

其次，职位层级是根据一定的评估方法，为组织内部的不同职业群设定不同的层级。首先是明确职业群，如高管层（通常为副总裁及以上级别）、管理层（从主管到总监）、专业岗位（包括技术、研发、销售、市场、供应链、生产、人力资源、财务等）和辅助岗位（也被称为基础岗位，如客服、电话销售、一线生产等）；然后在每个职业群里再设定职业等级。实际操作中，可参照著名的美世咨询公司的职位序列和职位等级框架，形成职位层级图，如图 6-6 所示。

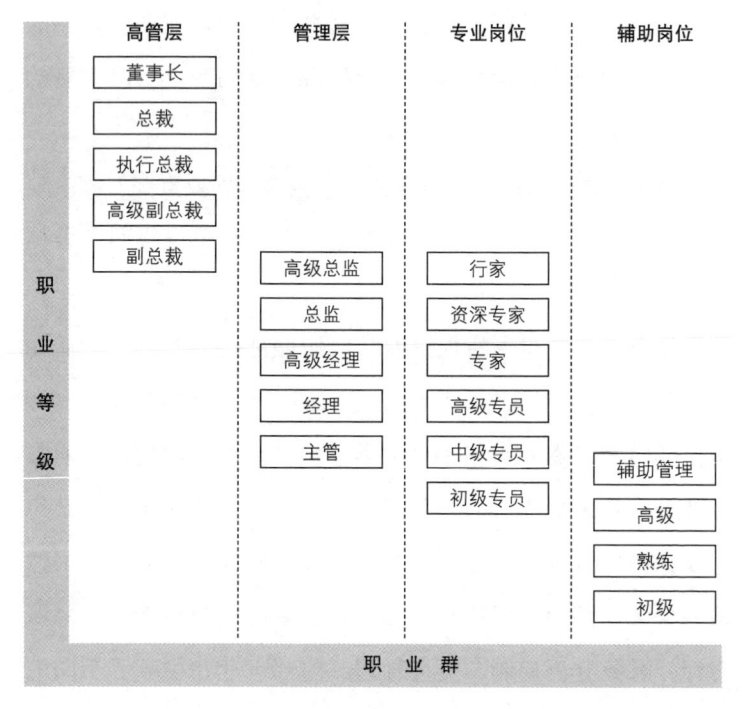

职业等级	高管层	管理层	专业岗位	辅助岗位
	董事长			
	总裁			
	执行总裁			
	高级副总裁			
	副总裁	高级总监	行家	
		总监	资深专家	
		高级经理	专家	
		经理	高级专员	
		主管	中级专员	辅助管理
			初级专员	高级
				熟练
				初级
职业群				

图 6-6　职位层级图

中小企业在设计职级体系时可以在资源有限的情况下自行进行。

首先，企业根据自身情况，选择合适的工作层级模型，目前常用的就是上述介绍的"职业群+职业等级"模式。

同时，企业根据公司内部各岗位的工作职责，建立"部门"和"子部门"。在建立时，应当考虑公司业务价值流，选取主要职责、典型职责，避免因人设岗、合并岗位等特殊情况。

最后，确定职级的划分。职级划分也需要符合公司的业务需求和管理理念，目前市场比较普遍的做法是减少层级，每个职级之间有明显的、本质的区别。

那么如何确定合适的职级划分呢？

在华为公司的发展早期，技术类员工的职级只有五个。而联合利华的员工职级也只有七个，最低的员工级别最多只有四个，经理级别分为三个子级别，而总监级别以上则不再细分。腾讯公司的专业技术员工职级为六个，每个职级又细分为三个子级别，共计十八个等级。小型公司无须设计过于复杂的职级体系。对于大型公司来说，过多的职级设计可能会引发一系列问题，最常见的就是最高级别或最低级别往往鲜少使用，而中间的几个级别则使用频繁。当然，也有一些公司选择直接设定多个职阶，而不设定具体的职级。

如果职级过少，许多企业会选择延长员工升职的年限要求,这可能会让员工感觉缺乏成长和进步的空间。另一方面,有些员工可能会根据自身的发展速度迅速达到较高的职级,如此一来,企业就面临发展瓶颈和员工保留的问题。如果职级过多,员工在当前职级停留的时间过长,随着晋升愿望的增长,可能会导致整体职级的上升,进而带来评估体系的不断更新和人工成本的不断上升。因此,企业应根据自身的发展阶段和人才需求来制定相应的职级体系。

在职级体系建立之后,首先需要评定每位员工的职级。其次,职级体系应在整个人力资源管理过程中持续发挥其价值,例如根据人才盘点进行人才评估和后续培训的跟进,或进行岗位调整。所有的管理行为都是相互关联的,需要随着企业的发展进行动态调整。

职级体系建立之后的一个普遍现象,就是其往往会和员工的晋升联系在一起。比较先进的观点是:淡化职级和晋升之间的关系。职级是由工作职责决定的,员工在一个职位上工作了很多年并不代表一定会晋升。一个取代晋升的热门做法是依据员工掌握的技能付薪,即鼓励员工多掌握不同的技能,并将技能差异作为薪酬差异的一个考量因素。

三、薪酬体系设计:既是一门科学,也是一门艺术

薪酬体系设计指的是从设定薪酬的规则和制度到执行薪酬管理工作的一整套事情。它包括下面几点:

（一）明确薪酬理念，确定薪酬体系和市场定位

在设计薪酬体系时有三项基本原则：对外具备竞争力、对内具备公平性、对个体具备激励性。

在市场上，通常有四种主要的薪酬体系：岗位薪酬体系、绩效薪酬体系、技能薪酬体系和市场薪酬体系。

1.岗位薪酬体系：根据岗位的价值来构建薪酬支付的方式。

2.绩效薪酬体系：以员工的工作表现或劳动效率为基础支付工资。这种体系主要适用销售类、部分研发类和计件操作类的员工。

3.技能薪酬体系：以员工所具备的能力或技能作为薪酬支付的直接参考。

4.市场薪酬体系：根据薪酬调查的市场价值来决定企业的薪酬水平。如果企业选择支付高于、等于或低于市场价值的薪酬，那么就需要考虑企业的盈利状况、支付能力和人力资源相关策略。

所谓市场定位，就是在尊重市场规律的前提下确定薪酬的标准。企业通常会通过行业、城市、岗位等维度进行薪资数据的外部对标分析，并与市场的不同分位值（如25/50/75/90分位值）进行比较，结合企业的运营目标和战略、企业的发展阶段、人力资源管理战略，以及企业的支付能力最终确定企业的定薪策略——是市场领先策略、市场追随策略，还是市

场滞后策略。

一般来讲，在企业初创阶段，企业往往需要设定市场领先策略来吸引高水准的人才加入公司。如企业已进入平稳运营阶段并已形成良好的口碑，企业可以采取市场追随政策以控制人力资源的成本。在现实中，很多企业采用的是混合型薪酬策略，即针对不同的部门、不同的岗位采用不同的薪酬策略，而不是对所有的职位均采用相同的薪酬标准。企业需要分析本企业的核心竞争力、核心岗位、市场的高竞争岗位等，对于这些岗位采取比较激进的市场定位策略。同时，针对整体薪酬范围内的不同薪酬类别，企业也可以采取不同的市场定位策略，如基本薪酬采取市场追随策略，奖金采取市场领先策略，福利采取市场滞后策略，这也和企业的经营战略、企业文化和人力资源战略息息相关。

（二）确定薪酬结构，包括不同岗位、不同层级人员的薪酬结构，以及不同薪资项目的来源、标准和比例关系

薪酬结构是指员工薪酬的组成部分及其比例关系，包括基本工资、津贴、奖金、福利、股票等。比如，某企业薪酬项目由基本工资、绩效工资、年底奖金等构成，基本工资和绩效工资占80%，其他大约占20%。

工资收入都可分为固定部分薪酬和浮动部分薪酬。固定部分薪酬占主体，还是浮动部分薪酬占主体，是薪酬设计中

很关键的问题。不同岗位的固定与浮动薪资比例不同，通常销售类岗位的薪资主要依赖业绩，因此在设计薪资时应更加强调激励性，增加绩效工资、奖金或提成的比例。但这不意味着非销售类岗位的薪酬结构都以基本工资和年终奖为主，越来越多的企业在考虑提高绩效工资比例，因为对高绩效员工的重视和激励程度直接影响着员工的工作态度和工作行为。固定部分薪酬也和岗位的知识技能要求相挂钩。一般情况下，如果一个岗位对知识技能无要求，其固定部分薪酬可以比较低。反之，如果一个岗位的知识技能要求较高，如果固定部分薪酬过低的话可能会造成招聘困难。

每个企业可根据自身的发展情况，来确定合理的薪酬结构，从而激发员工的工作积极性，提高员工的工作效率和工作质量，从而提升企业的整体绩效。

无论以何种标准来设计薪资结构，我们都必须面对一个现实，即各行业的薪资存在较大的差异。因此，参考对标行业的薪资结构和薪资数据应是企业的首选，因为企业的人才流动大多数仍在行业内进行。

（三）确定薪酬等级、薪酬带宽标准与评定依据

通常，薪资等级可以与职位等级相对应，薪酬等级体现了公司内部各种职位或需要不同技能的岗位所对应的薪酬水平，一个等级一般会包含价值相同或相似的不同部门的职位。

在设计薪酬等级时需要考虑职位所在地、职位数量、市场数据和市场定位等因素，来确定同一薪酬等级的中间数、幅宽和不同薪酬等级的级差。同时，也可以考虑按照部门和部门群的分组，对于同一个级别设定不同的薪酬范围，以区别企业中的核心岗位和高竞争岗位。一般来说，企业的薪酬等级与职位等级相一致，随着组织结构的扁平化，岗位等级数目逐渐减少，同一岗位等级之间的工资差距加大，进而形成"宽带薪酬结构"。

在确定薪酬范围之后，也需要对内部薪资做个分析，就内部公平性进行调研，以保证薪酬政策的内部公平性。一般情况下，员工刚进入该级别时，他的薪酬应该在薪酬范围的下三分之一位置，代表其已基本胜任该级别的要求，但仍有发展空间。当员工在该级别上工作绩效稳定且完全能胜任，其工资水平应当在该级别薪酬范围的中三分之一位置。随着员工工作时间的增加和薪酬的调整，当员工成为该级别的老员工时，他的薪酬应当在该薪酬范围的上三分之一位置，意味着其在本级别上已经有一个比较好的工资待遇。如果员工有潜力，企业又有对员工发展的需求，员工就会晋升到下一个级别。在晋升到下个级别后，员工的工资水平应当在新级别薪酬范围的下三分之一位置，以此类推。这里涉及员工的能力和经验的累计，不仅指的是该员工在本企业的能力经验，也要考虑员工的过往表现和经验。在内部分析过程中，如发现内部公平性存在问题时，企业应当结合该员工的绩效水平，考虑长期的付薪定位，设定长期和短期的调整方案。如问题比较多，企业也需要根据岗位的重要性、人员的流失风险等因素选择重点问题优先处理。

（四）确定定薪、调薪规则及审批流程

这属于规章制度层面，包括定薪调薪机制、薪酬管理的决策机构等。比如，新员工由谁来定薪，年度调薪的具体规则是什么，是否需要分不同薪酬等级来确定年度调薪的平均加薪比例，超过薪酬等级的薪酬特批，由谁来做审核批准等。

（五）明确薪酬发放规则，包括月度、季度、半年度、年度等，以及哪些薪资项目即时发放，哪些延时发放与发放比例

企业需要明确规定薪酬发放的规则，包括发放时间节点和发放适用范围等规则。

从发放时间节点来看，通常，基本工资、津贴等会以月度发放，会定一个固定的日期。而绩效工资、奖金、提成等，可以设计为月度、季度或者半年度，随着当月的固定薪水发放日一起发放。年终奖一般是年度发放，且很多企业的年终奖发放会在第二年的过年前后，比较符合中国传统文化，过年发钱，或者就是在第二年的三月发放。

发放适用范围，指的是该薪酬在发放节点时，适用哪些员工。比如，年终奖发放的适用范围是截止到当年年底还在职的员工，还是年终奖发放时还在职的员工。

以上，是对薪酬体系的一个概括介绍。总的来说，一个优秀的薪资体系应满足以下几点：外部具有竞争性，内部具有公平性，以绩效为激励驱动，适合企业目前的发展状况，并能支持员工个人职业发展。

第四节　设计有效的激励机制，实现员工自我激励

一、短期激励方案的设计原则

短期激励方案在企业中通常被称为"奖金计划"，它指的是在一段特定时期（例如月度、季度、半年和年度）内，为了实现业绩突破或者完成特别重要的项目或任务而支付的额外薪酬。短期激励方案的目的是将员工的个人目标与组织目标有机地结合起来，并引导员工关注组织所看重的行为、目标和结果。正如俗话所说"指哪儿打哪儿"，你考核什么，激励什么，员工的劲儿就会往哪里使。

短期激励方案不仅能够推动个人和组织绩效目标的实现，还利于留住高绩效员工；同时，短期激励也是推动企业文化变革的有效手段。在变革过程中，最重要的是改变个人和组织的思维方式、理念以及一些根深蒂固的习惯，而新习惯的养成往往需要时间。在与陈旧的思维、观念和行为习惯进行

斗争的过程中，一定的激励能够极大地推动员工坚定信念并改变行为。

那计划怎么设计呢？让我们来看看设计短期激励计划的流程和需要考量的一些基本因素，如图6-7所示。

1. 明确激励目的：为了帮助企业达到什么样的绩效目标？
2. 确定激励类型：是促进销售后给予激励？还是节约成本后给予的激励？或是完成特别项目/任务后给予激励？
3. 界定适用对象：哪些人员可以参与短期激励？如何界定对公司的经营业绩或特别项目/任务有着重要影响的核心员工？
4. 确定激励奖金池来源：奖金从预算中来？还是额外给？

明确激励目的 → 确定激励类型 → 界定适用对象 → 确定激励奖金池来源 → 设定激励奖金池总量 → 制定激励分配原则 → 考虑时间条件 → 设定绩效条件 → 考虑激励杠杆

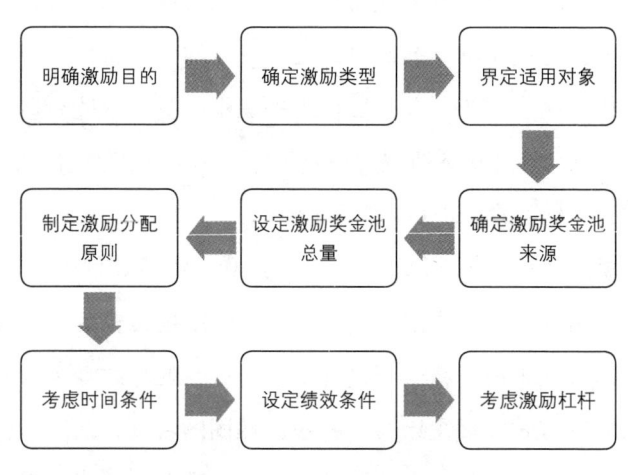

图6-7 短期激励设计流程

抑或是从超额利润中来？

5. 设定激励奖金池总量：奖金总量多少合适？由谁可以确认？

6. 制定激励分配原则：分配原则以占个人收入的百分比来定，还是根据完成目标的情况给不同的定额？不同层级的员工固浮比是否要拉开距离？员工收入的固浮比是否合理？

7. 考虑时间条件：激励在什么时间节点给？一般和业务或者项目/任务的周期有关，比如月度、季度、半年度、年度，如何选择？是否需要延期支付或者部分延期支付？

8. 设定绩效条件：如何设置对应激励计划的绩效目标？是只看个人完成目标，还是兼顾团队整体目标和个人完成目标？

9. 考虑激励杠杆：是否需要绩效杠杆系数？绩效杠杆系数是用来衡量不同绩效等级（绩优或者绩差）所对应的短期激励奖金与目标激励奖金之间的比值。它通常可通过以 0—N 范围内的数值来表示。比如 0—3 倍，且根据实际情况调整间距，如 0.25 或 0.5 等。绩效杆系数的增大意味着奖金的浮动幅度也会增加，从而使得最终的短期激励奖金的总额变得更大。

短期激励方案是否一定会增加公司成本？一般来说，如果将其与整体薪酬结合起来设计，通常会控制和降低薪酬成本。因为短期激励方案通常会伴随着业绩收入的增加，尽管支付了激励奖金，但从收益的角度来看，收入增长通常远大于激励成本的增长。除非涉及一些重要项目或任务奖金，这些项目或任务具有很高的战略性意义，可能在项目初期无法实现收益的增长，此时的短期激励可能会增加人力成本。

二、浮动收入："农夫"型与"猎人"型销售的分界线

任何一个企业都会有针对销售人员的短期激励计划。对每一个企业来说，销售业绩关乎成败。企业要发展，离不开业务的增长，而业务的增长则是销售人员努力付出的结果。因此，如何妥善制订销售人员的奖金计划，以达到更佳激励效果，对各个公司而言至关重要。谈到销售激励，或是销售奖金，就绕不开"钱"这个话题。虽然金钱激励有可能会导致员工欲望膨胀，但是没有金钱的激励在任何一个企业都行不通。华为创始人任正非早就说过："钱分好了，管理的一大半问题就解决了。"

怎么才能把钱分好，如何设计激励性的奖金方案，是一项需要技术和专业知识的任务。这并不仅仅是简单地将薪酬划分为一定比例的基本工资和奖金，或者设计一定比例的提成那么简单，需要我们以科学和系统的方式来处理。

首先，我们需要理解"销售"这个岗位的角色，然后才能更好地设计企业的奖金计划。虽然"销售"的主要任务是"卖出"——将公司的产品、服务或解决方案卖给买家，但是

在销售人员中也存在着区别，销售人员通常被分为"农夫"型和"猎人"型。

农夫，通常手中拥有一片土地，他们的目标是通过辛勤耕耘，使收成更为丰足。为此，农夫需定期灌溉、施肥，尽管有时他们会靠"天"吃饭——他们期待风调雨顺，上天赐予丰收。在销售领域，"农夫"型销售策略强调在特定领域内提升产能。他们致力于深耕现有客户，促使老客户增加订单，或向其推广新产品和服务。因此，老客户成为"农夫"型销售的"天"，他们必须维护好与这些客户的关系，才能实现销售量和收入的增长。

猎人则没有领地意识，他们"打一枪换一个地方"，穿梭于山林之间，追逐水草丰茂之地，以寻找猎物为生。在商业领域，"猎人"型销售通常具有敏锐的嗅觉，擅长发掘新的商机，并具备冒险精神和进取心。他们不断开发新业务、新客户，因此，猎人型销售收入的增长源于不断寻找下一个目标客户。

尽管销售人员的个性特质在一定程度上会影响其销售模式，但行业属性与主营业务的塑造作用更为显著。举例来说，某些产品适合一次性销售，如大型设备、汽车和住房等，消费者在经历一次性采购后，短期内不再有重复采购的需求。因此，此类企业的销售模式可被称为"猎人"型。反之，有些产品具有高重复使用率，与人们的日常工作和生活密切相关，如 A4 纸张、笔、硒鼓等办公用品，以及洗发水、洗衣液、茶、饮料、酱油等生活用品，经营这类产品的企业的销售模式则多为"农夫"型。

认识了"农夫"型与"猎人"型销售模式之后，我们就更容易理解这两种模式下的奖金设计原则。销售奖金作为整体薪酬的组成部分，是浮动收入的一部分。而浮动收入的占比正是"农夫"型与"猎人"型销售的分界线。对于"农夫"型销售来说，客户相对稳定，因此需要为这一类销售设置稳定且较高的固定收入以及一定的浮动收入。而对于"猎人"型销售，突破与拓展是其关键词，因此应为他们设计高额的激励措施，使浮动收入占据较高比例。

不同的薪酬固浮比体现的不仅仅是薪酬结构，还显示了每个企业对销售岗位的定位。

在确定薪酬固浮比的同时，制定销售人员的激励方案还需深入思考和衡量以下因素：

1. 在销售人员绩效存在差异的情况下，如何合理拉开激励奖金的差距？如何确定对高绩效者的激励程度？

2. 当销售人员达成或超越目标值甚至是挑战全新的目标值时，他们的激励奖金和整体薪酬水平如何？是否产生了足够的激励效果？对企业毛利的影响又是何种程度？

3. 当销售人员未能达到既定目标的绩效门槛值（最低目标值）时，是否需要实施扣罚？此时的基本薪资是否能满足销售人员的基本生活需求？

三、激励方案设计的关键：区分"增量"和"存量"

尽管销售人员的激励工具繁多，如即时激励、分红分润等，企业在销售激励分配方面也有诸多创新，但归根结底，最有效的激励方式仍为"提成/佣金"与"奖金"两种。

（一）提成/佣金激励方案

"提成/佣金"激励方案通常依据企业财务数据（如销售收入和利润收入）精确计算销售人员的激励金额，提成比例明确清晰，简单易懂，因此受到许多企业的青睐。然而，此类方案存在一定的局限性，可能导致一些对企业和现金流具有直接影响的因素被忽略，如回款、库存等。通常，"提成/佣金"激励方案较适于注重销售收入和销售利润的企业。

举例说明如何设计销售人员的"提成"方案：若以销售收入的2%作为提成，则个人奖金为销售收入乘以2%。销售收入可以根据开票收入或回款收入计算，具体定义因企业而异。若以毛利的10%作为提成，则个人奖金为销售毛利乘以10%。毛利的定义各异，但通常为企业销售收入减去产品/服务成本、销售成本等，部分企业还会扣除资金成本。

简而言之，"提成/佣金"方案是依据企业财务经营数据乘以一个百分比来确定销售人员的浮动收入。许多企业依据财务经营数据设计多档位的提成/佣金方案，如销售收入在1000万—2000万元之间，提成比例为5%；2000万—5000万元之间，提成比例为6%。

由此可见，"提成/佣金"方案设计简单、易于理解，但主要用于激励个人，与团队和组织的整体业绩关系较小。采用此类方案的企业可能面临员工获得提成，而企业整体业绩未达预期的现象。

（二）"奖金"激励方案

"奖金"激励方案通常会结合企业的战略目标来实施，并设定多个与销售部门相关的目标。在销售考核目标较多的企业中，奖金激励无疑是首选方案。然而，一旦激励方案与目标挂钩，便会演变成企业与员工之间的目标拉锯战：企业期望员工挑战更高目标，而员工则希望目标设定得更为宽松，以便更容易实现以获取奖金。

因此，笔者建议将激励方案与目标脱钩，建立"目标制定规则"，避免员工就目标进行讨价还价。例如，目标的设定并非绝对值，可以将增长率作为衡量标准，确保每年均有增长。这个增长率应综合考虑过往内部增长比例、行业增长趋势及竞争对手的增长比例。在此基础上，可以设定将过去完成的目标乘以（1+增长率%）作为最低门槛值，并设定目标值与挑战值。不同目标对应不同的激励力度，越高目标对应的激励杠杆越大。员工可自行选择目标。

奖金激励方案与"提成/佣金"激励方案的区别在于，前者能基于组织和团队的目标完成情况进行奖励。设计激励方案时不应仅关注个人，而应更多考虑组织和团队层面。分配原则是"大河有水小河满"，优先考虑组织利益，然后才是个人收益。个人的努力成果应推动组织目标的实现，并在组织获益之后获得相应回报。

我们来看一个销售人员"奖金"方案的设计案例（如图6-8所示）：

为什么要在个人目标奖金的设计中，加入公司/团队的指标完成率呢？这是为了增强团队任务的整体意识，促进团队协作，并在一定程度上预防不必要的内部竞争。个人绩效表现是给公司一个调整的机会，确保个人目标奖金和个人的努力有关联。举个例子，在疫情期间，口罩是个很好卖的产品，这可能和业务员本身的努力关系不大，而是市场需求的原因，

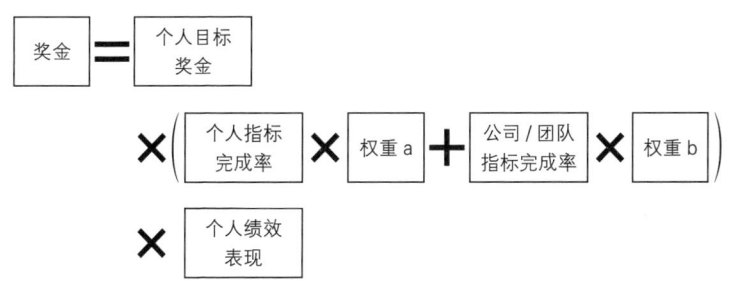

奖金 = 个人目标奖金 × (个人指标完成率 × 权重a + 公司/团队指标完成率 × 权重b) × 个人绩效表现

图6-8 某销售人员"奖金"方案

大概率上业务员不努力也可以达成很好的业绩，那就可以通过个人绩效表现来调整奖金金额。

如果只考虑销售额、新客户数量、应收账款这三个绩效考核目标，且个人绩效表现的激励杠杆设置为门槛值的50%、目标值的100%和挑战值的200%，那么我们可以把个人或团队的指标和三个绩效考核目标权重，制成如表6-1所示矩阵表：

表6-1 销售人员"奖金"方案一

业绩指标	权重	门槛值	目标值	挑战值
		50%	100%	200%
1. 销售额	50%	100000	120000	150000
2. 新客户数量	20%	75	100	120
3. 应收账款的回款	30%	30000	50000	80000

同理，我们也可以对销售额、利润率和现金流这三个绩效考核目标，以及公司业绩表现的激励杠杆做出如表6-2所示的矩阵表：

表6-2 销售人员"奖金"方案二

业绩指标	权重	门槛值	目标值	挑战值
		50%	100%	150%
1. 销售额	40%	800000	1000000	1200000
2. 利润率	30%	12%	15%	20%
3. 现金流	30%	200000	300000	500000

以"奖金"作为激励工具，企业可设定不同的目标组合及权重，同时根据经营状况和薪酬理念制定相应的激励杠杆系数。"提成/佣金"与"奖金"各具优势，企业可根据业务发展阶段选择适用的方式。初创阶段或需拓展新市场、开发新客户时，适合寻找"猎人"型销售，采用"提成/佣金"激励方案，以大幅提升销售人员的积极性。当企业规模达到一定程度，或销售进入稳定增长阶段，需重视客户关系维护时，运用"奖金"激励则更符合企业发展的需求，确保其长期稳定的业务发展。

销售人员激励工具并非单一选择，企业可根据实际需求将上述两种激励方案综合运用，灵活设计和配置，以兼顾各项要求。

（三）最好的激励方案是区分"存量"和"增量"

在制定激励方案时，许多企业会根据业绩或利润来设定分成比例（提成/佣金方案），或是设定一个增长目标，达到该目标后给予相应奖励（奖金方案）。然而，在市场竞争日趋激烈，成本不断上升的情况下，企业获得的利润逐渐减少，这意味着即便业绩保持不变，可分配的金额也会低于过去。在这种情况下，如何合理分配收益成为一大难题，降低提成比例或降低个人奖金基数显然都无法令老板和员工满意。

企业的经营目标是持续稳定地发展，实现业绩和利润的稳步增长。因此,激励方案应以业绩或利润为导向。既然以增长为导向,最理想的激励方案便是区分存量和增量,让大部分收益来源于增量部分,鼓励销售人员扩大销售或开发新业务;而让一小部分收益来源于存量,以肯定销售人员过去的贡献。因此,在实际设计激励方案时,通常会遵循"存量打折,增量加速"的原则。

以"提成/佣金"方案为例,假如一家企业以销售产品给B端客户为主,可以引入"存量"和"增量"的概念,对销售团队人员的提成方案做如表6-3所示的设计:

表6-3 销售人员提成方案

	提成分配(按毛利计提)		
	接手业务 (离职人员交接项目)	老业务 (老业务运营满2年)	新业务 (新开拓且运营不满2年)
1. 销售副总裁	1%	1%	2%
2. 区域销售总监	2%	2%	4%
3. 销售/业务经理	2%	3%	6%
合计	5%	6%	12%

从这一方案中,我们可以看出,该激励方案激励销售团队积极拓展新业务及增量业务。从销售副总裁到销售/业务经理,新业务提成几乎为老业务提成的一倍。对于员工个人而

言，若此业务是从离职员工手中接管的，其提成比例还将降低 1%。

（四）激励方案测算与回顾

任何激励方案在设计完成后，必须进行预测数据的测试，并制定最好和最差情况的假设。这样可以计算出激励方案总额的上下限估值，也就是应发放多少奖金。同时，可以通过对旧的激励方案和未来的预测数据进行测试，比较新旧方案之间的区别和差额。在未来数据难以确定的情况下，可以使用历史数据或当年数据进行对比测试。

最后，在执行新的激励方案一段时间后，必须进行全面的数据分析。企业需要解决这些问题：激励方案是否与公司的绩效表现一致？是否有效地激励了高绩效员工？整体销售人员的薪酬水平如何？通过结合过去几年的激励方案变化和数据分析，可以确定今后应在哪些方面进行调整。

销售人员的激励方案，归根结底是一个追求平衡的艺术。一旦设计准确，就能够找到平衡点。只有当奖金能够被科学有效地分配，企业才能源源不断地向前发展。

四、长期激励用股权，共创佳绩赢未来

谈及股权激励，人们普遍认为这是一种企业为激励并保留核心人才所实施的长期激励策略。与奖金提成这种短期激

励方式不同，股权激励关注企业的长远发展，是企业为未来对员工进行的投资，与公司和个人的利益紧密相连。

股权激励旨在服务企业战略与业务发展，以业绩增长为导向，实现员工与企业深度绑定，形成"共创价值、共担风险、共享利益"的事业共同体，这有助于推动企业与员工共同成长，实现企业稳定发展的长期目标。

股权激励不仅强化了绩效概念，使贡献与回报相匹配，能够起到保留内部人才和吸引外部人才的作用，还能提升企业整体薪酬体系的竞争力。更为重要的是，它有助于提高企业利润并降低薪酬成本。

一旦企业实施股权激励，这将成为吸引人才的有力手段，在初创型企业中这种激励效果更为明显。在企业初期，即便现金薪酬有限，股权激励也能有效地吸引并留住人才。随着优秀人才的加入，企业规模不断壮大，业绩持续提升，将战略发展提供坚实支撑。作为回馈，赋予员工股权，既有助于保留核心人才，又可避免被其他企业挖角，防止引起企业间的恶性竞争。

股权激励作为一种约束机制和预防短期行为的手段，具有重要意义。实施股权激励后，员工会产生当家作主的感觉，进而增强主人翁意识，这种意识会极大地激发员工的积极性、主动性和创造性，推动企业创新，提高经营业绩和核心竞争力。简言之，激励资金的来源和为其赋予的说辞差异会让员工工作心态产生奇妙的巨大变化。

（一）破解薪酬的剪刀差困境

自中国实行改革开放政策以来，国民经济实现了高速增长，伴随着这种增长，员工薪酬水平也得到了相应的提升。目前，中国员工的薪资水平在亚洲地区仅次于新加坡、中国香港和日本。然而，越来越多的外资企业选择撤离中国，转而在越南、印尼等国家发展。原因在于，随着中国人工成本的逐年上升，企业经营所面临的压力也在不断增大。薪酬成本已经成为企业经营中难以忽视的痛点。

据"万得信息网"（Wind）数据显示，2011年至2020年这10年间，我国A股公司平均净利润与营业收入之比从10%降至8%，而薪酬成本与净利润之比却逐年攀升。这导致企业净利润率与薪酬成本占比之间形成了明显的剪刀差，如图6-9所示。

剪刀差如何破解？股权激励方案是解决这一问题的有效途径。通过股权激励，企业实现了员工薪酬结构的优化，并将薪酬成本转化为企业发展的动力。这样一来，企业在提高员工薪酬竞争力的同时，无须增加现金支付压力。

（二）股权激励的本质是利益分配

股权激励的基本原则是将权益与收益相分离。在股权激

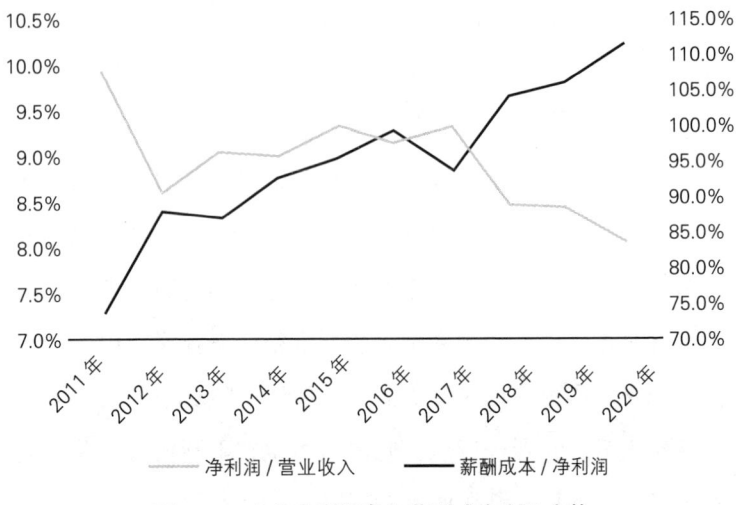

图 6-9 企业净利润率与薪酬成本占比走势

励机制中，激励股权仅具备收益权，而不涉及其他权力。因此，股权激励的实质在于利益分配，其中收益权包括分红权和增值权，而决策权等关键职能则由大股东保留。

相较于工资奖金，后者主要分配的是当期利润，即现有资金，而股权激励则不仅分配当期利润（如分红），还涉及分配未来利润的滚存（即企业增值部分）。

（三）股权激励怎么设计

《论语》说："不患寡而患不均。"这句话深刻地揭示了分钱的难度。在制定股权激励方案时，最关键的环节是要把握五个核心要素，如股份的来源与去向、分配方式、业绩挂钩方式，以及股权退出机制的设计。这里向大家介绍一个股权激励的十定（10D）模型，这里提到的"10"都是股权激励方案设计中必不可少的重要环节和关键因素，只有对这10个要素进行逐一确定后，才能完成股权激励方案的设计。这十定分别是：

一定激励目的：不同性质、规模的企业，或同一企业在不同发展阶段，实施股权激励计划的目标各异。有些企业旨在吸引人才；有些企业希望留住对企业整体业绩和持续发展有直接影响的管理骨干和核心技术人员；有些企业旨在激发员工的工作热情和潜力，为公司创造更大价值；有些企业是为了回报老员工，使他们愿意为新人成长提供支持；也有的企业是综合以上多个目标。因此，在制定股权激励方案之前，需要进行充分的调研，明确激励目的。

二定激励对象：激励对象的选择务必针对核心人才和骨干人才，这些人对公司的整体业绩和持续发展具有直接影响。根据企业所处的发展阶段，激励对象的选择可以有所侧重。在企业初创期，激励重点应为合伙人和CEO；在企业发展期，则应关注核心高管和前端业务团队；在企业成熟期，可以将激励对象范围扩大至核心高潜人才、核心技术骨干，以及少量外部利益相关方；在企业转型期，则应以战略核心人员和创新核心人员为主要激励对象。

评估核心人才可采用第四章提到的人才盘点或能力模型，

综合考虑人员的岗位价值、素质能力水平以及对公司的历史贡献。此外，应制定统一的股权激励对象标准，如工龄要求一年以上，技术人员和管理人员需达到一定职级或级别，业务和销售人员则需销售额达到一定规模水平以上等。

根据《2023年度A股上市公司股权激励实践统计与分析报告》，2023年度激励对象人数占上市公司总人数的平均比重约为13.22%，如图6-10所示。

通常，企业股权激励并非一次性方案，而是需分多批次实施，持续激励，确保新入职员工或内部晋升员工都能参与其中，进而提高激励效果。

三定激励模式：股权激励工具种类繁多，主要可分为以股份形式结算和以现金形式结算两大类。股份形式结算的激励模式包括限制性股票、股票期权和员工持股计划；现金形

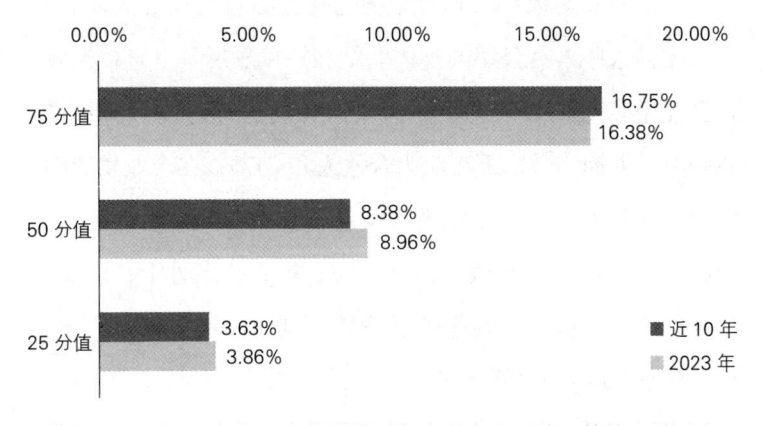

分位	近10年	2023年
75分值	16.75%	16.38%
50分值	8.38%	8.96%
25分值	3.63%	3.86%

图6-10　2023年与近十年激励对象占上市公司总人数的比重对比

式结算的则包括奖励基金、虚拟股票（如股票分红权和股票增值权）以及延期支付。

根据 2023 年度 A 股上市公司股权激励实践统计与分析报告，666 个公告的股权激励计划中，189 个计划选择第一类限制性股票作为激励工具，占比高达 28.38%；302 个计划选择第二类限制性股票作为激励工具，占比达到 45.35%；96 个计划选择股票期权作为激励工具，占比 14.41%；40 个计划选择股票期权与第一类限制性股票的复合工具，占比 6.01%；26 个计划选择第一类限制性股票与第二类限制性股票的复合工具，占比 3.90%，如图 6-11 所示。

第一类限制性股票指的是激励对象以约定价格（通常低

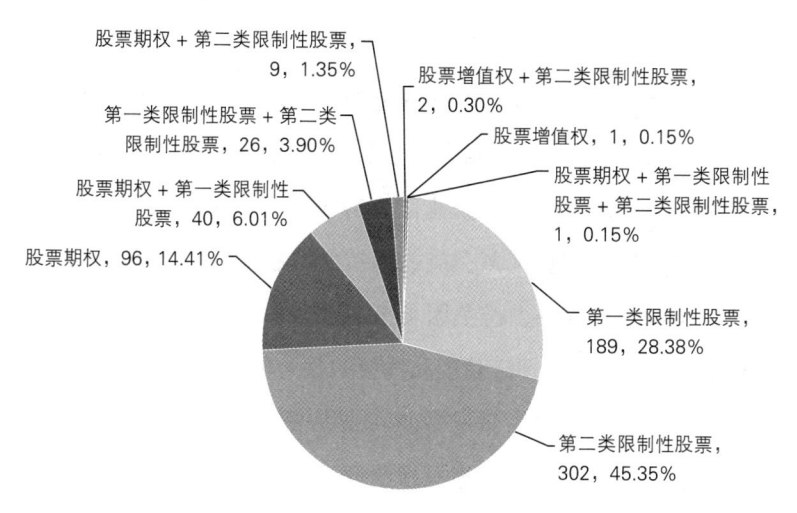

图 6-11　2023 年度 A 股上市公司常用的股权激励工具类型

于股价）购买股票，这部分股票具有一定的限制性，如持有时间限制或卖出比例限制等。

第二类限制性股票则为限制性股票的特殊类型，其定价原则与第一类限制性股票基本一致，但在授予时存在折价收益且无须出资。当满足限制要求时，激励对象可获得以约定价格买入股票的机会。第二类限制性股票具有部分期权特点，但与期权相比，可以以较低价格购买公司股票，资金风险相对较低。

通常，企业在未上市之前，主要以股票期权作为激励模式；上市后，则多采用限制性股票。当然，也有企业会选择将股票期权与限制性股票相结合的激励方式。

四定实施载体：在股权激励的实施过程中，选择合适的载体时的一项重要考量因素便是未来资本运作后的税收问题。实股和期权主要有三种不同的持股方式：自然人、委托信托公司和壳公司（设立有限合伙企业）。在实际操作中，多数企业倾向于采用有限合伙企业作为持股平台。这一选择的主要优势在于拥有税负优惠、能够保持实际控制人的控股地位以及维持股权稳定性，避免因员工离职等原因导致目标企业股权频繁变动，同时便于管理和约束激励人员的流动。

五定激励数量：激励数量可分为激励总量与激励个量。激励总量是指企业在实施股权激励计划时，用于向激励对象授予的股权和股份总量。激励个量指的是在激励计划中，企业针对每个激励对象具体分配的股权和股份数量。在确定股权激励总量时，需考虑诸多因素，如与大股东的控制力、公司引进战略投资者的需求，以及上市计划等。股权激励总量的确定方法主要有两种：

第一种方法是直接设定一个比例。根据企业自身特性、当前估值水平、老板的分享精神，以及同行竞争对手的激励水平等因素，来设定股权激励的总量。通常，业界设定的比例为总股本的10%~30%，其中20%为中间值。

第二种方法是以员工总薪酬水平为基数确定股权激励总量。股权激励总价值可以是年度总薪金支出乘以一个系数，系数由企业自定。此方法将股权激励与员工总体薪酬水平挂钩，使企业在应用股权激励时具有较大灵活性，同时能确保激励总量与企业发展同步扩大。

需要注意，在确定激励总量时，需留意分批次的激励个量与预留数量。①

确定股权激励个量需考虑公平性、个体贡献价值及个体实际薪酬水平等因素。依据"二八原则"，核心对象应重点激励，激励个量应根据岗位及业绩贡献的大小合理拉开差距，确保激励的公平性。确定激励个量时应避免出现平均分配现象，以确保股权激励真正惠及有贡献和能力的核心人才。许

---

① 企业在实施股权激励计划时，通常会预留一部分股权或股份，用于未来激励新进人才或激励有特殊贡献的人员。

多企业因分配不公,导致股权激励完成后核心人员离职。因此,股权激励个量对股权激励方案的效果及成败具有决定性影响。

确定激励个量的方法有三种。

第一种是直接判断法。在考虑职位、业绩和竞争对手等因素后,根据可分配的股权激励总量,直接决定每个激励对象的获授数量。虽然简单直接,但实用性较强。

第二种是期望收入法。这里介绍期望收入法的两种设计理念,分别如下:

(1)激励个量=收益期望值÷预期每股收益=个人年薪×倍数÷预期每股收益

这种方法先假定激励对象行权[①]时应获得几倍年薪的期望收入,再预测行权时的每股收益,用期望收入除以每股收益即得出应授予的股权激励数量。

举例:如果激励对象 A 的期望收入是 2 倍的年薪,他的年薪收入为 60 万元人民币,假设对他的期权行权价格是 5 元/股,预计等待期满可以行权时公司的股价为 10 元/股,那么激励对象 A 的授予数量为:

---

① 此处的"行权"是指,股权激励计划中的股权持有者按照事先约定的条件和价格,在特定时间内行使权利,以获得相应权益(如股票/期权)的行为。

授予数量 = 60 万（个人年薪）× 2（倍数）÷（10-5）（预期每股收益）= 24 万股

（2）激励个量 = 年度总薪金 × 系数

这种方法以员工总薪酬水平为基数来确定股权激励总量。简单来说，就是结合市场薪酬数据，确定股权性收入占整体薪酬的比例，然后推导出额度。通常来说，不同层级的员工，其股权激励占整体薪酬的比例会不一样，级别越高，股权收入占整体薪酬的比例越高，如图 6-12 所示。

第三种方法是分配系数法。根据不同级别定基准额度，再根据岗位价值上下浮动做调整。

这种方法就是在初步拟定股权激励方案的权益份额总量之后，在激励个量的具体分配过程中，综合考虑业绩贡献度、岗位重要度、任职年限（司龄）、职级等因素，并为每一个因

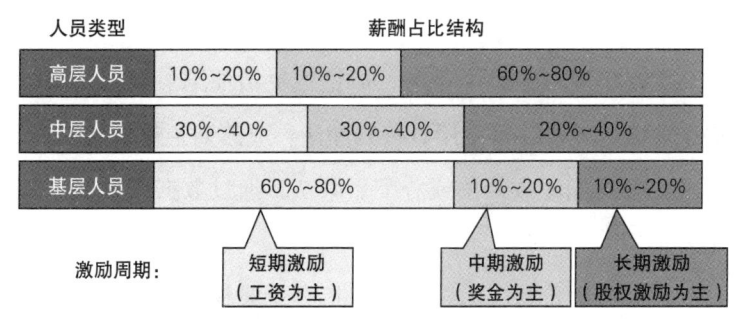

人员类型	薪酬占比结构		
高层人员	10%~20%	10%~20%	60%~80%
中层人员	30%~40%	30%~40%	20%~40%
基层人员	60%~80%	10%~20%	10%~20%
激励周期：	短期激励（工资为主）	中期激励（奖金为主）	长期激励（股权激励为主）

图 6-12 不同层级的短中长期激励占比（参考"荣正矩阵"）

素冠以不同的系数和权重。

比如，岗位系数在一定程度上代表了对公司的重要度；职级系数代表了个人的能力和未来发展潜力，司龄系数突出了个人的历史贡献及忠诚度。下面以岗位、职级和司龄这三个因素为例，计算某激励对象分配的个量：

个人分配系数＝岗位系数 × 权重 a＋职级系数 × 权重 b＋司龄系数 × 权重 c

个人获授权益份额＝授予总量 × （个人分配系数／企业总分配系数）

其中：权重 a＋权重 b＋权重 c＝100%

企业总分配系数＝所有员工分配系数之和

分配系数法就是根据以上公式得出激励个量的分配结果，当然还可以结合个人的绩效表现和其他历史因素等实际情况进行调整。

在确定股权激励个量时，应把握灵活原则。例如，初创期企业人数较少，可采用直接判断法；成熟期企业人数较多，可考虑使用期望收入法或分配系数法，通过数据测算确保公平公正。

六定激励价格：激励价格是指享受股权激励的员工是否需要支付一定成本以持有股权。股权激励价格最低为零，最高为市价。股权激励定价本质在于从激励与约束之间寻找平衡点。

一般建议约定一个价格,以免使股权激励成为白送,无法达到利益共享、风险共担的激励作用。价格可参考公司账面净资产、公司评估净资产、原股东转让或增资价格(增资价格范围为1元至评估值)及公司市场投资者受让或增资价格。

在中国非上市公司中,股权激励授予价格通常为每股1元,行权价方式各有不同,通常有四种:以市场评估为标准、以注册资金价格为标准、以评估净资产价值为标准、以净资产折扣价为标准。

如需员工自筹资金,可分为两种来源:员工自筹和公司联系相应机构提供借款服务。

一些员工激励计划平台允许员工选择"非现金行权[①]",即同时行权和出售股票,员工获得的股票收益为扣除行权价格后的收益。这样既能让员工出资,又不会增加员工的现金负担。

七定激励时间:鉴于股权激励是面向未来的具有一定的前瞻性,它的限制期原则上应不少于一年,周期性设置应以中长期为目标,通常而言,三到五年的周期比较合适。

如果以三年为周期,通常的解锁方案为首年40%,第二

---

① 非现金行权:指激励对象无需使用现金支付行权价款,而是通过其他非现金的方式行使权利,并获得股权和股份等权益的行为。

年30%，第三年30%。如果以四年为周期，可规划匀速解锁方案，即逐年解锁25%。此外，也可采取多元化的解锁方式，例如，首年解锁15%，第二年解锁25%，后续两年匀速解锁30%；或于两年后解锁50%，第三年解锁25%，第四年继续解锁25%。

八定股权来源：上市企业的股权主要来源于存量转让和增量入股，非上市企业则源自原股东转让、公司预留股份和增资扩股。

九定激励条件：这里说的是股权激励的授予和行权条件，以业绩考核为核心条款。虽然许多企业在业绩考核指标的选择上，仍以净利润和营业收入为主要依据，但是如今企业考核指标的发展越来越呈现出多元化趋势。比如有些公司会使用创新型考核指标，和辉光电在2021年12月21日发布的《2021年限制性股票激励计划（草案）》中，纳入了单位收入耗电作为考核指标；四创电子在2021年10月25日发布的《长期股权激励计划暨首期实施方案（草案）》中，在公司层面考核基础上增设了独立法人核算单位的考核指标；部分公司还会根据自身业务特点设置相应考核指标，如研发费用占比、专利数量等。

十定激励机制：股权激励计划的设计实施是一项系统性工程。在确定相关要素后，还需制定一系列配套且完善的股权激励管理机制，以确保计划能有效执行。这些机制包括股权激励计划的管理机制（如股权激励制度的确立机制、管理机构的设立机制、股权激励协议的签署机制、退出机制等）、调整机制、修改机制以及终止机制。其中，重点在于股权激励的退出机制。

在具体的股权激励设计和实施过程中，还应该遵循以下七个原则：

原则一：任何薪酬激励机制的设计目标均为扩大"饼"的总面积，使双方受益，股权激励也不例外。

原则二：股权激励应为公司战略和业务发展服务，核心在于激发未来潜力。因此，需根据公司发展战略和具体业务制定适宜的激励模式及考核方式。

原则三：以公司业绩增长为激励前提，业绩目标不仅限于销售收入或净利润增长，还可考虑重要里程碑式目标或其他战略性目标。

原则四：兼顾吸引外部人才与稳定内部人才，既要吸引外部关键人才加入，又要激励和保留内部核心人才，提高跳槽和离职的机会成本。

原则五：激励与约束并重，既注重激励，也对激励对象形成一种约束。

原则六：实施多批次持续激励，拉开激励梯度，实现差异化。

原则七：考虑与资本市场对接，股权的核心价值在于股权的增值和兑现。

五、善用其他激励

本章虽然详细阐述了物质激励的诸多形式，如销售人员的提成、奖金制度以及股权激励等，但激励手段丰富多样，还有精神激励、荣誉激励、工作激励以及即时激励等方式。

精神激励主要体现在认可、感谢和尊重等方面，例如，领导者日常中的一句赞美，便足以激发员工持续的积极性。荣誉激励则通常指的是公司内部的评优，如优秀员工奖、优秀管理者奖、项目奖等，通过在公开场合对员工进行表彰来激励员工。

工作激励则涵盖培训机会、成长机会、挑战性项目负责权、晋升机会等，此外，还包括工作便利如弹性工作制、舒适的工作环境等。而即时激励则是提高员工敬业度和激励效果的最有效手段，旨在增强员工在企业和工作中的价值认同感。当员工做出公司倡导的行为或有利于自身成长的行为时，其均可获得公司及管理者的认可与奖励。

【案例解析】

国内某上市企业推出了一项即时激励的实施方案：公司一定级别的管理者，每季度可获得一定额度的即时激励积分。员工若在日常工作中展现出符合企业文化和价值观所倡导的行为，便可获得即时激励，即时激励通常会伴随着有选择地送出不同类型的"币"。这些币对应面值不等的积分，一个积分等同于一块钱，这些积分可在公司内部的消费场景下使用，如公司餐厅、咖啡厅、自助售货机、公司内部便利店等，也可以在公司合作的外部福利平台使用，如线上福利商城等。考虑到普通员工没有配置相应的积分额度，该项目还设计了无积分的"表彰卡"，以便普通员工也能够参与进来，在公司内部将即时激励认可的文化深入推进。如图6-13所示。

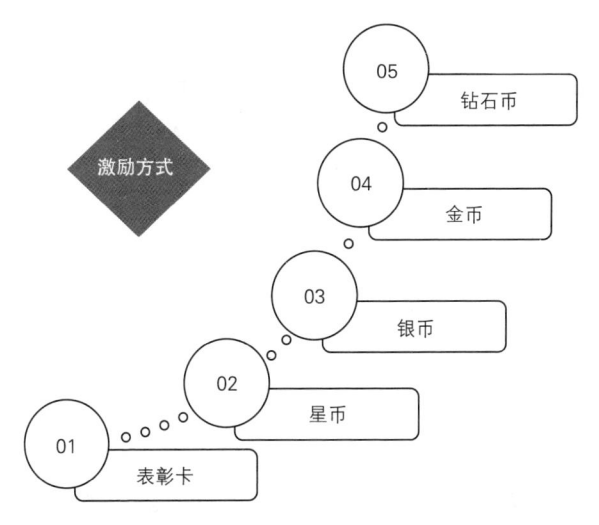

图6-13 某公司的即时激励方式

本章小结

在本章，我们从企业经营的角度而非人力资源管理的角度来理解绩效管理。结合企业在绩效管理上的痛点、误区，以及有关建设绩效管理体系的理论知识，再根据对企业战略的理解，选出适合企业战略发展的绩效管理工具，这样才能建立和完善一套实用的绩效管理体系，支持企业的战略落地和执行。

任何绩效管理，都以完成目标为导向。而设定目标，是绩效管理体系中最关键的部分，目标就像企业在商业航行中的指南针，给大家一个明确的方向。在设定好目标之后，企业管理人员要在商海中不断调整策略，追踪结果，拿到结果，对结果进行复盘，让大家朝着下一个目标前进，跟上企业发展的步伐，帮助企业实现长期的发展目标。

在追求目标和愿景的过程中，要对员工进行激励。绩效管理是用来指引员工努力的方向和评估员工努力程度的，而激励则可以激发员工的工作动力和积极性。对员工的激励既要考虑短期利益，如奖金提成等，也要考虑长期价值，如股权激励，还可以结合其他激励方式。将绩效管理和激励措施有效结合，共同构建一个高效的人力资源管理系统，对企业的发展和战略落地有着关键作用，可以帮助组织实现目标，保持在市场上的竞争优势。

激励机制并不仅限于物质奖励。在适当的环境中，巧妙运用各类激励手段，皆能达到激发员工积极性的目的。

■ 思考题

1. 如何设计一个有效的绩效管理体系来支撑战略和目标的达成？
2. 如何有效地运用绩效管理来做好组织目标的管理和个人目标的管理？
3. 如何让薪酬结构变得更合理？
4. 如何让销售团队的激励政策更有效并能支撑公司的业务发展？
5. 除了销售团队的激励，其他团队的激励政策应该如何设计才能更有效？
6. 除了物质激励，还有哪些激励方法和激励手段？

第七章

员工敬业度

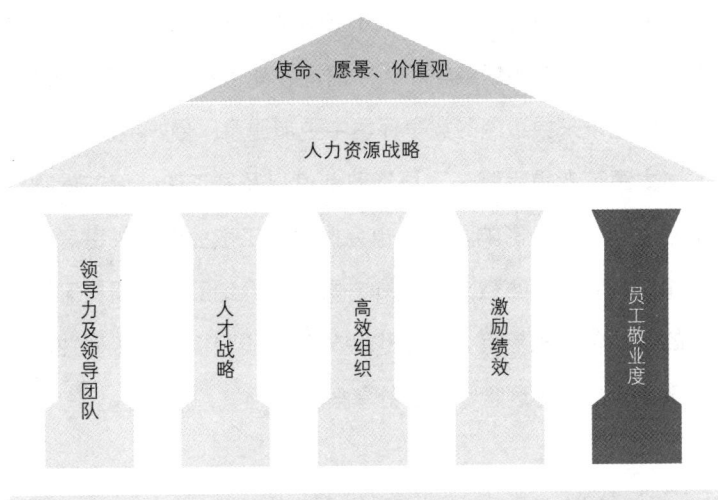

（图示：神庙结构，顶部"使命、愿景、价值观"，下方"人力资源战略"，六根柱子分别为"领导力及领导团队"、"人才战略"、"高效组织"、"激励绩效"、"员工敬业度"（突出显示），底部"人力资源专业能力和职业发展"）

管理大师杰克·韦尔奇（Jack Welch）曾指出，衡量一家企业稳健性的核心要素有三个：现金流、客户忠诚度和员工敬业度。

员工敬业度体现了员工为实现企业目标和成

果所付出的努力程度,表现为员工对组织的热情联结、致力于工作并愿意付出额外努力。这种敬业度源自员工的内心,是他们在情感和知识层面对企业的一种承诺与投入,具有高敬业度的员工往往会为实现组织和品牌的成功而付出更多努力。换言之,敬业度便是员工的主人翁精神和责任感。

当中国企业从粗放型管理向精细化管理转型时,激发员工的敬业度变得至关重要。为了提升员工的敬业度,企业需要采用创新和切实有效的方法,充分激发员工的主人翁精神和积极性。这样,企业组织效率和人才潜力才能得到充分提升和发挥,使企业在未来更激烈的竞争环境中更加健康、更好地发展。

本章笔者重点聊一下员工敬业度以及员工敬业度的提升对企业发展的积极影响。笔者也会探讨员工敬业度的关键考核维度和如何制定员工敬业度提升方案,并介绍三种调研员工敬业度的工具供大家参考,最后也会分享调研和提升员工敬业度的关键步骤、核心理念,以及分享案例。

第七章 员工敬业度

第一节 员工敬业度：企业发展的基石和保障

有关员工敬业度（Employee Engagement）的研究起源于美国盖洛普咨询公司，其创始人乔治·盖洛普（George Gallup）是一位数学家，也是统计学领域抽样调查方法的创立者。盖洛普公司经过近四十年对健康企业成功要素的深入研究，构建了"盖洛普路径"模型，该模型揭示了员工个人表现与企业最终经营业绩、企业整体价值增值之间的关联路径，如图7-1所示。

依照"盖洛普路径"，一家企业健康成长的要点如下：

1. 企业根据自身发现优势，因材施用；

2. 在优秀经理的领导下，充分发挥员工所长，提升员工敬业度；

3. 敬业的员工发展了忠实客户；

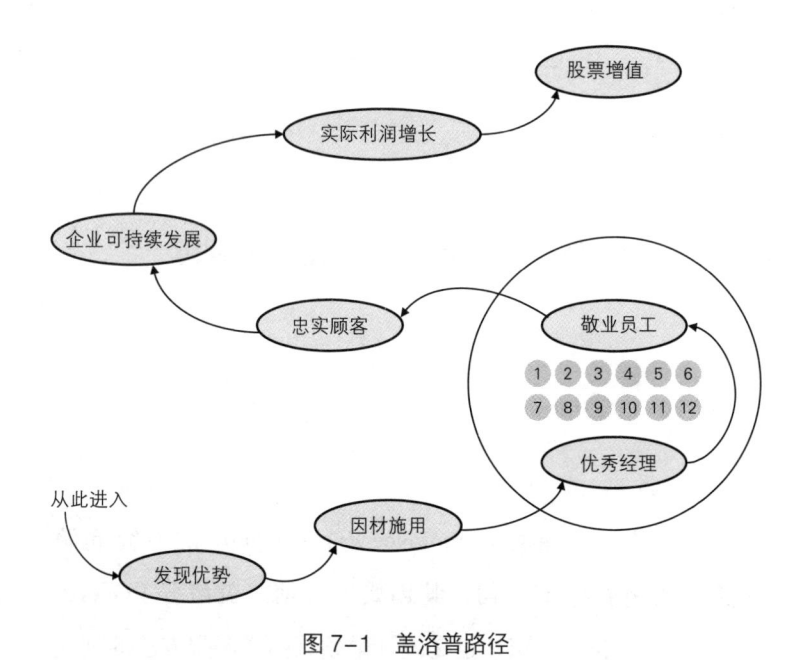

```
                    股票增值
                      ↑
                实际利润增长
                   ↑
          企业可持续发展
                      ↑
                   忠实顾客 →  敬业员工
                                  ① ② ③ ④ ⑤ ⑥
                                  ⑦ ⑧ ⑨ ⑩ ⑪ ⑫
                                  优秀经理
                                     ↑
从此进入  →  发现优势  →  因材施用
```

图 7-1　盖洛普路径

4. 忠实客户驱动企业的可持续发展；

5. 企业的可持续发展驱动实际利润的增长；

6. 企业实际利润的增长推动股票的增值。

企业的营业额和利润的稳步增长，得益于我们拥有一定规模的忠实客户群体以及热衷于为他们提供服务的员工。这些员工敬业度极高，这一点得益于优秀经理们的有效管理。员工加入一家企业，可能是因为各种因素，但是他们能待多久，在岗位上是否敬业，能不能化天赋才干为业绩，则主要取决于经理是否优秀。盖洛普公司认为："加入公司，离开经理"，从员工角度看，经理胜过公司。[①]而选拔出的这些优秀经理，正是企业知人善任的结果。盖洛普曾指出，优秀的管理水平首先体现在对员工的正确评估和合理运用上，通过创造良好的工作环境，发挥员工的优势，能够使员工产生强烈的归属感。

盖洛普公司对员工敬业度的定义是：员工对工作和工作场所的参与度和热情。组织中的员工可以分为以下三类：

敬业员工：他们对企业忠诚，具有主人翁意识。敬业员工将全力以赴地投入工作，超越职责要求，并对工作成果展现出坚定的承诺。他们善于运用自身技能支持企业发展，对本职工作及贡献感到自豪，乐于向外界宣传企业、产品及企业文化。

从业员工：尽管具有一定的生产力和贡献，但对企业缺乏深入的心理认同，因而可能在工作中产生懈怠心理，或存在离职想法。这类员工具有强烈的打工心态，对企业忠诚度和承诺有限。

怠工员工：他们工作消极，对工作不满并散布负面情绪，离职风险较高。这类员工的工作表现往往仅限于满足职责要求，不愿寻求更多方法为业务和组织做出贡献。他们对企业未来缺乏信心，倾向于维持现状或得过且过。

盖洛普的一项调查结果显示，仅有 36% 的员工表现出敬

[①] 白金汉，科夫曼.首先，打破一切常规［M］.鲍世修，译.北京：中国青年出版社，2002：28.

业精神，这意味着近三分之二员工的工作表现仍有待提升。敬业员工对企业的经营业绩指标产生的影响最大，有助于企业实现商业目标和成果。员工的敬业程度决定了其工作的质量和效率，而工作质量和效率又直接关系到企业产品的品质和销售服务质量。企业产品的品质和销售服务质量进一步影响顾客的满意度和忠诚度，这一系列连锁反应最终将决定企业的财务状况和未来发展。多年来的实证研究一致表明，员工敬业度是真正影响企业绩效的关键因素，这一观点与美国通用电气公司前CEO杰克·韦尔奇的见解一致，他曾强调："任何希望在竞争中获胜的公司，都必须努力提高员工的敬业度。"

员工敬业度的驱动因素除激励和绩效考核外，还包括工作挑战与成就感、企业文化认同、个人职业发展机遇、工作生活平衡、企业内部人际关系、政策和操作变动影响等方面。实现高员工敬业度是企业期望达到的目标，敬业员工能够持续、高效地推动企业的发展和业绩的实现。

员工敬业度究竟有多重要？一项长期追踪研究揭示了这一问题的答案。某国际咨询机构在对一家拥有6000名员工的企业进行常年深入跟踪研究后发现，每当员工敬业度提升一个百分点，顾客满意度便随之上升0.5个百分点。怡安翰威特的一项全球调查结果显示，员工敬业度水平与企业业绩之间存在高度相关性（相关系数约为0.6），这意味着高员工敬业度能够推动企业未来的业务增长。

《哈佛商业评论》的观点也证实了这一现象，71%的企业高管认为，高员工敬业度是企业成功的关键因素。当员工对企业具有强烈的归属感时，他们的绩效表现将提高56%，离职风险降低50%。相关数据显示，相较于敬业度较低的竞争对手，拥有较高员工敬业度的企业表现得更为优异。

盖洛普的研究表明，敬业的员工队伍能够使生产率提升17%，客户评分提高10%，以及销售额增长20%。这些敬业员工会主动关注他们所从事的工作和企业本身，他们不仅将工作视为谋生手段，更坚信公司使命，并致力于帮助其实现这一使命。研究发现，在客户体验方面表现卓越的企业，其员工敬业度为竞争对手的1.5倍。高敬业度有助于企业树立行业最佳雇主的声誉，热情洋溢的员工表现也优于竞争对手，组织安全性更高，效率更高，创新成果更为显著。同时，运营成本更低，也会为股东带来更大的投资回报。

敬业员工对工作满意度较高，更有可能保持精力充沛和较高的工作效率，这不仅有益于自身的心理健康，还能改善同事的心理健康。这也会逐步优化企业文化，降低员工流失率，建立更为积极的人际关系。

总之，员工敬业度显著影响着业务的各个方面，包括产品质量、销售额、运营成本、组织效能、客户忠诚度、员工保留率以及客户服务等。因此，塑造积极的企业文化，培养敬业员工，已成为全球众多知名企业领导者最重要的任务之一。

员工敬业度在企业管理中的重大价值，能够在以下方面为管理层提供助力。

1. 作为企业经营和组织发展状况的晴雨表以及预测未来企业状况的工具。一般员工满意度调查主要关注员工对企业的当前感知情况和满意程度，而员工敬业度调查则更深入地关注员工当前和未来的敬业状态及信心水平。通过这一调查，可以从组织、文化和人员管理等多个角度了解企业的发展现状，预测未来经营状况。

2. 评价企业管理水平的内部机制。许多企业已建立以调查员工敬业度为核心的评价工具，并成功将其纳入企业的考核评价体系。员工作为企业内部众多管理体系和机制的重要目标群体，对他们开展的敬业度调查能为管理层提供关于管理体系有效性的客观评价，有助于不断优化和提升企业内部管理水平。

3. 推动组织、人才和文化提升的关键手段。通过将敬业度和满意度调查相结合，管理层能倾听员工的心声，发现现有管理措施的优势和挑战，了解企业业务战略举措对员工信心的影响。据此制定、推进或调整企业管理措施，使企业持续取得成功。敬业度和满意度调查还适用于企业变革期，能通过有针对性的调查，阶段性地了解企业的战略、组织、人才、文化、激励绩效管理等方面各项战略落地和变革举措对整体提升员工敬业度和满意度的影响。

第二节 要员工敬业，先要让员工满意：员工敬业度调研

说起员工敬业度，就总会提到员工满意度。员工满意度代表员工对企业的正面感知，它单方面地反映了员工对企业的想法，而不涉及企业对他们的付出与贡献的评价。员工满意度是基于员工与企业整体的关联性，包括工作环境、薪酬福利、晋升发展机会、企业文化、人际关系以及工作本身等各方面，也可以理解为一种满足感。当员工在工作场所感到满意时，这会使他们在生活中也体会到某种程度的满足。

较高的员工满意度有助于企业吸引和留存员工，但这种优势并不具备持久性。相比之下，较高的员工敬业度不仅有助于企业保留优秀员工，更能持续且高效地推动业绩增长，这才是企业真正需要的，理想的状况是员工既满足又敬业。满意的员工可能对工作内容、工作环境与福利感到知足，他

们是快乐的员工，同时也是企业的忠实支持者，具备较高的工作热情，且具有更好的内部发展及贡献潜力。若想实现员工在企业长期服务，提升工作满意度至关重要。然而，员工满意度仅属于"保健"因素，而非"激励"因素，它是获得绩效的必要条件，而非充分条件。

过去不少企业常常只做员工满意度调研，后来发现尽管根据调研结果做出各类改进措施，但在一段时间之后，总会有各种新的不满声音出现。除了工作环境和福利待遇，员工对工作的态度、投入程度和对企业文化的认同度，也会直接反映在员工的满意度上，而这些，恰恰更加直接地反映了员工的敬业程度。敬业度调研既可以帮助企业深入了解员工对企业、工作、领导、职业发展、企业文化等各方面的看法，又可以帮助企业找出问题所在。敬业度调研还可以帮助企业了解员工的需求和期望，有针对性地提供帮助和支持，制订更符合实际的发展战略计划，提升组织和员工的工作效率，有利于企业的长期发展。敬业度调研对于企业的可持续发展也是至关重要的，除了提升员工的积极性，它还能帮助企业预防和解决企业发展中面临的各种管理问题，进一步推动企业持续发展和竞争力的提升。

基于多年来的实践经验，笔者把员工敬业度调研归纳为以下七个方面，如图7-2所示。

1. 员工敬业度和信心指数：这是敬业度调研的核心内容。

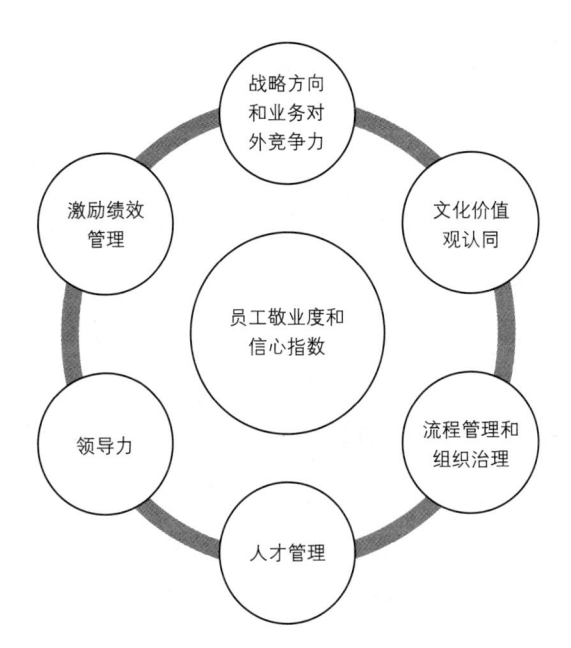

图 7-2　员工敬业度调研的七大维度

如果员工的信心指数较低，会表现为对工作态度消极，缺乏投入。如果员工的敬业度和信心指数不高，很难相信这个企业还能有什么发展前景和竞争力。员工敬业度和信心指数通常通过以下几个方面来考察：

（1）员工的忠诚度高低；

（2）员工是否愿意付出额外努力来完成工作？

（3）员工是否愿意主动宣传公司并乐于介绍其他人加入公司？

（4）员工对企业的自豪感，对工作的成就感；

（5）员工对企业前景和高层领导的信心指数。

2.战略方向和业务的外部竞争力：员工是否理解和认同企业的发展方向及战略，对于能否达成企业目标至关重要。如果没有员工的理解和支持，企业的战略再好，目标再明确，可能最后也会沦落为纸上谈兵，毫无战斗力可言。战略方向和业务的外部竞争力通常通过以下几个方面来考察：

（1）员工是否清楚企业的战略目标和方向？

（2）员工的工作重点是否支持公司的战略方向？

（3）企业能否及时地满足客户的期望？

（4）企业能否快速响应市场变化？

（5）与竞争对手相比，企业的产品和服务的创新性和优势能否得到保持？

3.文化价值观认同：它是影响员工敬业度的重要因素之一。如果员工对企业的愿景、使命和价值观有强烈的认同感，他们更愿意积极践行，从而努力推动企业业绩的达成。员工的文化价值观认同情况通常通过以下几个方面来考察：

文化澄清：员工是否了解并认同企业所倡导的愿景、使命和核心价值观，并为其工作提供了方向和指引？

文化统一：员工是否明白企业文化和核心价值观提倡什么、反对什么，同事们的文化认知是否一致？

个人文化践行：员工是否践行企业文化价值观，并愿意主动传播和维护企业的品牌、形象？员工是否知道自己言行是怎样为企业的使命做出贡献的？

管理层文化践行：中高层管理人员能否充满激情，能够很好地践行企业文化价值观和核心组织能力？

沟通文化：同事之间、上下级之间的人际关系是否简单，彼此的沟通是否开放、坦诚、互相尊重和信任？

创新激励：企业是否不断鼓励员工探索创造性方法来提高公司业绩？

多元化的文化：企业是否可以对每位员工的新想法保持开放态度？是否积极防止偏见，并确保所有人的机会均等？为了确保所有员工对工作的最大参与度，多元化的工作文化至关重要。

4. 流程管理和组织治理：如果一个企业在初步取得成功并有了一定的发展规模后，依然没有沉淀出一套行之有效的管理流程，没有培养出实施高效组织治理的能力，企业的组织和人员效率就无从谈起。企业即使取得了一些短期的成绩，可能也只是昙花一现，很难做到可持续发展。流程管理和组织治理通常通过以下几个方面来考察：

管理模式：企业的整体组织架构和运营模式是否合理，能否支撑公司的未来战略目标及发展规划？

组织架构：组织结构层级是否设置恰当？管理幅宽是否合理？与业务的性质、发展阶段、业务体量是否相匹配？

资源配置：企业提供的各种工具和资源（如技术、设备、系统等）能否有效地帮助员工完成工作？

岗位职责：各岗位的核心职责是否合理，权责是否对等？

工作流程：企业的工作流程（如操作指引、业务流程等）是否允许员工高效地工作？

团队合作：同事之间是否为了共同目标而紧密合作，相互分享工作经验和业务知识，共享资源？能否很好地相互帮助，工作不推诿？

团队沟通：企业内各组织单元之间的沟通是否充分、顺畅？信息的传达是否准确、到位？

团队支持：当需要其他部门支持的时候，员工能否及时得到足够的支持？

会议安排：每场会议召开的理由是否足够充分？会议流程是否简单高效？

内部沟通：员工能够实时连接、从企业接收定期更新以及拥有快速解决问题的能力对形成友好的工作氛围至关重要。

对人际关系的满意程度：员工是否可以与自己的同事愉快相处？当员工意识到会有冲突产生时，冲突焦点是否可以仅聚焦于工作任务，而不是针对个人？在工作中与他人的人际关系也是员工敬业度、满意度的影响要素之一。

5.人才管理：包括人才招聘和培养、人才保留和职业发展、工作职责的明确和能力培养、人才多元管理等，人才管理通常通过以下几个方面来考察：

人才招聘：企业能否吸引和招聘到符合业务需求的人才？

人才多元化：企业是否重视人才来源的多样性，尊重并重视拥有不同教育背景、工作背景、工作风格和个人观念的人之间的差异性？

人才保留：企业能否保留住优秀人才？

人才优化：业绩和能力表现较差的员工是否会被合理地优化？

工作挑战性：员工是否有机会通过承担更多的职责或接受新的挑战来提升专业能力和综合技能，以获得个人发展？

人员培训：员工在企业是否获得了学习和培训的机会？参加的各项培训是否对工作有帮助，能否提升专业能力和改善思维模式？员工能否主动学习、拓展与履行岗位职责相关的知识和技能，并学以致用？

发挥所长：员工在工作中能否发挥所长，充分运用专业知识和技能？

职业发展：企业是否会为员工提供良好的职业发展空间和职业生涯路线，能否清楚描绘员工各个职业发展阶段的能力要求和职责变化，设立清晰的行为标准和绩效标准？企业能否提供针对性的培训，让员工发挥所长，工作有成就感？员工是否清楚地知道自己的职业发展路径？

工作职责：员工是否清楚地了解自己的工作职责？是否清楚工作对他们的要求和期望？是否清楚地理解他们的工作

职责、要求与组织的宏观目标之间的关系？

授权：员工对工作中所拥有的授权程度感受如何？他们对工作结果负责的程度如何？他们在工作中是否需要事事请示上级？重要的任务是否委派给具体员工了？公司是否鼓励员工发挥自己的主动性？是否鼓励员工根据自己的判断，承担经过周密盘算的适度风险？

成就感与满意度：员工对工作是否满意？能否在工作中获得成就感？能否感受到日常工作活动的价值？当完成一项任务时，能否获得满足感或愉悦感？

6. 领导力：领导者要有带领团队、支持辅导下属、鼓舞人心的能力。这对于公司的发展来说至关重要，领导力通常通过以下几个方面来考察：

公司领导者是否从高层开始，定期与员工互动，向员工分享他们的想法，并在做出重大决定之前征求员工的意见？

领导团队能否清晰地理解企业文化和战略，并与员工很好地沟通、传达公司目标？管理层能否激励员工，赢得员工的信任和尊重？

领导者是否帮助员工充分发挥其潜能，让员工觉得他们参与了公司的发展，并让员工保持高敬业度？

直接上级能够为员工提供必要的支持，帮助员工获得成功吗？上级是否及时与员工沟通，针对绩效期望提供绩效反馈和职业发展建议？

7.激励绩效管理：及时认可员工，让员工感觉出色的绩效能得到承认和奖励。激励绩效管理通常通过以下几个方面来考察：

现有的奖励是否与绩效的好坏直接挂钩？好的绩效是否带来个人成长机会？

管理层是否对最优秀的员工给予有意义的认可和激励？

激励文化：当员工做出典型贡献或显著工作成绩时，公司是否会及时采用灵活多样的文化仪式进行褒奖和认可，并着重培养他们？每个员工，无论他们的个性、职业目标如何，都希望他们的贡献得到赞赏。

激励机制：公司的激励制度是否公平透明？是否能够帮助公司达成目标？公司是否既采用正式的认可激励机制——如年度绩效考评和相应的激励机制，也采用非正式的认可激励结构——如即时激励和认可机制？

员工敬业度调研是衡量员工当前敬业程度的有效工具，也可以为未来提升员工敬业度指明方向，明确公司需要重点改进的领域。在进行敬业度调研及提升项目时，人力资源部门应充分发挥其业务合作伙伴的角色，与业务管理者深入沟通、紧密合作。人力资源部门应该充分利用这一重要的契机，扮演好赋能者、协调者、沟通者等多重角色，成为内部员工敬业度改善与提升领域方面的专家。

此外，提升员工敬业度离不开企业管理机制的协同配合与支持。各职能部门与业务部门需齐心协力，共同创造协同效应，从而实现敬业度的提升与突破。

如同人每年要做体检一般，开展员工敬业度调研也并非一次性任务，而是需要周期性监测。企业开展员工敬业度调研的适宜频率取决于实际需求，通常每年度或半年度进行一次。如果组织确实有必要，也可以采用更短的周期，如月度或季度调研，作为年度调查的补充。例如，在企业变革期间，可以选择季度或月度的轻调研方式，根据不同时期的关注重点，对问卷题目进行微调，减少题量，同时确保核心焦点的一致性和数据可比性。

第三节　经典的员工敬业度调研工具

尽管不存在一个普遍认可且统一的衡量员工敬业度的方法，但目前市面上存在三种常用的方法可以供参考。这三种方法都各自提供了独特的视角和标准，我们可以深入研究各方法的具体模型和背后的逻辑，再根据企业自身需求和实际情况进行选择。

一、盖洛普的 Q12 测评法

盖洛普公司有一项进行了长达 25 年的深入研究，涵盖了数十个行业，调查了数百家公司，提出了 1000 多个不同的问题，对超过 100 万名员工和 8000 名经理进行了访谈。盖洛普总结提炼出的这 12 个核心问题，构成了衡量一个企业工作环境和员工敬业度的关键指标。通过监测影响员工和团队业绩的工作环境关键因素，Q12 评估和追踪员工敬业度，进而帮企业建立工作环境管理的基准。

盖洛普 Q12 测评法的问题如下：

Q1：我知道公司对我的工作要求吗？
Q2：我有做好我的工作所需要的材料和设备吗？
Q3：在工作中，我每天都有机会做我最擅长做的事吗？
Q4：在过去的七天里，我因工作出色受到过表扬吗？
Q5：我的主管或同事关心我的个人情况吗？
Q6：工作单位有人鼓励我的发展吗？
Q7：在工作中，我的意见受到重视吗？
Q8：公司的使命／目标使我觉得我的工作很重要吗？
Q9：我的同事们致力于高质量的工作吗？
Q10：我在工作单位有一个最要好的朋友吗？
Q11：在过去的六个月内，工作单位有人和我谈及我的进步吗？
Q12：过去一年里，我在工作中有机会学习和成长吗？

盖洛普的 Q12 测评法在公司的层面科学系统地衡量员工的敬业度，构成了衡量企业工作环境的核心内容，是测评一个工作场所优势、企业管理优势的最简单和最精确的方法。

盖洛普还认为，如果企业内部没有进行测量，不了解员工的敬业程度和客户的忠诚度，便无法实现有效管理。Q12 测评法以测量为基础，再从测量回到管理，将测量结果应用于管理过程。根据测量结果，企业应要求各级管理者对其所处的基层工作环境负责，通过有针对性的培训和辅导干预，多维度地识别和推广"最佳实践经验"，鼓励基层经理和员工积极参与改进工作环境，借助 Q12 测评法进行日常管理工作，持续提高管理水平，从而提升全体员工的敬业度。

二、美世敬业度

全球知名咨询公司美世（Mercer）开展的员工研究已经有超过 50 年的历史，涵盖了员工体验的各个方面：员工敬业度、团队效率、领导力和企业文化，以帮助企业更好地了解员工，并推动其达成积极的业务成果。在多年的研究以及项目积累中，他们发现员工仅达到"满意"状态并不能对企业业绩产生足够的正向影响，需要更进一步思考如何让员工达到"敬业"状态，并且在此基础上最大化激发员工的"活力"，使其同时保持着"敬业"和"活力"状态，如图 7-3 所示。

美世后来推出了"员工脉冲调研"，用"美世 3C 模型"将员工敬业度定义为忠诚、贡献和激情，用"美世 3E 模型"将员工活力定义为能量、授权和赋能，如图 7-4 所示。员工脉冲调研有助于企业了解现阶段管理者和员工的状态，识别组织中降低员工敬业度和组织活力、不支持业务发展的原因。

满意度 （20世纪）	敬业度 （近25年）	活力度 （新篇章）
基本需求： 工资、福利、安全 --- 员工是可以持续保留的资产 --- 薪酬和福利被用于支付员工付出的时间和产出	**心理需求：** 成就感、团队、平等 --- 员工是需要主动获得和优化的资产 --- 建设组织能力的各个方面（战略清晰、企业文化、领导力、职业发展、薪酬、福利和工具资源等）来换取员工的敬业度	**成长需求：** 目的、意义、影响 --- **以人为本、技术驱使** 人和机器共同创造最大价值 --- 对组织提出了新的要求（诚信、创新、敏捷、透明、公平、数字化和健康等），向员工提供全方位的体验，来换取员工更广泛的贡献

图 7-3 美世对员工的调研

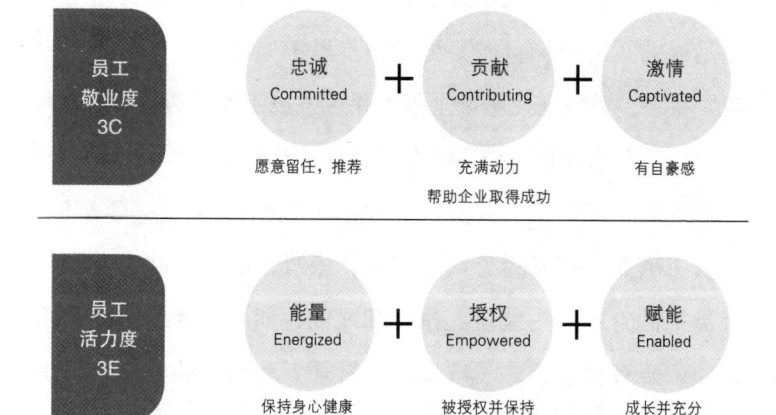

员工敬业度 3C：忠诚 Committed（愿意留任，推荐） + 贡献 Contributing（充满动力 帮助企业取得成功） + 激情 Captivated（有自豪感）

员工活力度 3E：能量 Energized（保持身心健康） + 授权 Empowered（被授权并保持与组织的连接） + 赋能 Enabled（成长并充分发挥潜能）

图 7-4 员工敬业度 3C 和员工活力度 3E 模型

三、怡安翰威特契合度（敬业度模型）

全球知名咨询公司怡安翰威特对 1500 家企业进行了研究，结合怡安翰威特全球"敬业度"咨询项目的客户和最佳雇主的调研数据，披露了敬业度和绩效之间的密切关系，并建立了员工敬业度评估模型。该模型从员工视角和企业视角的契合出发，一方面给出员工三个层面的行为表现，以及会驱动员工提升敬业度的七个方面的因素，将敬业度和满意度紧密结合，揭示出公司需要关注的关键因素，具体如下：

敬业度高的员工，会在三个层面有行为表现，如图 7-5 所示：

乐于宣传（Say）：员工主动地向同事、潜在同事，尤其

乐于宣传 Say + 乐于留任 Stay + 乐于努力 Strive

不断向同事、潜在同事，尤其是向客户（现有/潜在客户）高度赞扬公司

强烈希望成为公司一员

高度敬业，付出额外的努力并致力于那些能够使公司获得成功的工作

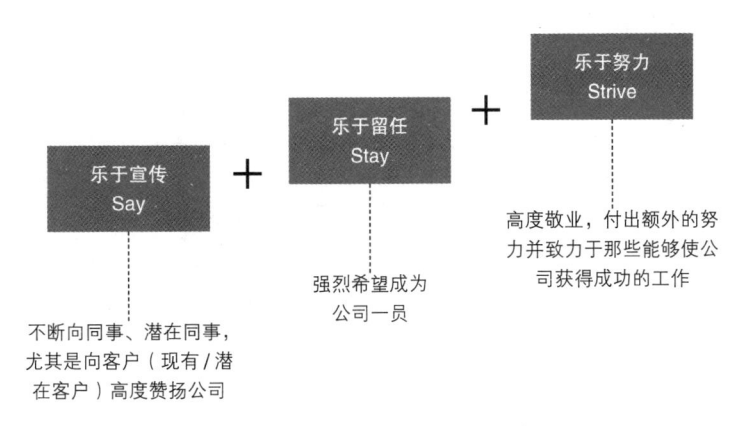

图 7-5 怡安翰威特员工敬业度评估模型

是向客户（现有客户及潜在客户）称赞自己的企业。

乐于留任（Stay）：员工希望留在组织之中，对组织有归属感。

乐于努力（Strive）：员工付出额外的努力并致力于达成岗位目标。

怡安翰威特通过对员工、企业及其行为方式的广泛调查，列出了影响员工敬业度的七个方面24个主要驱动因素，如图7-6所示。

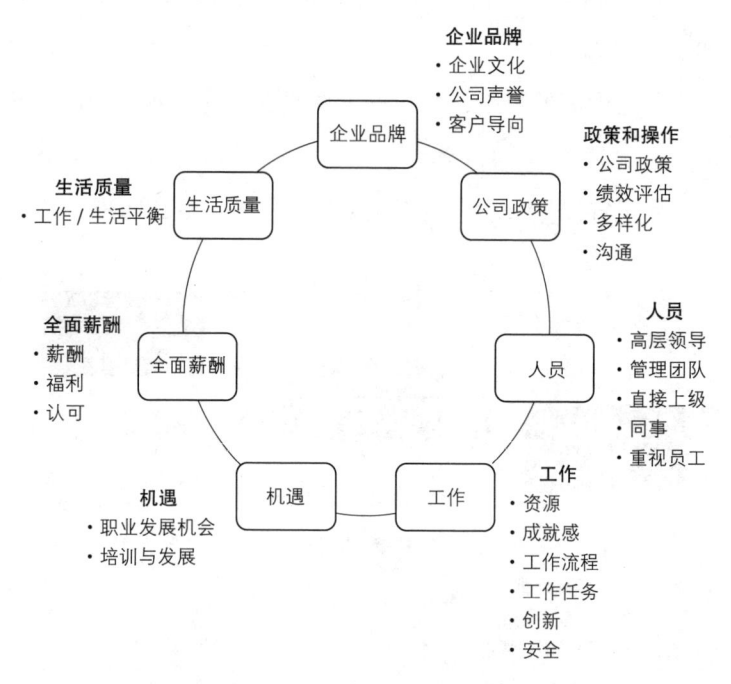

企业品牌
- 企业文化
- 公司声誉
- 客户导向

政策和操作
- 公司政策
- 绩效评估
- 多样化
- 沟通

人员
- 高层领导
- 管理团队
- 直接上级
- 同事
- 重视员工

工作
- 资源
- 成就感
- 工作流程
- 工作任务
- 创新
- 安全

机遇
- 职业发展机会
- 培训与发展

全面薪酬
- 薪酬
- 福利
- 认可

生活质量
- 工作/生活平衡

图7-6 怡安翰威特员工敬业度调研的七个方面

从企业视角看"企业需要什么",同时从员工视角看"员工需要什么",寻求两种视角的契合,并通过驱动因素影响力分析,把员工敬业度和满意度结合起来,找出公司需要关注的关键因素。

第四节　员工敬业度评估和员工敬业度提升方案

员工敬业度是组织管理多方面因素影响的结果，表现为员工与组织之间的紧密联系。企业通过发现问题的根源，并制订相应计划来管理改进，这样就有望提升员工敬业度。通过定期和实时倾听员工意见，企业能深入了解企业管理中存在的问题和挑战。企业与员工共同制定提升敬业度的行动方案，并在组织内落地实施，可以形成良性反馈循环，进一步鼓励员工积极参与和推动企业管理的持续改进。

企业可通过以下六个关键步骤来策划和评估员工敬业度，并制定提升员工敬业度的相应方案。

一、项目规划

人力资源部门与业务部门共同对敬业度调研及提升项目进行全面规划，明确项目目标、价值、方法论来源、业界标杆公司的常规实践、核心工作任务及时间安排、关键环节所需的关键角色以及相应支持等要素,并在项目实施前与公司高层管理团队充分沟通,以达成对整体计划的共识。

二、项目启动

在项目启动环节,首要工作是准备和完善问卷,明确调研的时间和员工参与的范围。员工敬业度调研是一个定制化项目,每次的调研问卷都可以根据市场环境、公司战略和文化建设等条件进行必要的完善和更新,但也需要绝大部分基本类型的问题保持不变,以确保调研数据和以往数据的可比性。

在正式发送调研问卷之前,还需要做好预热宣传工作。人力资源部门需要与管理层和员工积极沟通,以确保各部门和相关方在调研项目的筹备和实施过程中充分地参与和协作。项目组可以采用多样化的宣传方式,如通过设计调研邀请函、拍摄视频、制作主题画报、发布微信公众号图文等,与员工搭建起开放的沟通空间,从而潜移默化地增进广大员工对敬业度的认知和后期参与调研的积极性。

在调研实施过程中,项目组需要重视并营造让员工积极参与、自愿参与、敢于表达的调研氛围,并通过完善的保密机制,让员工有足够的安全感来表达心声和参与访谈。收集敬业度调研数据可以通过线上或线下问卷调研、访谈等方式,也可以延伸到员工可能提供的任何书面反馈,这些方式都应该是不记名的,这样可以大大提升员工积极参与调研和员工参与讨论时的心理安全度,要尽量确保有三分之二以上的员工能够参与调查。如果条件允许,线上调研可以通过第三方的调研平台来收集数据,以增强员工对信息保密、个人安全的信心。

三、调研结果分析和反馈

在问卷调研完成之后,人力资源部门和项目组需要遵循数据统计的原则和方法,计算各项调研问题的分数。同时,通过对高层管理者和不同员工群体进行访谈,分析影响不同员工敬业度和满意度的关键因素,收集并整理大家的合理化建议。最后,将员工访谈的结果与员工敬业度问卷调查结果相互印证。

调研分析报告在展示员工参与度、敬业度、满意度的总体状况以及行业对标成果之外,还需从多个角度进行深入且细致的分析。

首先,自问卷题目的视角出发,对各维度结果进行探讨。通常而言,一份较为复杂的问卷会包含多个一级维度,每个一级维度下又涵盖若干二级子维度,而在每个二级子维度中,均有多个问卷题目分布。在调研分析报告中,可对一级维度、二级维度及单项题目的结果进行分层统计,以识别企业的优势领域与待提升之处。

其次，从时间的视角分析变化趋势。前文强调，每次做问卷更新时需要保持核心要项的一致性，主要是为了便于对不同批次的调研数据进行对比分析，直观地呈现员工敬业度、满意度的变化趋势，找到差异，并对所有问卷和访谈中开放式问题的回答进行提取和归纳整理，这也是对企业近期管理有效性和改革有效性的检验。尤其是要对敬业度和满意度调研数据中那些明显的差异进行进一步深挖，探索变化背后的逻辑和原因，锁定问题的症结，找出做得好或者不好的具体方面。

最后是从组织层（细分到企业的一级组织及中大型二级组织）、职级层、司龄层、年龄层以及其他组织可能需要的角度来进行分析和比较。

四、制订敬业度提升方案

敬业度提升方案应涵盖短期、长期目标及重点关注领域，提升方案需根据企业特定需求进行个性化定制和分级别制定。首先，对于针对企业整体层面的敬业度提升方案，项目组应依据全体调查对象反馈的数据和信息，从企业全局视角识别需提升的共性；其次，各事业部和职能部门可依据本组织调研成果及未来发展重点，制定各自专属的敬业度提升方案。在实际执行过程中，这两个层级的敬业度提升方案呈叠加关系，各事业部和职能部门需同时完成公司级和本组织独有的敬业度提升方案。

制定敬业度提升方案并非由企业管理干部和人力资源部门独自闭门造车，而需要管理层与员工共同参与，群策群力。通过团队反馈和制定敬业度提升方案，使全体成员积极参与改进工作环境和提升敬业度的过程。如此形成的敬业度提升方案在未来执行中具备更高的可行性，从而能取得更好的成效。

制定敬业度提升方案，人力资源部与管理团队须明确识别对员工及团队经营业绩影响最大且最紧迫的问题，以及能激励和吸引员工的关键要素，有针对性地采取措施。员工敬业度调查旨在提升企业的整体业绩，而非流于形式。管理者需分析数据，选择需重点关注并着力改进的领域，例如，明确未来一年亟需关注的两三个关键点，邀请员工共同揭示潜在障碍，创造解决方案，并制定具体的敬业度提升方案。管理者需寻求激发员工创造性与开放沟通的方法，通过焦点访谈小组讨论，收集并整理改进各重点领域的建议，鼓励众人献策，列出众多解决方案。

以上数据分析报告和敬业度提升方案出炉之后，并不意味着万事大吉、项目终结了，这仅仅是项目的第一阶段——调研实施阶段的完结，是第二阶段——改善提升的起点。因此，分析报告和行动计划完成后不可束之高阁，而是要自上而下地充分沟通和反馈，并遵循 PDCA（Plan——计划，Do——执行，Check——检查，Act——行动）管理循环的模式，使之形成管理闭环，让员工敬业度、满意度逐年上升。当然，面对不同的沟通对象，反馈的内容和重点也不尽相同。

面向企业高层：反馈的内容侧重于公司与行业对标结果、各业务单位和部门的对比分析，以及提出关键提升计划。

面向各业务单位和部门负责人：反馈内容侧重于该单位的调研结果、优势和未来重点提升领域。

面向员工：HRBP 需要积极推动并协助各部门管理层向员工反馈调研结果、取得的进步，并积极推动管理层和他们的团队成员就调查结果进行对话，让员工了解为什么做员工调查，如何解读调研结果，并呼吁员工参与后续改善敬业度提升方案。员工的积极参与和可行性建议意见被采纳是员工敬业度提升的关键。通过收集和倾听员工的反馈，能确保员工相信并看到他们的观点对企业的重要性。

通过自上而下的沟通和解读敬业度报告，能使各级别管理人员各司其职，将敬业度结果和提升方案转化为日常管理行动的优化和调整切入点。同时，也能让调研数据和行动过程透明化，确保员工了解调研的结果，无论它是积极的还是消极的，都具备重要的参考价值。如果众多员工对某一特定的问题给出了低分，管理层无须回避，可以公开承认那是一个需要关注的领域，并创造深入研讨的场域和机会，邀请员工共同探讨如何解决这些问题。管理者有责任和义务去创造一种持续反馈和改进的文化，使组织长期受益。

五、行动计划追踪和项目成果的呈现

定期举行月度或季度会议、部门分享会、员工访谈以及持续性与员工进行沟通，都是追踪敬业度提升方案实施进度的重要方式。此外，也可以通过小组讨论和深度访谈等形式，总结提升员工敬业度的最佳实践，并在企业内部进行宣传和推广。通过持续多样化的宣传，逐步改变各级管理干部对敬业度的认知，增强担当意识，形成以结果为导向、持续改进的良好氛围，这对于保持团队成员的责任感并推动其长期参与各项调研来说至关重要。

在企业绩效考核中，员工敬业度指标可以作为中高层管理干部的绩效考评关键指标之一，时刻提醒管理干部肩负提升员工敬业度的重任。如果中高层管理干部未能对敬业度提升建立持续承诺，未能担负起推动实施敬业度提升方案的责任；大部分人员可能会对这项工作失去热情。高管团队和人力资源部可以通过明确划分行动阶段并为结果分配责任，确保提升方案的实施不流于形式，避免计划破产。敬业度提升方案需要设定合理、明确、可实现的目标，来帮助追踪进度和评估成果。

透明的沟通对顺利推进员工敬业度提升方案至关重要。

管理层和人力资源部将员工敬业度行动计划付诸实践后，有必要定期以简洁的方式将进展向员工通报。

六、定期评估工作成果

企业还需要根据敬业度提升方案制定行动考核标准，并定期评估计划的实施进展。在提升方案的实施过程中，企业需要定期与员工沟通方案的进展，同时，企业管理层和人力资源部门也需要密切关注员工是否适应相应的变化，通过与员工定期沟通获得反馈，并迅速有效地做出必要的调整。虽然制定和执行战略性员工敬业度行动方案颇具挑战，但是只要严谨对待并正确实施，企业的组织效率、员工满意度和敬业度一定会得到相应的改善。

第五节　让员工和组织一起迈向成功

管理的核心在于通过对人性的深刻理解，采取恰当的行为以提升组织绩效。员工作为组织的基础个体，其行为取决于个人的理想、选择、动机、价值观、态度、效用评价和行为准则，这些因素对管理成效具有决定性影响。因此，要深入探讨组织中的人际行为，就必须对管理过程中人的观念和需求进行深入细致的研究。

当今职场员工的构成越来越多样化，每个员工的追求和需要也各不相同。即便在统一的公司政策下，受年龄、职位及工作地点等因素影响，员工的敬业程度与绩效表现依然不存在明确联系。然而，认识到这种差异与调整管理方式则似乎是割裂的，因为寻求完美解决方案并付诸实践实属不易，不仅需要持续对全体员工进行调研，还需及时根据调研结果调整员工工作安排、公司政策及管理方法。

第七章　员工敬业度

在当前企业发展阶段，员工拥有更多的自主性、内驱力，追求自我价值的实现。管理者不能再和过去一样，仅依靠绩效考核和单纯的薪酬激励方式来管理和鞭策员工，而应给予员工更多的支持、信任和授权，从而激发员工的敬业精神，提升组织活力和效能。

为什么仍有不少企业的员工在工作中缺乏敬业度呢？这种现象的主要原因包括：员工认为自身所从事的工作缺乏价值、意义以及成就感；在企业中未能获得适当的支持与资源；企业对员工的关怀程度不足；以及员工发展机会和成长空间受限。如果企业仅关注业绩，而忽视员工的诉求，那么企业发展与员工个人发展将严重脱节。在这种情况下，员工无法从企业成长中获得全面回报，又怎能期望他们具备高度的敬业精神，并将企业的发展视为自己的荣誉呢？

员工调研本身并不新鲜，然而，传统意义上的调研只侧重员工的看法，其对改善企业管理的效用相对有限。在过去十年中，原本用于了解消费者的一些复杂营销工具，逐渐应用于员工调查领域。企业借鉴消费者调研方法，结合个性、价值观、态度、兴趣及生活方式等心理变量，多维度探究能激发员工敬业度的情感、认知与行动因素。具有远见的企业不仅掌握员工性别、年龄及职业发展阶段等信息，还对业绩表现、晋升潜力、岗位轮换、跨职能任职能力等方面进行了大数据分析与统计。企业会安排潜力员工至关键岗位，并懂得如何激发其积极性。

我们可以通过敬业度调研的方式，发现现有的管理举措存在的优势与不足，进而制订相应的行动计划。对企业现有优势进行保持；对存在的核心问题，则采取重点举措进行管理提效，以助力提升经营业绩。提升企业员工敬业度犹如改善个人身体健康度，既需要聚焦调整与提升，也需要注重全面检查后的整体保养和维护，需要点和面相结合，短期与中长期行动相结合，进行多层次、持续性地改善和维护。

员工敬业度调研结果可为提升企业管理提供依据，以实施专项改进或日常管理工作的优化。针对企业面临的现实状况，我们可以从以下几个方面考虑提升员工敬业度。

一、促进战略落地和企业竞争力的提升

千万不要让企业的未来发展目标成为管理层抽屉里的秘密。企业不仅要制定清晰明确的战略、设定激动人心的愿景，更应将战略、愿景、变革需求及时与员工沟通，使员工充分了解企业未来的发展方向，让员工有机会参与战略计划的制订和实施中，这些都会对提升员工的敬业度有非常大的帮助。

员工会希望在工作场所和组织中感受高度的参与感和信任感。为实现让员工全力以赴的目标，需使员工坚信企业的目标是正确的，并对企业的市场竞争力保持信心。同时，员工的个人能力和贡献在助力实现这些目标的过程中起着关键

作用。企业应定期与员工沟通现有和未来战略发展的方向与目标，让大家了解企业的市场表现、面临的挑战及取得的成果。企业还应邀请员工参与关于保持或提升企业核心竞争力的战略讨论，使他们在积极互动中不断巩固对企业信心。

即便企业面临问题和挑战，管理层也应坦诚地与员工沟通，并邀请他们群策群力，共同制定新战略——激发员工斗志，将困难转化为强大推动力。随着企业战略的优化、竞争力的提升，以及员工参与感和信任感的增强，员工敬业度也将随之提升。

二、推动文化建设

对一个组织而言，若员工内部对文化价值观的认知和理解实践的差异很大，这会提高内部协同的困难程度。更为关键的是，这种情况也会对客户价值创造和企业业务运营管理产生一定的负面影响。文化的一致性、稳定性和可预测性是员工对企业产生归属感的重要影响因素。因此，要想提升员工的敬业度，关键在于塑造一种使员工认同并自觉遵循的企业文化，从而实现志同道合、价值观一致的目标，进而增强员工的凝聚力。

推广与实施企业文化是企业运营管理的关键任务之一，在激发员工积极性、提升员工敬业度方面，企业需提升内部雇主的吸引力，使员工忠诚于企业并对其充满信心，进而使员工愿意为提高自身敬业度付出努力。要提升内部雇主的吸引力，首先需确立富有感召力的使命和愿景。尽管盈利是企业最直接的目标，但企业需展现出远大且明确的企业使命，使员工认同企业使命和价值观，从而在其工作中找到意义和使命感。只有这样员工才会愿意为实现企业愿景和使命竭力奉献、爱岗敬业。

认同企业的使命对员工的影响力比任何激励措施都更有效且长久。在敬业度高的企业中，员工可以感受到强烈的归属感，公司并不仅仅是一个工作地点，更是一个让他们为之自豪的地方。企业应注重人文关怀，促进同事之间进行良好沟通和互动。一项针对新世代员工的研究发现，对新世代员工而言，驱动其提升敬业度的关键因素是工作的价值和意义。此外，新世代员工高度重视企业决策的及时性、管理层对员工意见的采纳、适当的决策权、对结果的责任、公司内的自由表达，以及文化和组织氛围的多元包容性。激发新世代员工工作活力的关键因素则是个人生活与工作之间的平衡。

三、优化激励和绩效管理机制

薪酬、收入及福利水平的提高并不一定能换来敬业度的提升，而且薪酬和待遇只能带来短暂的快乐，无法提供持久的动力，也不能帮助企业持续创造优秀绩效。提高员工敬业度不能仅依赖薪资的增长，除非员工的薪资水平显著低于市场标准，需要进行大幅度的结构性调整。

建立内外公平合理的薪酬体系有助于提高员工敬业度。薪酬的外部公平是以市场数据为参照的，而内部公平要求企业从岗位价值和个人能力出发，综合考量后为员工制定薪酬。提升敬业度首先应该重视薪酬的公平性。这就意味着薪酬分配的公平性对员工敬业度的影响甚至超过了薪酬水平。在制定薪酬体系时，企业需注重内外公平性，合理规划薪酬结构，增加薪酬制度的透明度，让员工在平等的环境下越发敬业地工作。

企业管理层如果有"既要马儿跑，又要马儿不吃草"的观念，是无法提升员工敬业度的。激励是敬业驱动因素中最为神奇的部分，有时它可以使员工心甘情愿地付出努力，而不考虑工作本身是否值得。与奖金和年度分红不同，激励并不是可以触摸到或看到的东西，而是各类管理者皆可运用、有助于提高员工敬业度的奖励方式。奖励不应局限于基本工资，市面上的企业也普遍采纳其他形式的奖励，如年终奖金、长期激励机制、股票和股票期权等。此外，奖励也包括领导的赞赏与认可，这种及时的激励和认可往往是激发员工敬业精神的重要途径之一。

此外，工资和福利也不应该被忽视。一旦员工感知到收入分配的不公平或者薪资水平偏低，那么其他激励因素对于提升员工敬业度的效果将会减弱。敬业度较高的企业会毫不各酋对表现卓越员工予以表彰和奖励，主管或者同事都会及时给予认可，以鼓励员工成长，激发他们努力创造更大价值、做出更多贡献。这种奖励遵循公开、公正、公平的原则，既为获奖员工带来精神和物质层面的满足，又为其他员工树立标杆，进一步促使全体员工齐心协力，共同进步。

四、优化组织效能、业务流程、团队协同

组织设计和管控是否合理，需审视其与战略目标的契合程度。确保各部门及团队职责明晰，权、责、利边界分明，业务及决策流程简洁高效。如果这些方面都是明确和清晰的，员工将因此感受到强烈的秩序感、安全感和行动力。

企业的业务流程、管理机制和系统是否合适，会很大程度上影响企业运营效率的高低，这是推动员工高效工作的关键前提，否则会导致员工大量浪费精力和时间以及变得内耗。

优秀的团队协同对提高员工敬业度也至关重要。如果团队成员能和谐高效地协作，相互鼓励、分享和扶持，这种健康良好的团队氛围会使员工对企业产生更深厚的感情，使员工能够更好地融入，并成为团队中不可或缺的一员，进而积极为企业发展献言献策，为企业的壮大贡献力量。

五、优化人才管理和人才发展机制

优秀的企业会为员工创造持续成长的空间，让员工对企

业产生越来越亲近之感，同时实现"企业与员工相互依赖"的目标。在优秀的企业中，员工的价值得以提升，其"雇佣价值"不断攀升，在市场上的"身价"也会水涨船高。关键在于，企业为员工提供了丰富的学习、成长、职业发展、能力提升以及自我超越的机会，这对员工的个人发展和企业整体的壮大均具有重要意义。

企业给予员工的机会多，意味着企业在发展、壮大，也意味着员工在企业中有用武之地，这样员工也能不断提升自身能力。员工的能力提升主要来源于实际经验、项目经验、自我反思以及他人反馈。企业提供的项目、任务和学习机会稀缺而珍贵，它们有助于拓宽员工的视野、锻炼员工的能力，进而使员工为企业创造更多价值。

职业发展规划在提升员工敬业度方面具有重要作用。年轻员工需要有发挥才能和证明自己的空间，因此，在员工入职后，企业应根据员工的个人特点，协助他们制定适宜的职业发展路径，让他们清晰地看到自身成长的方向和空间，从而极大地激发员工积极性，使其更加敬业。当下，中国市场正处于转型阶段，以往粗放型的经济让许多企业过于关注短期盈利，忽视了为员工制定合理的职业发展规划这件同样重要的事。众多全球500强跨国企业都已经非常重视员工的职业规划问题，例如宝洁公司就很注重员工的自我成长，他们为员工提供充足的成长空间，允许员工自主选择职业发展方向，从而更好地提升个人能力并发掘潜能。这种做法反过来也会使员工更加忠诚，为公司带来丰厚回报，这也是宝洁公司能够持续发展的重要原因之一。

六、提升领导力和领导团队的有效性

企业管理者对员工的满意度、敬业度及其相应绩效的考核受到其管理方式的重大影响，员工的敬业度变化在很大程度上可以由管理者的技巧和行为预测得出。有研究发现，与员工敬业度和满意度具有直接联系的领导者行为包括：明确团队的方向；设立合理、清晰的目标；能够给予恰当的反馈、认可和支持。这些研究结果给管理者带来的最重要的启示在于：企业管理者应强调赋予员工权利、注重员工发展的重要性，从而使员工具备独立完成工作的能力，并减少完成工作时的阻碍因素。

管理者是组织中对员工敬业度影响最大的因素。企业通过提升个体领导者的领导能力和行为来提升员工敬业度，是最为有效的策略。那些将自己视为员工的发展者并具备一定领导能力的领导者，能够为组织打造出高绩效的员工队伍。

员工如果认为他们的上级并没有进行有效的管理并且没有发挥好领导者的作用，就无法对组织领导者普遍表达出信任和支持，进而很难在工作中获得成就感。反之，如果领导者的这种信任和支持存在，就能营造出一种工作氛围，让身在其中的每个员工都获得力量，并乐于全身心地投入工作中。

领导者应具备识人用人的智慧，能为员工提供广阔的事业发展空间。更重要的是，领导者需要真正关心并尊重员工、与员工共同讨论、设定明确的期望、认可他们的贡献、激发员工的成长，并持续提高员工的能力及雇佣价值。

如果员工主动参与上级分配的任务，而不是简单地服从指令，那么他们就更能为此付出积极的努力。为使员工实质性地参与到工作中，企业管理层应与员工共同优化运营流程，倾听员工意见及专家建议，集思广益地探讨并解决复杂问题，而非仅依赖权威决策。管理层应竭力为团队协作创造契机，赋能员工，并移除自主行动的障碍。

员工敬业度的责任范畴已不再局限于人力资源领导团队。要使一个组织达到最佳的运作状态，各级领导者都需要深入了解员工敬业度的重要性，知晓提高敬业度将如何帮助组织实现人才战略的全面发展。

【案例解析】

某国内知名企业的业务在几年前曾面临诸多挑战，管理机制并不完善且缺乏体系，导致员工敬业度、效率均不高，优秀员工离职率较高。在此背景下，人力资源部门在年底的时候大力推动敬业度调研项目，希望借此机会对组织健康度进行全面把脉，深度挖掘企业优势领域和亟待改善的短板，并结合第二年的战略目标，制订并实施有针对性的改善计划，以便更好地支撑战略落地。要想达到预期的效果，敬业度调研项目的整体规划和方方面面的细节设计就显得尤为重要。

第一，获得高层管理者的认可和支持至关重要。敬业度调研与其他常见调研项目有所不同，它不是一个短期行为，也不是一个完成调研问卷就结束的项目。问卷调研只是一个手段，后续的管理行动才是核心。此外，干预机制及行动计划能否得到实施，几乎完全取决于高层管理者是否认同和支持。人力资源部门通过积极向上沟通，取得公司高层对员工敬业度调研的重视和支持，更为关键的是成功地将敬业度调研结果纳入各级组织负责人的年度绩效考核指标之中，使高层支持不再仅停留于口头，而是通过关键绩效考核这一管理手段，推动各级组织实质性推动行动计划的落地。

第二，在设计调研问卷方面，人力资源部门并没有采取拿来主义，也没有直接套用外部现成的敬业度调研工具，而是在全面考虑公司发展战略、未来需求、现有条件、实施可行性以及对敬业度调研项目的定位和期望的基础上，对市场上常见的几种敬业度调研工具进行了深入的对比和分析。经过综合评估，人力资源团队结合外部调研工具的模型和调研问卷，并根据公司实际状况以及员工的语言习惯，对实际使用的调研模型和问题进行了较大的优化和调整。同时，问卷题本的设计并没有一成不变，而是在每年的敬业度调研项目启动阶段进行更新迭代。为确保历年数据具有可比性，以便观测该项工作的发展趋势和实际成效，人力资源部部门在每年调整问卷时，都会首先保证题本的核心项保持一致，再根据公司每年的发展需求对其他数据进行同步更新。

第三，关于数据挖掘、分析与应用方面。对本次调研获得的量化数据以及开放式问题的回答进行分析，不仅进行内部比较、与往年数据比较，观察员工敬业度是否逐步提高，还要与外部标杆公司及竞争对手进行对比，以发现自身优势与短板。经过综合对比分析发现，亟待改善的三大方面问题如下：

1. 在激励和认可方面，现有的激励机制缺乏吸引力和竞争力，管理者对员工较少进行及时认可和鼓励，造成员工的工作积极性和动力不足；

2. 在组织方面，员工反馈领导太多，职责不明确，很多工作流程太长、太烦琐，影响效率；

3. 在人才方面，缺乏培养机制，员工职业发展路径不清晰，核心人才流失较多。

针对上述问题，组织不同层级的管理者和员工开展多场焦点小组访谈，深入挖掘数据背后的原因，共同探讨解决方案。

围绕企业未来战略发展的核心组织能力（用户导向、敏捷变革和数字化），结合员工敬业度调研发现的以上三大方面的短板和通过焦点小组访谈挖掘到的深层次信息，项目组制定了以下全面、有针对性的年度人力资源战略重点计划（如图 7-7 所示）：

1. 在激励认可方面，优化绩效管理机制，让员工的贡献可视化；优化全面的薪酬激励机制，通过中长期的激励方案让员工感到未来可期；打造让员工感觉好玩、有温度的工作氛围；

2. 在人才发展方面，打造精品的人才发展项目，优化员工的职业发展双通道，优化职级体系，做到人岗匹配；

3. 在提升组织效率方面，减少不必要的管理层级，增加管理人员的管理幅宽，推行前中后台的组织平台管理机制并提升管理能力。

在获得高层认可和支持后，将这些解决方案及配套行动计

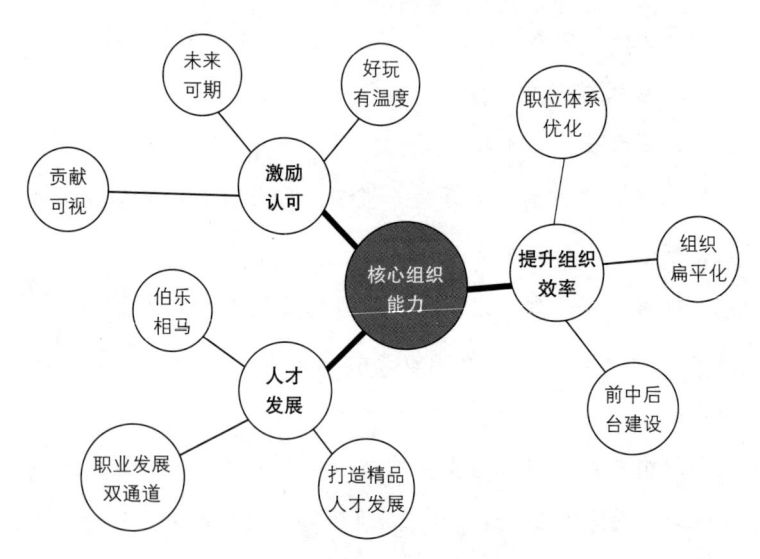

图 7-7　年度人力资源战略规划

划与公司战略相结合，纳入各业务组织、职能部门未来一年的重点工作中。在人力资源部门和高管的密切配合和积极推动下，这些年度人力资源重点工作计划都得到圆满落地和实施。

第四，建立项目沟通机制。项目全程高度重视与各层级管理者及员工的沟通。例如，在项目规划阶段，首先获得所有高层管理者的认可与支持；在调研实施阶段，要求各HRBP采用统一话术在各级组织进行项目宣导，并通过统一推送的项目预告、线上调研问卷等途径，向员工再次阐述项目的目的与要求。在调研结果分析完成后，面向公司全体发布本次调研成果的简报。通过在多个环节，借助多种平台载体与员工进行沟通，使员工充分认识到项目的价值和意义，从而愿意积极参与，贡献自身经验与智慧，以便更好地执行公司或部门层面制订的行动计划。

第五，建立项目协作和落地管控机制。敬业度调研项目不应该仅仅局限在一个项目小组里，而应该成为整个人力资源部门的项目，同时也是各个业务部门和职能部门需要共同参与的项目。项目组从整体和微观两个层面规划设计项目的核心控制点，推动各项流程，管控各方面的细节，但项目组更像搭舞台的人，因为后续很多工作需要靠人力资源部门的招聘、培训、薪酬、绩效等各个模块的协作来完成。HRBP在拿到公司层级的行动计划之后，应结合本组织的情况，与所对接的部门负责人共同商议、制订本组织专属的行动计划。

如果没有人对年初制订的计划进行跟踪，计划就很容易成为一纸空谈。为确保计划的实施，项目组还要充分发挥牵头者和督促者的作用，每个季度与HRBP沟通，跟进各个组织行动计划的落地进度，汇总分析公司整体层面行动计划的实施情况，对有所延迟的计划，一方面加强督促，另一方面也协助协调，提供必要的资源支持。每一轮项目结束后，都需要进行项目复盘，盘点项目实施中的优点与不足，规划次年项目的优化方向。

另外，在大型组织变革期间，企业架构调整较大，人员调动及优化人数较多，可能导致人心不稳、生产力下降。为确保组织变革成功，公司启动一项短期高效的月度组织活力度调研，以便及时了解各级组织、地域、各层级员工的状况，更好地预防问题发生。调研问卷打破常规，采用图片、表情包等年轻人喜爱的方式，提高员工的参与度。从发布问卷起两天内关闭填写入口，第三天即可向各级组织管理者线上推送结果。调研结果采用红黄绿灯提醒，使管理者直观了解团队状况：绿灯代表相对安全，黄灯表示需关注，红灯则提示问题严重，需立即解决。

得益于上述各方面的规划和扎实的管理与运作，该公司在发展三年之后不仅员工敬业度得分从70%提升至90%以上，还荣获权威机构评选的最佳雇主称号，就连优秀员工的流失率也保持在历史最低水平。

本章小结

员工敬业度作为衡量企业优劣最重要的核心指标之一，应成为企业高管和人力资源部门的年度工作重点。通过提升员工敬业度，企业可以进入良性循环，实现可持续发展。高水平的员工敬业度也体现了企业在组织、文化和人才方面的体系化、专业化工作成果。

企业管理者要选择适合自己企业的调研工具或自行开发测评工具，围绕员工敬业度的几个重要维度进行综合考量，确保测评的全面性和准确性。在评估员工敬业度后，制订有针对性的落地计划，以解决关键薄弱环节。这一过程是持续的，需要定期检查和改善。

及时发现和解决员工敬业度反映出的核心挑战和短板问题至关重要。这些问题可能是制约业务发展的关键因素。这就像木桶的短板效应一样，如果某方面存在严重短板，将制约企业的整体发展。

调研员工敬业度就像给企业做核磁共振一样，能够揭示企业存在的问题。对于发现的大问题，应及时采取措施进行改进，以保持企业的健康和长远发展。这比仅仅追求规模扩张更为重要。

■ 思考题

1. 为什么企业需要重视员工敬业度？员工敬业度的提升对企业发展有什么影响？
2. 员工敬业度有哪些关键考核维度？员工满意度和员工敬业度一样吗？
3. 员工敬业度调研和提升改进的整体工作计划中有哪些关键步骤？
4. 企业如何提升员工的敬业度？
5. 在提升员工敬业度工作中，人力资源部门扮演什么样的角色？企业高管和各级别管理者又扮演什么样的角色呢？

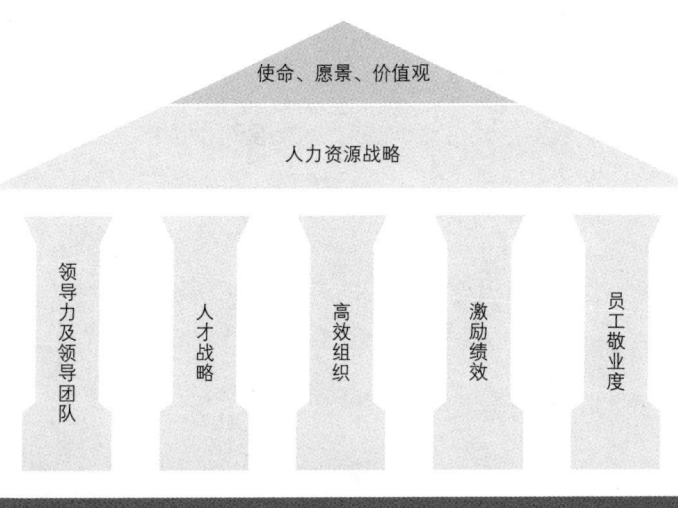

第八章
人力资源专业能力和职业发展

```
          使命、愿景、价值观
           人力资源战略

 领导力    人才    高效    激励    员工
 及领导    战略    组织    绩效    敬业
 团队                            度

      人力资源专业能力和职业发展
```

作为HR，始终逃不开的一个话题是——如何帮助员工规划职业发展。然而，HR自身的职业发展又该如何规划呢？这些年来，我们也不断地被问到一些关于人力资源从业者自身职业发展的问题。在本章，笔者将结合自己的工作经验，以亲身经历和你分享关于人力资源职业规划和发展的一些体会与感受，希望对你有所启发。

第一节　职业发展规划：成就职业生涯的辉煌篇章

首先，如果你还没有职业发展方面的思考，请不要怪自己，这很正常。没有谁在走进职场一开始就会如此清晰理性地对职业发展进行思考。笔者会对职业发展进行系统性的思考，得益于两本书，第一本是哈佛大学泰勒·本－沙哈尔教授（Tal Ben-Shahar）的《幸福的方法》（*Happier: Learn the Secrets to Daily Joy and Lasting Fulfillment*），第二本书是美国学者比尔·博内特（Bill Burnett）和戴夫·伊万斯（Dave Evans）写的《斯坦福大学人生设计课》（*Designing Your Life*），这两本书给了笔者很大的启发，并且在很长一段时间内都深深地影响着笔者的职业发展。

职业发展规划的目的无非是帮助我们找到真正理想的工作，过上真正理想的生活。在我们的工作和生活中，很多事既有计划为之的，又有偶然使之的，职业规划的本质其实是在计划性和偶然性之间寻找一个契合点。我们需要在职业规划的过程中，通过自我了解和发现，设定职业目标，付诸行动，并通过不断修正来逐步体验、寻找并最终找到你的理想工作。

那么什么才是理想工作呢？我们可以借用理想工作画像模型来界定，如图 8-1 所示，四个圈分别代表你喜欢的、你擅长的、有市场需求的，以及有意义和价值的工作。我们会发现，自己喜欢的未必擅长。比如你喜欢培训，但你并不擅长教别人，而你擅长的东西可能在市场上的需求并不多。我们在做选择的时候总会通过权衡来做取舍。如果你发自内心地喜欢一份工作，即使给的钱不多你可能也会欣然接受。但如果这份工作你很擅长，同时也有着很高的市场需求，并且

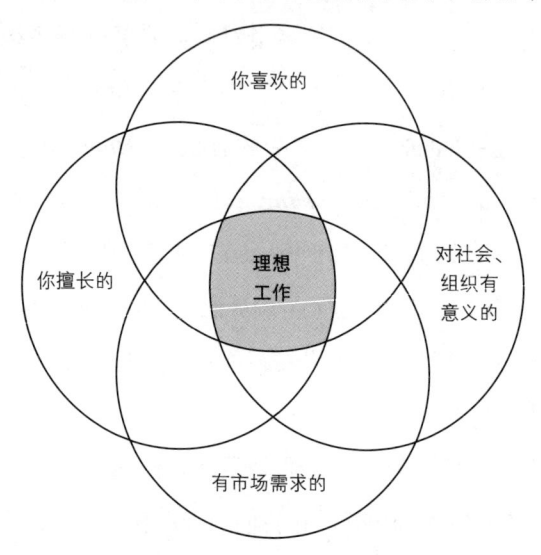

图 8-1 理想工作的画像

它很有价值也很有意义，最重要的是它居然还是你非常喜欢的——也就是这四个圈的交集部分。你真的非常幸运，这是一份理想的工作！

试想一下，每天起床，等待着你的是自己喜欢、擅长、有意义的工作，那该多幸福啊。我们做职业规划的目的，就是为了寻找到理想工作，所以越早找到这四个圈的交集点，你就会越早地体验到理想工作带给你的幸福。

一、我们都在追求理想的生活

《斯坦福大学人生设计课》建议我们在谈职业发展的话题之前，先思考以下问题：

1. 我如何才能找到一份自己喜欢甚至热爱的工作？
2. 我如何才能创立一番伟大的事业，过上美好的生活？
3. 我如何才能平衡好生活和工作之间的关系？
4. 我如何才能实现自己的人生价值？
5. 我在做什么的时候最投入，最有能量，最快乐？[①]

当然，这些问题因人而异，也会因时代背景而略有不同。比如，70后、80后这些人，当时考虑工作时更多是以生理需

[①] 博内特, 伊万斯.斯坦福大学人生设计课[M].周芳芳, 译.北京：中信出版社, 2017：189.

求和安全需求为先,大部分人会优先考虑市场需求好、收入高的岗位。而现在"90后""00后"这些人,在基本生理需求和安全需求有了一定保障之后,更愿意追求上述四圈重叠的理想岗位。

尽管上述问题没有标准答案,但这些问题仍然值得我们思考,是因为它们会带给我们重要的启发:我到底想过一种什么样的生活?职业生涯如何规划才能帮助我得到这样的生活?

这本书中还提出了一个非常有价值的建议:每个人都要创建自己的人生指南针,让它来帮助我们找到"正南"方向,在我们偏离航线时做出警示,以便我们能及时地做出调整,随时回归正确的位置。很少有人能一辈子一帆风顺,这就和航海一样,航线很难保持在一条直线上,需要根据风向和实际情况不断调整航向。当我们感到茫然无措或经历人生重大转折的时候,这就是及时校正指南针的关键时机。

那如何创建人生指南针呢?这就要说到如何建立清晰的工作观和人生观。

每天上班下班、忙忙碌碌、慌慌张张,也不过是为了碎银几两、三餐有汤。这是前些年网络流传很广的话,也是很多人对工作的真实想法。

很多人仅仅把工作看成谋生工具。确实,工作的一部分价值是为了生存,但不可否认的是,工作本身占据了人生中很大部分的时间和精力,它本身也成了生活的一部分。工作是什么？它对我来说到底意味着什么？——这就是工作观能帮我们明确的问题。我们希望从工作中得到些什么？我们如何看待它？工作观是我们心目中对"好工作"的定义。对"好工作"进行定义至少可以帮助我们解决以下问题：

1. 为什么工作？
2. 工作为了什么？
3. 工作意味着什么？
4. 工作与个人、他人以及社会有什么关联？
5. 好工作或者所谓有价值的工作，是什么？
6. 工作和金钱有什么关系？
7. 一个人的经历、成长、成就感和工作有什么关系？[①]

有一个清晰的工作观是创建人生指南针的第一步。接下来就是明确人生观，人生观能帮助我们确定"人生最重要的事"是什么。它们更像是拷问灵魂：

1. 我为什么在这里？
2. 生活的意义或者目的是什么？
3. 个人和他人之间有什么关系？

[①] 博内特, 伊万斯.斯坦福大学人生设计课[M].周芳芳, 译.北京：中信出版社, 2017：189.

4. 什么是善？什么是恶？

5. 在生活中，快乐、悲伤、公平、不公平、爱、和平以及冲突的作用是什么？①

这些问题听起来非常哲学化，但你仔细读一读就会发现，这些问题不论是于人生还是于个人选择，都是无法回避的重要问题。

思考完这些问题后，你对自己是不是有了更清醒的认识？要拥有和谐、有意义的生活，就需要在"你是谁""你信仰什么"以及"你在做什么"三个方面保持和谐、一致。

这样，我们就得到了一个精准的人生指南针，它会帮助我们回归正确的航线。时常检查你的工作观和人生观，并确保二者保持一致，便能更接近理想的生活。

二、职业生涯规划可以帮助我们找到"好工作"

在这世上走一遭，我们都希望在有限的时间里过上理想的生活。通过规划职业生涯得到理想生活的概率要比顺其自然得到理想生活的概率高很多。上面介绍了我们希望得到理想的生活，最好能够建立人生指南针，对工作观、人生观进行思考，它可以帮助我们纠偏，使我们保持在追寻理想生

---

① 博内特, 伊万斯.斯坦福大学人生设计课[M].周芳芳, 译.北京：中信出版社, 2017：189.

活的正确航向上。而职业生涯规划则可以帮我们找到"好工作",树立我们的"工作观"。

现在回到我们的职业发展上来,再来思考以下问题:

1. 从现在起,未来 5 年你能做什么?
2. 如果现在的工作做不了了,你想做什么?
3. 如果你足够幸运,已经财务自由了,或者开始自由创业,在你想做什么都可以的情况下,你最想做什么?

什么职业适合我?在人生的不同阶段,这个问题的答案可能是很不一样的。但不管在职业发展的哪个阶段,都要能够回答清楚这些问题。而第三个问题的答案极可能就是你真正发自内心特别希望做的事情,那就是你的真爱。做到对这三个问题的全面思考,让自己清楚地知道还能做什么,避免把自己的职业发展变成"自古华山一条道",从而限制了自己人生的更多种可能。

实际上,很多人直接省略了对不同职业选项的思考和体验过程,直接跳进一份工作中。这份工作是否适合你?你喜欢吗?我们并没有系统性地思考这些问题。真正好的职业发展状态是:我们发现了多个可能的选项,并能够就某个选项快速投入体验,通过低成本试错,找到最合适的那一个,然后身心合一,为这份适合自己的职业全力以赴。

第二节　人力资源的职业发展之路

一、人力资源的四类岗位、三个发展阶段和三个成长时期

那人力资源的职业发展又是怎样的呢？

举个例子，在人力资源三支柱模型[①]中，人力资源的岗位一般来说会有四大类：如图8-2所示，在最底部由HRBP、COE、SSC和第三方服务公司的咨询顾问、猎头或人力资源自由职业者组成。这四种不同类型的岗位，都可以成为人力资源的职业发展选项，所谓条条大路通罗马。

每一类人力资源岗位都可以有三个不同的发展阶段：

首先是基础阶段，这个阶段的人力资源从业者着重处理

[①] 人力资源三支柱模型：由戴维·尤里奇在1997年提出，即COE（人力资源专家中心）、HRBP（人力资源业务伙伴）和SSC（人力资源共享服务中心）。以三支柱为支撑的人力资源体系源于公司战略，服务于公司业务，其核心理念是通过组织能力再造，让HR更好地为组织创造价值。

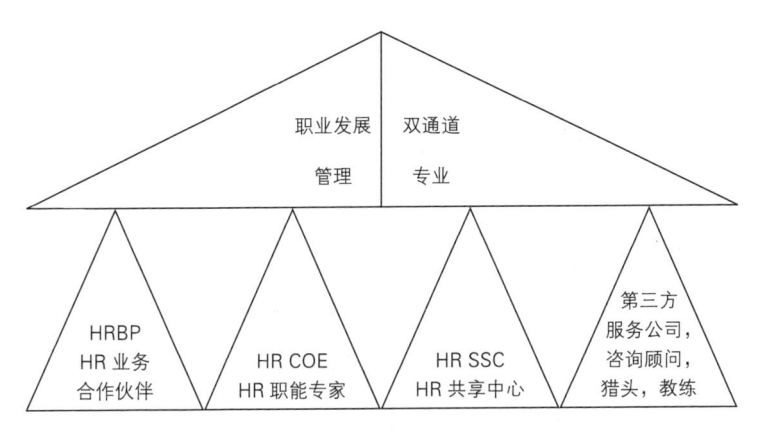

```
                    职业发展  双通道
                     管理      专业

   HRBP          HR COE       HR SSC     第三方
   HR 业务       HR 职能专家   HR 共享中心  服务公司，
   合作伙伴                                咨询顾问，
                                          猎头，教练
```

图 8-2　人力资源四大类职业发展方向

些事务型的工作。然后往上发展会成为中层骨干，这个阶段的 HRBP 从处理基础事务转变为给业务提供支持，而 COE 或 SSC 将成为专业类的中坚力量，这个阶段的人力资源从业者可能成为带团队的管理岗，也可能是某个专业模块的专家岗。如果个人能力比较强，再往上发展就会来到人力资源的高层管理岗位或高级专业类岗位，继而有机会成为人力资源团队的一把手，如 CHO，当然也可以是外部人力资源咨询公司的首席顾问或合伙人。

这三个阶段看起来非常简单明了，但能发展到哪个段位却和个人的能力、机会、人脉、兴趣以及努力程度等因素紧密相关。以机会为例，在职业发展中，机会来了就需要能快速识别并抓住。反之，即使能力很好，没有机会或者机会来了抓不住，也只能原地踏步。

设计人力资源的职业发展，并不是为了急于求成，立刻马上找到最适合我们职业发展的方向，而是为了探索和发现更多适合个人职业发展的可能性选项。如果我们很快就确定下来职业发展的方向，反而需要思考，这个决定是成熟的吗？如果不是，它也可能会反过来束缚我们的发展。

每个人在职业发展的不同阶段，适合自己的职业发展方向并不是一成不变的，所以让自己拥有更多的职业发展选择非常重要。

我们经常能看到很多人力资源从业者把 CHO 作为他们职业发展的目标，这很好。但需要提醒的是，个人成长的路径并不能被简单复制，我们必须要能结合自己的实际情况，量身定制适合自己的成长路径。

健康的人力资源职业发展可以划分为三个时期：成长期、成熟期和成就期。

成长期一般在职业发展的前 5 至 10 年。在职业发展的探索期，我们会花很多时间去寻找自己喜欢的工作，可以在这个时间段聚焦发展 2 到 4 个不错的人力资源模块专业能力，如招聘、培训、薪酬、员工关系或者组织和人才发展等，并尽可能在职业发展的早期阶段就把这几个模块做得精深一些。这是个人学习技能、积累经验和体验人生阅历的重要时期，在这个阶段就应该多探索、多体验、多尝试。如果一个人在这个阶段的职业探索期内，工作内容过于狭窄，这非常不利于训练和提升个人综合能力素质，也会影响长期职业发展的潜力。在这一阶段，笔者鼓励你多多尝试不同类型的岗位和工作，在这个过程中发现自己的兴趣和天赋，并开始有意识地提升在自己感兴趣的领域内的专业能力。

成熟期一般是参加工作的第10至20年。对于职业生涯规划来说，成熟期包含了两个重要的发展阶段：一个是职业发展的定位，另一个是专业发展的深耕。在这个阶段，一个人应当清晰地认识到自己对哪些岗位充满热情，即明确个人职业定位，把偏好的工作岗位作为重点，深入挖掘并精通这些岗位，建立起良好的职业声誉。这一阶段应通过卓越的工作业绩，在行业内外，树立良好的职业形象。至少，要能在你的公司中建立起不可被替代的能力优势。

此外，在这一阶段需要投入更多的时间和精力，将自己打造成为拥有1到2个专业模块能力的专业家。这一阶段的关键在于专注和聚焦，只有如此，才能培养出既有深度又有广度的复合型人才，这种人才在职场中显得尤为宝贵。

到了成就期，通过20多年的努力，你的职业生涯已经有了不错的工作积淀。这一阶段应该可以得到一定的由经济、地位和名望带来的收获。最理想的状况莫过于你已经达到"理想工作"四圈交集的部分，你可以开始更多地享受理想工作给个人职业发展带来的成就。但如果到这一阶段有些人还没有找到自己的理想工作，留给个人职业发展的探索时间就会非常有限了，虽然不排除有些人在自己职业发展的下半场才找到个人职业发展的新赛道和机会，但那毕竟只是少数情况。

二、从实践来看人力资源的职业发展路径

从实践的角度来说，轮岗是实现好的职业发展最有效的路径之一，企业内部轮岗，跨企业、跨行业轮岗均可。

通过轮岗，可以将自己培养成复合型人才。过去我们经常提到"T"型人才，"T"的"—"表示知识面的宽广度，"|"表示专业深度，两者结合，既有较深的专业积累，又有广博的知识面。但笔者觉得，想要获得好的职业发展，"T"型这一横一竖可能还不够建立自己的职场竞争力，我们要成长为"井"型人才甚至是"梳子"型人才。轮岗是一个在拓展知识宽度的基础上，深耕多个能力的好办法。

拿 HRBP 来举例，轮岗的可能性有很多。在企业内部来看，可以进行不同人力资源职能模块的轮岗，如 COE 或者 SSC；或者在不同业务/事业部、不同规模或发展阶段的业务、孵化业务部或关停并转的业务部进行 HRBP 轮岗；又或者在各人力资源职能板块跨区域或跨总部的轮岗等。从基础人力资源工作成长上来的 HR 人员在做到中层管理者之后，如有条件，可以考虑去业务线轮岗 2 到 3 年，亲身体验业务实战中对人力资源各模块的真实感受和需求。这样未来在人力资源领域工作时，就能够对业务团队的需求感同身受，并能给出真实有效的建议和方案。

外部的工作变动也属于广义上的轮岗范畴，如：跨行业赛道的跳槽，去外企、民企、国企、创业公司等不同类型公司历练等。轮岗的目的不只是晋升或取得更高的薪酬待遇，应该聚焦在如何更好地打造和提升自己的复合型专业能力。

从学习的角度来说，前文提到的"70-20-10"法则对全面提升锻炼自己的能力依然有效。除轮岗实践之外，还可以从师傅、老板、专家、同事身上学习你需要的知识和技能、参加内外部的培训、阅读相关书籍等一些其他的学习发展机会来提升自己；除了打造几个精深的专业能力之外，如能够通过学习提升大局观、打开格局和视野，对个人发展来说也如虎添翼。

人力资源不同模块的岗位可以锻炼不同的能力。不同岗位的人才在市场的稀缺程度也不甚相同。例如，在不少快速发展的民企人力资源部门内，组织和人才发展、绩效管理和激励的专业人才密度会相对较低。这些人力资源领域专业人士的关键能力是帮助企业量身定制、搭建和优化相应的人力资源专业体系；同时，那些能够帮助企业搭建数字化和专业化的人力资源共享中心的优秀人才也比较紧缺，所以在人才市场上用人需求相对较大，供给相对不太平衡。

职业发展不是一个标准化的模式,即便是一群同时加入同一家公司做相同岗位的大学生,十年以后,他们的职业发展状态也会有很多不同。更何况在不同类型的企业、不同业务模式、不同的企业文化和业务发展生命周期的企业工作的人呢。除此之外,每个人面临的机遇和挑战也不相同,所以很难效仿别人的职业发展,也不用和别人比较职业发展的好坏。你只需要确信,自己的职业发展是符合个人实际情况的,同时在职业发展过程中一定要有定力,按照职业发展目标一步一步稳扎稳打,千万要避免三分钟热度,盲目学习别人的职业发展路径。

在职业发展的过程中,选择适合自己的公司和岗位很重要。不论是公司还是个人都会希望实现人岗匹配——希望人才跟公司提供的岗位、企业文化价值观高度匹配,从而能够发挥其潜力和专长,通过岗位创造价值。

外资企业特别是世界500强公司,在体系化、标准化、专业化上相对而言做得都比较成熟,很适合人力资源早期职业发展的学习和锻炼。在这类人力资源体系相对成熟的企业中,可以帮助人力资源从业者很好地学习体系化的人力资源基本专业知识,了解比较健全的人力资源运营、管理和成熟人力资源体系所需要的专业能力。

在国内,民企有着不同的发展阶段,能像华为那样打造出相对完善的人力资源体系的公司还只是少数。在尚未建立健全人力资源专业体系的企业中，需要有一定具备人力资源专业功力的人来完善、规范和迭代人力资源专业体系，以便更好地支持业务发展的需求。

创业公司会有些不同，人力资源需要一边帮助企业解决生存和发展所面临的基础或应急性的专业挑战，一边搭建和优化人力资源管理体系来让企业发展得更快更好。

不同的企业性质对岗位能力的侧重点会有不同，不同生命周期的企业面临的不同挑战也会对岗位能力有不一样的要求，我们要根据个人职业发展的需求找到和自己职业发展相匹配的机会。

作为在人力资源领域摸爬滚打多年的老人力资源从业者，笔者认为很多时候人力资源的价值体现，不能只在锦上添花上，更要做好雪中送炭，要贡献看得见的价值。说到底，你的成长会建立在你为公司创造的价值上。有价值的人，无论当前在什么级别，好公司都会珍惜和重用你。

直观来看人力资源从业者的职业发展，一般会体现在职业晋升上，晋升是增值的，但笔者并不建议过多关注升职，也要思考自身是否和晋升的岗位相匹配。我们见过很多把升职当作目标的从业者，在工作中溜须拍马，无所不用其极，而忽视了提高自身含金量，结果就是"爬得越高，摔得越惨"。

当然，我们并不是鼓励你被动等待。人力资源从业者应该要相信,每一天都可以是在成长的,每一天都可以比前一天更优秀。我们应该时刻准备好,当机会来临时,快速抓住。所以我们要多花些力气在增加自己的含金量上,提升自己的学识、专业水平、眼界、为人处事的能力等,这时候升职涨薪就是顺其自然的事了。

如何做好准备呢?作为多年的CHO,我们也时常在观察团队成员,当需要组建新项目团队,特别是面临创新项目的时候,我们会更愿意把机会给到什么样的人呢?我们通常会用"成长因子指数"(Growth Factor Index)的四个维度选择有能力并有潜力的人选,这四个维度分别是:勤于思考和学习、勇于挑战和创新、善于沟通和影响、富于同理和共情。

(一) 勤于思考和学习

有思考能力,逻辑清晰,对事务有一定的预判能力,通俗的说法就是"有脑子"。每个人力资源从业者都是从基础岗位做起来的,我们会发现,有些人在基础岗位上做了很多年还是基础岗位,而有些人,他们很快可以有新的机会。有一部分原因就在于,在执行和具体做事的过程中,前者只是完成任务,而后者会不断思考这件事情的前因后果,去思考是不是有成本更低或者效率更高的选择。优秀的执行者会站在更高一级甚至是高两级的岗位上思考问题,看起来这只是一个思维高度的训练,但是做久了,你就会发现你的视野会大很多。

如果你还处于职业生涯的早期，我们非常建议你做这样的思维练习：可以利用下班后的空闲时间去回忆一下，今天做过的所有事情和说过的所有话，哪些是做得好的，哪些是做得不够好，下次可以改进的。对于会议上关于任务和项目的讨论，为什么我的方法和路径与我的主管不一样。我的主管会出于什么样的原因进行考量？我的主管想要的结果是什么？除此之外，还有没有一些其他想要的结果？

不断学习，是进步的源泉和动力。善于思考之后，还需要不断学习，学习新的知识和方法，学会总结成功经验，学会从失败中吸取教训。要在实践中学习，向他人学习，善用一切可以学习的路径，让自己不断成长。

（二）勇于挑战和创新

人力资源从业者需要在关键时刻勇于站出来冲锋陷阵，能扛事能打仗。在工作中，我们经常会碰到有挑战的任务或项目。我们也会发现，在关键时刻，有些人往前走一步，更多的人则选择原地不动，他们会停下来考量很多因素——我能力够吗？新项目占用太多时间会影响我的本职工作吗？我这么站出来，同事、主管会觉得我在出风头吗？如果没成功不就得不偿失了吗？这一切的背后，归根结底是对失去既得利益的恐惧，以及对人际关系破裂的担忧，是害怕面对挑战和承担无法预知的结果。反观能扛事的人，他们一定有勇气站出来，主动请缨，愿意挑战自己，承担责任。从 CHO 的角度来看，这样的员工，势必会得到更多的关注，如果他确实有能力，即便在某些项目中没有取得成功，我们依然会愿意把更多的职业发展机会和空间给到他。

人力资源的工作也是在不断发展的，和公司发展及业务发展一样，需要不断创新，与时俱进。是停步不前，按照过往经验开展工作，还是在工作中不断问自己：在哪些重要的工作领域可以创新？如何创新？同样的工作，有哪些不同的方法？有哪些可以做得不一样的地方？在哪些地方可以改进？如何带来不一样的体验和效果？从 CHO 的角度来看，一个善于创新的人，是善于思考的，对自己是有高要求的，愿意从内而外突破自我，实现成长。

（三）善于沟通和影响

人力资源做的都是和人相关的工作，经营的都是人心。有人的地方就会有冲突和挑战。一个优秀的人力资源从业者不会惧怕冲突，但我们会尽可能地降低人际关系的破坏程度，更高的境界是在冲突之后能成为对方更信赖的朋友，这就需要我们具备良好的沟通能力和影响力。沟通的对象不同，决定了沟通方式的不同，所以多走出去，和别人说话、交谈，哪怕有些时候会在沟通中碰一鼻子灰。时间久了，你会在练习中懂得灵活使用相适应的沟通方式，让沟通变得更加顺畅。

作为人力资源从业者，还有一个很重要的技能就是影响别人。影响力越高，影响的范围越广，你的聚合力就越强。

另外，不管你在哪个模块，请和业务部门的同事站在一起。需要特别提醒的是，和业务部门站在一起，并不代表人力资源要满脑子都是业务的事，或者参与到业务中，也不是让人力资源天天思考业务要怎么做，而是我们要站在业务部门的角度看问题，但看的不是业务问题，而是业务问题的人力资源解决方案。

千万不要把人力资源理解为一个没有专业门槛的、谁都能做的工作，不要过于简单地解读复杂的问题。人力资源需要方方面面的能力，但主动积极、强大的沟通力和影响力是除了专业能力以外非常重要的态度和能力。所以人力资源从业者需要在职场中承担、折腾、搅动一些正向的浪花，然后让这个组织充满活力，也让自己的价值被看见，这也是让自己为职业发展做好准备的过程之一。

（四）富于同理和共情

人力资源从业者绝大部分时候面对的是对人的工作，往往需要处理人际关系和冲突，这就需要人力资源从业者拥有很好的同理心和共情能力。同理心是一种感同身受的心理能力，指从他人的角度理解当事人和思考问题；共情能力是敏锐感知他人情绪的能力，指能设身处地理解他人，可以及时回应他人的情感，必要时可以提供支持和安慰。

同理心和共情能力都是非常柔性的能力，一个有同理心和共情能力的人力资源从业者通常能以合适的方式表达出对他人情感和利益的共鸣，从而能有效传达对他人的尊重、理解和关心，也能解决个人和团队之间的冲突，有效促进团队协作。

富于同理心和共情能力，并不代表着没有原则。很多时候在处理人际关系，尤其是处理冲突时，应先理解他人，排解情绪，最后才是处理事情，但在这个过程中立场要坚定。

第三节 人力资源从业者的能力要求及 CHO 画像

前面我们罗列了人力资源职业生涯发展中的多种可能性，在不同的人力资源职业发展阶段、不同级别的岗位对个人能力的要求也不同，那么企业对人力资源从业者在各个职业发展阶段的关键能力要求是什么呢？

人力资源从业者需要具备的能力可以分为三大类：基本素养、硬实力、软实力（如图 8-3 所示）。这些能力对处于不同岗位的人力资源从业者和人力资源一号位（CHO）来说，也是不同的。

对于中高层人力资源从业者来说，优秀的人力资源从业者应该具备的基本素质是一致的：善良、真诚、言行一致、抗压力能力强。

硬实力主要指人力资源从业者的专业能力：如良好的专业知识储备、逻辑分析能力、数据和信息处理能力；强学习

	优秀中高层 HR 画像	优秀 CHO/HR 一号位画像
软实力	• 有独立思考能力，不人云亦云 • 有良好的与人合作和沟通能力 • 有系统性思维模式 • 能处理复杂的人事，适应力强 • 影响别人和领导团队的能力 • 读懂人心，亲和力强	• 良好的心态和人品，值得信赖和被人尊敬 • 使命驱动，强感召力和领导力 • 独立人格，很强的平衡能力，不拉帮结派 • 有全局观和前瞻能力 • 谙熟人性，耳聪目明——听得懂画外音，能慧眼识才 • 创新开放
硬实力	• 良好的专业知识 • 逻辑、分析信息和数据的整合能力 • 与时俱进的学习能力 • 了解业务痛点，有咨询和解决问题的能力	• 能把公司的业务战略规划转化为人才、组织和文化的 HR 战略能力 • 优秀 HR 专业能力基础上，还有 CEO 视角 • 能操盘解决复杂和中长短期问题 • 具备高管教练和顾问能力
基本素养	• 善良、真诚、言行一致、抗压力强	• 正直、自信、有勇气、淡定、心理素质好

图 8-3　人力资源能力画像

力和洞察力，能发现业务痛点；同时，还需要有一定的咨询和解决问题的能力。这些硬实力对中高层的人力资源从业者来说非常重要。

软实力则可以慢慢培养：比如独立思考和判断能力、有主见，不人云亦云；良好的沟通和表达能力能帮助人力资源从业者和业务部门及不同的员工进行顺畅的沟通与协作；系统性思维也非常重要，能结合人力资源不同模块的专业能力，做到融会贯通，避免从某个单一维度来考虑复杂问题，陷入"头痛医头，脚痛医脚"的尴尬境地。有能力处理复杂的人际关系也是人力资源的重要技能之一。好的人力资源需要适应力强，有很好的抗压能力，工作并不是一帆风顺的，人力资源部门被吐槽也是常有的情况，甚至会成为某些事件里的背锅侠，人力资源从业者需要能扛住压力，有负重前行的能力。影响力和感召力对于人力资源中基层来说也同样重要，影响力和感召力优秀的人可以撬动更多人，支持人力资源各类方案的落地。优秀的人力资源从业者要能读懂人心，有很强的亲和力，能和群众打成一片。

对于人力资源一号位 CHO 来说，就需要更高的基本素养：正直、无私、有勇气、淡定和有魄力、良好的心态和人品、值得信赖和尊敬，并能同时能做到外圆内方。

就硬实力而言，CHO 要能够把公司的战略转化为可落地的公司级的人力资源战略，从人才、组织、文化等方面助力业务战略的落地和达成，要具备 CEO 视角下审视组织、文化和人才的业务眼光。虽然 CHO 是管理岗位，但过硬的人力资源专业能力仍然非常重要，他们需要是某些专业领域的高手，否则很难解决好那些需要扎实专业基本功和判断力的棘手问题。对于 CHO 而言，软实力的要求也会更高一些。作为这个阶段的人力资源负责人，不能只顾着解决眼前紧急的难题，还要能够操盘解决一些复杂的组织和人才问题来支持业务的中长期发展，比如需要结合中长期业务战略来看人力资源未来 3 至 5 年的战略重点，制定人力资源的中长期战略。

优秀的 CHO 还要有独立人格和出色的平衡力，不拉帮结派、情商在线、不搞复杂的人际关系。优秀的 CHO 也一定有很强的使命驱动力、优秀的影响力和领导力、全局观和前瞻性，且谙熟人性、耳聪目明，能听懂画外音，能慧眼识才。

不少 CHO 同时也具备高管教练和人力资源顾问的资质，优秀的教练和咨询顾问的能力对于想成为人力资源一号位的人来说会起到如虎添翼的作用。

第四节　CEO视角下的CHO

通常来说，CHO是人力资源职业发展的天花板，对企业来说也至关重要，是CEO的左膀右臂。那从CEO的角度来看，CHO应该具备什么样的素质和能力，又能为企业带来什么样的价值才算合格呢？

在企业的不同发展阶段，人力资源部门有着不同的战略和工作重心，能发挥的作用和给公司带来的价值也是不同的。参照华为的人力资源演进图，图8-4阐述了在CEO的眼里，在企业的成长历程的不同阶段，人力资源工作能体现的不同价值。

企业创立时期，人力资源部门负责提供基础的人力资源服务；企业发展期，人力资源部门开始帮助企业搭建体系；当企业处于快速扩张期的时候，人力资源部门成为业务伙伴；企业处于稳定成熟期时，人力资源部门能帮助完善组织治理；

极简人力资源

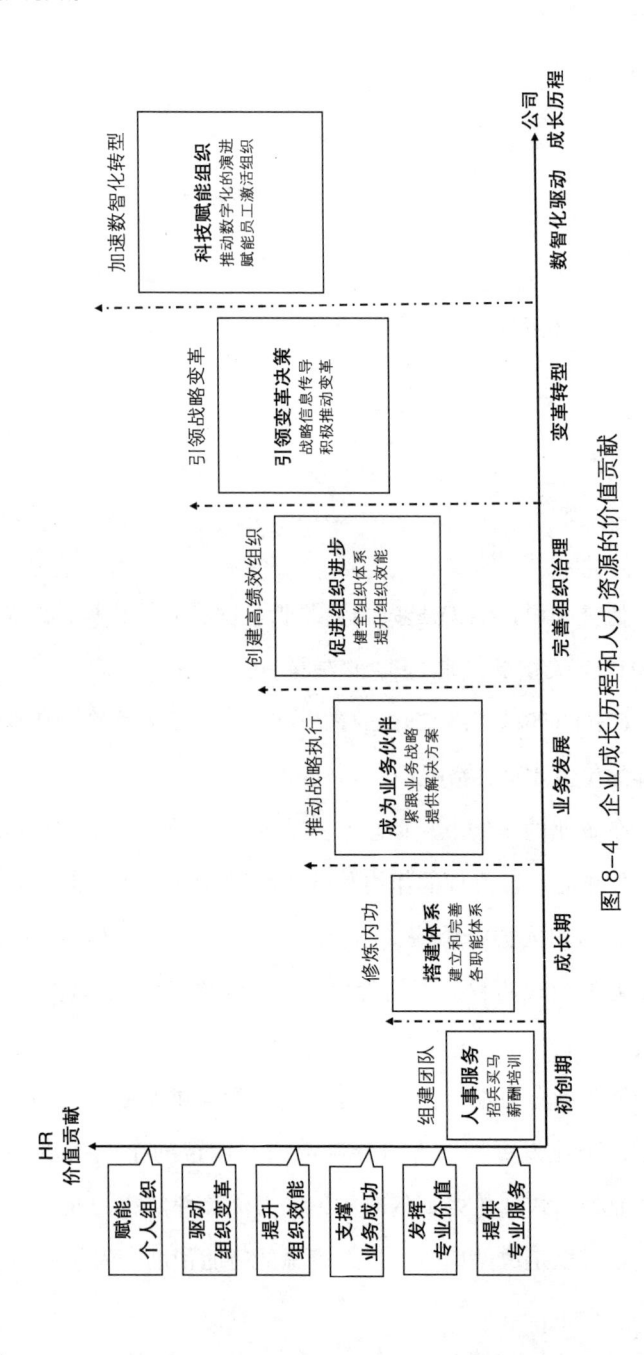

HR价值贡献 \ 公司成长历程	初创期	成长期	业务发展	完善组织治理	变革转型	数智化驱动
赋能个人组织						科技赋能组织（推动数字化的演进，赋能员工激活组织）— 加速数智化转型
驱动组织变革					引领变革决策（战略信息传导，积极推动变革）— 引领战略变革	
提升组织效能				促进组织进步（健全组织体系，提升组织效能）— 创建高绩效组织		
支撑业务成功			成为业务伙伴（紧跟业务战略，提供解决方案）— 推动战略执行			
发挥专业价值		搭建体系（建立和完善各职能体系）— 修炼内功				
提供专业服务	人事服务（组建团队、招兵买马、新酬培训）					

图 8-4　企业成长历程和人力资源的价值贡献

在业务转型期，人力资源部门会一马当先引领变革；在数字化时代背景下，人力资源部门又开始赋能组织。

需要注意的是，企业的发展并不必然按照上述顺序，每个阶段也未必只会经历一次。特别是业务转型阶段，在快速变化的市场环境下，越来越易重复发生。未来虽不可预知，但对CHO的综合素质、学习能力和应变能力一定会提出更高的要求。

不论企业处于哪个发展阶段，人力资源的业务化都是促进战略落地的关键举措。何谓人力资源业务化？就是所有人力资源战略目标和关键举措的制定，都必须紧紧围绕着业务需求，和业务战略目标形成一个有效的闭环。通常，我们习惯了从人力资源的专业视角看待业务问题，然后探寻解决方案并采取相应的行动举措，以此来解决问题。这样产生的解决方案经常解决不了或无法彻底解决业务的问题，甚至变成人力资源的自娱自乐。人力资源业务化就意味着要从业务视角去看人力资源的工作，以终为始，来确定人力资源工作中的关键举措。

如何做到人力资源业务化呢？CHO需要从以下几个方面反复问自己：

1. 在当下和未来，组织将要面对的是什么？需要的是什么？痛点是什么？

2. 如果我是CEO，要解决这些组织问题，人力资源部门能在哪些方面帮到我？

3. 如果我是业务领导，业务面临的最大问题和挑战是什么？人力资源部门能做什么？

4. 人力资源部门的战略目标和解决方案，是否和业务匹配？还是只是为了做而做？

构建组织韧性，是组织制胜的法宝，这应该是任何一个CEO都希望做到的。组织是一个有机的大系统，人才、团队、文化、流程、机制、体系、系统、运营等作为一个个子系统既协同又碰撞，既冲突又平衡，从而推动组织这个大系统前进。在这个过程中，需要CHO来把CEO和领导班子成员凝聚在一起，众人各司其职，共同构建组织韧性。

在数字化时代下，环境改变、技术革命将以更快的速度让组织面临更多的不确定性，组织的敏感度和应对外界变化的适应能力非常重要，很多情况，组织面临的是颠覆性快速变革。因此，打造学习型组织以便快速应对和适应市场的变化显得无比重要。市场的战争没有硝烟，一个组织的CEO就是一个将领，要打赢一场仗，光靠一个CEO显然是不够的，战术实施时，CHO需要帮助组织来让团队时刻保持警惕性，观察战场上所有瞬息变幻的因素（可能是市场环境、竞争对手、政策法规、技术发展、国际关系等），做好快速反应的准备，才能和 CEO 的战略形成互补，在市场竞争中取得胜利。

在数字化时代下，科技赋能管理走向数字化和智能化，组织也因此享受到管理红利。这无疑是每一个 CEO 都希望达到的。虽然人力资源部门不是专业的数字化能手，但 CHO 必须要对数字化和智能化有系统的了解。CHO 需要从组织视角去看，从业务的角度出发，连接业务数据和人力资源数据，提供数字化驱动的管理仪表盘，提供管理决策依据，帮助组织做出有效且快速的决策，从而让组织能享受到数字化带来的管理红利。

最后，作为 CEO 的左膀右臂，CHO 有责任提醒和帮助 CEO 在日常的运营管理中追求速度和平稳的有效结合。每一个 CEO 都希望在自己的领导下企业能飞速发展，很多组织的 CEO 多半来自业务部门或财务部门，因为背景的不同，不同 CEO 领导组织发展的过程中会有自己的管理风格。比如业务出身的 CEO 往往看重业绩增长，而财务背景的 CEO 通常更看重企业的利润。一个好的 CHO 就能根据不同专业背景出身的 CEO 做出工作调整，辅助、推动不同的 CEO 做出对组织和业务更好的决策，因为一个组织的管理，既要追求组织的平稳发展，又要追求组织的发展速度。

第五节　人力资源职业发展和职业修养

如果想要找到一份理想的工作，尤其是人力资源行业的理想工作，这三步也许会对我们有所帮助：

首先，保持好奇心，发现自己的兴趣。一定要知道自己对什么事感兴趣，只有干自己真正感兴趣的工作才有可能长期保持高度热情、坚持下来并克服各种困难，并且抵得住外在的诱惑。避免浅尝辄止，或产生各种什么流行做什么的短期行为。

其次，停止空想，不断尝试。靠自己的想象判断事实是无用的，多去尝试，做一下原型体验或原型访谈，排除不切实际的想法。

最后，学会放手，要关注结果，也要关注过程。要了解你真正适合的工作，不要过于功利，也不要只关注那些别人眼中的"好"工作。要关注成长和发展过程的体验，哪怕走了弯路，但能从中学习经验，这对于以后的发展也是有帮助的。

关于人力资源的职业修养，有几点建议供你参考：

第一：做自己喜欢和擅长的事情，不断地学习和实践，业精于勤，厚积薄发。兴趣是最好的激励，如果一个人可以从事自己喜欢并擅长的工作，又能坚持很长时间的刻意练习，他/她一定会从一份平凡的岗位上脱颖而出。

第二：坦荡做人，无愧于心。只有把人做好了，事和专业才能立得住，否则个人的职业发展也就是无本之木了。

第三：专业和客户至上，不唯上，不唯书，只唯实。做人力资源一定要把自己的专业打造得精益求精，并真正关注客户的需求，而不是过多关注领会老板的意图。越能公正、实事求是、顾大局、不走形式主义，就越容易赢得组织更广泛的信任和支持。

第四：践行长期主义，坚持做正确的事情。多做雪中送炭的事，少做锦上添花或画蛇添足的事。如果人力资源从业者只关注短期结果，不能从长远推动组织、文化和人才的布局，就很难产生对组织的长期影响，无法对实现组织愿景使命起到真正的推动作用。

第五：独立思考，守正出奇。优秀的人力资源从业者不能人云亦云，没有对组织和人才的客观专业判断和认知能力，很难能找到组织和人才发展的核心痛点，最多也就是在执行层面做出贡献。人力资源从业者需要具备与时俱进、突破创新的能力，这样才能帮助组织和人才发展不停迭代、持续提升。

著名历史学者许倬云曾说过："求齐全而不得，至少求得心之安。"在外部世界，很多东西无法控制，记得往"里"走，问问自己的内心：你到底想要什么？和自己对话，和自己和平共处，精神会更加充实。

本章小结

在笔者探讨人力资源职业发展规划之前,首先剖析了理想工作的画像和职业发展规划的一些核心理念。人生犹如在大海中航行,越早明确我们的理想工作,就越容易绘制出清晰的职业发展路线图。在前行的道路上,我们必然会面临各式各样的挑战和变化,方向感越强,我们越不至于迷失方向,即使可能会走些弯路。因此,在条件允许的前提下,我们应该花更多时间理解自己的职业发展方向以及整体的发展规划。同时,也需要认识到职业发展方向并不是一个单选题,它可以有多个选择,我们需要做好准备并拥有多个备选计划。

人力资源领域的发展也有多个发展方向和路径,笔者希望读者能为自己的职业道路做好务实的规划,从成长期到成熟期再到成就期,需要有定力地进行职业选择,不断拓宽自身专业的宽度和深化自身的深度,积累实力从而实现自己的职业梦想。

优秀的人力资源从业者必须拥有基本素质、硬实力和软实力三重保障，这样才能在机会出现时捕捉到它。我们也为你提供了一些关于人力资源职业发展的建议，以供参考。

一个人的路能走多远，除了明确发展方向和路径规划之外，决定性因素还在于个人的执行力和韧性。希望你有一个更好的职业发展，毕竟，能成为人力资源领导者的人是少数，关键在于找到并全力做好自己喜欢且擅长的工作，那才是最佳的职业发展路径。

■ 思考题

1. 什么是理想工作？理想工作的关键要素是什么？
2. 如何做好职业生涯规划？什么职业适合我们自己？
3. 人力资源的职业发展是怎样的呢？
4. 人力资源在各个职业发展阶段的关键能力要求是什么？
5. 从CEO的角度来看，CHO应该具备什么样的素质和能力，又能为企业带来什么样的价值才算合格？

后 记

在这个宁静的角落，公园的小咖啡馆里，我们终于有机会放慢脚步，回味那些无数编织文字的日与夜。窗外，一片湛蓝如洗的天空俯瞰着孩子们的欢声笑语，他们在草地上追逐嬉戏，每一秒钟都洋溢着无忧无虑的纯真。小狗欢畅地奔跑，猫咪在丛林间悄然穿梭，寻觅食物。而此刻，我们的内心如同水面下初升的泡沫，充满了跳动的喜悦和深深的感激。

这本书是我们过去多年工作的经验结晶。它开始于我们脑海中的点点念想，像是一颗种子，悄然发芽，终成林立的树。写书路上苦甜参半，高山低谷，我们一同走过。字斟句酌，不愿有半点妥协。在创作的过程中也时常上演挑战自我的戏码。我们倾注了心血，也深思熟虑地构筑这些篇章。我们不愿轻率，不想速成也不求数量，只希望这是一本有质量的书，真正能帮到一些人。

此时此刻，要特别感谢那些在我们的写作征途中伸出援助之手的人。如果没有你们，这本书或许只是一个梦，感谢你们让它成为泥土里盛开的一朵花。

感谢王留全先生及其山顶视角出版策划团队，为我们提供了专业高效的出版支持，包括编辑、设计、排版、印刷，确保了本书的顺利定稿与发行，让这本书变得更加完美。他们始终秉持专业的精神，致力于知识的传播和管理的传承。因为他们的存在，这本书才能够如期面世，才让这本书被更多读者知晓。

感谢专注于人力资源管理与领导力发展的伯乐会及环球人力资源智库（GHR）对我们的大力支持，持续为我们提供广阔的平台，让我们和更多的人力资源从业者有专业上的互动。

感谢在百忙之中为本书作序的吕威女士和张伟钢先生，感谢20位来自不同行业的企业家、专家和领导给予本书热情洋溢的推荐语。感谢他们的信任与认可，以及对我们的支持，这将帮助更多读者发现本书的价值。

感谢那些贡献知识和灵感的人力资源相关文献作者，在写作的过程中，我们翻阅了不少人力资源相关书籍及网上的文献和文章，他们的观点和思路丰富了我们的写作视角。

感谢赵仁志先生，他以战略的眼光、业务的视角和严谨的逻辑思维，对人力资源的职业发展路径提供了不同的视角，使其相关内容更加清晰并具有层次感，从而带来更多的可读性。

感谢顾文捷女士，凭借系统的专业知识和丰富的实战经验，为本书相关内容提供了深入的薪酬行业洞察，同时她也丰富了薪酬激励相关内容，使薪酬理论变得浅显易懂。

感谢李宁生先生，他的专业视角和结构化思维为本书中薪酬体系设计部分内容提供了扎实而系统的基础，让这些内容更具实操指导性。

感谢陈云凤女士，作为编辑的她认真严谨且有高度责任心，确保了项目的顺利推进；她对图文编辑质量的执着追求，为我们保障了出色的交付成果。

也非常感谢刘碧璇（Esther）女士给本书的样稿提出的中肯和宝贵的意见。

最后，感谢我们的家人，你们的理解与支持让我们在疲倦、沮丧的时候还能坚持下去。

我们无法将所有为我们提供意见、耐心指教的朋友一一列出，但你们的帮助我们始终铭记在心。

我们深知，一本书能影响的实在太少。希望以后能创造更多的机会，以更丰富的形式和大家见面、交流、探讨人力资源管理工作中的问题和解决办法。

希望这本书能成为你们期待的礼物，为每一位想要深入了解人力资源管理的读者，照亮前行的路。